北京哲学界·2019

主　编　杨学功

图书在版编目(CIP)数据

北京哲学界. 2019 / 杨学功主编. —北京：中央编译出版社，2021.12

ISBN 978-7-5117-4124-0

Ⅰ. ①北… Ⅱ. ①杨… Ⅲ. ①哲学—丛刊 Ⅳ. ①B-55

中国版本图书馆 CIP 数据核字（2021）第 277559 号

北京哲学界 · 2019

责任编辑 杜永明
责任印制 刘 慧
出版发行 中央编译出版社
地　　址 北京市海淀区北四环西路 69 号（100080）
电　　话 （010）55627391（总编室） （010）55627319（编辑室）
（010）55627320（发行部） （010）55627377（新技术部）
经　　销 全国新华书店
印　　刷 北京时捷印刷有限公司
开　　本 710 毫米×1000 毫米 1/16
字　　数 300 千字
印　　张 25.75
版　　次 2021 年 12 月第 1 版
印　　次 2021 年 12 月第 1 次印刷
定　　价 89.00 元

网　　址 www.cctphome.com **邮　　箱** cctp@cctphome.com
新浪微博 @中央编译出版社 **微　　信** 中央编译出版社（ID：cctphome）
淘宝店铺 中央编译出版社直销店（http：//shop108367160.taobao.com）（010）55627331

本社常年法律顾问 北京市吴栾赵阎律师事务所律师 闫军 梁勤

目 录

CONTENTS

本刊寄语

前沿论坛

热点聚焦

专题讨论

中国哲学

美学论苑

新著选登

书刊评介

本刊寄语

我们要关注人文学科基础理论核心区域的思考和创新

叶　朗*

人文学科学者的学术研究，很多是面向现实的研究，但有时更多的是一种纯学术、纯理论的研究，而不是一种应用性、技术性的研究，不是为了解决某一个现实问题的实用研究。这种纯学术的研究，有可能在学科基本理论的核心区域孕育产生新的概念、新的思想，乃至创建新的理论体系和新的学派。

20 世纪 90 年代，我曾听到北京大学一位学者对记者的谈话，他把自己的研究和汤用彤先生的研究进行对比。他说，汤用彤先生的研究是纯学术的研究，如魏晋玄学、隋唐佛学的研究，而没有针对当前现实问题进行研究，没有对当前现实问题发表看法，而他自己则更关心现实问题，要对当前现实问题发表看法。言下之意，他的研究高于汤用彤先生的研究。我当时就感到这位学者的谈话带有某种片面性。针对现实问题进行研究，针对现实问题发表看法，当然很重要，我们要大力提倡，但是人文学科以及社会科学学科的纯学术研究、纯理论研究同样很重要。

时代问题从来是理论思考的推动力和催化剂，但是历史上很多大学者往往把时代的要求融入学理的思考，把时代的关注和学理的兴趣统一在一起，致力于基础理论、基本概念的思考和突破，从学理上回应时代

* 叶朗，北京大学人文社会科学资深教授，北京市哲学会名誉会长。

的呼唤。一所世界一流大学，应该能够在人文学科和社会科学学科领域孕育和产生新的概念、新的思想、新的学派。这种新的概念、新的思想、新的学派，往往能对一个社会、一个国家、一个民族乃至整个人类的文化和命运产生当时不可察觉的但是巨大的、深远的影响。这类似于自然科学的基础理论研究，类似于爱因斯坦那样的研究。对于一个学者来说，对于一所世界一流大学来说，这种纯学术的思考和纯理论的研究同样应该提倡。

1989 年我曾写过一篇短文《我们要保持纯理论的兴趣》。我在文章中说，人往往要从物质实践活动中跳出来，对于人生、人性、生命、存在、历史、宇宙等进行纯理论的、形而上的思考。这种思考并不是出于实用的兴趣（不以实用为目的)，而是出于一种纯理论的兴趣。因为这种思考和研究并不能使粮食和钢铁增产，也不能使企业增加利润，但是人类不能没有这样的思考和研究。所以亚里士多德在《形而上学》一开头就说："人类求知是出自本性。"这就是强调，人的理论的兴趣是出自人的自由本性，而不仅仅是为了现实生活的需要。当代阐释学大师伽达默尔在《赞美理论》中也说："人类最高的幸福就在于'纯理论'。"又说："出于最深刻的理由，人是一种'理论的生物'。"文章说道，有的人反对和排斥这种纯理论的思考和研究，他们认为这种纯理论的思考和研究脱离实际。

20 世纪五六十年代，一些从事这种纯学术研究的学者往往被扣上"脱离实际"的帽子。其实这种指责是不正确的。"理论联系实际"的原则当然是正确的。但是，不仅人类眼前的、实用的、功利的活动是实际，整个人生、人性、生命、存在、历史、宇宙也是实际。换句话说，不仅有形而下的实际，而且有形而上的实际。那些反对和排斥纯理论思考的人，他们不承认或看不到这种形而上的实际。而他们之所以不承认或看不到这种形而上的实际，从根本上说，是因为他们只承认，人是社会的动物、政治的动物、制造工具的动物，等等，而看不到人同时还是有灵魂的动物，是有精神需求和精神生活的动物，是一种追求超越个体生命有限存在的动物，或者用伽达默尔的话说，是一种理论的动物。

对于一个民族来说，能不能保持这种纯理论的兴趣，以及能在多大程度上发展这种纯理论的兴趣，乃是这个民族的精神文明水平的重要标志。一个民族如果丧失了这种纯理论的兴趣，就会导致这个民族的文化、精神素质的急剧下降，那是十分危险的。我们中华民族是一个有着古老文明的民族，我们中华民族是一个有着伟大生命力和创造力的民族，这样一个民族，理应保持并发展纯理论的兴趣。我们在提倡针对现实问题的研究的同时，也要提倡纯理论的思考和纯理论的兴趣，特别要关注在人文学科、社会科学学科的基础理论核心区域的思考、突破和创新。

要重视对认识论或知识论的研究

胡　军*

2019 年即将过去，2020 年马上到来。在这辞旧迎新之际，内心深处不免充满着对以往岁月的深深眷恋，对未来时光的无限憧憬。

对我而言，这一眷恋之心与憧憬之情完全集中在创刊于 2019 年、2020 年马上要出版的《北京哲学界》。《北京哲学界》由北京市哲学会主办。

2003 年我就介入北京市哲学会的工作，至今已有十六七年的历史。正是这一工作关系使我很看重《北京哲学界》的创刊，并真诚地希望这一刊物能够及时而全面地发表北京市哲学会成员的相关研究成果。

人类文明发展的历史表明，哲学是科学及其他学科的基础。哲学之所以能够成为其他学科的基础，是因为认识论或知识论的研究是它的研究核心。如果这样的看法是有道理的，那么我就希望北京市哲学会及其主办的《北京哲学界》要重视对认识论或知识论的研究和探索。我相信这方面的研究成果必定会使中华文明在世界历史上的地位与作用越来越巨大。

* 胡军，北京大学哲学系教授，北京市哲学会名誉会长。

哲学研究需要回应时代的挑战

江　怡*

经过多年的努力，《北京哲学界》终于创刊了！这是北京哲学界的共同家园，也是国内哲学界的共同家园。在这里，我要向北京市哲学会表示衷心祝贺！

当今世界，人类生活发生了巨大变化，人类社会也面临生存问题。这种变化和问题比以往任何历史时代都更为显著和重要。面对当代社会的巨大变化和时代的重要挑战，哲学研究应当采取何种态度，决定了当代哲学能否适应时代发展，能否回答时代问题，能否把握时代精神。在人类每一次历史变迁中，哲学都充当了重要指路人，完成时代赋予的使命。走出象牙之塔，是哲学研究担当历史重任的必由之路。无论是作为个人践行的道德修养，还是作为天下之公器的思想学术，哲学都应在固本培元的同时采取开放心态，以兼收并蓄的方式应对时代提出的各种挑战。

我认为，基于当代科学发展和社会变化，哲学研究应当在以下方面给予高度重视，努力回应时代发展的挑战。

第一，科技发展与人类未来之间的关系。人工智能对哲学的挑战构成了当前哲学研究的重要内容，由此引发的人工智能伦理学、无监督学

---

* 江怡，山西大学哲学学院科学技术哲学研究中心教授，北京市哲学会名誉会长。

习与自由意志、机器思维的可能性等问题都成为哲学讨论的主要热点。而智能化生活与人类行为方式的变革，引发了关于社会构成方式的讨论；新媒体作用下的现代管理制度，则帮助人们重新认识政府的社会功能。同样，科技发展与人类未来有着密切关系，如何从人工智能与人类智能、大数据与人类尊严、机器存在与生命伦理学等问题入手，探讨人类未来的各种可能性。哲学研究对当代科学发展的回应，并非简单地从哲学上解释科学理论的普遍意义，而是从人类存在方式上探讨科学进步对人类及其社会变化的深刻影响。

第二，政治生活的复杂化与社会伦理的规范性之间的冲突。政治哲学被看作是哲学理论与现实社会之间密切联系的重要纽带。当代政治哲学讨论政治理论与政治生活之间的密切关系，其中涉及的许多重要问题，如公平与正义原则、全球正义等概念，早已成为当代研究的主要内容。国际关系中的单边主义和多边主义，以及全球一体化概念也被哲学家们反复讨论。德性伦理学的衰落和义务论伦理学的复兴，也使得伦理的规范性意义得到了增强。围绕规范性概念引发的讨论，推动哲学家们反思当代伦理学的实践转向。

第三，哲学传统中追求确定性的思维模式与当代哲学追问不确定性的冲突。这引发当代哲学对哲学传统的重新反思和评价。这种反思批判不仅是纯粹的理论探索，更是对以往人类所普遍具有的某种或某些思维方式的重新理解。通过反思传统而审视当代哲学的变化，这是哲学研究的必经之路。当代哲学家们对行动与实践智慧的讨论，正是试图从传统的认识论研究转向方法论研究，由此展现当代哲学的时代特征。

第四，认知科学的哲学研究成为当代哲学的热点。这是科学与哲学研究互动的新模式，哲学研究面对科学问题已经从以往的向导身份转向为共同合作者，从单纯的语言分析转向实际的研究活动，从强调涉身性（embodiment）转为生成论（enactivism）。哲学问题在科学讨论中逐渐成为显问题而引发更多的重视，如意识、知觉、记忆、因果关系与决定论、自由意志，等等。哲学研究在作为交叉学科的认知科学中占据重要地位，与语言学、心理学、神经科学、人类学以及计算机科学等相互作用，共同构成当代认知科学的基础学科。

第五，形而上学和本体论的现代形态研究。这里的本体论不是传统哲学中的思辨论证，而是对人类现实存在状况的基础说明，是为人类社会的存在方式提供哲学理论。自然科学研究中的形而上学问题，如时空、进化与突现、心脑问题、宇宙论等，也使得哲学家们重新考虑科学研究的本体论地位。原则上，形而上学问题的缺失，会使科学研究偏离正确方向，哲学家们的工作试图为科学研究和人类活动奠定形而上学根基，包括社会存在中的集体意识问题、社会本体论和社会科学中的形而上学问题等，都应成为哲学家们必须回答的问题。

第六，面对时代问题的挑战，如何保持哲学与社会之间一种必要的张力，也是当代哲学必须解决的重要问题。能否做到在哲学与社会之间保持一种必要的张力，既是对哲学理论与社会实践是否有效结合的巨大考验，也是验证这个社会能否保持活力、为哲学提供思想平台的重要试金石。只有在哲学层面上做到知行合一，达到哲学理论与时代问题的结合，我们的哲学研究才能无愧于这个伟大的时代。

我希望，《北京哲学界》能够在解答时代问题、回应时代挑战方面作出表率，让我们的哲学研究走出象牙之塔，面向社会，面向实践，面向时代。

谨此共勉！

前沿论坛

马克思主义哲学研究70年：从“苏联模式”到“中国形态”[*]

杨学功[**]

【摘　要】如果从清朝末年传入算起，马克思主义哲学在中国的传播和发展已经超过一百年了，而中华人民共和国成立以来的70年是其中极为重要的一个阶段。这个阶段的最大特点就是，随着中国共产党领导新民主主义革命取得胜利并执掌全国政权，马克思主义哲学成为占据指导地位和根本遵循的意识形态，并且与中国革命、建设和改革实践密切相关，相互呼应。在这一理论与实践的互动过程中，马克思主义哲学的理论内容、体系结构、话语方式、功能作用等都发生了巨大的变化。如果用一句话来概括这个变化，可以表述为从“苏联模式”到“中国特色”，初步形成了马克思主义哲学中国化新形态。在充分总结、涵摄、提升改革开放以来我国哲学研究所取得的成就的基础上，在学术上自觉建构具有当代特征和中国特色的马克思主义哲学中国化新形态，将成为当代中国哲学建设的一个重要方向。

---

* 本文利用了作者此前为庆祝改革开放30周年和改革开放40周年而发表的两篇文章——《马克思主义哲学研究30年：回顾与反思》（原载《光明日报》2009年1月20日“学术”版），以及《改革开放40年中国马克思主义哲学研究的历史和逻辑》（原载《京师文化评论》2018年秋季号）中的部分资料，但是从新的角度进行了改写和重构。

** 杨学功，北京大学哲学系教授，北京市哲学会会长。主要从事马克思主义哲学和中国现代哲学研究。

【关键词】马克思主义哲学　传播与研究　哲学形态　当代中国哲学

如果从清朝末年传入算起，马克思主义及其哲学在中国的传播和演变已经超过一个世纪了，而中华人民共和国成立以来的 70 年是其中极为重要的一个阶段。这个阶段的最大特点就是，随着中国共产党领导新民主主义革命取得胜利并执掌全国政权，马克思主义哲学成为占据主导地位的指导思想，并且与中国革命、建设和改革开放实践密切相关，相互呼应。在这一理论与实践的互动过程中，马克思主义哲学的理论内容、体系结构、话语方式、功能作用等都发生了巨大的变化。如果用一句话来概括这个变化，我认为可以表述为从“苏联模式”到“中国特色”，初步形成了马克思主义哲学中国化新形态。本文拟在梳理相关文献的基础上，按照历史分期的方法描述 70 年来马克思主义哲学发展各个时期的状况，并作简要的分析和评论。

哲学史或思想史的分期与现实历史分期不必完全重合，不过由于马克思主义哲学与中华人民共和国 70 年的历史不可分割，并且深刻影响了中华人民共和国的历史进程，它的理论内容、体系结构、话语方式、功能作用等所发生的变化，都表现出与现实历史的高度相关性，所以我们仍按现实历史分期，把中华人民共和国 70 年马克思主义哲学的发展分为两个大的历史时期，即社会主义革命和建设时期以及改革开放新时期。为了叙述的便利，本文把后一个时期再细分为三个小阶段，即 20 世纪 70 年代末到 80 年代、20 世纪 90 年代和进入 21 世纪以后。下面以时间为经，以问题为纬，融人物、事件、观点和著述于其中，对 70 年来中国马克思主义哲学的发展历程作一概略的回顾和梳理。

一、社会主义革命和建设时期的马克思主义哲学(1949—1977年)

1949年中华人民共和国成立，标志着近代以来中国人民追求民族独立的伟大斗争取得重大胜利，马克思主义哲学在中国的发展也站在了新的历史起点上。考虑到历史本身的连续性，有必要先简略回溯清末和民国时期马克思主义哲学在中国传播和研究的情形。

据相关资料，马克思主义在19世纪40年代创立以后，一段时间内并不为中国人所知。中国人最初了解的是在社会主义学说影响下的国际工人运动，时间大约是19世纪70年代。1873年8月，王韬汇编的《普法战争》一书由中华印务总局出版，标志着马克思学说的影响事实上已经传入中国。1898年上海出版了一部系统讲解各种社会主义学说的著作《泰西民法志》，其中第七章着重介绍了马克思及其学说。1899年2月，上海广学会主办的《万国公报》上连载《大同学》再次提到马克思（当时翻译为马客偲）和恩格斯的名字，并介绍了其学说。① 随后，经过改良派思想家梁启超和孙中山为代表的革命派的宣传，马克思主义的影响有所扩大。直到五四新文化运动时期，形成了马克思主义在中国传播的第一次高潮。李大钊、陈独秀、李达、蔡和森等人在这个时期起了重要作用。经过20世纪30年代关于中国社会性质的论战和关于唯物辩证法的论战，在抗日战争时期形成了马克思主义在中国传播的第二次高潮，瞿秋白、李达、艾思奇等人起了重要作用。其中李达所著《社会学大纲》(笔耕堂书店1936年版）被誉为“中国人写的第一部马克思主义哲学教科书”。而最重要的成果则是形成了毛泽东哲学思想，它是马克思主义与中国新民主主义革命实践相结合的产物，在内容和形式上都具有中国人喜闻乐见的民族特色。

① 参见林代昭等编：《马克思主义在中国——从影响的传入到传播》上册，清华大学出版社1983年版，第50—51、55页。

清朝末年和新民主主义革命时期马克思主义哲学在中国的传播主要有三个渠道，在十月革命之前乃至 20 世纪 20 年代，主要渠道是欧洲和日本；十月革命后，特别是 30 年代以后，主要渠道是俄国和后来的苏联。关于这一点，毛泽东说过一段很著名的话："中国人找到马克思主义，是经过俄国人介绍的。在十月革命以前，中国人不但不知道列宁、斯大林，也不知道马克思、恩格斯。十月革命一声炮响，给我们送来了马克思列宁主义。十月革命帮助了全世界的也帮助了中国的先进分子，用无产阶级的宇宙观作为观察国家命运的工具，重新考虑自己的问题。走俄国人的路——这就是结论。"① 这段话虽然不完全符合文献事实，但是就俄国和苏联后来成为马克思主义在中国传播的主渠道而言，又是有历史根据的。

中华人民共和国成立后，马克思列宁主义及其中国化的理论成果毛泽东思想成了全党和全国的指导思想。与此同时，特别是 1952 年院系调整之后，中国各大学和研究机构开始进行马克思主义哲学的教学和研究。由于"二战"后形成的两极对立的世界格局和"向苏联一边倒"的外交方针，20 世纪 50 年代后中国的马克思主义哲学教学和研究，在很大程度上受到"苏联模式"的明显影响，这可以从以下几个方面的事实中得到证明。

第一，聘请苏联专家讲课。1952 年全国高校院系大调整，指导思想是为了建设以马克思主义为指导的高等学校。当时强调，要达到这一目的，就必须向苏联学习。因此，学科设置、课程设置和教学组织方式，都基本上效仿苏联。比如当时的北大哲学系，全系的教师按不同的小学科组成教研室，由它来组织教学与研究。课程设置以正面讲授马克思主义哲学为主，而且有统一的教学大纲。为了更好地向苏联学习，当时的公共外语一律为俄语，不仅学生学习，也号召老师学习。为了在短时期内培养一支马克思主义哲学教学的师资队伍，国家在往苏联派遣留

① 《毛泽东选集》第四卷，人民出版社 1991 年版，第 1470—1471 页。

学生的同时，从苏联聘请了一批专家到我国高校任教，负责培养青年教师。第一个来北大哲学系工作的苏联专家是格·萨波什尼克夫。他主要讲授辩证唯物论和历史唯物论，汤侠生、王先睿、乐峰、颜品忠等任翻译。起初，格·萨波什尼克夫只讲辩证唯物主义和历史唯物主义课，后又要求他开设了世界哲学史。他的课有系统讲授，同时指定大量必读书目，所读的材料都要写读书笔记。第二位来北大哲学系工作的苏联专家是莫斯科大学教授格奥尔吉耶夫，他在苏联哲学界有较高的学术地位，他所开的课多带有专题课的性质。① 其他高校的情况类似，比如中国人民大学就聘请了凯列等苏联专家来讲课，在凯列参与、协助下，中国人民大学建立了辩证唯物论历史唯物论教研室，由当时的副校长成仿吾亲自兼任主任。从 1952 年到 1954 年，辩证唯物论历史唯物论教研室全部繁重的讲课、教学任务，都是由凯列这位苏联哲学专家担任的。② 苏联专家负责讲课，而中国教师一般只能担任辅导，仅少量主讲几次。例如，后来成为我国著名马克思主义哲学家的肖前和黄枬森，当时的主要工作就是担任苏联专家授课的辅导（据知情人介绍，肖前曾参与部分讲课）。全国各大学的教师大多到北大和人大听课，有的也聘请苏联专家讲课。

第二，引进苏联版哲学教科书。艾思奇在 20 世纪 30 年代出版的《大众哲学》影响巨大，李达的《社会学大纲》被毛泽东称为“中国人写的第一部马克思主义哲学教科书”，但它们并没有在高校哲学教学中被用作教科书。与聘请苏联专家讲课相适应，20 世纪 50 年代翻译出版了几部有代表性的苏联哲学教科书，诸如：阿历山大罗夫（又译亚历山大洛夫）主编的《辩证唯物主义》（马哲译，人民出版社 1954 年版），

---

① 参见韩水法主编：《北京大学哲学学科史》，商务印书馆 2014 年版，第 249 页。

② 参见钟宇人：《马克思主义与中国人民大学教研实际结合的光辉历程》，载郝立新编：《智慧的年轮——中国人民大学哲学院老教授回忆录》（内部资料），2011 年版，第 97—98 页。

康士坦丁诺夫（又译康斯坦丁诺夫）主编的《历史唯物主义》（刘丕坤等译，人民出版社1955年版），苏联科学院哲学研究所集体编写、康斯坦丁诺夫主编的《马克思主义哲学原理》（中国人民大学出版社编译室译，人民出版社1959年版）等，它们是当时各大学普遍采用的权威版本。由于被奉为权威，苏联哲学教科书，无论其体系结构还是基本观点，都对我国马克思主义哲学教学和研究产生了巨大而深远的影响。所以，一般所谓马克思主义哲学的"苏联模式"，就是指这种"教科书体系"，也有人称之为"斯大林模式"或"斯大林体系"。

当然，这是一个颇有争议的问题，有的学者甚至认为这种称谓"别有用心"，因此有必要稍加辨析和说明。据中央实施马克思主义理论研究和建设工程《马克思主义哲学》教材编写组的调查，苏联哲学"教科书体系"的形成有一个较长的历史过程。苏联最早有三本马克思主义哲学教科书，即沃尔夫桑的《辩证唯物主义》（1924年）、拉祖莫夫斯基的《历史唯物主义理论教程》（1929年）以及芬格尔特和薛尔文特的《辩证唯物论与历史唯物论》（1929年）。其中，芬格尔特和薛尔文特的《辩证唯物论与历史唯物论》标志着苏联马克思主义哲学教科书体系的初步形成。此后，西洛可夫、爱森堡的《辩证法唯物论教程》（1932年）奠定了教科书体系的框架，米丁的《辩证唯物论与历史唯物论》（1936年）则标志着苏联哲学教科书体系基本形成。① 从这个过程来看，苏联哲学教科书体系的形成确实早于斯大林为《联共（布）党史简明教程》撰写的第四章第二节《辩证唯物主义和历史唯物主义》（1938年）。但是我们不应忘记，正是斯大林的这篇哲学短论，赋予了哲学教科书体系权威地位，并且被定于一尊。因此，我认为把苏联教科

---

① 参见中央马克思主义理论研究和建设工程《马克思主义哲学》教材编写组、中国辩证唯物主义研究会和苏州大学于2004年11月在苏州联合召开的"马克思主义哲学理论创新研讨会"会议资料。袁贵仁、杨耕等主编的《马克思主义哲学教学体系：历史与现状》（北京师范大学出版社2011年版）一书"导论"中，对苏联哲学"教科书体系"的形成过程有更详细的考证。

书体系简称为“斯大林模式”或“斯大林体系”，虽然在细节上不够准确，但并不是原则性的错误，更不是“别有用心”。

20 世纪 50 年代后期，由于种种原因，中苏关系恶化，毛泽东提出“以苏联经验为戒，走自己的路”，在哲学上“不必抄苏联”。所以，从 20 世纪 50 年代后期开始，中国学者就尝试对苏联哲学“教科书体系”加以改进，编写自己的哲学教科书。开始准备编几个不同的版本，包括李达、艾思奇、孙叔平主编的在内。① 不过艾思奇主编的《辩证唯物主义历史唯物主义》（人民出版社 1961 年版）出版最早，影响最大。只要把该书与前面提到的几部苏联哲学教科书加以比较，就不难发现，它们在体系结构上是基本一致的，即“两大主义”（辩证唯物主义和历史唯物主义）和“四大板块”（唯物论、辩证法、认识论、历史观）的体系。但是，它在具体内容上作了改造和补充，特别是在认识论和历史观中增添了毛泽东哲学思想的某些内容。这也可以说是马克思主义哲学“中国特色”的孕育和萌芽。

但是，我们不应过分高估这种萌芽的地位和作用。事实上，在中华人民共和国成立后到改革开放前的差不多 30 年的整个历史时期，中国马克思主义哲学的教学和研究都未能从根本上摆脱苏联教科书体系的支配性影响。相反，苏联哲学教科书体系被奉为马克思主义哲学的标准模式，甚至被等同于“马克思主义哲学”本身，取得至高无上的地位。有时比马克思主义哲学创始人的经典著作的地位还要高，因为经典也要以这个被固定的“体系”来决定取舍。当人们把这样的“体系”奉为至尊时，所有具体的“原理”也就在该体系各就各位了。剩下来的工作就是从经典著作中寻章摘句，用来“论证”预先已经被确认的“原

① 李达在 20 世纪 60 年代受毛泽东委托主编了《马克思主义哲学大纲》，上册《唯物辩证法大纲》于 1962 年完成初稿，1965 年定稿。后因发生“文化大革命”，该书未能公开出版，下册《历史唯物论大纲》也没有完成。直到 1978 年，《唯物辩证法大纲》才由人民出版社公开出版，旋即被高校广泛选用为哲学教科书。

理”，从而产生了有的学者所批评的“同质性引用”现象，即非历史地预设马克思主义经典作家不同文本之间的虚假同质性，先验地假设《马克思恩格斯全集》从第一卷到第五十卷的每一句话都是一样的真理，都可以从专题式的语录摘编中任意引用，并无视其语境而任意发挥。①

或许，在非常严格的意义上，改革开放前并不存在真正学术意义上的马克思主义哲学研究范式。如果一定要勉强这样谈论的话，那它就只有一种单一的研究范式，即“教科书哲学”范式。在中华人民共和国成立后的特殊环境和条件下，中国在对外关系上采取了向苏联“一边倒”的政策，而哲学理论上则“全面向苏联学习”，基本按照苏联教科书的体系模式建构了自己的“教科书哲学”。应该承认，中国人自己编写的哲学教科书也有自己的某些特点，主要是把毛泽东哲学著作中的一些内容添加进去，并不是对苏联教科书的简单抄袭。然而不可否认的是，“教科书哲学”虽然经过了中国学者的整理、加工、充实和完善，但其整体的框架结构和基本的原理原则都没有脱离苏联哲学教科书体系。

“教科书哲学”作为一种研究范式，其所提供的研究进路和规范，就是在非反思地确认那些写在教科书中的“基本原理”的真理性前提下，通过补充新的事例（包括科学发展的新事实和社会实践的新情况）来为既定的“原理”作论证，同时援引既定的“原理”来为党和政府的路线、方针、政策作辩护。有的学者简明地把这种研究范式概括为：“原理+例证+政策辩护”。改革开放以来，这种研究范式受到了尖锐的批评和质疑，主要集中在以下两个方面：

一是对“基本原理”的反思。人们批评以前那些写在教科书中的原理的正当性，不少学者指认那些“原理”来自苏联哲学教科书，属于所谓“斯大林体系”，与马克思主义哲学创始人特别是马克思本人的

① 参见张一兵：《何以真实地再现马克思主义哲学的发生史》，载《学术月刊》，2005年第10期。

思想并不一致，因此它们并不是天然合理和正确的。在此背景下，人们提出应该回到马克思的原初理论语境，结合马克思主义哲学发展史去了解这些“原理”本身的原初涵义及其流变过程。一时间“马克思文本研究”蔚然成风，其影响所及，几乎要颠覆以前所有“原理”的合法性。

二是对“原理+例证+政策辩护”的论证方式的反思。人们批评这种论证方式混淆了理论思维的逻辑层次，使哲学理论研究变成了迁就眼前事变的辩护工具，丧失了马克思主义哲学应有的批判功能。其中部分学者高度评价西方马克思主义哲学的研究成果，并力图弘扬其批判精神，因而兴起了“西方马克思主义”的研究热潮。

现在我们已经看得比较清楚了，“教科书体系”的问题主要并不在于其具体理论观点是正确的还是错误的。事实上，教科书体系对许多基本原理的阐述都是正确的，而它通过较为通俗和条分缕析的形式讲解马克思主义哲学，对于马克思主义哲学的宣传和普及还起过不可抹杀的历史作用。在我看来，“教科书体系”存在的问题主要有二：一是“两个主义”并列的体系结构不符合马克思主义哲学形成的历史事实，这不需要展开；二是“两军对战”“两个对子”的观念，被形而上学地夸大为“在绝对不相容的对立中思维”。这种观念几乎贯穿在教科书体系对所有“原理”的阐述之中，它与当时“两极对立”的世界格局相互呼应，又与20世纪50年代后期不断强化的“以阶级斗争为纲”“两条路线斗争”的观念相互配合，终于在“文化大革命”中走向了“否定一切”的历史虚无主义和文化虚无主义。但这两个缺陷还不是“教科书体系”的根本，“教科书体系”的根本问题在于，其所主张和宣扬的哲学观是与马克思主义经典作家所主张的哲学观背道而驰的。

人们常说，哲学观是哲学的“首要”问题，但这种“首要”是逻辑“优先”而非时间“在先”。就是说，它并不一定是哲学研究者首先考虑的问题。实际情况倒常常是，哲学研究者通常总是在承袭某种既定的哲学观的前提下从事研究。在进行了一段或长或短的研究活动之后，才有可能自觉地反思这种承袭下来的哲学观，提出和建构新的哲学观。也有可能发生这样的情况：哲学研究者终其一生都没有发生哲学观上的疑惑，他只是把时间和精力消磨在所承袭的哲学的内部问题之中。事实上，在改革开放前长达30年的漫长岁月里，由于“教科书体系”独尊的权威地位，众多哲学研究者就是在承袭既有的哲学观的前提下从事所谓哲学研究的，他们把时间消磨在这种哲学观所限定的内部细节问题之中。在这种意义上，哲学观问题就是哲学研究的范式问题，它规定了研究者“看哲学”和“做哲学”的方式。

那么，“教科书体系”所代表的哲学观的问题究竟何在呢？说到底就是，它虽然在言辞上宣称反对，但实际上仍然把马克思主义哲学当作某种“关于总联系的特殊科学”，当作“科学之科学”或“太上科学”(冯友兰语)。因为它宣称马克思主义哲学是关于整个世界、整个宇宙的普遍本质和规律的科学，而作为这样的科学，它应该并且能够对整个世界的构成及其发展图景作出完整的理论陈述。然而，这恰恰赋予了哲学一种不切实际的空想。因为哲学不可能以某种超越实践经验和科学知识的抽象思辨的方式来回答“整个世界”的本质和规律问题。或者说，这样的追求超出了哲学性质所决定的能力范围。正如恩格斯所说：“世界表现为一个统一的体系，即一个有联系的整体，这是显而易见的，但是要认识这个体系，必须先认识整个自然界和历史，这种认识人们永远不会达到。”① 他又说：“对这种联系作恰当的、毫无遗漏的、科学的陈述，对我们所处的世界体系形成精确的思想映象，这无论对我们还是对所有时代来说都是不可能的。”② 恩格斯的这番论述，实际上表达了一个关键领会，即关于宇宙整体的认识，并不是凭借哲学思辨所能获得的。然而，“苏联马克思主义”以及受其影响的我国传统哲学教科书，却把恩格斯所否定的虚妄当成了自己追求的目标，

① 《马克思恩格斯全集》第20卷，人民出版社1971年版，第662—663页。

② 《马克思恩格斯选集》第3卷，人民出版社1995年版，第367页。

从而构造了种种理论神话。对此，詹姆逊（Fredric Jameson）毫不隐讳地说："我觉得苏联马克思主义，或者说马克思主义的'东正教'最可悲之处，就在于它抱着这样一种观念，即人们可以描绘出一副世界整体的无所不包的画面。"① 这种理论神话一旦被固定化并被宣布为科学，势必成为某种超验的形而上学体系，与不断变动的生活实践脱节，并且渐行渐远。

中华人民共和国成立后到改革开放前，特别是20世纪五六十年代，还掀起了多次哲学普及运动，编写和出版了大量通俗小册子。但它们大多没有摆脱"原理+例证+政策辩护"的论证方式，虽然当时起了某种历史作用，但现在已经没有多大理论和学术价值（当然有历史文献价值）。当时还热烈争论过一些理论问题，其中比较著名的是关于"综合经济基础"与"单一经济基础"的争论、关于思维与存在的同一性的争论及关于"一分为二"与"合二而一"的争论。这些争论虽然有现实背景，也并非完全没有理论意义，但其提出问题和论证问题的方式，也基本上局限在"教科书体系"的框架内，没有触动"教科书体系"的权威地位。直到改革开放以后，"教科书体系"及其所代表的哲学观，才开始受到反省和批评。

二、改革开放新时期的马克思主义哲学（1978—2019年）

新时期的马克思主义哲学研究，与中国改革开放的实践相同步，走过了40年不平凡的历程。虽然这个过程充满了起伏和曲折，潜藏着回旋与暗礁，但总体上表现为理论逻辑的不断推进，并有力地配合和支持了中国的改革开放和现代化建设事业。笔者在庆祝改革开放30周年和40周年之际曾分别撰写发表了两篇学科综述——《马克思主义哲学研

① 〔美〕詹明信：《晚期资本主义的文化逻辑》，张旭东编，陈清桥等译，生活·读书·新知三联书店1997年版，第18页。

究30年：回顾与反思》① 和《改革开放40年中国马克思主义哲学研究的历史和逻辑》②，详细梳理和评述了改革开放新时期我国马克思主义哲学研究所取得的成就，并依据其研究主题、研究取向、研究方式及其所形成的总体风貌，将其划分为以下三个小阶段：第一个阶段是20世纪70年代末至80年代，发端于这一时期影响深远的两次大讨论——关于真理标准问题的讨论以及人道主义和异化问题的讨论，主要成果体现在认识论研究、价值论研究、马克思主义哲学史学科建设和哲学原理教科书体系改革等方面；第二个阶段是20世纪90年代，"问题意识"充分凸显，研究重心发生转移，主要成果体现在领域（部门）哲学研究迅速崛起，同时在哲学基础理论研究方面进一步向哲学观层次跃升；第三个阶段是进入21世纪以后，形成了马克思文本研究、国外马克思主义研究等多个热点领域，主要成果体现在历史唯物主义的重释与创新，资本逻辑和《资本论》哲学研究成为学界瞩目的重心，政治哲学研究异军突起等方面。这些具体内容此处无法详述，只能择取若干层面，以凸显新时期马克思主义哲学研究所形成的鲜明的"中国特色"。

新时期中国马克思主义哲学研究所取得的进展，主要表现在以下几个方面：

第一，认识论成为热点和价值论研究的兴起。新时期的前十年左右时间，我国马克思主义哲学研究的成果，主要体现为20世纪80年代的

① 本文是应约为《光明日报》"改革开放30年学科综述"栏目撰写的一篇学术评论，原题为《马克思主义哲学研究30年：回顾与反思》，发表于该报2009年1月20日"学术"版（整版）。但是由于版面限制，报纸发表的只是一个纲要，并且删去了注释和文献。全文（约4.5万字）发表于《马克思主义在中国60年》一书（重庆出版社2010年版），后又收入拙著《在范式转换的途中——马克思主义哲学研究评论集》（中央编译出版社2012年版）。

② 本文是在前一篇文章的基础上，应《京师文化评论》主编沈湘平先生之约而写的一篇学术综述（全文约7万字），发表于《京师文化评论》2018年秋季号（总第三期）。除了增补了之后10年的研究进展之外，我对原稿又作了某些修改和增补。

理论探索和进展，但这却是从影响深远的两次大讨论开始的，也就是关于真理标准问题的讨论和人道主义与异化问题的讨论。这两次大讨论都对我国新时期马克思主义哲学研究产生了重大而深远的影响。前一次讨论及其所蕴涵的理论问题的充分展开，催生并形成了20世纪80年代的认识论研究热，进而引发了关于“实践唯物主义”的讨论和马克思主义哲学原理“教科书体系”改革；后一次讨论虽然由于众所周知的原因而中断，但其所遗留的理论难题却成为价值论研究和人学研究兴起的思想酵母。

如果说由真理标准问题引出的讨论所开启的新时期马克思主义哲学研究，在20世纪80年代形成了一个研究热点，那么这个热点非认识论莫属。这是不难理解的，因为真理标准问题，或者更确切地说，检验认识之真理性的标准问题，本身就是一个认识论问题。随着讨论的展开，实践标准的确定性与不确定性、实践检验的过程和机制、实践检验与逻辑证明的关系，以及实践的要素和结构、主体和客体的关系、认识发生和发展的过程，认识过程中反映与创造、选择与建构、反思与重构的关系，等等，所有这些问题都被引发出来了，认识论自然就成为那个时期哲学研究围绕旋转的轴心，“主客体关系”也成为人们重新理解哲学及其全部理论问题的切入口。

只要把那个时期代表性的哲学论著列举出来（大体按照出版时间顺序），事情就一目了然了。举凡吴江的《认识论十讲》（上海人民出版社1982年版），张恩慈的《人类认识运动》（上海人民出版社1984年版），陈中立的《真理过程论》（中国社会科学出版社1984年版），肖前主编的《马克思主义认识论研究与我国社会主义现代化建设》（中国人民大学出版社1986年版），夏甄陶的《认识论引论》（人民出版社1986年版）和他主编的《认识发生论》（人民出版社1988年版），齐振海的《认识论新论》（上海人民出版社1988年版），李淮春与陈志良合著的《现时代与现代思维方式》（河北人民出版社1987年版），陈志良的《思维的建构和反思》（中国人民大学出版社1989年版），单少杰的

《主客体理论批判》(中国人民大学出版社 1989 年版),李景源的《史前认识研究》(湖南教育出版社 1989 年版),欧阳康的《社会认识论导论》(中国社会科学出版社 1990 年版),景天魁的《社会认识的结构和悖论》(中国社会科学出版社 1990 年版),周文彰的《狡黠的心灵——主体认识图式概论》(中国人民大学出版社 1990 年版),王永昌的《实践活动论》(中国人民大学出版社 1992 年版),以及汪信砚的论文《认识的主体性与非经典认识论论纲》(《哲学研究》1987 年第 1 期),等等。这些著述大都是我国刚设立的马克思主义哲学博士点的第一批博士论文,有的还是其导师的作品。它们共同汇聚成一股潮流,凸显了认识论在 20 世纪 80 年代马克思主义哲学研究中的主流地位。

在认识论研究如日中天之时,价值论研究已经蓄势待发了。价值本来是人类生活中普遍存在的基本事实,是人类生活的重要维度,但在我国马克思主义哲学研究中却长期付之阙如。人们往往把价值问题局限于马克思主义政治经济学的研究范畴,如劳动价值论和剩余价值论。那么,是否应该和能够依据马克思主义经典作家的思想和逻辑,建构马克思主义的哲学价值论呢?关于这个问题,苏联和日本都有学者进行过有益的探索,进入 20 世纪 80 年代中后期,中国马克思主义哲学界也开拓了相关研究并取得了非常可喜的成果。

我国的哲学价值论研究是从认识论研究中逐渐独立出来的。随着认识论研究中主体性问题的凸显,价值论也就呼之欲出了。正如李德顺所揭示的,“在价值问题和主体性问题之间有着高度的内在一致性。这种一致性简单说来就是:在理论上,价值问题是主体性问题的一个最典型的形式,而主体性问题则是价值论研究中的一个关键问题”①。

从相关资料看,杜汝楫在《学术月刊》1980 年第 10 期发表的《马克思主义论事实的认识和价值的认识及其联系》一文,是我国价值论研

① 李德顺:《价值论——一种主体性的研究》,中国人民大学出版社 1987 年版,第 3 页。

究兴起的第一个信号；而刘奔、李连科于1982年在《光明日报》上发表的《略论真理观和价值观的统一》，则对这种研究起到了重要的推动作用。此后，随着李连科的《世界的意义——价值论》（人民出版社1985年版），李德顺的《价值论——一种主体性的研究》（中国人民大学出版社1987年版），王玉樑的《价值哲学》（陕西人民出版社1989年版），袁贵仁的《价值学引论》（北京师范大学出版社1991年版）等著作的出版，价值论逐渐成为我国马克思主义哲学研究的一个重要领域和生长点。不难看出，以上著作的书名和内容都不尽相同，因而各具特色，但它们又都是以马克思主义的立场、观点和方法来研究价值问题的，可以说是当代中国学者对马克思主义哲学价值论的自觉建构。价值论研究的兴起，无论在实质内容还是思维方式上，都起到了突破传统哲学教科书体系的重要作用。

第二，“教科书体系”改革和“实践唯物主义”讨论。改革开放初期和整个80年代，对“教科书体系”及其所代表的哲学观的反思，可以说是一个贯穿始终的主题。80年代最激动人心的理论事件就是“教科书体系改革”。事实上，随着实践、主体性和价值等问题的凸显，哲学“教科书体系改革”已成为理论逻辑发展的必然，因为传统教科书体系不能容纳对这些问题的思考和阐述，体系束缚内容，已经到了非改不可的地步。而哲学教科书体系改革的一个关键问题是如何理解马克思主义哲学变革的实质。改革开放以前，人们对马克思主义哲学的理解是基本一致的。改革开放以来，人们对马克思主义哲学变革的实质进行了新的探索，形成了互有差异的几种不同观点，展开了激烈的学术争鸣。争论的核心之点是如何理解实践的观点在马克思主义哲学中的地位。因此，哲学教科书体系改革的继续展开是与关于“实践唯物主义”的讨论联系在一起的。

关于“实践唯物主义”的讨论，从20世纪80年代兴起，纵贯整个90年代，直至21世纪。马克思主义哲学界几乎所有专家学者都参与了这场讨论，其规模之大，持续时间之长，为中华人民共和国成立以来各次哲学论争所仅见。这场讨论对我国马克思主义哲学研究产生了重大而深远的历史性影响。虽然引发这场讨论的教科书改革后来并没有取得完全令人满意的成果，但是通过这场讨论，打破了传统教科书体系“一统天下”的独尊地位，形成了 20 世纪 90 年代以后我国马克思主义哲学日益活跃的多样化格局。而随着价值论研究成果被纳入教科书体系，以及 90 年代后期关于哲学观的反思和 21 世纪初期关于“本体论思维方式”的反思，以实践的观点来理解和定位马克思主义哲学，已经成为中国马克思主义哲学界的主流。这是一场哲学思维方式和研究方式的革命，从根本上冲击和突破了苏联哲学“教科书体系”。

第三，领域（部门）哲学研究勃兴。20 世纪 90 年代以后，随着国际上发生东欧剧变和中国改革向“市场经济”迈进，我国马克思主义哲学研究的内外部条件都发生了重大而深刻的变化。为了适应这种变化，马克思主义哲学研究者自觉实现了从“体系意识”到“问题意识”的转换，最突出的表现就是领域（部门）哲学研究迅速兴起并得到很大发展。这里所说的领域（部门）哲学不同于通常所说的哲学二级分支学科，是指以某些特定的领域为对象和范围而形成的相对独立的研究部门，诸如自然哲学、社会哲学、历史哲学、文化哲学、人的哲学（人学），经济哲学、政治哲学、法哲学、道德哲学、宗教哲学、艺术哲学、教育哲学、管理哲学、日常生活哲学，以及自然科学哲学、人文社会科学哲学，等等。虽然这些研究领域不能为某个现行的哲学二级分支学科所垄断，但除了自然哲学、宗教哲学、艺术哲学、教育哲学等几个领域外，其他都主要是从事马克思主义哲学研究的学者在开拓和耕耘，其中价值哲学、社会哲学（包括社会发展理论）、人的哲学（人学）和文化哲学是成果最为突出的几个领域。

进入 21 世纪以后，领域哲学研究进一步向纵深发展，政治哲学和公共哲学研究已成为新的研究热点。总之，领域（部门）哲学的勃兴，是 90 年代以来我国哲学研究中最值得被瞩目的现象。从研究对象和研究方式来看，“领域（部门）哲学”有点类似于亚里士多德所讲的“实践哲学”（与之相对应的是“理论哲学”）。在“理论哲学”相对沉寂的所谓“哲学危机”的背景下，我国领域（部门）哲学研究的繁荣和发展，可能孕育着未来最有活力、最有发展前景的新的理论形态。

与此同时，90 年代以来，马克思主义哲学研究另一个深层次的变化是研究重心的转移。对于中国的马克思主义哲学研究来说，如果说 20 世纪 50 年代至 60 年代的基本主题是唯物论和辩证法，70 年代末至 80 年代的基本主题是认识论，那么进入 90 年代以后，其研究主题或研究重心则发生了从认识论向历史观的转移。关于社会历史哲学的研究成果，不仅在内容上深化和拓展了历史唯物主义的理论体系，而且有力配合和支持了中国的改革开放和现代化建设。

第四，马克思经典文本研究蔚为大观。进入 21 世纪以后，东欧剧变的历史后果和中国市场化改革的实践效应进一步显现。顺应理论自身演进的逻辑，我国马克思主义哲学研究继续发生深刻变化。为了从历史挫折的困顿中走出来，需要重新回到原典中去寻找力量和思想资源，“回到马克思”“走进马克思”“重读马克思”遂成为新的研究风尚，马克思经典文本研究顺势而起。马克思经典文本研究的兴起，也与国际上《马克思恩格斯全集》历史考证版（$MEGA^2$）的编辑出版有重要的关系。$MEGA^2$所做的文献甄别和考证工作及其附卷所提供的极为丰富的学术资料，为文本研究的兴起提供了非常有力的文献支撑。张一兵在《回到马克思》（江苏人民出版社 1999 年版）一书中率先引入文本学方法解读马克思经济学手稿及其所取得的成就，对国内文本研究的兴起产生了明显的示范效应。中国社会科学院、北京大学、南京大学、清华大学等单位都成立了相应的研究机构，或有学者在进行这方面的专门研究。21 世纪初期马克思经典文本研究的代表性成果主要有：聂锦芳的《清理与超越——重读马克思文本的意旨、基础与方法》（北京大学出版社 2005 年版），王东的《马克思学新奠基——马克思哲学新解读的方法论导言》（北京大学出版社 2006 年版），鲁克俭的《国外马克思学的热点问题》（中央编译出版社 2006 年版），韩立新主编的《新版〈德意志意识形态〉研究》(中国人民大学出版社2008年版)等。

近十年来，马克思文本研究继续向纵深推进。经典文本个案研究主要聚焦于《黑格尔法哲学批判》《1844年经济学哲学手稿》和《德意志意识形态》等早期文本，代表性成果主要有：魏小萍的《探求马克思——〈德意志意识形态〉原文文本的解读与分析》(人民出版社2010年版)，孙云龙的《"生活"的发现与历史唯物主义的形成——〈德意志意识形态〉研究》(复旦大学出版社2011年版)，聂锦芳的《批判与建构:〈德意志意识形态〉文本学研究》(人民出版社2012年版)，刘秀萍的《马克思"巴黎手稿"再研究》(中国人民大学出版社2013年版)，韩立新的《〈巴黎手稿〉研究》(北京师范大学出版社2014年版)，聂锦芳主编的《"巴黎手稿"再研究：文献、思想与历史地位》(中央编译出版社2014年版)，黄建都的《"苦恼的疑问"及其解决：〈莱茵报〉——〈德法年鉴〉时期马克思文献及思想再研究》(中国人民大学出版社2015年版)等。此外，鲁克俭的《走向文本研究的深处》(中国社会科学出版社2016年版)是基于MEGA^{2}特别是其学术资料卷对马克思文献学的清理研究，聂锦芳的《滥觞与勃兴》(中国人民大学出版社2017年版)则是对马克思思想起源的探究。这些成果都进一步深化和细化了马克思经典文本研究。

值得一提的是，原中央编译局杨金海、李惠斌主编的"马克思主义经典著作研究读本"(中央编译出版社2013—2017年版)，是迄今为止规模最大的马克思主义经典著作研究丛书，该丛书得到国家出版基金资助，于2013—2017年分三批共出版40多册，囊括了马克思、恩格斯、列宁的主要著作，除了人们比较熟悉的名著外，还包括一些通常被忽略的比较偏僻的著作以及专题梳理和解读。丛书编撰遵循"体现全面性和系统性，突出文献性和考证性，力求权威性和准确性"的原则，采用大致统一的写作框架，除导论外，各读本均由五个部分组成：一是历史考证，包括写作背景、国内外主要版本和传播情况；二是研究状况，包括对国内外已有研究情况的梳理；三是当代解读，包括对经典著作内容的释读，对已有研究观点的疏正，对重要理论问题及其当代意义的阐述；四是原著选编，根据经典著作的不同情况，或采取全选的形式，或采取节选的形式，均采用最新的中译本，个别读本同时选编原著的旧文本，以方便比较研读；五是附录，包括 3 至 5 篇关于该著作的国内外最有权威性的文章精选，以及进一步研究需要参考的文献索引。由此可见，这套丛书的编纂体例是经典文本解读范式的一种创新。2018 年，在纪念马克思诞辰 200 周年之际，聂锦芳将历年从事文本研究的成果与其同道和学生的成果整合起来，在中国人民大学出版社出版了一套颇具规模的丛书——“重读马克思：文本及其思想”（共 12 册）。这两套丛书可以说是 21 世纪文本研究成果的系统展示和检验。

文本研究虽然是在“回到马克思”的口号下展开的，但就其实质内容而言，恰恰是通过对经典的“重新发掘”和“深度解读”，极大地突破了传统“哲学教科书体系”的框架，并且形成了以“马克思哲学”为名的建构性成果。据考证，在中国马克思主义哲学界，“马克思哲学”这个新术语是 2001 年正式提出的，迄今已有近 20 年，但是直接以之为书名的著作并不多见，新近出版的两部著作引人注目。其一，安启念所著《通往自由之路——马克思哲学思想研究》（中国人民大学出版社 2016 年版）是对马克思哲学思想的新阐释，该书彻底突破了传统教科书体系。本书提出，马克思唯一关心的是人类解放，他的哲学思想是大唯物史观。大唯物史观涵盖了自然界、人类社会和人本身，其核心观点认为历史就是它们的相互作用和协同发展。人在劳动实践活动中改变环境，被改变的环境又反过来改变人，这种辩证运动是历史发展的深层机制，而历史发展的趋势是人类解放。这种大唯物史观克服了唯物主义和唯心主义的对立，把人道主义与科学理性结合起来，是马克思对人类文明的巨大贡献。其二，赵敦华新近出版的《马克思哲学要义》（江苏人民出版社 2018 年版）同样引人注目。该书以文本研究为基础，结合国内外研究成果，按照启蒙哲学、批判哲学、政治哲学、实践哲学和辩证哲学的框架，重构了马克思哲学的叙述体系，在国内外哲学界独树一帜，出版后引起热烈反响，被认为是“一部富有独创性、富有特色并且具有很高学术价值的重要著作”（侯才）。

第五，国外马克思主义研究的学术积淀。长期以来，中国的马克思主义者熟悉和接纳的主要是苏俄式的马克思主义哲学，甚至把它看作马克思主义的唯一“正统”，而对西方马克思主义采取排斥态度，当然就更谈不上深入研究了。改革开放以后，人们了解国外思潮的愿望日益迫切。为适应这种需要，在众多学者积极引介现代西方哲学思潮的背景下，徐崇温率先开拓了国外马克思主义研究领域，并于 1982 年出版了《“西方马克思主义”》（天津人民出版社 1982 年版）一书。它是我国西方马克思主义研究的奠基之作。该书介绍了西方马克思主义的来龙去脉，并对其代表人物的著述和思想作了较为系统的分析和评价。随着俞吾金、陈学明、张翼星等众多学者的加入和相关研究的持续开展，国外马克思主义成为新时期我国马克思主义哲学研究的显学之一。

20 世纪 80 年代是国外马克思主义研究的第一次高潮。进入 90 年代以后，国外马克思主义研究再次掀起高潮。因为随着东欧剧变，苏俄式的马克思主义失去了其权威和“正统”地位，在反思马克思主义历史命运的大背景中，人们比以前更加迫切地渴望了解马克思主义的另一种形态，即西方马克思主义。近年来，关于国外马克思主义的研究一直很热，形成了一种颇具声势的学术潮流，是改革开放以来的第二次高潮。首先，研究视野拓宽了。除传统意义上的“西方马克思主义”外，进一步扩展到 20 世纪 60 年代以后形成的一些新思潮，如分析的马克思主义、市场社会主义、生态学的马克思主义、女权主义的马克思主义、后现代马克思主义和后马克思思潮等。其次，研究基调改变了。学者们逐渐从以前对国外马克思主义的定性中摆脱出来，承认国外马克思主义也是马克思主义。西方马克思主义是马克思主义的一种形态。

通过学者们多年来坚持不懈的努力，国外马克思主义研究取得了非常突出的成果。首先，国外马克思主义的代表性著作大都已翻译成中文。除了 20 世纪 80 年代末至 90 年代较早出版的徐崇温主编的“国外马克思主义和社会主义研究丛书”（重庆出版社）之外，21 世纪以来又先后出版了郑一明和杨金海主编的“马克思主义研究译丛”（中国人民大学出版社），段忠桥主编的“当代英美马克思主义研究译丛”（高等教育出版社），魏小萍主编的“马克思与当代世界”（东方出版社），衣俊卿主编的“东欧新马克思主义译丛”（黑龙江大学出版社），刘森林主编的“马克思与西方传统”（华东师范大学出版社）等多套丛书。鲁克俭主编的“国外马克思学译丛”（北京师范大学出版社），力图把国外马克思学的代表性成果全面译介过来。

其次，中国学者出版了大量关于国外马克思主义的研究著作。其中既有通论性质的著作或教材，如俞吾金和陈学明合著的《国外马克思主义流派新编（西方马克思主义卷）》（复旦大学出版社 2002 年版），陈学明的《西方马克思主义教程》（高等教育出版社 2001 年版），衣俊卿的《20 世纪的新马克思主义》（中央编译出版社 2001 年版）和《西方马克思主义概论》（北京大学出版社 2008 年版），张一兵、胡大平合著的《西方马克思主义哲学的历史逻辑》（南京大学出版社 2003 年版），王雨辰的《当代西方马克思主义哲学研究》（中国财政经济出版社 2001 年版），仰海峰的《西方马克思主义的逻辑》（北京大学出版社 2010 年版），张秀琴的《西方马克思主义发展史》（人民出版社 2017 年版）等；又有专题、思潮和人物研究，如孙伯鍨、张翼星对卢卡奇的研究，徐崇温、刘放桐、黄颂杰等对萨特和存在主义马克思主义的研究，徐崇温、李青宜等对阿尔都塞结构主义马克思主义的研究，陈学明、欧力同等对法兰克福学派和哈贝马斯的研究，张翼星等对西方马克思主义辩证法的研究，李青宜对西方马克思主义的当代资本主义理论的研究，张一兵对阿多诺和阿尔都塞的文本学研究，衣俊卿对东欧新马克思主义的人道主义批判理论及其精神史的研究，郑一明和欧阳谦等对西方马克思主义文化哲学的研究，汪行福和郑召利等对哈贝马斯的研究，胡大平对德里克弹性生产时代的马克思主义的研究，仰海峰对早期鲍德里亚思想的文本学解读，孔明安对鲍德里亚哲学思想的研究，刘怀玉对列菲伏尔日常生活批判哲学的文本学解读，张亮对阿多诺早中期哲学思想的文本学解读以及对英国文化马克思主义的研究，王凤才对霍耐特承认理论的研究，尹树广对 20 世纪 70 年代以来西方马克思主义国家批判理论的研究，等等。

许多学者充分肯定国外马克思主义特别是西方马克思主义研究在当代中国的意义。自从西方马克思主义被引入中国学界以来，它就以各种方式深刻影响了中国的马克思主义哲学研究。现在即使不专门从事国外马克思主义研究的学者，也比较注意在自己的研究中参考和借鉴国外马克思主义的研究成果。事实上，国外马克思主义不仅为我国马克思主义哲学研究提供了可资借鉴的思想资源，而且通过对国外马克思主义的研究，培育和锻造了一批学养深厚、素质较高的马克思主义哲学理论工作者，对突破“苏联模式”的哲学教科书体系起到了“他山之石”的重要作用。

第六，历史唯物主义的重释与创新。如前所述，历史观在 20 世纪 90 年代成为研究重心，且至今不衰。进入 21 世纪之后，90 年代以来形成的一些研究课题，诸如世界历史理论、社会形态理论、东方社会理论、生产理论、交往理论、人的全面发展理论等仍在继续深入展开，而现代性、全球化、公共性等则成为新的研究热点。更重要的是，由于 80 年代提出的“实践唯物主义”在理论建构上遇到困难，越来越多的学者逐渐认同或倾向于用“（广义的）历史唯物主义”来界定马克思哲学。但是，对于如何理解历史唯物主义的理论性质，学界仍然存在较大的分歧。王南湜在《认真对待马克思的“历史科学”概念》一文中认为，我们不能无视马克思对思辨的历史哲学的批判，继续将他们视为历史科学的历史唯物主义混同于历史哲学。①

这个问题在俞吾金与段忠桥的争论中被尖锐化了：历史唯物主义是

① 参见王南湜：《认真对待马克思的“历史科学”概念——关于历史唯物主义理论特征的再理解》，载《哲学研究》，2010 年第 1 期。

哲学还是实证科学？此前，段忠桥曾发表多篇论文对国内学界关于历史唯物主义的理解提出商榷或质疑，这些论文被汇编为《重释历史唯物主义》（江苏人民出版社 2009 年版）一书，出版后产生了较大反响。针对该著中“历史唯物主义不是哲学而是实证科学”的提法，俞吾金通过哲学与实证科学、理论思维与经验思维、批判性与描述性三组对称性概念的理论分析，并结合马克思相关文本的翻译和解释，给予了全面的反驳。其结论是：马克思创立的历史唯物主义是伟大的哲学理论，而不是实证科学知识；把历史唯物主义降格为“实证科学”，是对马克思理论遗产的亵渎。① 针对俞吾金的反驳，段忠桥作了回应，他非但不能同意俞吾金的批评，相反认为这些批评都是建立在误解基础之上的，并且认为俞吾金关于“历史唯物主义是哲学而不是实证科学”的论断根本不能成立。②

他们的争论虽然激烈，但有一个共同点，无论是俞吾金称谓的“社会哲学理论”，还是段忠桥所说“马克思主义的历史哲学”，都承认历史唯物主义是一种“哲学”。然而，能否把历史唯物主义称为“历史哲学”，也是一个有争论的问题。争论首先与如何理解马克思 1877 年《给〈祖国纪事〉杂志编辑部的信》中关于“一般历史哲学理论”一段论述有关。赵家祥认为，马克思在这段论述中所说的“理解这种现象的钥匙”，就是指“一般历史哲学理论”。一般历史哲学理论既然是抽象的逻辑结论，它就是“超历史的”，因为它舍弃了不同国家和民族具体历史过程的差别。正因为它是“超历史的”，它才具有一定的“超时空”的性质；正因为它具有超时空的性质，它才对处于不同时空中的具体历史过程的研究具有一般历史观和方法论的指导意义，这正是一般历史哲

① 参见俞吾金：《历史唯物主义是哲学而不是实证科学——兼答段忠桥教授》，载《学术月刊》，2009 年第 10 期。

② 参见段忠桥：《历史唯物主义："哲学"还是"真正的实证科学"——答俞吾金教授》，载《学术月刊》，2010 年第 2 期。

学理论的“最大长处”。[①] 杨学功则认为，在这段话中，“这种历史哲学理论”就是指“一般历史哲学理论”，其特点是“超历史的”；“万能钥匙”是反话，其意思与“药方和公式”差不多；“最大长处”也是反话，讽刺使用超历史的“一般历史哲学理论”这把“万能钥匙”，是永远也达不到目的的。它与恩格斯晚年书信中反对把历史唯物主义当作“套语”“教义”“构造体系的诀窍”等，也是完全一致的。[②] 事实上，列宁就明确指出，“从来没有一个马克思主义者认为马克思的理论是一种必须普遍遵守的历史哲学公式”[③]。由此可见，如何理解历史唯物主义的理论性质，是重释历史唯物主义的一个根本问题。关于这个问题的争鸣，乍看起来有几分学究气，其实它对于历史唯物主义所有理论内容的展开及其实践功能的发挥，都具有重要的前提性意义。

众所周知，马克思主义传入中国并被国人所选择和接受，就其功能而言，是“作为观察国家命运的工具”；而就其内容来说，最先得到传播的就是历史唯物主义。这是因为，历史唯物主义为透视中国社会的历史发展和未来走向，为解决中国革命中一系列重大问题提供了理论武器。但是改革开放以来，中国社会发展出现了很多新情况、新问题，如何运用历史唯物主义透视当代中国问题，并通过中国问题的研究来检验、丰富和发展历史唯物主义，就成为人们普遍关注的问题。

历史唯物主义传入中国后，其显著的理论景观之一就是马克思主义历史学派在中国的崛起。这个包括了李大钊、李达、郭沫若、吕振羽、范文澜、侯外庐、翦伯赞、胡绳等众多名家在内的马克思主义历史学派，不仅为解决中国革命的一系列现实问题作出了重要贡献，而且在中国历史研究方面取得了卓越的理论成就。然而改革开放以来，马克思主

① 赵家祥：《马克思的一般历史哲学理论》，见《当代学者视野中的马克思主义哲学：中国学者卷》下册，北京师范大学出版社 2008 年版，第 279 页。

② 参见杨学功：《如何理解唯物史观的“经典表述”》，载《理论视野》，2010 年第 4 期。

③ 《列宁选集》第 1 卷，人民出版社 1995 年版，第 58 页。

义史学派的理论成果受到不公正对待，有的研究者甚至对历史唯物主义之于中国历史研究的适用性提出质疑。针对这种情况，陈先达在《历史唯物主义的史学功能》① 一文中作了有理论深度的回应。在他看来，近些年随着历史唯物主义被边缘化，历史事件和历史人物的翻案风盛行，凸现了历史观的混乱。他着重讨论和分析了历史事实的一次性、历史现象的相似性、历史规律的重复性，给出了非常有力的论证。这篇论文不仅回应了史学界某些人对历史唯物主义史学功能的质疑，而且从理论上回答了一些深层次的现实问题。但是，如何有效地运用历史唯物主义来认识中国的历史发展及其不同于西欧历史发展的特殊性，仍然是有待深入研究的课题。

衣俊卿在《历史唯物主义与当代社会历史现实》② 中则强调指出，今天的社会历史现实同马克思创立历史唯物主义的时代相比，在内在结构、运行方式、发展内涵和问题困境等方面，都发生了重大的甚至是根本性的变化。对于这样的社会历史现实，目前的历史唯物主义研究视角、研究方式或理论范式还无法有效应对，因此必须实现自觉的转换和完善。如果理论面对的社会现实和理论的语境已经发生了深刻变化，而我们并没有依据马克思学说的批判精神找到行之有效的应对方式和作出深刻的当代解读，那么无论我们在单纯的文本解读和称谓之争上再投入多少激情和智力，我们所获得的理论收获都不会很大。这篇论文实际上提出了历史唯物主义研究的战略重点转移问题。

1978 年以来，中国正走着一条前无古人的道路，被称作“中国的发展道路”。如何运用历史唯物主义破解中国发展道路的秘密，是人们有所探讨而又争论不休的重大理论和现实问题。韩立新的《中国的

① 参见陈先达：《历史唯物主义的史学功能》，载《中国社会科学》，2011 年第 3 期。

② 参见衣俊卿：《历史唯物主义与当代社会历史现实》，载《中国社会科学》，2011 年第 5 期。

"日耳曼"式发展道路》① 一文值得关注。他认为，中国发展道路的实质就是"传统的中国社会向市民社会的转型"，它包括两个方面：一是从亚细亚共同体向市民社会的转型；一是从传统的社会主义社会向市民社会的转型。纵观人类历史，一个国家能够同时实现这样两个转型在世界上并无先例。对于"中国的发展道路"，迄今为止人们大多是根据马克思的"晚年构想"来解释的。但是在他看来，这种解释既不符合事实，又有可能对改革开放以来的国策带来负面评价。为此，他另辟蹊径，依据马克思《政治经济学批判大纲》特别是"资本主义生产以前的各种形式"一节的论述，对中国的发展道路作了不同于以往的新解释和辩护。这种解释和辩护是否成立以及能否获得人们的普遍认同是另一个问题，但它所带来的思想冲击却是一个不争的事实。

除了上述两个专题之外，21 世纪以来特别是近十年来，学界关于历史唯物主义研究的成果还有很多，难以一一评述。兹按出版时间先后，将具有代表性的成果列举如下：罗秋立的《历史唯物主义与社会人类学批判》（人民出版社 2008 年版），庄友刚的《风险社会的历史唯物主义研究》（人民出版社 2008 年版），赵庆元的《在思辨终止的地方——历史唯物主义实证性质研究》（河北人民出版社 2009 年版），王晓升的《历史唯物主义的当代重构》（社会科学文献出版社 2013 年版），张文喜的《重建历史唯物主义历史总体观》（中国人民大学出版社 2013 年版），郗戈的《从哲学革命到资本批判：马克思历史唯物主义基本范畴的当代阐释》（世界图书出版公司 2013 年版），陈新夏的《唯物史观与人的发展理论》（江苏人民出版社 2013 年版），王峰明的《历史唯物主义——一种微观透视》（社会科学文献出版社 2014 年版），罗骞的《告别思辨本体论——论历史唯物主义的存在范畴》（华东师范大学出版社 2014 年版），罗骞的《面对存在与超越实存——历史唯物主义

① 参见韩立新：《中国的"日耳曼"式发展道路》，载《教学与研究》，2011 年第 1 期。

的当代阐释》（人民出版社 2014 年版），郗戈的《超越资本主义现代性——马克思现代性思想与当代社会发展》（中国人民大学出版社 2014 年版），张云飞的《唯物史观视野中的生态文明》（中国人民大学出版社 2014 年版），孙承叔等的《重建历史唯物主义》（复旦大学出版社 2015 年版），隽鸿飞、郭艳君的《历史唯物主义的生成论阐释及其当代意义》（人民出版社 2015 年版），邹诗鹏的《从启蒙到唯物史观》（上海人民出版社 2016 年版），刘森林的《历史唯物主义：现代性的多层反思》（中山大学出版社 2016 年版），王海锋的《历史唯物主义世界观的当代阐释》（中国社会科学出版社 2016 年版），孟捷的《历史唯物论与马克思主义经济学》（社会科学文献出版社 2016 年版），杨耕的《重建中的反思——重新理解历史唯物主义》（北京师范大学出版社 2017 年版），丰子义、杨学功、仰海峰的《全球化的理论与实践》（江苏人民出版社 2017 年版），丰子义、郗戈、张梧的《社会发展的全球审视》（北京师范大学出版社 2017 年版），庄友刚的《空间生产的历史唯物主义阐释》（苏州大学出版社 2017 年版），罗卓红等的《历史唯物主义创新与当代中国》（人民出版社 2017 年版），郝立新、陈世珍的《我们为什么需要历史唯物主义》（江苏人民出版社 2018 年版），胡钧的《历史唯物主义与马克思主义政治经济学》（经济日报出版社 2018 年版），等等。

第七，资本逻辑和《资本论》哲学研究。21 世纪以来历史唯物主义研究最突出的特点之一，就是资本逻辑和《资本论》哲学研究的兴起，并且成为最近十多年来长盛不衰的热点。这是因为在历史唯物主义研究中，通过历史和理论的双重反思，人们越来越认识到，马克思是在批判资本主义社会的过程中阐发其历史唯物主义理论的。马克思关于历史唯物主义的经典表述就是在 1859 年《〈政治经济学批判〉序言》中，在简述他研究政治经济学的经过之后概括的，并且将之称为“我所得到的，并且一经得到就用于指导我的研究工作的总的结果”。列宁也说过，在《资本论》之前，历史唯物主义只是一种“假设”，只有在它被成功运用于资本主义社会研究并得到验证之后，才成为“科学地证明的原理”。那么,《资本论》之前和《资本论》之后的历史唯物主义有何差异呢？有的学者提出，在历史唯物主义创立初期（《德意志意识形态》），马克思对资本主义的经济学研究以及经济史的研究还很不充分，因此，这时对历史唯物主义的阐述，主要是以物质生产的逻辑来解释各种社会现象及其相互关系；而当马克思进入到《资本论》及其手稿的研究和写作时期，他对资本主义社会发展规律的阐述，已经很难再用以前所使用的生产逻辑作为理论支撑，取而代之的是资本逻辑。仰海峰以“历史唯物主义的双重逻辑”① 来解释这种变化。他认为，历史唯物主义并不只是从一般物质生产出发的哲学理念，它更是面对资本主义社会生产的哲学批判。也就是说，历史唯物主义具有双重逻辑：人类学意义上的一般物质生产逻辑与资本主义社会这一特定时期的资本逻辑。历史唯物主义的双重逻辑有其各自的理论视域与理论意义。如果说在前资本主义社会，我们可以用物质生产逻辑来加以说明的话，那么在资本主义社会，生产逻辑只有在资本逻辑的基础上才能得到说明。很显然，这是一个非常重要的理论问题。对这一问题加以探讨，不仅有助于理解马克思，也有助于推进历史唯物主义研究。但是，生产逻辑和资本逻辑，这两种逻辑究竟是替代的关系还是并行不悖、逐步深化的关系，这是目前学术界比较关注并有所争鸣的课题。

争论归争论，近年来以“资本逻辑”为篇名和关键词的学术论文迅速增加，并且呈逐年上升之势。据知网（中国学术期刊网）统计，结果如下：2009 年 200 多篇，2011 年 400 多篇，2013 年 600 多篇，2015 年 800 多篇，2017 年 1000 多篇，相关专著的出版也比较可观。

与资本逻辑研究相辅相成的是《资本论》哲学研究。对于马克思一生最具标志性意义的著作《资本论》，以往主要是按照列宁关于马克思主义三个组成部分的划分，被当作政治经济学著作来研究和解读的；

① 参见仰海峰：《历史唯物主义的双重逻辑》，载《哲学研究》，2010 年第 10 期。

即使涉及其中的哲学思想，也是按照传统教科书框架来选择和取舍的，主要关注《资本论》中的辩证法或辩证逻辑，虽然也有少量著述涉及《资本论》中的历史唯物主义问题①，但通常被当作教科书现成的历史唯物主义原理的论证材料。进入21世纪以来，与经济学界对《资本论》的日渐冷淡形成巨大反差，哲学界兴起了一股强劲的“《资本论》哲学”研究热潮。学界逐渐突破传统的分科模式，把《资本论》当作马克思最重要的哲学著作来研究。而$MEGA^2$第二部分“《资本论》及其手稿”全部出齐，则为这种研究提供了最坚实的文献支撑。研究涉及的问题很多，除了前面提及的资本逻辑之外，最重要的就是“《资本论》哲学”的研究大大突破了传统研究的范围，取得了重要进展。其中，仰海峰所著《〈资本论〉的哲学》（北京师范大学出版社2017年版）形成了一种带有原创性的理论构架。全书分为上下两篇。上篇是关于《资本论》的哲学基础的研究，提出了《资本论》研究的一般构架和理论方法，着重讨论了马克思哲学的理论主题、政治经济学批判中的历史唯物主义、历史唯物主义的双重逻辑及其当代境遇、资本逻辑的结构化、马克思哲学的批判之维等，充分凸显了政治经济学批判在马克思哲学建构中的意义。下篇是关于《资本论》的哲学问题的研究，尤其是以第一卷为基础的哲学思想的探讨，这些探讨围绕商品、使用价值、拜物教、劳动力成为商品、资本逻辑与时间规划、资本逻辑与空间规划、分工、机器与资本逻辑的结构化、资本逻辑与主体问题、市民社会的哲学批判等问题展开，深入揭示了这些范畴或问题的哲学意蕴。全书展现了对《资本论》哲学的独特解读，重构了历史唯物主义的理论逻辑，具有重要的学术价值。

在经济学界的《资本论》研究趋于冷淡之际，哲学界对《资本论》及其手稿的高度重视是一个非常值得注意的学术现象。它提示我们，《资本论》及其手稿作为马克思一生的主要成果，其哲学意义丝毫不亚

① 例如，《〈资本论〉中的历史唯物主义若干问题研究》，燕山出版社1988年版。

于甚至超过其经济学意义。

第八，政治哲学研究异军突起。政治哲学的强劲复兴是当代哲学最值得注意的趋势之一。就广泛的国际背景来看，政治哲学的复兴与罗尔斯卓越的理论成就密不可分。罗尔斯的《正义论》于1971年出版，该书不仅以其理论建树竖立了一座学术丰碑，而且导致整个世界哲学的发展发生了根本性的理论转向，注重哲学之知识合法性论证的分析哲学和语言哲学逐渐淡出哲学的主题论坛，而让位于关注社会现实生活与价值秩序的政治哲学和道德哲学。罗尔斯的《正义论》还引发了一场时至今日仍在持续进行的内容广泛的争论。正是在对《正义论》提出的种种疑问和批评中，西方政治哲学取得了很多新的重要成果，从而推动了政治哲学在当代的复兴。中国学界虽然早在20世纪80年代末就把这部重要著作译成中文①，但政治哲学真正成为中国学界研究的热点，却是20世纪90年代末以来尤其是21世纪以后的事情，这是有现实原因的。政治哲学是21世纪以来马克思主义哲学、西方哲学、中国哲学和伦理学等多学科共同关注的研究领域，对于打破学科壁垒起了重要作用。在马克思主义哲学领域，研究主要集中在以下几个方面。

一是关于马克思主义政治哲学的定位问题。陈晏清、王新生认为，一方面，如果将马克思主义的政治学说直接视为政治哲学，那么在历史唯物主义和政治学等学科之外，的确不再需要建立什么政治哲学。从另一方面看，马克思等经典作家也的确反对为现实政治制度的正义性进行辩护，他们从来没有建构过类似于罗尔斯正义论那样的政治哲学。但是，判断一种理论中是否包含着某一学术领域的依据不在于名称，而在于它是否参与了该领域基本问题的讨论。从政治哲学史上可以清楚地看到，自从马克思主义产生之后，几乎所有重大政治哲学问题的讨论都有它的声音。而从当代西方看，马克思主义在政治哲学论争中所起的作用

① 〔美〕罗尔斯：《正义论》，何怀宏、何包钢、廖申白译，中国社会科学出版社1988年版。

更加突出。在当代西方的诸多政治哲学流派中，有些将马克思主义作为直接的或者潜在的敌手，有些将其引为同路人，有些则自称为其继承者。对于它们来说，马克思主义不仅是政治哲学的一个重要分支，而且已经成为政治哲学中堪与自由主义相对而立的另一极坐标。马克思主义在政治哲学问题的讨论中所发挥的作用表明，它实际上是有自己的政治哲学的，问题在于怎样从全部马克思主义的政治理论中为它的政治哲学找到合理的理论定位。为此，首先需要在马克思主义政治理论中对作为具体科学的政治学与作为哲学的政治哲学之间进行区分。他们认为，建构马克思主义的正义理论，并在此基础上建构整个马克思主义政治哲学，是当今马克思主义哲学研究的一项重要任务。①

二是关于马克思政治哲学思想及其当代价值研究。这方面的论题非常多，如马克思政治哲学中的权利和自由问题、马克思市民社会理论的政治意义、马克思的共同体思想等，而研究重点则是马克思关于公平和正义的思想。马俊峰认为，公正既是一种价值观念，具有评价标准的功能，也是实际的价值（包括利益、机会、权利等）分配的一种状态，其中涉及自由与平等的矛盾、形式公正与实质公正的矛盾、一般与特殊的差别、平等与效率的抵牾、公正与不公正的对立，等等，只有运用辩证思维的方法，才能对其复杂性获得正确的认识。②

三是关于国外马克思主义和后马克思主义的政治哲学研究。如葛兰西的政治哲学，马尔库塞与哈贝马斯的政治哲学思想比较，柯亨对社会主义价值规范的政治哲学辩护，拉克劳和墨菲的后马克思主义政治哲学，福斯特等的生态学马克思主义的政治哲学思想，等等。白刚在西方政治思想传统中梳理了马克思的政治哲学，认为马克思政治哲学作为对

---

① 参见陈晏清、王新生：《当前我国马克思主义政治哲学研究的几个问题》，载《哲学研究》，2010 年第 7 期。

② 参见马俊峰：《马克思主义正义观的基本向度及方法论原则》，载《中国社会科学》，2010 年第 5 期。

现代性危机的“政治经济学解”，既不同于以施特劳斯和阿伦特为代表的“返回前现代性”之路，也不同于以罗尔斯为代表的“内在修正现代性”之路，而是一条彻底推翻资本主义制度的“外在超越现代性”之路。① 罗骞则在历史唯物主义的理论视野中对后现代政治哲学作了较为全面的研究。②

在马克思主义哲学研究领域，有几部以“政治哲学”为题的著作值得一提。王新生在多年研究积累的基础上出版了专著《马克思政治哲学研究》(科学出版社 2018 年版)。本书从政治哲学在整个马克思思想中的理论定位入手，阐释了马克思政治哲学的基本特征、核心内容、方法论特点和当代价值。第一，马克思既不是功利主义者，也不是一般道义论者，他的政治哲学建立在历史主义道义论的基础之上；第二，马克思通过对现代性特别是市民社会的批判，指明了一种走出现代性困境的政治哲学方案；第三，马克思的正义理论是兼容并超越了自由主义的正义理论；第四，以正义理论为核心的马克思政治哲学需要发掘与建构，而世界的发展特别是中国的社会转型，为这一理论的当代建构提供了现实基础。张文喜所著《历史唯物主义的政治哲学向度》(江苏人民出版社 2008 年版)，试图通过理解黑格尔的历史辩证法与马克思政治哲学的关系，阐明马克思的生产力解放与人的解放相一致的最终立场，并且在此基础上辨别历史唯物主义与经济学的理性主义观点的区别，弄清马克思的经济学研究与古典政治经济学的关系。李淑梅所著《政治哲学的批判与重建》(人民出版社 2014 年版) 从政治哲学视角解读马克思早期著作，探讨马克思早期哲学思想发展的历程，彰显马克思早期著作的政治哲学意蕴；以政治哲学的方法论及其变化为线索，阐明马克思

---

① 参见白刚:《西方政治思想传统中的马克思政治哲学》，载《马克思主义研究》，2010 年第 4 期。

② 参见罗骞:《走向建构性政治——历史唯物主义视野中的后现代政治哲学研究》，华东师范大学出版社 2014 年版。

是通过对超验形而上学和经验论方法的批判而超越旧政治哲学的。马克思把理论和现实社会实践紧密结合起来，通过不懈探索实现人的自由解放的道路，揭露了旧政治哲学把政治解放等同于人的解放、把资本主义制度永恒化的弊端，实现了政治哲学的变革，为人的自由解放指明了方向。张盾等著《黑格尔与马克思政治哲学六论》（学习出版社 2014 年版）是以黑格尔与马克思的哲学观点差异、价值传承为主题的国家社科基金成果文库项目。该书以马克思哲学的系统体系形成及价值观点特质研究为主线，从历史理论、古典和现代政治哲学、政治经济学等多个维度按时间序进行了系统的梳理，对西方哲学关于个人与社会、精神与现实、自然与自由观点演变及对照的社会现实、理论产生的现实背景进行了深入探讨，揭示了我国当前国情、现行政策方针路线的理论映照及依据。臧峰宇所著《马克思政治哲学引论》（中央编译出版社 2009 年版）以人学为视角考察马克思政治哲学的内在逻辑、思维方式与价值诉求，在综合审视相关研究的基础上，运用文本解读与当代审视内在融通等研究方法，将马克思哲学变革以及马克思的现代性批判理论、分工理论、市民社会理论、主义理论、时间论、正义论、人类学理论等纳入马克思政治哲学的总体框架，致力于丰富马克思政治哲学应有的理论视域。在澄清马克思政治哲学内在生成机制的同时，谋求规范建构，力图综合创新，确立“引论”的时代意旨，致力于探究马克思政治哲学的当代视界，把握马克思政治哲学中国化的人学理路，思考当代中国政治哲学的价值内涵。

上述几个方面或维度，比较集中地反映了新时期我国马克思主义哲学研究在突破“教科书体系”所代表的“苏联模式”上所取得的成果，无论就内容还是形式来看，都体现出鲜明的“中国特色”。如果说 20 世纪 80 年代认识论研究的突破和价值论研究的开拓已经具有中国风格和中国气派，那么“教科书体系”改革和“实践唯物主义”讨论本身就是直接针对在我国哲学教学和研究中具有深远影响的“苏联模式”；而 90 年代领域（部门）哲学研究的勃兴则从内容更新方面，大大超越了传统教科书体系的框架；21 世纪以来历史唯物主义的重释和创新成为学界关注的焦点，资本逻辑和《资本论》哲学研究以及政治哲学研究异军突起，这对推动中国马克思主义哲学研究的发展具有范式转换的重要意义。而贯穿于整个改革开放新时期的国外马克思主义研究，主要是西方马克思主义研究，也在突破“教科书体系”所代表的“苏联模式”方面起到了重要的促进作用。需要强调的一点是，国外马克思主义研究并不仅仅是外在的译介，它在一定程度上已经内在于中国马克思主义哲学的自我建构。中国学者完全有可能在充分借鉴和汲取国外马克思主义优秀成果的基础上，创造出当代中国马克思主义哲学新形态。

三、建构当代中国马克思主义哲学新形态

事实上，综观改革开放新时期的马克思主义哲学研究，一种具有鲜明“中国特色”的当代中国马克思主义哲学新形态已经在酝酿和形成之中。这里仅从“哲学形态”概念的辨析出发，在比较马克思主义哲学各种历史形态的基础上，简略描述当代中国马克思主义哲学新形态的若干特征。

在人类思想文化史上，各种哲学理论和学说不可胜数。其中，有的在产生之后一段或长或短的时间内，曾经发生过很大影响，但随着时间的流逝逐渐湮没无闻了；有的作为历史文化遗产流传了下来，至今仍为人们所研究，例如我们今天还在研究柏拉图和亚里士多德，研究老子和孔子，但是这种研究在很大程度上只是一种纯粹的学术研究。马克思主义及其哲学与这些理论和学说的命运不可同日而语，因为马克思主义对于我们来说仍然是一种在发挥着现实指导作用的思想。人们通常强调马克思主义哲学的开放性，这种开放性的根据就在于：马克思主义哲学始终以现实生活作为思考的对象，而现实生活总是处在不停的变动之中，这种变动之剧烈和深刻，近一百多年来达到前人难以想象的程度。因此，马克思主义哲学必定会随着时代、实践和科学的发展而不断更新，

不可能一成不变。事实上，在马克思主义哲学诞生以来170余年的历史过程中，马克思主义哲学的创始人和后继者总是根据变化了的时代条件，不断推进马克思主义哲学的理论创新，从而使之获得新的生命和形态。

哲学形态是哲学的生态形式。一定时代的哲学学说或哲学体系，不可能“只此一家，别无分店”，而总是有很多。哲学迄今一直是在不断的分化中发展的，而且越是往后，哲学学说或哲学体系的数量就越多。这样就造成了两种意义上的哲学形态：一是同一时代各种不同性质的哲学学说多样性统一的形态，标志着各种哲学派别在同一时代的同时存在；二是不同时代多种多样的哲学学说历时性统一的形态，标志着哲学本身的历史演进。包括上述两种意义在内的哲学形态是广义的哲学形态，它们分别代表着哲学样态在空间上的多样性和时间上的异质性。而我们在这里特别提出用于对哲学进行整体性把握的哲学形态是狭义的哲学形态，它是上述两种意义上的哲学形态的辩证综合，因而是包括历史尺度在内的哲学样态的多样性综合。换言之，哲学形态是包含一定时代标准在内的具体哲学学说和哲学流派的本质抽象。具体的哲学学说和哲学流派是极其多样的，随着哲学的发展甚至可以是无限的。

从历史的角度来看，马克思主义哲学在自己的发展过程中也形成了不同的理论形态，主要有以下五种，即马克思主义哲学原生形态、苏俄马克思主义哲学形态、西方马克思主义哲学形态、东欧新马克思主义哲学形态和中国马克思主义哲学形态。

马克思和恩格斯不仅是马克思主义哲学的创立者，也是这种哲学的发展者，他们构成了马克思主义哲学发展史上的马恩阶段。由他们创立并发展了的马克思主义哲学可称之为马克思主义哲学原生形态。这一阶段还包括他们的一些战友和学生对马克思主义哲学的研究和宣传。在恩格斯晚年，特别是在他逝世后，第二国际理论家们对马克思主义哲学作了带有他们自身特点和局限的解释。列宁在19世纪末20世纪初自由资本主义向垄断资本主义转变的历史条件下，把马克思主义发展到列宁主义阶段，实现了马克思主义从理论到实践的跨越。列宁逝世后，斯大林对马克思主义哲学作了通俗化的解释，其中存在着简单化和误解。以上这些，隶属于并形成了苏俄马克思主义哲学形态。与此同时或稍后，马克思主义哲学在西方也发展出了不同的理论形态。与第二国际理论家和苏联的“正统马克思主义”相区别，以卢卡奇、科尔施、葛兰西为早期代表的“西方马克思主义”开创了马克思主义哲学的另一种理论路向，逐步形成为西方马克思主义哲学形态。而东欧当时的社会主义国家在探索不同于“苏联模式”的社会主义过程中，又形成了东欧新马克思主义哲学形态。自从马克思主义传入中国以来，中国的马克思主义者，从李大钊、陈独秀、李达算起，已经有几代人，逐渐形成了中国马克思主义哲学形态。这些都是马克思主义哲学历史发展中的基本史实。这里暂时不谈马克思主义哲学的原生形态，下面主要考察苏俄马克思主义哲学、西方马克思主义哲学、东欧新马克思主义哲学和中国马克思主义哲学四种理论形态的特点和差异。

苏俄马克思主义哲学是在普列汉诺夫、列宁等的理论工作基础上逐步形成的，最终在斯大林模式的教科书体系中被定型化。这种形态曾经被确认为“正统马克思主义”，并取得了排他性的独尊地位。苏俄马克思主义哲学的主要特点是：（1）从哲学性质上看，把马克思主义哲学理解为关于整个世界的普遍规律的科学，实际上是把马克思主义哲学变成“太上科学”。（2）从理论观点上看，强调马克思主义哲学首先是辩证唯物主义，历史唯物主义只是辩证唯物主义在社会历史领域中的推广和运用。（3）从理论功能上看，论证和辩护的功能取代了分析和批判的功能。

西方马克思主义是以区别于苏俄马克思主义的姿态登上理论舞台的，其产生背景是第一次世界大战后西欧各国社会主义革命的失败。为什么会失败？理所当然地引起了各国共产党人和马克思主义者的思考，得出的答案也各式各样。其中对西方马克思主义的形成较有影响的两种看法是：其一，这些革命只关注资本主义的经济危机作为导火线的作用，而没有唤起无产阶级的阶级意识；其二，这些革命只是单纯照搬十月革命的模式，而没有制定适合本国特殊条件的战略和策略。前者针对的主要是在第二国际流行的经济决定论，后者针对的主要是被简单化的列宁主义。匈牙利共产党人卢卡奇在《历史和阶级意识》（1923 年），德国共产党人科尔施在《马克思主义和哲学》（1923 年）中，对这些看法作了哲学上的论证。他们试图通过研究从黑格尔到马克思的发展来重新解释马克思的哲学理论。由于第二国际和列宁领导的第三国际在当时占有正统或主流地位，卢卡奇和科尔施等人的学说自然就被认为是与正统马克思主义有所不同的学说，后来被称为“西方马克思主义”。“西方马克思主义”是一个总的称谓，但并不是具有完整思想体系的统一的学说或派别，而是一个既具有某些共同理论基调，又色彩斑斓、内容庞杂的思想理论运动。西方马克思主义主要有两大倾向：20 世纪 50 年代之前人本主义倾向独占鳌头和 50 年代以后形成的科学主义倾向。属于人本主义倾向的主要是法兰克福学派和存在主义的马克思主义，属于科学主义倾向的有结构主义的马克思主义、新实证主义的马克思主义等。20 世纪 60 年代以后又形成了一些新派别，如分析的马克思主义、女权主义的马克思主义、生态学的马克思主义等。经过几十年的发展演变，西方马克思主义哲学也形成了自己的理论形态，其主要特点是：（1）研究内容的现实性、综合性，即紧密结合资本主义发展的现实，从综合的角度对资本主义政治、经济和社会生活进行理论分析。（2）研究功能的批判性，即把马克思主义哲学作为对现实资本主义社会进行分析和批判的理论工具。（3）研究风格的反思性，起初主要是反思西欧各国革命失败的原因，而现在，反思东欧剧变和社会主义受挫的教训已成为 20 世纪 90 年代以后一种新的研究趋势。（4）“嫁接”当代西方哲学思潮，形成了多种多样的派别。

东欧新马克思主义脱胎于苏俄马克思主义，它形成于 20 世纪 50 年代后期，在 20 世纪 60 年代和 20 世纪 70 年代达到高峰。主要有以下几个派别：南斯拉夫的实践派、匈牙利的布达佩斯派、波兰的新马克思主义、捷克的新马克思主义等。

中国马克思主义哲学形成于20世纪初，与西方马克思主义哲学在时间上几乎同时，然而在对待苏俄马克思主义哲学的态度上，则与西方马克思主义哲学截然相反。西方马克思主义哲学是从批判苏俄马克思主义哲学中产生的；与之相反，中国马克思主义哲学则是在传播苏俄马克思主义哲学的基础上发展起来的，在基本原理和理论框架上基本遵循了苏俄马克思主义哲学范式。不仅如此，在尔后多年的哲学研究中，中国马克思主义者一直认同苏俄马克思主义哲学体系，而对西方马克思主义哲学持批判态度，改革开放以后这种状况才有所改变。

但是，我们绝不能因此就把中国马克思主义哲学形态等同于苏俄马克思主义哲学形态。中国马克思主义哲学虽然在理论上采取了苏俄马克思主义哲学模式，但一开始，中国马克思主义者就只是把苏俄马克思主义哲学当作认识论和方法论。在马克思主义哲学的创新上，中国马克思主义者结合中国现实，通过与中国思想界的论战，对一系列重大问题作出了自己的解答，创造出具有自身民族特色的马克思主义哲学形态。李达的《社会学大纲》、毛泽东的《实践论》，都把实践置于马克思主义哲学的首位，强调马克思主义哲学本质上是实践的唯物论。这种对马克思主义哲学的理解和阐释，明显地不同于苏俄马克思主义的辩证唯物主义哲学体系。事实上，苏俄马克思主义哲学“教科书体系”不过是中国马克思主义者借以创造自己哲学形态的中介，它虽然在中华人民共和国成立后30年产生过压倒性重要影响，但毕竟只是一种暂时的过渡形式，其影响也主要表现在哲学教学和研究中，而在作为指导思想的意识形态层面，苏俄马克思主义哲学“教科书体系”从来就没有成为中国马克思主义哲学的主宰，中国马克思主义哲学也绝不是苏俄马克思主义哲学的翻版。①

---

① 参见何萍：《20世纪马克思主义哲学中的两种传统》，载《哲学研究》，2003年第8期。

改革开放新时期以来，具有鲜明中国特色的马克思主义哲学新形态，即充分反映当代特征和具有中国风格和气派的马克思主义哲学新形态，已经在孕育中日渐形成。这主要表现在以下两个方面：首先，作为国家指导思想的马克思主义中国化的现实形态，已经取得了从邓小平理论、“三个代表”重要思想、科学发展观，到习近平新时代中国特色社会主义思想等标志性成果，其中包含着丰富深刻的哲学思想和哲学智慧，有待于从理论上进一步加强研究和阐发。其次，从学术形态来看，与改革开放和现代化建设的客观进程相适应，中国学者本着严谨的科学态度，对马克思主义经典文本重新解读，提出了对于马克思主义哲学的新理解。这种新理解，一方面更加接近马克思主义哲学创始人的真实思想；另一方面又探讨了不少新问题，提出了新概念、新观点和新方法，达到了新的理论高度，实现了“返本”与“开新”的统一。总体上看，马克思主义哲学在我国的发展，已经基本上突破了以传统教科书的体系为代表的“苏联模式”，一个具有当代高度和中国特色的马克思主义哲学新形态，正在酝酿中逐渐成型。

当然也必须承认，当代中国马克思主义哲学新形态在各个不同的领域中的发展是不平衡的。高清海先生曾把当代中国哲学区分为“讲坛哲学”“论坛哲学”“实践哲学”三种形态。①“讲坛哲学”是指在高校作为思想理论课讲授的马克思主义哲学；“论坛哲学”是指作为学术研究对象的马克思主义哲学；“实践哲学”是指作为指导思想体现在中国特色社会主义理论体系及其最新成果中的哲学精神和哲学智慧。应该承认，改革开放以来变动最大的是“实践哲学”，从邓小平理论、“三个代表”重要思想、科学发展观，到习近平新时代中国特色社会主义思想，已经取得了一系列标志性成果和重大进展，它在实践上表现为对社会主义的“苏联模式”的突破，在理论上则表现为对“苏联模式”的哲学教科书体系的超越；其次是“论坛哲学”，从前面评述的若干方面

① 参见高清海：《哲学的命运和中国的命运》，载《哲学研究》，1998年第6期。

不难看出，它们事实上都是突破“教科书体系”所代表的“苏联模式”所取得的成果，无论在内容和形式都具有鲜明的“中国特色”；而变动较小的是“讲坛哲学”，由于顽固的思维惯性，或许与教学的特点有关，“苏联模式”的哲学教科书体系在大学公共课的教学中并没有发生实质性变化，不过它的内容在整个课程体系中的比重已被缩减，客观影响也逐步弱化。现在应该明确提出创建学术形态的当代中国马克思主义哲学新体系。这种新体系，一方面可以为改革开放以来不断发展的党的指导思想提供学理支撑，另一方面又可以促进和推动教学体系的改革。我们坚定地相信，在改革开放40多年学术积累和创新的基础上，中国学者完全能够创建学术形态的当代中国马克思主义哲学新体系，它无论在内容和形式上都应该借鉴“西马”又超越“西马”，真正体现“中国学术的自我主张”（吴晓明语），创造出无愧于新时代并且足以在学理上支撑中华民族伟大复兴的哲学伟构。

任何真正的哲学都是时代精神的精华，同时又是民族精神的高度凝结。从一定意义上说，哲学研究是以民族性的形式、时代性的内容去求索具有人类普遍性的问题。哲学迄今一直是在不断分化中发展的，不同时代和民族的哲学各不相同，从而形成不同的哲学传统。“要理解一个哲学，必须首先了解它所赞成的、所反对的各种传统，否则就不可能理解它。”① 中国哲学与西方哲学在历史发展中形成了不同的哲学传统，其差异是如此之大，以致引起了关于中国思想能否被称为“哲学”的持久争论。然而，正如黑格尔所说：“只有当一个民族用自己的语言掌握了一门科学的时候，我们才能说这门科学属于这个民族了；这一点，对于哲学来说最有必要。”② 作为一门学科的哲学在现代中国的建立已经超过一个世纪的历史（如果从1912年北京大学设立哲学门算起），事

① 冯友兰：《中国哲学简史》，北京大学出版社1984年版，第377页。

② 〔德〕黑格尔：《哲学史讲演录》第四卷，贺麟等译，商务印书馆1983年版，第187页。

实证明中国人完全能够掌握这门学科，不仅能很好地理解自己的传统，也能理解西方哲学的传统，并且能实现西方哲学成果的创造性转化和创新性发展（马克思主义哲学中国化就是最鲜明的例证），从而有充分的根据和把握创建当代中国哲学形态。这里仅以冯友兰先生和高清海先生为例予以说明。

如何重建当代中国哲学新体系，也是近代以来许多学者热切探寻的重大课题，冯友兰先生就是众多探求者中最具有自觉意识的代表人物之一。冯先生晚年曾一而再、再而三地呼唤创建“中华人民共和国的新哲学体系”。他说：“通观中国历史，每当国家完成统一，建立了强有力的中央政府，各族人民和睦相处的时候，随后就会出现一个新的包括自然、社会、个人生活各方面的广泛哲学体系，作为当时社会结构的理论基础和时代精神内容，也是国家统一在人的思想中的反映。儒家、新儒家都是这样的哲学体系。中国今天也需要这样一个包括新文明各方面的广泛哲学体系，作为国家的指针”，现在则要为这一“哲学体系准备材料，铺设道路”。① 据亲人回忆，冯先生晚年学术努力的根本目的就是要“为中国古典哲学找出与‘中国特色社会主义’的结合点，找出与‘中国的马克思主义’的结合点”②。

另一个例子是高清海先生。已经有很多人提到高清海先生在生前发表的最后一篇文章《中华民族的未来发展需要有自己的哲学理论》。该文提出，哲学是民族之魂，哲学标志着一个民族对它自身的自觉意识所达到的高度和深度，体现着它的心智发育和成熟的水准；创造“当代中国哲学”，实质就是要创造中华民族的“思想自我”。③ 他的这一主张引

① 参见李中华编：《冯友兰学术文化随笔》，中国青年出版社 1996 年版，第 247—248 页。

② 参见宗璞、蔡仲德：《解读冯友兰·亲人回忆卷》，海天出版社 1998 年版，第 123 页。

③ 参见高清海：《中华民族的未来发展需要有自己的哲学理论》，载《吉林大学社会科学学报》，2004 年第 2 期。

起了学界的普遍共鸣。有学者认为，当代中国哲学形态建构主要表现为马克思主义哲学中国化形态的建构，这也是21世纪中国哲学学术流派本土建构的一项重要使命。① 正如有学者所评论的：建构马克思主义哲学中国化新形态正日益成为哲学界的一个共同诉求，它不仅是马克思主义哲学学科内部的"问题意识"，也是中国社会现代化发展的理论诉求，同时还是复兴中华民族文化与精神的必由之路。我们这样说的理由是，经过一百多年的传播、研究和发展，马克思主义及其哲学事实上已经成为当代中国文化不可或缺的有机组成部分，并且是其中具有指导和引领作用的部分。

当然，"重建当代中国哲学新体系"可以而且应该有不同的进路，各个学术领域（如哲学各二级分支学科）和学术群体的研究方式本来就多种多样。但是，一致而百虑，殊途而同归。无论是冯先生致力于寻求中国传统哲学与当代中国现实的"结合点"，还是一些学者力图创建当代中国的马克思主义哲学新体系，此外还包括很多学者对西方哲学成果的创造性吸纳和转化，它们都是当代中国的哲学研究的有机组成部分。而在改革开放过程中日渐孕育形成的当代中国马克思主义哲学新形态，无疑可以看作具有现实可能性的一种方案。其特点是世界历史视野与时代精神和民族精神的统一。因此，可以相信，马克思主义哲学中国化新形态将作为当代中国哲学的一个重要方面，或当代中国哲学的一种现实形态而存在，它将成为中华民族在21世纪民族精神的集中表达，成为中华民族对于人类精神文明的新贡献。②

我们应该为此而共同努力！

---

① 参见张一兵、张亮：《学术流派的本土建构：新世纪中国哲学发展的一项重要使命》，载《吉林大学社会科学学报》，2004年第2期。

② 参见杨学功：《马克思主义哲学的理论形态及其当代建构》，载《光明日报》，2007年1月9日"学术"版。

中华人民共和国西方哲学研究70年的反思

张志伟*

【摘　要】中华人民共和国的西方哲学研究以1978年改革开放为界，可以分为两个阶段。由于种种原因，前一阶段我们的西方哲学研究基本上处在停滞状态；1978年以后有了彻底的改善，无论是基础工作、学术交流还是专业研究等各个方面都取得了丰硕的成果。当然，我们的西方哲学研究也存在着一些问题，值得进一步探讨。

【关键词】西学东渐　西方哲学　改革开放　芜湖会议　全球化时代

西方哲学研究在中国近现代历史上产生了极其深远的影响，一部中国近现代史亦即西学东渐的历史。而作为西方文明之思想精髓的西方哲学，其东渐则具有更重要的理论意义和现实意义。不过在中西文化之碰撞和交融的复杂背景之下，中国的西方哲学研究经历了一个艰难而曲折的过程。

1840年鸦片战争，西方列强用枪炮砸开了满清帝国闭关锁国的大门，中国人从被迫到主动，走上了通过学习西方而自强的现代化道

---

* 张志伟，中国人民大学哲学院教授，中华全国外国哲学史学会理事长，北京市哲学会副会长。主要从事西方哲学研究。

路，乃有大规模的西学东渐。而西方文化对中国的影响，有一个从器物到制度再到文化和哲学的层面的过程，相对而言西方哲学之大规模的东渐要晚一些。2002年由武汉大学人文学院哲学系和台湾佛光大学人文学院哲学所联合举办了海峡两岸西方哲学东渐百年学术研讨会，2012年由中国人民大学哲学院主办了“百年哲学史研究回顾”学术研讨会，这里所说的“百年”应为大约。[①] 黄见德先生在《西方哲学东渐史》中比较详细地划分了西方哲学东渐的历史，他把这段历史分为五个时期：（1）16世纪末到18世纪初；（2）19世纪初到20世纪初；（3）20世纪20年代末到40年代末；（4）20世纪40年代末到70年代末；（5）20世纪70年代末至今。[②] 我们今天讨论中华人民共和国成立70年以来的西方哲学研究，所涉及的是最后两个阶段，即从1949年到1978年和1978年到2019年，不过要讨论这两个阶段，还要从第三阶段即民国时期说起。

2019年是中华人民共和国成立70周年，也是纪念五四运动100周年。由于我们在此讨论的不仅仅是西方哲学东渐的历史，主要是关于在此历史时期中西方哲学研究的反思，所以不妨以五四运动作为一个标志，从1919年到2019年正好一百年。如果以1978年作为改革开放的标志，至今41年，那么1949年至今这70年可以分为两个阶段，若是取整数的话，可以约等于前30年和后40年。我们虽然做的是中华人民共和国成立70年以来西方哲学研究的反思，不过总结和反思1949年中华人民共和国成立以来西方哲学研究在中国的70年，离不开此前的30年。因为这30年一众出国留学的学者对于西方哲学的翻译和介绍，其影响一直延续至今，他们的学生乃至学生的学生至今仍然活跃在我们的西方哲学研究领域。

① 1912年京师大学堂开办了“哲学门”，1902年在四川通省大学堂的“经学门”下已有了哲学专业教育。

② 黄见德：《西方哲学东渐史》下，人民出版社2006年版，第1455—1456页。

一

虽然西学东渐可以追溯到明末清初欧洲传教士关于西学的介绍，鸦片战争之后国人对西学的关注越来越多，不过大规模的西学东渐主要还是从19世纪末20世纪初开始的。而西方哲学的大规模传入和研究可以以五四运动（1919年）作为标志，至今正好百年（1919—2019年）。若从五四运动算起，则有一个标志性的“事件”，那就是杜威在中国的讲学活动。在某种意义上说，当时中国学界与西方哲学接触的起点是很高的。1919年五四运动前夕，美国著名的哲学家、教育家约翰·杜威受北京大学、南京高师、江苏省教育会等教育团体的邀请，偕夫人从日本乘坐“熊野丸”轮抵达上海，从此与中国结下了不解之缘。杜威见证了古老中国的社会巨变和历史转型，并为之所吸引，两次延长学术假期，到1921年8月2日才离开中国。两年多的时间里，他的足迹遍及大半个中国，一共作了200多次讲演，论题涉及教育、文化、政治、社会等诸多领域，产生了广泛而深远的影响。[①] 1978年改革开放以来，尤其是20世纪80年代以来，国外著名哲学家到中国来做学术交流的人不计其数，不过多以短期讲学为主。然而当年杜威却在中国两年，其后罗素亦来中国一年[②]，从而使中国学者与西方哲学尤其是当代西方哲学中著名的哲学家有了较长时间近距离的“亲密接触”。不过，尽管杜威在华期间的讲演等活动受到了热烈的欢迎，但是在当时并不是所有的人都认可杜威，甚至遭到一些人的消极抵制。例如对于杜威在对学生的演讲中宣讲教育上的民主，注重平民教育，鼓励学生自动自治，有些教师便

① 有关杜威在华期间的活动，请参见顾红亮：《杜威在华学谱》，华东师范大学出版社2019年版。

② 有关罗素在中国，请参见冯崇义：《罗素与中国：西方思想在中国的一次经历》，生活·读书·新知三联书店1994年版。

不以为然，在一些官员中更是如此。当时中西文化乃至制度等方面的隔阂，由此可见一斑。

民国期间的西方哲学研究有着鲜明的时代背景。自 1905 年清廷废科举兴学堂之后，有知识的人开始了从士大夫向知识分子的转型，出国留学者越来越多。当时那些留学归国的学者们往往既有国学的功底——这是他们的“童子功”，也学习了一些西方的理论学说和思想方法，热烈地展开了西方哲学翻译和介绍的活动。但是，自 1912 年建立中华民国之后，先是军阀割据、国共两党合作北伐，后有国共两党分裂、国民党政府围剿共产党，以及接下来的 1931 年日本占领东三省，1937 年卢沟桥事变，抗日战争全面打响，抗战结束后的解放战争，所以直到 1949 年中华人民共和国成立为止，中国社会始终处在动荡不安的混乱状态，这在相当程度上影响了西方哲学研究的数量和质量。由于中国文化的惯性，也由于外部环境的需求，救亡图存始终是时代的主题，像西方哲学这种相对而言远离现实的抽象的学问在中国的生存，其环境之恶劣可想而知。在某种意义上，中国人最初学习西学的目的是十分实用的，其意在强国，试图在西方哲学中寻找解决中国问题的答案，而并非纯粹为了追求真理。① 尽管存在着种种不利因素，仍然有胡适、张君劢、金岳霖、冯友兰、梁漱溟、熊十力、贺麟等一批怀抱人文诉求的学者，一方面致力于翻译和介绍西方哲学，另一方面亦致力于将西方哲学与中国思想结合起来，创建了许多新的理论学说。虽然那时候战火纷飞，但是却留下了不少令人瞩目的思想成就。在某种意义上，这一时期中国学者对于西方哲学的翻译、介绍与研究，为此后 70 年西方哲学研究奠定了重要基础。

① 参见张汝伦：《旧学商量加邃密　新知培养转深沉——四十年来西方哲学研究的反思与前瞻》，载《哲学动态》，2018 年第 9 期。

二

从1949年到2019年这70年可以分为两段：1949年到1978年和1978年到2019年。

中华人民共和国成立后的前30年基本上对西方哲学采取的是排斥态度，所以我们的西方哲学研究相对于民国时期不但没有进步，实际上大大的退步了。“由于受到国际国内各种条件的制约，主要是‘左’倾政治路线的干扰，使现代化建设难以顺利进行，也使西方哲学东渐从1949年至1976年，长时间处在曲折之中。在西方哲学东渐史上，留下了深刻的教训。”①

由于中华人民共和国成立之初国际国内的政治环境等多种因素，我们全盘接受的是苏联式的马克思主义，并按照日丹诺夫的哲学史定义研究和阐述西方哲学，这给我们的西方哲学研究造成了极其恶劣的影响。正如韩震所说，“20世纪50年代，苏联共产党负责意识形态工作的日丹诺夫在《关于西方哲学史座谈会上的发言》中，将哲学发展史定义为唯物主义和唯心主义、辩证法和形而上学的对立斗争史，其中唯物主义代表历史进步、唯心主义代表反动落后，辩证法代表先进合理、形而上学代表落后荒谬。这就成为当时中国开展哲学研究和哲学教育的圭臬和标准”。“既然哲学史上的两条路线已经划分清楚，那么当时的中国哲学界面临的任务则表现为：一是要对唯心主义和形而上学哲学采取彻底否定的态度，将其视为在历史上起反动落后作用的思想形态；二是要把所有西方哲学理论从实质上定性为反动落后的唯心主义和形而上学哲学；三是要对反动落后的西方或欧美哲学采取彻底批判和全盘否定的态度。这种二元对立和对抗的态度是新生政权对国际政治两大阵营对垒的思想反映，同时也在思想上强化了国际对立的认识。既然将西方哲学归

① 参见黄见德：《西方哲学东渐史》下，人民出版社2006年版，第700页。

结为唯心主义与形而上学，那么我们就应该以唯物主义和辩证法的立场对其进行批判。这种二元对立的思维方式，直接影响了中国对哲学的看法和对哲学研究的态度，也必然影响到中国哲学界研究、吸收和借鉴世界范围内哲学思想和思维方法的进程，必然影响到当代中国哲学研究的深入和本土哲学思想的发展。”①

因此，这一时期我们的西方哲学研究基本上处于停滞状态，仅有的一点儿西方哲学研究亦基本上仅限于作为马克思主义哲学的理论来源之一的德国古典哲学的研究，而且主要是黑格尔的辩证法和费尔巴哈的唯物主义，以及 18 世纪法国唯物主义，往往是断章取义式地服务于苏联模式的马克思主义哲学研究和极左的意识形态，很少有关于西方哲学的客观的学术研究，对于马克思主义诞生之后的西方哲学更是视之为帝国主义时代腐朽没落的资产阶级反动哲学，对之采取了全盘否定的态度。

尽管如此，在老一辈学者的努力之下，西方哲学研究特别是翻译工作在如此艰苦的条件下仍然进行着。1955 年，中国科学院哲学社会科学部成立了以贺麟先生为组长的西方哲学研究部，1963 年，商务印书馆拟订并公布《翻译和出版外国哲学社会科学重要著作十年规划（1963—1972）》，在 1956 年至 1966 年“文化大革命”发动之前这 10 年中，翻译出版了一些西方哲学著作，例如《理想国》《形而上学》《伦理学》《小逻辑》《哲学史讲演录》等一百多部，至于现当代西方哲学，因为被视为马克思主义之后腐朽没落的帝国主义时代的资产阶级哲学，只能存在于内部出版的《现代资产阶级哲学批判资料》之中。② 尽管西方哲学研究停滞不前，但是老一辈学者在翻译西方哲学著作方面作出了不可磨灭的贡献，迄今为止我们的哲学概念很多都是由这些翻译定型的。

---

① 参见韩震：《中国西方哲学研究 70 年》，载《社会科学战线》，2019 年第 9 期。

② 参见韩震：《中国西方哲学研究 70 年》，载《社会科学战线》，2019 年第 9 期。

由于种种原因，这段时间的西方哲学研究尚不如此前的民国时期，只在翻译西方哲学著作方面取得了一定的成绩，这种状况在 1978 年改革开放以后有了彻底的改善。

三

我们的西方哲学研究的转折点发生在 1978 年 10 月。

1978 年 5 月 11 日，《光明日报》发表了《实践是检验真理的唯一标准》，吹响了思想解放的号角。同年 10 月，西方哲学研究领域的专家学者齐聚安徽芜湖，召开了中华人民共和国成立以来第一届“全国西方哲学研讨会”，贯穿这次会议始终的主题是如何使西方哲学研究从“左”倾政治的束缚下解放出来，还西方哲学的本来面目，使西方哲学研究走上正轨。其中一项重要内容就是清算日丹诺夫的哲学史定义，1979 年 11 月在山西太原召开的全国现代外国哲学讨论会也是如此。正如马寅卯所说：“1978 年在安徽芜湖召开了第一届全国西方哲学研讨会，它在 20 世纪后半叶的中国哲学史上具有里程碑式的意义。正是以这次会议为标志，中国的西方哲学研究乃至中国的整个哲学研究掀开了新的历史篇章。”① 此后，中华全国外国哲学史学会和中国现代外国哲学学会成立，在我们的西方哲学研究中发挥了极其重要的作用。从 20 世纪 80 年代的思想解放和文化热潮，90 年代的思想学术发展，到 21 世纪以来学术研究的日益成熟，我们的西方哲学研究逐步走上了正轨，尤其是随着在国外学习哲学的年轻人加入到西方哲学研究的队伍，西方哲学研究有了长足的进步。

我们不妨以“要康德还是要黑格尔”这一问题作为一个缩影来管中窥豹，对 40 年来西方哲学研究的演变作一番素描。

---

① 马寅卯：《从西方哲学到汉语哲学——试论西方哲学研究四十年带来的观念变革》，载《哲学研究》，2019 年第 12 期。

李泽厚先生于1979年出版的《批判哲学的批判：康德述评》（人民出版社1979年版）具有极其重要的意义，它是改革开放以后第一部西方哲学研究著作，也是中华人民共和国成立后出版的系统论述康德哲学的第一部著作。考虑到前30年康德哲学的遭遇，尽管这本书仍然带有那个时代的烙印，但是它毕竟试图通过相对客观地述评来发掘康德哲学的积极因素，从而发挥了解放思想的作用。1981年，以纪念康德《纯粹理性批判》发表200周年和黑格尔逝世150周年的名义，中华全国外国哲学史学会在北京召开了纪念康德黑格尔学术讨论会。正是在这次会上，李泽厚先生或许是无意中发起了关于“要康德还是要黑格尔”的大讨论。李泽厚认为，今天我们的时代对康德的兴趣胜于黑格尔。在这个意义上，他说，“一般说来，我们既要康德，又要黑格尔。不过，假如一定要我在两者之间选择一个的话，那我的回答就是：要康德，不要黑格尔”①。人们往往脱离当时的语境而把李泽厚先生的这段话断章取义为“要康德，不要黑格尔”，虽然这不太符合李泽厚先生的原义，但实际上李泽厚先生的倾向性确实还是非常明显的。如前所述，在过去，黑格尔的辩证法因为是马克思主义哲学的理论来源之一，所以是可以研究的，当然研究的目的是为教条主义地解释马克思主义哲学服务，以至于西方哲学研究者们十有八九都撰写过关于黑格尔辩证法或者费尔巴哈唯物主义的文章，而康德则因为二元论和不可知论从来只是被批判的对象。现在情况发生了变化，我们终于恢复了康德哲学的历史地位，加之它对现代西方哲学的深远影响，所以研究康德的人越来越多，黑格尔貌似被冷落了。随着20世纪80年代号召的“走出去，引进来”，一方面因为我们与西方哲学隔绝了30年，另一方面由于第二次世界大战之后西方哲学发生了全方位的转向和演变，所以在中国学者面前犹如千变万化的万花筒的现代西方哲学，引起了他们极大的兴趣。于是，此后

---

① 许景行、顾伟铭：《纪念康德、黑格尔学术讨论会在北京召开》，载《哲学研究》，1981年第10期。

的事情不再是要康德还是要黑格尔的问题，而是古典哲学整体上受到了冷落，现代西方哲学成为了热点和焦点。然而，近 20 年来，我们的西方哲学研究呈现出日益成熟的局面。2015 年中华全国外国哲学史学会和中国现代外国哲学学会联合年会在华中科技大学哲学系召开，在开幕式上，邓晓芒教授的主题发言是《重审“要康德，还是要黑格尔”问题》，他主张既要康德也要黑格尔。① 从某种意义上说，这个问题的“重审”意味着我们的西方哲学研究逐渐走出了忽冷忽热的怪现状，康德和黑格尔同样受到重视，而且实际上古典哲学和现代哲学亦不再被偏废。

以上从一个侧面反映了 40 年来的西方哲学研究从拨乱反正、矫枉过正、喜新厌旧到回归理性的成熟过程，下面从整体上对于这 40 年间西方哲学研究的状况作一些总结。

第一是基础建设方面。在中国，西方哲学研究属于“西学”，翻译出版西方哲学家的著作是极其重要的组成部分，而且渗透到了当代中国哲学的发展之中，这方面的成就主要体现在改革开放以来 40 年中。在 1978 年以前，尽管老一辈的专家学者致力于翻译介绍西方哲学著作，但是受时代的限制，数量不多，而且现代哲学的著作很少。1978 年以后，这种状况有了极大的改善。从 80 年代起，以海德格尔的《存在与时间》、萨特的《存在与虚无》等为代表的一系列西方哲学家的著作翻译出版。随着《亚里士多德全集》的出版，一些西方哲学家的全集和著作集相继出版，如《康德著作全集》《费希特著作集》《柏拉图全集》《杜威全集》《海德格尔文集》等，正在翻译出版的有《谢林著作集》《黑格尔全集》《胡塞尔文集》《尼采全集》《维特根斯坦文集》《马克斯·舍勒全集》等，有些经典著作如康德的《纯粹理性批判》不止一个译本。不仅如此，在翻译出版西方学界研

① 参见邓晓芒：《重审“要康德，还是要黑格尔”问题》，载《华中科技大学学报（社会科学版）》，2016 年第 1 期。

究著作方面也有了很大的进步。由此，在汉语学界，关于西方哲学的研究有了一定的基础条件。在哲学史研究方面，由汪子嵩先生主编的《希腊哲学史》（多卷本）出版，体现了国内学界古希腊哲学研究最高的学术水平。与此同时，我们在西方哲学通史和教材建设方面也取得了长足的进步，翻译出版了一些国外的哲学史，中国人民大学、北京大学等高校分别出版了西方哲学史和现代西方哲学的教材，中国社会科学院哲学所和复旦大学哲学学院出版了多卷本的西方哲学史，在基础建设方面取得了丰硕成果。

第二是学术研究方面。随着 20 世纪 80 年代国门的开放，专家学者纷纷出国访学，使得与中国隔绝多年的现当代西方哲学各种思潮流派蜂拥而至，形成了诸如“存在主义热”“尼采热”“法兰克福学派热”“现象学热”“海德格尔热”“施特劳斯热”“福柯热”“后现代主义热”“解释学热”等热潮。尽管参差不齐，但是这些思潮都在不同程度上对我们过去固有的思维方式产生冲击，与此同时也构成了我们的哲学研究的丰富资源。这种热潮式的状况在 21 世纪以来有了很大的改变，现在的西方哲学研究界对于各种西方哲学潮流派别基本上可以抱以理性和冷静的态度处之。21 世纪以来，年轻一代出国攻读哲学博士学位者众多，在某种程度上提升了国内西方哲学研究的“水位”。最近 40 年来，我们出版了很多关于西方哲学的学术研究著作，哲学研究学术水平呈现出越来越高的发展趋势。不仅如此，西方哲学研究的“范式”也发生了一些微妙的转变。相对而言，现在的年轻人比他们的前辈更加了解国外最新的研究成果和学科前沿，他们经过严格系统的专业训练，也更熟悉国外哲学研究的方式方法，使得我们的西方哲学研究越来越向专业化的方向发展，也与国外哲学的发展更加同步。

第三是学术交流方面。改革开放 40 多年来，我们与国际哲学界的学术交流越来越多，许多著名哲学家来华演讲，许多专家学者参加国际学术会议发表论文，我们与国际哲学界的学术交流日益频繁。在中华全国外国哲学史学会和中国现代外国哲学学会之下，成立了一系列“专业委员会”，例如现象学专业委员会、古希腊哲学专业委员会、德国哲学专业委员会、法国哲学专业委员会、分析哲学专业委员会、维特根斯坦哲学专业委员会、康德哲学专业委员会，等等。我们的一级学会和下属的专业委员会每年都组织学术会议，西方哲学研究者们的学术交流，以及由此而产生的学术成果，逐年在增加。由于西学东渐不过百年，我们与二千五百年历史的西方哲学接触往往是不同步的，而且不够系统完整和全面，对有些历史阶段和哲学家的理论学说的研究是残缺不全的，但是这种状况不断在改善。例如以往相对比较薄弱的古希腊哲学、中世纪哲学、文艺复兴时期哲学以及法国哲学和英美分析哲学，有越来越多的人投身其中，正在弥补这些薄弱环节。

第四是中国哲学研究的建构方面。由于哲学是由西方传来的外来学科，马克思主义哲学亦然，因而西方哲学研究对于我们的中国古典哲学的研究和当代中国哲学的研究具有举足轻重的影响。我们的西方哲学研究不仅仅限于西方哲学领域，亦对中国当代哲学产生了极其重要的影响。在某种意义上，当代中国哲学是由马克思主义哲学、西方哲学和中国哲学混杂而成的“混合物”。不仅如此，有相当多的西方哲学专家学者展开了对中国哲学的研究，40 多年来，像张祥龙、张汝伦、倪梁康、王庆节、张再林等一批学者从不同方向致力于中西哲学的比较研究，在某种意义上是继民国时期之后，又一次西方哲学介入中国哲学研究的成规模的学术状态。另一方面，我们对西方哲学的概念有了更加深入的研究，例如近年来关于“Being”之译名的争论，关于很多哲学概念的翻译问题的争论，关于格义与反向格义的讨论等等，体现出我们的西方哲学研究日益成熟，也体现了中国学者在学术上的自主性意识。

虽然 40 多年来我们的西方哲学研究取得了长足的进步，但是还存在着许多问题，值得我们深入反思。

四

尽管相比于中华人民共和国成立之前30年，乃至相比于民国时期，改革开放40多年来我们在西方哲学研究领域所取得的成就有目共睹，但是也存在着许多问题。

首先，大规模的西方哲学东渐不过百年，由于有着二千五百年历史的西方哲学几乎同时进入我们的视野，因而我们对西方哲学的了解难以做到全面、系统和深入，缺少按部就班、循序渐进的认知，始终受到个人的好恶、语种差异、文献不足等各种情况的限制，因而存在着残缺不全的局限，而且与西方学界的研究现状和研究水平并不同步，这在一定程度上制约了我们的西方哲学研究水平，由此而造成了我们的西方哲学研究“冷热不均”的现象。有专家学者致力于其中，“惨淡经营”多年，有可能在某一研究领域形成较大的成果规模，例如，中国现代外国哲学学会下属“现象学专业委员会”于1994年成立并召开了第一届现象学年会，那时共有不过20多人参加。经过倪梁康、靳希平、陈嘉映和孙周兴等人的多年努力，该年会现在已经召开了24届，最近一届的年会有200人左右参加，其中胡塞尔和海德格尔著作的翻译乃至研究，均体现了国内最高的学术水平。然而如果某一领域少有人问津，便有可能没有研究成果问世。另外，学者们的研究越来越专业，这的确有助于提升学术研究的专业水平，尤其是近年来留学归国的“海归”，他们的专业训练毫无疑问超越了前辈，但是由此也带来了一系列的问题，比如缺乏对西方哲学整体性的把握，局限在西方哲学的某一历史时期而对后来的发展演变并不了解，对古典哲学的研究缺少现代哲学的视野，而研究现代哲学的缺少哲学史的基础。如此等等，在相当程度上制约了西方哲学研究的水平。

其次，相比于以往，虽然西方哲学研究领域的职业化和专业化水平逐年提升，西方哲学研究的成果即论文论著的专业化程度和学术水平也越来越高，但是正是由于我们的西方哲学研究越来越职业化和专业化，因此与专业之外广大人群的隔阂也越来越大，以至于哲学学科的繁荣与哲学对社会的影响成反比，因此如何让我们的西方哲学研究成果走出封闭的学术圈子，对社会广大人群产生广泛深入的影响，成了亟待解决的难题。

再次，改革开放40多年来的西方哲学研究的学术环境固然得到了相当大的改善，但是外部环境却越来越恶劣，这主要体现在大众文化的威胁。哲学乃至西方哲学的研究属于精英文化，而当今时代铺天盖地而来的大众文化使得精英文化被边缘化了。大众文化具有商业文化的性质，其存在感靠的是“热搜”“排行榜”“票房”，而且形成了一系列的产业链。显然，西方哲学的研究无论如何无法与之抗衡，哲学逐渐失去了“时代精神的精华”的功能和作用的认可。

最后，由于近40多年来我们在西方哲学研究的专业领域上越来越细化，因此西方哲学研究在我们手里变得支离破碎，每一位专家学者仅仅熟悉自己的研究领域，哲学研究变成了一种分工细致的技术工作，不再有人关注整体上的哲学问题，遑论我们这个时代重大的理论问题和现实问题。换言之，我们的西方哲学研究或许有专业上的问题意识，但是却缺少哲学上的问题意识。在某种意义上，对于西方哲学民国时期的学者们或许在专业程度上不如现在的专家，但是他们的人文诉求却是我们这个时代学者们所稀缺的。虽然当年的人文诉求可能干扰了民国学者们对西方哲学的客观理解，但是如果失去了人文诉求的西方哲学研究，对于当代中国哲学而言，意义何在?

我们的主题是“中华人民共和国西方哲学研究70年的反思”，对于过去的总结和反思是为了未来的进步和发展。在20世纪和21世纪交替之际，全球化进程加速，中国在经济上的崛起与此密切相关，全球化进程赋予了当代中国人历史的机遇，这种机遇不仅仅是经济上的，而且也是文化上的：我们处在东西方文化的交汇之时。如果我们要承担起历史使命，那么我们不仅要复兴和弘扬中国的传统文化，也必须继承和发扬世界文化的宝贵财富，参与到人类命运共同体的建设之中去。因而我们仍然必须坚定让中国走向世界、让世界走向中国的发展方向。

2018 年是改革开放 40 周年，2019 年是中华人民共和国成立 70 周年，已经有很多专家学者对于 40 年来乃至 70 年来西方哲学研究的状况进行了全面的总结和深入的反思，例如韩震的《中国西方哲学研究 70 年》，谢地坤的《外国哲学研究七十年回顾与展望》，张汝伦的《旧学商量加邃密，新知培养转深沉——四十年来西方哲学研究的反思与前瞻》，马寅卯的《从西方哲学到汉语哲学——试论西方哲学研究四十年带来的观念变革》，江怡的《40 年来的中国分析哲学研究：问题与挑战》，等等。本文受惠良多，在此一并表示衷心的感谢。

中华人民共和国70年美学研究回望

王旭晓*

【摘　要】美学作为一门独立的学科，于18世纪在西方形成，19世纪末20世纪初传入中国。中华人民共和国成立之后，美学研究经历过两次热潮，并得以正常有序地发展。美学研究不仅在理论上趋于全面完善，而且在实践中发挥指导作用。

【关键词】美学的中国化行程　第一次热潮　第二次热潮　研究现状　美学与美育

一、美学学科的建立与美学的中国化历程

美学作为一门独立的学科，是在近代形成的。

18世纪初期，德国唯理主义哲学家莱布尼兹和沃尔夫等人已经建立了一个庞大的唯理主义哲学体系。他们认为认识包括高级部分与低级部分，即思维与感觉。但他们认为思维或理性认识是能引导我们的认识达到完善的，感觉或感性认识则不能，并因此把感性认识称为混乱的认识或低级认识，只是达到理性认识的阶梯。因此，在他们的体系中，是

---

* 王旭晓，中国人民大学哲学院教授，北京市美学会名誉会长。主要从事美学研究。

没有包括诗和艺术在内的感性认识或低级认识的位置的。但他们之后，另一个唯理主义哲学家鲍姆嘉通在其对“诗”（广义的文学艺术）的研究中，重新认识了人类的感性。他在1735年写的博士论文《诗的哲学默想录》中力求阐明：“哲学和如何构思一首诗的知识是联接在一个最和谐的整体之中，却往往被视为完全相反的东西。”① 他认为，逻辑引导我们达到的完善是概念、命题及互相联系的内在一致，而感性所展示的完善是感性表象的明晰、生动、丰满与主题的和谐。所以，鲍姆嘉通在审视莱布尼兹—沃尔夫哲学体系的壮丽结构时，发现要给文学艺术一个恰当的位置，需要创立一门新学科来弥补体系的缺陷。他的博士论文就致力于创立这样的一门研究感性认识的新学科，他以拉丁文“aesthetica”命名，希腊文的词根意思为“感性的”，也就是“感性学”的意思，英文为“aesthetics”。1750年，他以此概念为其一本论述感性认识的专著命名。在上述两书中，鲍姆嘉通提出了“感性认识的完善就是美”的观点。所以，鲍姆嘉通所建立的是这样一种科学：它审查感觉与感性认识，力图在认识体系中给予它以应有的地位；它从诗出发开始探讨，试图说明怎样达到诗的完善。既然感性认识的完善就是美，这应该也是“aesthetics”被译为“美学”的一个原因。鲍姆嘉通也因此被称为“美学之父”。

鲍姆嘉通所倡导的美学，经德国哲学家康德、席勒、谢林、黑格尔等人的发展深化，具备了独立、完整的体系，成为哲学中与研究知（即理性认识）的逻辑学、研究意（意志，类似于人的“道德理性”）的伦理学相提并论的研究情（即感性认识）的古典美学的学科体系。

19世纪末20世纪初，随着以黑格尔哲学及美学为代表的形而上学体系的被批判，德国哲学家费希纳提出的以“自下而上的美学”来代替“自上而下的美学”，即以审美经验的研究取代传统的纯哲学思辨的

① 〔德〕鲍姆嘉通：《诗的哲学默想录》，王旭晓译，中国社会科学出版社2014年版，第36页。

美学的观点得到认可，从方法论上引发了美学研究的革命，使西方美学从古典的形态进入了现代的形态。现代西方美学表现出以审美经验为中心的总体趋势。

从学科的角度看，中国的美学是由西方传入的，时间大约是在19世纪末20世纪初。当时，中国已经沦为半封建半殖民地社会，许多有识之士为了反对封建专制主义和军阀的腐败政治，纷纷从西方寻求救国的道理。一些教育家、学者接受了席勒的美育思想，也试图从美育中寻求救国、改革社会的方法和途径，形成了一股重要的美育思潮。可以说，中国的美学，最初是从美育角度引进的。

梁启超是中国最早引进西方美学并把它与中国传统美学思想结合起来的尝试者，也是近代中国美育思想的开启者。他首次在中国提出了“趣味教育”的概念。所谓“趣味教育”，实质上是情感教育或美育。因为在梁启超看来，“趣味”“情感”“美”有着相同的含义。他还认为只倡导德育、智育、体育是不够的，应该强调知育、情育、意育，而“情育”即“趣味教育”也即美育。接着，王国维对美育在教育体系中的特殊位置作了阐述，进一步指出了它与德育、智育的区别与联系，第一个提出要把美育列入教育方针。继王国维之后，蔡元培为美育呐喊了二三十年，且几十年如一日，身体力行从事美育实践，为创立中国近代的美育体系作出了卓越的贡献。他对美育思想作了更为系统的阐发，是近代中国美育思想的集大成者。蔡元培明确提出了美育的概念及目的。他说：“人人都有感情，而并非都有伟大而高尚的行为，这由于感情推动力的薄弱。要转弱而为强，转薄而为厚，有待于陶养。陶养的工具，为美的对象；陶养的作用，叫做美育。”① 又说：“美育者，应用美学之理论于教育，以陶养感情为目的者也。”② 美育可以使人做到美感之外一无杂念，从而进入造物为友、无人我之分的境界。蔡元培的美育思想

① 蔡元培：《蔡元培美学文选》，北京大学出版社1983年版，第220页。

② 蔡元培：《蔡元培美学文选》，北京大学出版社1983年版，第174页。

中最为突出的是他提出了“以美育代宗教”的学说。

20 世纪 30 年代起，我国涌现了一批从事美学研究的学者，如宗白华、邓以蛰、朱光潜，等等，他们都是在国外学习接受美学然后研究并介绍到国内，他们的研究基本上都是借重西方美学的研究方法与成果，结合中国的传统文学艺术，或构筑体系，或探索中国的审美与艺术精神。与此同时，随着马克思主义在中国获得节节胜利，并得到广泛的传播，西方资本主义的意识形态已经不适合革命大潮中的中国，包括美学研究中强调脱离现实、把玩自我的观念，因此，鲁迅、瞿秋白等人都在呼喊引入马克思主义美学，有的学者也开始尝试以马克思主义的认识论为方法论原则，构建新的美学体系。蔡仪在 20 世纪 40 年代就形成了以马克思主义哲学观——唯物主义反映论为基础的美学思想。

这是美学进入中国的时期，也是中国美学的初创期。在这个时期，梁启超、王国维引进了西方美学的部分概念和内容，王国维还倡导在大学的哲学、中文、外文等系开设美学课。蔡元培使这一主张在北京大学得到实现。他的“以美育代宗教”的主张至今仍有影响。而朱光潜在 1932 年写成的《谈美》最为全面地展示了中国美学理论初建时的形态特点：以西方心理美学理论为骨架，以中国文艺理论为血肉。

二、中华人民共和国美学研究的第一次热潮

美学作为一门正式的学科受到重视是在 1949 年中华人民共和国成立之后。在 20 世纪 50 年代中期到 60 年代初期，一场美学大讨论在全国范围内开展，有近百人参加了这次讨论。讨论的中心为美学的对象、美的本质、美感、自然美、马克思手稿中的美学思想等。这是中华人民共和国成立以后美学研究的第一次热潮。

在这次热潮中，对“美的本质”问题的不同看法，形成了以蔡仪、李泽厚等为代表的客观论派，以朱光潜、吕莹、高尔太等为代表的主观论派等多个学派，涌现出一批著名的美学家与美学工作者。

主观说派以吕莹和高尔太为代表。吕莹提出，美是人的主观意识，因为对美的看法人人都有又都各异。同一个东西，有的人会认为美，有的人认为不美，甚至同一个人对美的看法也会发生变化，原先认为美的，后来会认为不美；原先认为不美的，后来会认为美。高尔太也提出，美是主观的，人的心灵是美的源泉。他举了许多例子来证明。如朦胧黑夜中远处闪烁的灯光，眨眼的星星，若明若暗的萤火，给夜添上了几分装饰，引起人的美感。但当人们知道那小小的两点"萤火"是饿狼的眼睛时，就会感到"丑"而不是"美"。同是黑暗中幽微的亮光，人凭着自己的主观爱憎，修改了它们的美学定义。又如普照万物的太阳，给世人带来了光和热，诗人赞美它，人们喜爱它。但暑天干燥的路上，身负重担的商贩决不会赞美它。这都说明美是人对事物的主观评价。所以他说："美是人的观念，不是物的属性"，"客观的美并不存在"，"美，只要人感到它，它就存在，不被人感到，它就不存在。"①后来，高尔太明确提出美是自由的象征，"自由是有限和无限的统一、个体和整体的统一、存在和本质的统一，那么同样可以说，美是有限和无限、个体和整体、存在和本质的统一"②。而实际上，"自由是一种体验，一种经验形态，一种快乐和幸福"③，所以，高尔太一直坚持着美是主观感受的观点。

客观说派以蔡仪为代表。他提出，美是客观的。事物之所以美，是在于事物本身，与我们的意识作用无关。"物的形象是不依赖于鉴赏的人而存在的，物的形象的美也是不依赖于鉴赏的人而存在的"，"客观事物的美是美的观念的根源"④。美感是对客观的美的反映。那么事物具备什么样的属性条件才算是美的呢？那必须是具有突出的、生动的现

① 高尔太：《美是自由的象征》，人民文学出版社 1983 年版，第 319—331 页。

② 高尔太：《美是自由的象征》，人民文学出版社 1983 年版，第 37 页。

③ 高尔太：《美是自由的象征》，人民文学出版社 1983 年版，第 37 页。

④ 蔡仪：《唯心主义美学批判集》，人民文学出版社 1958 年版，第 16 页。

象或个别性充分表现它的本质和普遍性的特点。这就是他一直坚持的"美在典型"说。所以他说："美的本质就是事物的典型性，就是事物的个别性表现着它的本质、规律或一般性。"① 比如，自然界的植物有丰茂的枝叶、鲜艳的花朵，充分表现出它们欣欣向荣的生机和活力，就是美的植物；社会生活中的英雄，行为举止充分体现出无产阶级先进战士的高尚品德和优美情操，就是社会美的形象。

主客观统一说派以朱光潜为代表。他认为，美体现在心与物的关系上，美是主客观的统一。这里，主观是指不带意志和抽象思考的心理活动，客观是"物理"，是使人觉得美的可能性。松树是美的，美在什么地方？一方面是苍翠劲直，这是客观形象；一方面是高风亮节，这是主观感知。客观的物、自然的物是"物甲"，不是美感的对象，而是形成"物的形象"的条件。美感的对象是"物的形象"而不是"物"本身。物的形象是物在人的主观条件的影响下反映于人的意识的结果，可称为"物乙"。物乙也是物，是知识形式的物，夹杂着人的主观成分的物，只有物乙才存在美不美的问题。因为物乙的产生需要自然物的客观条件加上人的主观条件这两方面因素的结合，所以是主客观的统一。在朱光潜看来，统一的过程实际上是艺术加工的过程，"物的形象"也就是"艺术形象"，所以美只是艺术的特征。为了形象地说明自己的观点，朱光潜借用了苏东坡的《琴诗》来形象地解释。《琴诗》这样写道："若言琴上有琴声，放在匣中何不鸣？若言声在指头上，何不于君指上听？"朱光潜提出，说琴声在指头上的是主观唯心主义，说琴声在琴上的是机械唯物主义。琴声的发生既要有琴，又要有弹琴的手指，总之，只有主观与客观统一，那才是美。

客观性与社会性的统一说派以李泽厚为代表。他首先肯定美是客观的，但不等于蔡仪所说的客观性。在李泽厚看来，美不是一种自然属性或自然现象、自然规律，而是一种人类社会生活的属性、形象、规律。

---

① 蔡仪：《唯心主义美学批判集》，人民文学出版社1958年版，第78页。

它客观地存在于人类社会生活之中，是人类社会生活的产物。说美的社会性不是主观性，是指美依存于人类社会生活，属于社会存在的范畴。社会存在是客观的，所以美是客观性与社会性的统一。李泽厚的观点强调了人类实践。当时，他还提出了美是“人的本质力量对象化”的观点，引起很大的反响。之后，他又提出美是“自由的形式”，自由指行动的力量、符合和掌握客观规律的自由；形式是指主动造型的力量——改造对象的力量。在客观行动上驾驭了普遍客观规律的主体实践所达到的自由的形式即美，它是人类实践的历史成果。

这次美学热潮或美学大讨论产生于一个特定的历史时期，即中华人民共和国建立之后中国现实社会的政治变革时期，相应的学术研究也必然被要求符合政治变革与意识形态变革的需要，特别是要求确立马克思主义的指导地位。所以，这次美学大讨论的目的是清理旧的唯心主义美学思想，在美学中确立以马克思主义为指导的研究风气和理论意识，建设和发展马克思主义美学。

因此，这次美学大讨论可以说是中国美学理论的定向，它确定了建立马克思主义美学原理的基础，也就是要以马克思主义最根本的理论特征和哲学基础——辩证唯物主义和历史唯物主义的世界观和方法论，来建立中国的美学原理，它也成为近代以来中国美学的终结和当代中国美学的开端。

刚刚兴起的美学热潮很快就遭遇了史无前例的“文化大革命”，美学研究被彻底打入冷宫，出现了十几年的空白。

三、美学研究的第二次热潮与美学研究现状

随着“文化大革命”的结束，党的十一届三中全会（1978 年 12 月）召开，全国各项工作复苏，美学研究也再次兴起。自 20 世纪 70 年代末起，在整个 20 世纪 80 年代形成了中国美学研究的第二次热潮。

重新崛起的中国美学研究先是继续着第一次美学热潮讨论的问题进

行，美学的对象、美的本质问题是讨论的中心。随着美学在高校教学与科研机构的研究中展开，美学在理论上也出现了兴盛与全面发展的局面。美学研究基本上持一种综合的观点，即认为美学是研究美的哲学、审美心理学和艺术社会学的科学。这种考虑有其合理性，因为美学必须对所有的人类审美现象作出解释，而人类的审美现象主要就表现在这三个方面。除了美学基本理论研究、审美心理研究和中西方美学史研究的迅速开展之外，当代西方美学研究、比较美学研究、部门美学研究、美育以及应用美学研究都全面地铺开，使美学研究不仅在理论上趋向于全面完善，而且在实践中发挥作用。从实践中提出的美学问题，又在不断扩大美学研究的范围，并给美学理论注入生气与活力。美学研究与教学的人员、刊物、各类学会等方面得到迅速发展。

20世纪90年代以后，美学研究表面上又出现由“热”转“冷”的局面。其实，这所谓“冷”是相对于“热”来说的，作为学术研究来说，这种“冷”才是正常的，美学不再是表面上的轰轰烈烈，而是在学理上的不断深入与向各个方向的全面拓展。其中对美学体系的整体反思与当代审美文化研究的热潮是90年代美学研究的重点。

进入21世纪，美学研究更是百花齐放。生态美学、环境美学、生活美学、休闲美学、美学与文化创意、酒与文化创意，等等，都是当今美学家们关注的大课题。美学研究的一个总趋势是：走向生活，力求让美学在改变人生、改变社会中起到积极的作用。

近年来，美学面临着更为重要的历史重任。2014年10月15日，习近平总书记在京主持召开文艺工作座谈会，明确提出：“中华优秀传统文化是中华民族的精神命脉，是涵养社会主义核心价值观的重要源泉，也是我们在世界文化激荡中站稳脚跟的坚实根基。要结合新的时代条件传承和弘扬中华优秀传统文化，传承和弘扬中华美学精神。”① 中华美学精神是中国传统文化的整体体现，中华美学精神也必然具有来自各个

① 新华网。

方面文化传统的具体阐释。而什么是优秀传统文化，什么是中华美学精神，是需要加以提炼的，这是美学的新任务。

2017 年 1 月，中共中央办公厅、国务院办公厅印发了《关于实施中华优秀传统文化传承发展工程的意见》，并发出通知，要求各地区各部门结合实际认真贯彻落实。该通知开篇提出："文化是民族的血脉，是人民的精神家园。文化自信是更基本、更深层、更持久的力量。中华文化独一无二的理念、智慧、气度、神韵，增添了中国人民和中华民族内心深处的自信和自豪。为建设社会主义文化强国，增强国家文化软实力，实现中华民族伟大复兴的中国梦，现就实施中华优秀传统文化传承发展工程提出如下意见。"① 意见共 18 条，从总体要求、主要内容、重点任务、组织实施和保障措施四个方面进行阐述。其中可以看到与美学相关的任务："把跨越时空的思想理念、价值标准、审美风范转化为人们的精神追求和行为习惯，不断增强人民群众的文化参与感、获得感和认同感，形成向上向善的社会风尚。"②

四、美学与美育

美育与美学研究密切相关，其区别主要在于美学是侧重理论，而美育侧重于践行。美学对于美育的意义，就是提出美育所要践行的目标。也就是说，通过美学的研究，能理解人类的审美活动，并了解审美活动对于人类和社会的意义。而对美育的重视，则是看到了美学研究提出的目标要通过美育来实现。因此，中华人民共和国的美学研究始终与美育相关联，或是说，美育一直是美学研究的一个部分。

中华人民共和国成立以来美育的发展道路并不平坦，回顾美育的历程可以发现，美育经历了被提出，随后又被批判的从"有"到"无"

① http://www.gov.cn/zhengce/2017-01/25/content_5163472.htm.

② http://www.gov.cn/zhengce/2017-01/25/content_5163472.htm.

以及改革开放以后被重提与落实而实现大发展的历史轨迹。

美育的从“有”到“无”，是指中华人民共和国成立以后，在1951年教育部首次召开的全国中等教育会议提出的教育宗旨和培养目标为“智育、德育、体育、美育各方面全面发展”①，但到1957年因毛泽东在《关于正确处理人民内部矛盾的问题》中只提到德育、智育、体育②“三育”，美育也因此没能明确地列入教育方针，而后还遭到强烈批判。“文化大革命”中，美育更是被当作“封资修的黑货”遭到彻底否定。

美育的重提与落实是进入21世纪之后才逐步明确的。2002年党的十六大报告正式提出要“培养德智体美全面发展的社会主义建设者和接班人”，并在党的十七大、十八大、十九大报告中被进一步强调和肯定。2017年10月党的十九大召开，在习近平总书记所作的报告第八部分第一条“优先发展教育事业”中，提出：“要全面贯彻党的教育方针……培养德智体美全面发展的社会主义建设者和接班人。”③ 这里所提的“德智体美”的“美”，是要通过美育来达到的。美育是党的教育方针的重要内容，是培养全面发展的人的不可或缺的组成部分。这已经得到了全社会的共识。而美育的落实，涉及美育目标的确定与实施途径的选择，均与美学研究有着密不可分的关系。

美学的发展，依然任重而道远。

---

① 何东昌主编：《中华人民共和国重要教育文献（1949—1975）》，海南出版社1998年版，第87页。

② 毛泽东：《毛泽东选集》第五卷，人民出版社1977年版，第385页。

③ 习近平：《决胜全面建成小康社会 夺取新时代中国特色社会主义伟大胜利——在中国共产党第十九次全国代表大会上的报告（2017年10月18日）》，http//news.xinhuanet.com/politics/19cpcnc/2017-10/27/c_1121867529.htm。

中华人民共和国科学技术哲学研究的发展历程和主要成就

程倩春*

【摘　要】与中国的现代化进程息息相关，中华人民共和国科学技术哲学研究经历了曲折的发展历程。与欧美科技哲学不同，中国的科学技术哲学研究源于对恩格斯《自然辩证法》的学习与研究，具有鲜明的中国特色和独特的传统。中华人民共和国成立以来，中国科学技术哲学发展大致经历三个阶段，即自然辩证法作为独立学科形成及起步阶段（1949—1977）、由自然辩证法调整为科学技术哲学的学科调整及研究范式转换阶段（1978—1990）、科学技术哲学学术研究蓬勃发展阶段（1991—2019）。中国科学技术哲学在不断加强学科体系和学术体系建设的同时，紧密联系中国现代化建设实际，对于新科技发展所引发的诸多全球性、前沿性问题展开深入研究，在理论研究和为国服务方面都取得了较大成就。

【关键词】中华人民共和国科学技术哲学　发展历程　主要成就

随着全球新一轮科技革命和产业变革的持续深入，人类社会即将跨入智能化时代。在获得了巨大发展机遇的同时，人类也面临许多难以想

* 程倩春，北京市社会科学院哲学所研究员，北京市哲学会监事长。主要从事科学技术哲学研究。

象的挑战。高科技发展所引发的一系列政治经济、生态环境、社会法律、人文伦理等问题关乎人类的前途和命运。面对这些发展机遇和挑战，我国国家治理体系和治理能力亟需现代化。在这些方面，科学技术哲学的发展具有不可替代的地位和作用。与中国的现代化进程息息相关，中华人民共和国科学技术哲学研究也经历了曲折的发展历程。在中华人民共和国迎来70华诞之时，我们深入梳理和认识中国科学技术哲学发展历程和主要成就，具有重要的现实意义和历史意义。与欧美科技哲学不同，中国的科学技术哲学研究，具有鲜明的中国特色和独特的传统。它作为一个学科，源于对恩格斯未完成的手稿《自然辩证法》的学习与研究，最初被称为“自然辩证法”，20世纪80年代起调整为“科学技术哲学”。中华人民共和国成立以来，中国科学技术哲学发展大致经历三个阶段，即自然辩证法作为独立学科形成及起步阶段（1949—1977）、由自然辩证法调整为科学技术哲学的学科调整及研究范式转换阶段（1978—1990）、科学技术哲学学术研究蓬勃发展阶段（1990—2019）。抚今追昔，中国科学技术哲学研究发展虽曾历经坎坷，但仍取得了较大成就。

一、学科溯源：1949年以前对恩格斯《自然辩证法》的学习与研究

恩格斯的《自然辩证法》写作于1873年至1883年，是一部未完成然而却十分重要的手稿。20世纪20年代中期，恩格斯《自然辩证法》一书最先在苏联出版。“恩格斯的《自然辩证法》一书是马克思主义哲学的重要奠基性著作之一。它以当时的自然科学成果阐述和论证了他和马克思共同创立的唯物辩证法的基本原理和重要范畴，并奠定了马克思

主义自然观和自然科学观的理论基础。"① 恩格斯的《自然辩证法》一书提出一种崭新的自然科学哲学理论，出版后，很快在世界各国引起巨大反响，在社会主义阵营中普遍形成学习自然辩证法的热潮。

20世纪30年代，恩格斯《自然辩证法》一书传入中国。自然辩证法起初是作为马克思主义哲学的一个组成部分在中国得以传播，引起了"革命青年中对自然界的哲学问题有兴趣的人的特别注意"。许多进步青年开始译介、学习、宣传自然辩证法。《自然辩证法》第一部中译本(杜畏之译)，1932年在上海出版。我国第一个自然辩证法研究团体——"自然科学研究会"，1936年在上海成立。抗战爆发以后，许多哲学工作者和自然科学工作者仍然坚持自然辩证法研究。1938年，"中国学术研究会"在重庆成立，设立了"自然科学小组"。"重庆自然科学座谈会"在1939年召开，集中研讨自然辩证法问题。"新哲学研究会"1938年在延安成立。1940年成立的"陕甘宁边区自然科学研究会"，建立了自然辩证法研究小组。在这些组织的推动下，中国对恩格斯《自然辩证法》的学习和研究取得了初步进展，陆续出版了一批专题研究自然辩证法或与自然辩证法有直接关系的论著，如陈晓时编译的《自然辩证法》(1934年)、葛名中的《科学的哲学》(1938年)和于光远的《自然与自然发展史》(1945年)。②

二、自然辩证法作为独立学科的形成及起步阶段(1949—1977年)

中华人民共和国成立以后，在全国兴起学习马克思主义哲学、进行马克思主义理论教育的热潮。在这一热潮中，恩格斯的《自然辩证法》

① 李惠国：《回忆与思考——纪念中国自然辩证法研究会批示成立40周年》，载《自然辩证法研究》，2019年第3期。

② 孙慕天：《自然辩证法六十年（上）》，载《理论探讨》，1988年第6期。

成为广大知识分子和自然科学家学习马克思主义哲学的必读著作。龚育之曾指出："自然辩证法队伍中很多人，都在或者曾经在我们党领导自然科学的从中央到基层的各级岗位上做工作，为了把工作做好，需要研究自然科学的发展规律，于是也学习和研究起自然辩证法来了。"①

"50 年代中期以后的十余年间，中国的自然辩证法研究进一步和中国的科学技术发展，社会主义工业化和农业现代化密切结合，在解决实际问题中应用和发展自然辩证法。例如，用唯物辩证法观点分析机床的内部矛盾，指导大庆油田的开发，原子反应堆的研制和万吨水压机的制造，研究农业"八字宪法"的意义，等等。"②

随着对《自然辩证法》的学习和研究工作日益扩展，自然辩证法研究队伍也不断扩大，建立独立的自然辩证法学科的条件已经成熟。在中国自然辩证法奠基人于光远等人的积极推动下，1956 年，在制定全国 12 年（1956—1967）科学发展远景规划时，专门制定了《自然辩证法（数学和自然科学中的哲学问题）十二年（1956—1967）研究规划草案》（以下称《规划草案》）。作为一个全国规模的自然辩证法学科发展规划，"这一规划确立了自然辩证法作为马克思主义哲学的一个重要门类的学科性质、研究对象和基本内容、方法和意义，并提出了这一学科的事业发展措施。这一规划的制定对自然辩证法学科的发展具有总结历史开辟未来的划时代意义。它标志着自然辩证法作为马克思主义的科学技术哲学，已经正式作为一门专门学科在中国形成并迅速发展"③。

《规划草案》确定了自然辩证法的学科定位，明确指出，自然辩证法是哲学和自然科学之间的一门学科，既是哲学的二级学科，也是自然科学的二级学科。于光远等人认为，自然辩证法的学科地位十分重要，

---

① 龚育之：《关于自然辩证法工作的马克思主义传统》，载《中国自然辩证法研究会第一次代表大会会议文件》，1981 年 11 月 4 日。

② 孙慕天：《自然辩证法六十年（下）》，载《理论探讨》，1989 年第 1 期。

③ 李惠国：《回忆与思考——纪念中国自然辩证法研究会批示成立 40 周年》，载《自然辩证法研究》，2019 年第 3 期。

不能仅从狭义上来看待自然辩证法，更应该从广义上理解自然辩证法。自然辩证法是马克思主义的一个重要门类，是一个学科群。在研究自然科学中的哲学问题之外，对自然辩证法学科的广义的理解，“就是马克思主义经典作家从哲学、政治经济学和科学社会主义诸方面来讨论科学技术问题、人和自然关系问题。……就是说，它不仅仅是一个哲学的理解……是从社会的认识和实践、社会的物质生活和社会发展的历史趋势这几个方面来理解人和自然、科学技术与社会，理解科学技术。”①

《规划草案》拟定了规划期间自然辩证法研究的九类课题。它们分别为数学和自然科学的基本概念与辩证唯物主义的范畴，科学方法论，自然界各种运动形态与科学分类问题，数学和自然科学思想的发展，对于唯心主义在数学和自然科学中的歪曲的批判，数学中的哲学问题，物理学、化学、天文学中的哲学问题，生物学、心理学中的哲学问题以及作为社会现象的自然科学。

正是在《规划草案》的指导下，自然辩证法的组织工作、理论研究相继开展起来，并取得了一系列成果：（1）建立专门研究机构。1956 年 6 月，在中国科学院哲学研究所（1977 年后改为中国社会科学院哲学研究所）组建了自然辩证法研究组（“文革”前哲学所的各研究室均称为研究组），于光远任组长。（2）培养专门人才。也是在 1956 年，北京大学哲学系开始招收自然辩证法专业研究生，于光远、周培源等任导师。1958 年，中共中央党校举办了自然辩证法师资研究班，专门培养自然辩证法专业教师。1962 年，在北京大学和中科院哲学所招收自然辩证法专业研究生时规定，本科学哲学的研究生到自然科学各系接受专业培训，本科学自然科学的研究生去哲学系接受专业培训，在我国开了跨学科培养复合型人才之先河。（3）创办专业刊物。1956 年 10 月，中国科学院哲学研究所创办《自然辩证法研究通讯》杂志，于光

① 刘景钊：《科技哲学的发展与创新——曾国屏教授访谈录》，载《晋阳学刊》，2006 年第 4 期。

远担任主编。(4)举办高水平学术会议。1960 年 8 月，中国科学院哲学研究所主办的全国自然辩证法座谈会在哈尔滨市召开。这是自然辩证法研究历史上第一次大规模的学术会议，130 多人参会，提交 70 多篇论文。“这次座谈会的一个特点是扩大自然辩证法研究的视野，越出自然科学理论研究的范围，开展了有关技术发展的辩证法、在生产实践中运用辩证法的研究。”① (5) 形成特定的科学共同体。20 世纪 60 年代，上海、广东、黑龙江先后成立了自然辩证法研究会，为自然辩证法研究提供了学术交流的平台。

这一期间，自然辩证法研究也取得了一定进展，尤其是有关马克思主义科学技术论方面的研究受到更多的关注。当时的“研究主题集中在以下六个方面，即自然科学与生产、自然科学与政治、自然科学与哲学、自然科学与群众运动、科学的自主性及其发展规律以及科学工作的开展与科学队伍的建设等”②。围绕上述问题，人们展开了比较深入的探讨。虽然由于受到时代的局限，这些研究主要停留在对马克思主义经典作家的相关理论观点的阐述上，过于强调生产实践对自然科学的决定性作用，强调科学研究的意识形态功能，但是这些研究毕竟是中国自然辩证法早期研究的初步探索，其中不乏有价值的见解。龚育之曾就这些问题撰写并在报刊上发表了十余篇论文，汇集成《关于自然科学发展规律的几个问题》(1961 年)。

受极“左”思潮的影响，“文革”期间，中国自然辩证法研究全面停滞。

总之，1978 年以前的 30 年，由于种种条件限制，中国自然辩证法研究范围比较狭窄，主要立足于对马列经典著作的学习、讨论、理解、

---

① 龚育之:《中国自然辩证法和科学学研究的倡导者——于光远》，载《科学学研究》，1986 年第 4 期。

② 马佰莲等:《马克思主义科学技术论研究述评 (1956—1966) ——基于对中国自然辩证法原始文献的分析》，载《理论学刊》，2014 年第 9 期。

阐释，关注以自然辩证法指导科学家和科学研究，聚焦于对“唯心主义”科学和“资产阶级”科学家进行“革命大批判”；忽略了以一般科学理论为对象层面上的相关研究，如对科学分界等科学哲学基础问题的研究。然而，必须指出的是，中国自然辩证法在历史发展中形成了自己独特的传统。这个传统最突出的特点就是强调理论与实践相结合，强调自然科学家与社会科学家的联盟。于光远主张，中国自然辩证法是一个独特的哲学学派，“这个学派还有一个显著的特点，那就是强调自己的工作不应该限于一般的、抽象的思辨，而且要去作特殊的、具体的研究，向着实践的方向前进，直至在实践生活中显示出这种研究的重要意义”①。也就是说，中国的自然辩证法研究特别重视理论研究与中国革命和建设的实际相结合，强调根据中国社会发展的实际需要确定研究选题，把自然辩证法作为解决实际问题的思想武器。

三、由自然辩证法调整为科学技术哲学的学科调整及研究范式转换阶段（1978—1990年）

“文革”结束后，中国自然辩证法界比较早地开始反思“文革”，并很快融入以“真理标准讨论”为核心的思想解放大潮中来。

在1977年3月召开的“全国自然辩证法座谈会”上，与会学者全面总结中华人民共和国成立以来，特别是“文革”以来自然辩证法工作的经验教训。为恢复和重新开展自然辩证法研究工作，1977年12月至1978年1月全国自然辩证法规划会议在北京召开，会议讨论了有关自然辩证法学科今后发展的重要议题。如自然辩证法的学科性质、研究内容、研究方法等。会议制定了《1978—1985年自然辩证法研究规划纲要（草案）》。与会者一致认为，自然辩证法研究必须克服文化专制

① 于光远：《一个哲学学派正在中国兴起》，载《自然辩证法研究》，1992年第6期。

主义，紧密联系当代自然科学实际，加强对科学技术史和科学方法论的研究，加强对各门自然科学中的哲学问题的研究。与会者特别强调："计算机科学和计算技术在现代社会发展中产生的自然辩证法问题……都应提高到哲学高度来研究。……系统工程学和人工智能模拟，这两个领域里有一系列哲学问题十分值得认真研究。………在技术科学领域里也要大力开展自然辩证法研究的问题。"① 会议还提出开展国外自然科学哲学研究资料的翻译工作。

全国自然辩证法规划会议决定筹建中国自然辩证法研究会，筹办自然辩证法研究刊物。

1978 年 3 月，邓小平等中央领导同志批示成立中国自然辩证法研究会。这是中国自然辩证法学科发展史上的一件大事，表明党和国家高度重视和大力支持自然辩证法研究。历经三年的辛苦筹备，1981 年 10 月，中国自然辩证法研究会成立大会暨首届学术年会在北京召开。中国自然辩证法研究会是全国性的自然辩证法研究的学术组织。它的筹建、成立和开展工作，对于自然辩证法学术体制建设具有根本性意义，为新时期自然辩证法工作开创新局面提供了强有力的组织保证。

"随着自然科学领域里的每一个划时代的发现，唯物主义必然要改变自己的形式。随着科学技术的进步和发展，中国的自然辩证法研究也与时俱进，正在改变着自己的形式。"② 特别是新技术革命在科学和技术方面的新进展，使得社会日益科技化，科技日益社会化，进而引起许多重大的理论问题和现实问题需要自然辩证法工作者去研究与反思。20 世纪 80 年代，中国自然辩证法研究的主题大大超出了对自然界和自然科学辩证法的探讨，开始关注科学技术的哲学研究和社会研究。随着

① 李惠国：《回忆与思考——纪念中国自然辩证法研究会批示成立 40 周年》，载《自然辩证法研究》，2019 年第 3 期。

② 曾国屏：《科学技术进步与自然辩证法的发展》，载《清华大学学报（哲学社会科学版）》，2004 年第 1 期。

中国自然辩证法界与国际学术界交流日益扩大，人们发现，绝大部分国家并没有自然辩证法这个学科名称，当时的苏联命名为“自然科学中的哲学问题”，而欧美国家是以科学技术哲学作为对科学技术进行哲学研究的通用的学科名称。面对经济社会发展的新形势，无论是与国际学术界接轨的需要，还是自然辩证法学科自身发展的需要，都要求自然辩证法调整学科名称，由自然辩证法调整为科学技术哲学。

事实上，20 世纪 80 年代起，中国的自然辩证法就开始向科学技术哲学转换。1979 年创刊的《自然辩证法通讯》杂志，于 1980 年增加了一个副标题：“关于自然科学的哲学、历史和科学学的综合性、理论性杂志”，1983 年又改为“关于自然科学的哲学、历史和社会学的综合性、理论性杂志 ”。1985 年创刊的《自然辩证法研究》杂志，1988 年也增加了一个副标题：“自然哲学、科学哲学、技术哲学”，1995 年又改为“自然哲学、科技哲学、科技与社会”。在 1987 年学科目录中自然辩证法调整为科学技术哲学（自然辩证法)。在 1990 年 10 月国务院学位委员会和国家教育委员会联合下发的《授予博士、硕士学位和培养研究生的学科、专业目录》中，自然辩证法改为“科学技术哲学（自然辩证法）”，1997 年径直称为“科学技术哲学”。1993 开始，《中国哲学年鉴》“自然辩证法”栏目名称更改为“科学技术哲学”。

必须指出的是，中国的科学技术哲学不是单一学科，是从哲学、社会科学多种角度对科学技术进行研究的一个学术领域，或者说是一个学科领域 。它的“专业的实际研究内容却远远大于哲学领域。不夸张地说，科技哲学（自然辩证法）工作者的研究内容几乎涉及全部 12 大学科门类……在‘科学、技术与社会’名下，可以侵入所有的社会科学领域，在‘科学与人文’名下，可以侵入所有的人文学科领域，在‘自然科学哲学问题’的名下可以侵入所有的理工农医领域”①。经过学

① 吴国盛：《中国科学技术哲学的回顾与展望》，载《自然辩证法通讯》，2001 年第 6 期。

科调整，中国科学技术哲学在80年代基本完成研究范式的转换，变得日益开放包容，日益专业化、学术化、多元化，科学技术哲学研究取得了突出成绩。

第一，加强国际交流，大量引进、介绍和评论国外科学哲学的学说、学派和理论，对著名西方科学哲学学者和流派的著作、思想的研究梳理形成了一个专门的研究领域。这一时期，大量西方科学哲学著作被翻译出版。如库恩的《科学革命的结构》（1980年）和《必要的张力》（1981年），波普尔的《无穷的探索》（1980年）、《科学发现的逻辑》（1986年）、《猜想与反驳》（1986年）和《客观知识》（1987年），拉卡托斯的《科学研究纲领的方法论》（1986年）和《证明与反驳》（1987年）等。1979年创刊、1989年停刊的《自然科学哲学问题丛刊》和1979年创刊、1986年停刊的《科学与哲学（研究资料）》两种杂志十年里译介了大量反映国外自然哲学、科学哲学研究动向和趋势的相关文献。

第二，拓宽了对马克思主义经典作家自然辩证法思想这一传统研究主题的研究角度，不仅专注于恩格斯的自然辩证法思想，也加强了对马克思早期思想的研究，发表了相关研究成果，如林夏水的《试论马克思的微分思想》（1979年）和查汝强的《马克思和自然辩证法》（1983年）。

第三，关于自然辩证法本身的对象、性质和功能问题的研究进展显著。这一期间出版的相关著作主要有：湖南省自然辩证法研究会编写组编的《自然辩证法纲要》（1980年）、黄顺基的《自然辩证法教程》（1985年）、沈小峰等的《自然辩证法范畴》（1986年）、陈昌曙等的《工科自然辩证法教程》（1988年）等。

第四，关于自然观的研究是80年代初自然辩证法的研究重点。中国社会科学院哲学研究所编辑的《自然辩证法文集》（1979年）、《自然辩证法论文集》（1983年）和辽宁社会科学院编辑的《科学前沿的哲学探索》（1983年）等集中收录了这方面的研究成果。

第五，对自然科学哲学问题研究不断深入，对物理学、化学、地学、天文学、生物学、医学等自然科学哲学问题的研究，以及信息论、控制论、系统论、耗散结构、突变理论、混沌理论等科学理论的哲学反思都取得了较多成果。如华中工学院编写组编的《工程技术科学的若干辩证内容》(1979 年)、朱明宽等编的《农学辩证法的若干问题》(1980 年)、桂林医专自然辩证法研究会编著的《医学中的辩证法问题》(1979 年)、刘凤璞的《数学若干辩证内容简析》(1980 年)、孙荣圭的《地球科学的辩证法问题》(1980 年)、沈小峰的《物理学辩证内容概述》(1980 年)、廖正衡等的《化学的辩证法问题初探》(1980 年)、傅世侠主编的《科学前沿的哲学探索》(1983 年)、中国自然辩证法研究会天文学专业组编的《天文学与哲学》(1984 年)、张守刚等的《人工智能的认识论问题》(1984 年)、邱仁宗主编的《成果之路——科学发现的模式》(1987 年)、邱仁宗的《生命伦理学》(1987 年) 等，都是这一时期的研究成果。

第六，在科学认识论领域的研究进展比较突出，其中代表性的成果有《哲学研究》编辑部编的《科学方法论文集》(1981 年)、中国自然辩证法研究会筹委会主编的《科学方法论研究》(1983 年)、周林等的《科学家论方法》第一辑 (1984 年) 和孙小礼的《科学方法论史纲》(1988 年)。

第七，对新技术革命的综合研究成为研究的重要主题。中国对技术及新技术革命的研究自 80 年代初全面展开。其特点是，一方面，在技术论或技术学的框架内研究技术和技术发展规律，关注新科技革命的结构、形态、基础、特点及其未来发展趋势；另一方面，注重联系中国改革开放的实际，分析这场革命与中国当代社会进步的关系。特别是人们极为重视从整体上研究并把握科学技术在社会生产实践中的地位、作用和发展规律，以及科学技术进步对自然与社会的影响及其相互作用问题，包括当代新技术突破所造成的巨大后果，如对生态环境、资源利用、经济发展、社会生活、思想文化的影响等问题，科学技术进步与人的自身发展的关系问题。期间出版了大量著作，代表性的有黄顺基主编的《大杠杆——震撼世界的新技术革命》（1984 年）、温元凯的《中国的大趋势》（1985 年）、余谋昌的《当代社会与环境科学》（1986 年）、远德玉等的《论技术》 （1986 年）、龚育之的《科学、哲学、社会》（1987 年），邓树增等的《技术学导论》（1987 年）、赵红洲的《大科学观》（1988 年）等 。

为进一步推动自然辩证法（马克思主义科学技术哲学）的学科发展，20 世纪 80 年代初，于光远提议编撰《自然辩证法百科全书》。1983 年 5 月，全书编纂工作正式启动。历时 12 年，《自然辩证法百科全书》于 1995 年出版。这是一部由国内当时的一流专家编纂而成的作品。全书设 800 多个条目，6000 余条内容索引，共 220 余万字。全书既吸收了国外科学技术哲学研究的优秀成果，也充分反映了我国科学技术哲学各领域研究的新进展，是自然辩证法（科学技术哲学）学科建设的一项基础性工程。

总之，在 20 世纪 80 年代，随着西方科学哲学思潮的传入和引进，随着研究资料的不断积累，以及新一代中青年学者的崛起，科学技术哲学在中国得到了迅速的发展，出版了一大批科学技术哲学的论著，形成了一个科学技术哲学的专业研究队伍。

四、科学技术哲学学术研究蓬勃发展阶段（1991—2019 年）

随着改革开放不断深入，20 世纪 90 年代以来，新科技革命与科技创新对经济社会发展的影响日益广泛而深入，中国科技哲学研究步入蓬勃发展时期，在许多方面的研究都有较大进展。这一时期的科学技术哲学研究主要围绕三个进路展开：（1）继续深化学科基础理论研究和前沿性研究，发表和出版大量代表性成果；（2）继续围绕新科技发展带来的全球性问题，展开前瞻性研究与探索；（3）继续传承为国服务传统，为国家宏观决策和社会治理提供智力支撑。

20 世纪 90 年代后，中国的科学技术哲学在追踪国际上最新学术进展的同时，立足自己的学科特色，开展了持续的、高水平的基础理论性研究和学科前沿性研究。科学技术哲学研究领域不断拓展，研究主题日益丰富。在自然哲学、科学哲学、技术哲学、科技与社会、科学技术史研究日益深化的同时，科学文化研究日趋专业化、工程哲学和工程研究方兴未艾、博物学研究在中国复兴。

科学哲学是科学技术哲学研究中最能体现其核心传统的领域，中国科学技术哲学界一方面紧跟国际学术研究动向，注重与国际学术界加强对话；另一方面，中国特色研究成果不断涌现，“涉及科学实在论、自然化的科学哲学、实验哲学、解释学与现象学的科学哲学、女性主义科学哲学、物理学哲学、系统与非线性科学哲学、认知科学的哲学、心灵哲学、空间哲学、计算与信息哲学以及包括科学知识社会学等在内的后现代科学哲学等”①。代表性的成果有黄顺基等主编的《科学技术哲学的前沿和进展》(1991 年)、章士嵘的《认知科学导论》(1992 年)、童天湘的《智能革命论》 (1992 年)、吴国盛的《自然本体化之误》(1993 年)、乌杰的《系统哲学》(2008 年)、郭贵春等的《科学哲学的新趋势》(2010 年)、刘大椿等的《思想的攻防：另类科学哲学的兴起与演化》(2010 年)、徐英瑾的《心智、语言和机器——维特根斯坦哲学和人工智能科学的对话》(2013 年)、段伟文的《可接受的科学：当代科学基础的反思》(2014 年)。其中，成素梅主编的《科学技术哲学国际理论前沿》(2017 年)，认真梳理和深入探讨了当代科学技术哲学研究的前沿问题，比较全面地把科技前沿问题大致归为五大类十五个问题，涉及社会本体论、历史认识论、体知认识论、认知科学哲学以及技术现象学、科技伦理学等方面的问题。

---

① 段伟文：《从追逐科学到反思科技：近 30 年中国科技哲学之理路述略》，载《江海学刊》，2008 年第 5 期。

技术哲学快速成长，稳步发展。在陆续引介评述国外技术哲学理论与思想的同时，中国学者对技术本体论、技术认识论、技术的经济哲学、社会哲学、伦理哲学等方面都进行了广泛而深入的研究。其中，“作为重在进行经验型描述的STS研究、重在技术社会应用的技术创新研究、重在技术应用社会负效应反思的生态哲学和可持续发展研究、重在考察技术应用两面性的技术价值研究，在中国当前的技术哲学研究中占有主流地位”①。代表性成果有：高亮华的《人文主义视野中的技术》(1996年)、傅家骥的《技术创新学》（1998年)、陈昌曙的《技术哲学引论》(1999年)、夏保华的《技术创新哲学研究》(2004年)、杨德荣的《科学技术论研究》（2004年)、远德玉的《产业技术论》(2005年)、陈凡等的《科技与社会（STS）研究》(2009年）等。

自然观与自然哲学始终是中国科学技术哲学研究的重要主题。其中，中国古代自然哲学研究和生态文明研究是自然哲学研究热点。在该领域，研究主题主要包括中国古代哲学家、哲学著作中的自然观、中国古代哲学范畴中的自然哲学内涵、中国古代自然哲学中的生态思想；古希腊自然观、现代自然观、生态文明自然观、生态价值观、生态伦理观、生态道德问题以及生态文明建设等。中国科学技术哲学学者对此展开了细致而深入的探讨，出版了大量著作。其中，柳树滋主编的《大自然观——关于绿色道路的哲学思考》(1993年)、吴国盛的《自然的退隐》（1996年)、赵载光的《中国古代自然哲学与科学思想》（1999年)、周鸿编的《人类生态学》(2001年)、何怀宏主编的《生态伦理：精神资源与哲学基础》（2002年)、巩英洲的《生态文明与可持续发展——对人类现在到未来文明的哲学探讨》(2007年）等，在学术界产生了积极反响。

尽管科学技术史学科已经独立，然而，无论是研究队伍还是研究成

① 陈凡等：《中国当代技术哲学的回顾与展望》，载《自然辩证法研究》，2009年第10期。

果，科学技术史与科学技术哲学有着千丝万缕的联系。20 世纪 90 年代以来，中国科学技术史研究范围极为丰富 ，不仅研究中国科学技术史，还关注世界科学技术史、人物史、学科史、国别史的研究，成果显著。如载念祖的《20 世纪上半叶中国物理学论文集粹》(1993 年)、卢嘉锡的《中国科学技术史》（1998 年)、吴国盛的《科学的历程》（1995 年)、吴熙敬的《中国近现代技术史》(2000 年）等。

21 世纪以来，科学文化研究兴起并迅速发展，“从分散、零星和局部的科学文化研究发展到集中关注诸如科学精神、科学价值、科学功能、科学传播、科学与人文的关系等问题。……在对斯诺的两种文化、科学史中的新人文主义、科学大战以及西方后 SSK（科学知识社会学)的译介和研究的背景下，一些学者开始有意识、专门地进行科学文化研究，对科学文化研究的内容、方法、性质、特点和价值进行了较为系统地阐发和论述，并形成了各自的研究特色”①。代表性的研究成果有李醒民的《科学的精神与价值》(2001 年)、刘大椿主编的《现代科技与人文关怀》丛书（2001 年)、范岱年的《科学、哲学、社会和历史》(2013 年）和孟建伟等的《科学文化前沿探索》(2013 年)。

作为 21 世纪创立的新兴学科，中国工程哲学与国外工程哲学研究几乎同步发展，其研究主要包括工程本体论、工程方法论、工程知识论、工程实践以及工程教育、工程师素养等工程哲学视域下的各类具体问题。短短十余年，中国工程哲学研究取得了较大进展。李伯聪的《工程哲学引论》(2002 年)、殷瑞钰等的《工程哲学》(2007 年)、《工程演化论》(2011 年)、《工程方法论》(2017 年)，是工程哲学研究的重要成果。

博物学传统的复兴是 21 世纪中国科学技术哲学研究的新动向。“博

① 王荣江:《国内科学文化研究二十年（1990—2009）述评》，载《自然辩证法通讯》，2011 年第 1 期。

物类科学在百姓中有较大的实际需求，它应当成为民众休闲活动的一部分。”① 因而，冷落已久的博物学重新进入大众视野。博物学研究既重视博物学史、博物学编史纲领、博物学认识论和博物学文化的理论研究，也注重植物博物学的实地考察。对博物学的重新关注既拓展了传统科学史的研究范围，对于科学传播也具有特殊意义。博物学的复兴尽管刚刚开始，但取得了突出成果，出版了不少博物学方面的书籍，如刘华杰的《看得见的风景：博物学生存》（2007 年）、《博物人生》（2012 年）、《博物学文化与编史》（2014 年）以及他主编的《西方博物学文化》（2019 年）等。

科技伦理是 21 世纪人类文明发展面临的重大挑战之一。基因工程和生物技术的一系列突破，引起诸多伦理争论。大数据时代，信息的数据化和数据的资本化，严重威胁人们的信息隐私权。由纳米技术、生物技术、信息技术和认知科学相互整合形成的会聚技术在使人类增强得以实现的同时，必将产生一系列伦理问题。人工智能对人类生活的全面介入可能带来巨大伦理风险。为分析和应对新技术突破可能产生的巨大的伦理挑战，中国科学技术哲学学者围绕科学技术的伦理负载、技术伦理责任主体、公众理解科学，以及信息技术、生物技术、纳米技术等分支技术的伦理问题等进行了高水平的研究，取得了重大成果。如刘大椿的《在真与善之间——科技时代伦理问题与道德选择》（2000 年）、段伟文的《网络空间的伦理反思》（2002 年）、李伦的《鼠标下的德性》（2002 年）、李正风等的《工程伦理》（2016 年）等，就是其中的典型代表。特别是，雷瑞鹏等生命伦理学者撰写的《在中国重建伦理治理》一文发表于国际著名学术刊物《自然》（2019 年 5 月 9 日），这是国内人文学科领域首篇发表于《自然》上的政策性评论文章，表明中国学者的研究成果越来越受到国内外学术界的重视。

20 世纪 90 年代以来，中国科学技术哲学在深入各自然科学学科内

① 刘华杰：《博物学、科学传播与民间组织》，载《科普研究》，2011 年第 3 期。

部，探求事物发展的客观规律的同时，始终坚持理论联系实际的传统，注重结合中国实际为国家有关部门决策提供理论依据或咨询服务，开辟了科学技术哲学为社会经济建设服务的新途径。中国自然辩证法研究会前理事长朱训明确将这一传统命名为“为国服务”。秉承为国服务的宗旨，一方面，中国科学技术哲学界对有关我国科技、经济、社会发展的理论问题和现实问题进行了深入探讨。如关于科学技术是第一生产力理论和社会主义市场经济理论的研究，着重研究了科学技术如何转化为现实的生产力，在社会主义商品经济条件下实现科技成果转化和高科技产业化的途径，以及高科技的引进、消化、改造、创新等理论问题。这些有关科技发展规律、科技政策、科技管理、科技成果转化、技术引进方面的成果对于科研部门和技术部门产生了重要的影响。另一方面，中国科学技术哲学界始终把为现代化建设建言献策作为为国服务的一种重要方式。紧密地配合国家实施“科教兴国”、科技创新、知识经济和可持续发展等一系列重大战略的实施，以及针对社会发展进程中出现的一些热点问题、难点问题进行调查研究，并向国务院有关部门、有关地方政府提出一系列政策建议。如中国科学技术哲学界的专家学者曾参加了《国家中长期科学和技术发展规划纲要》《全民科学素质行动计划——2049 计划》的研究与规划拟定，为国务院通过《全民科学素质行动计划纲要（2006—2020）》《国家中长期科学和技术发展规划纲要》作出积极贡献。朱训在 2002 年 3 月报送的报告《关于矿业城市可持续发展战略的思考与建议》分别得到多位中央领导的重视与采纳，全国政协专门对解决矿业、矿山、矿城、矿工等“四矿”问题进行了调研，调研报告在政协常委会进行了讨论，后向中央提出了建议报告。这个建议得到中央采纳。在党的十六大报告中明确提出“要支持以资源开采为主的城市和地区发展接续产业”。2004 年 12 月报送的《中国矿业城市转型与可持续发展研究》的报告、2004 年报送的《关于建立石油战略储备的建议》均受到中央领导重视。① 中国生命伦理学开拓者邱仁宗长期关注人类遗传学研究及其应用中的伦理问题、艾滋病防治中的伦理问题等生命伦理学研究与应用领域的重要问题，多次协同有关医学专家就人工授精的管理、生育保健、艾滋病防治等国家相关政策制定提出意见和建议，直接影响我国相关政策的制定。邱仁宗与被遴选为世界卫生组织关于制定人类基因组编辑治理和监督全球标准专家顾问委员会委员的翟晓梅等专家，协助中国卫生部制订《涉及人的生物医学意见伦理审查管理办法（试行）》，该办法已于2007年7月开始实行。

总之，今天我们回望历史，总结经验是为了更好地面向未来。当今时代，科学技术对社会与人自身的改变常常伴随着巨大的风险。历史学家尤瓦尔·赫拉利指出："核战争、生态崩溃和科技颠覆，这三个问题中的每一个都足以威胁人类文明的未来。如果它们交织在一起，更有可能因为互相促进、彼此结合，让人类面临前所未有的生存危机。"② 显然，清醒地认识科学技术在整个社会生活和文化中的地位和作用，恰当地回应科技创新所引发的新问题、新挑战，引导和规制科学技术发展有益于人类福祉，是科学技术哲学义不容辞的责任和使命。为此，中国科学技术哲学需要加强学科体系建设和学术体系建设，需要"重视传承、关注现实、回归学术"。

---

① 朱训：《中国自然辩证法研究会第六次全国代表大会工作报告》（2006年4月25日），见《中国自然辩证法研究会历史资料汇编》，中国自然辩证法研究会秘书处，2018年，第409—410页。

② 〔以〕尤瓦尔·赫拉利：《今日简史——人类命运大议题》，林俊宏译，中信出版社2018年版，第114页。

中华人民共和国70年儒学研究的曲折历程

王威威*

【摘　要】2019年是中华人民共和国成立七十周年，在这七十年里，儒学研究经历了曲折的发展历程。中华人民共和国成立后，儒学研究在苏联教条化马克思主义研究范式指导下发展，之后又走入“批孔”“批儒”的歧途；改革开放以后经过对儒学的重新评价，相对独立的学术研究得以全面展开，在传统儒学、现代新儒学、经学等研究领域取得了丰硕的研究成果，出土简帛的发现掀起了一次次研究热潮，儒学文献的整理工作如火如荼，儒学的现代价值得到阐发，又有学者提出了新的儒学思想体系和儒学的当代形态。在新的时代如何复兴和创新儒学是需要持续探索和不断实践的问题。

【关键词】中华人民共和国　儒学研究　范式　经学　现代新儒学　政治儒学

伴随着中华人民共和国70年的风风雨雨，儒学研究也走过了艰辛曲折的发展道路。本文将这70年分为五个阶段，即1949年至1965年、1966年至1976年、1977年至1989年、1990年至1999年、2000年至2019年，并按照这五阶段对70年来儒学研究的发展历程作一梳理，尤

* 王威威，中国政法大学人文学院、国际儒学院教授。主要从事中国哲学研究。

其突出各个阶段的热点研究领域、热点问题，关注研究方法的转变、有重大影响的观点的提出、推动或反映研究趋势的成果。

一、新范式下的儒学研究（1949—1965 年）

中华人民共和国成立后，中国哲学界开始了研究范式的转换，受苏联教条化马克思主义的影响，哲学史被看作唯物主义与唯心主义斗争的历史，而唯物主义和唯心主义又分别对应进步阶级和反动阶级。这一范式转换亦体现在儒学研究中，关于儒家各代表人物的阶级立场、思想阵营归属以及进步或反动的判定引起激烈的论争。这一时期的儒学研究虽然有教条化、标签化的弊病，但是对以孔子为代表的儒家思想的阐发仍然包含了诸多有价值的因素。

1950 年，冯友兰发表了《中国哲学底发展》，将中国古代哲学家划分为唯物主义和唯心主义两大阵营，儒家的孔子、孟子、董仲舒、程颐、程颢、朱熹、王阳明属于唯心主义阵营，荀子、王充、韩愈、刘禹锡、柳宗元、周敦颐、张载、王安石、陈亮、叶适、戴震属于唯物主义阵营。每个哲学家代表特定的阶级或阶层，如孔子思想有两面性，一方面赞美封建贵族制度，另一方面又向封建贵族提出新兴社会势力的要求。注重"礼"和"孝"是孔子思想的保守方面，是当时社会的旧势力力图挣扎的反映，注重"直"与"仁"是孔子思想的进步方面，是当时社会新势力得到解放的反映。① 1954 年，冯友兰发表了《孔子思想研究》，认为孔子的立场是从领主阶级初步分化出来的地主阶级的立场②，"仁"和"礼"是孔子思想的两大支柱，也是两个阶级矛盾的产

① 参见冯友兰：《三松堂全集》第 12 卷，河南人民出版社 2001 年版，第 10—12 页。

② 参见冯友兰：《三松堂全集》第 13 卷，河南人民出版社 2001 年版，第 40 页。

物[1]，“仁”要求人以人的资格承认于“己”之外还有与“己”相对的别人，有进步意义[2]。1956 年，冯友兰又发表《关于孔子研究的几个问题》，提出应把孔子本人的思想和以后发展的儒家思想（孔子主义）、把孔子的思想在孔子时代所发生的作用和影响与后来特别是汉以后儒家思想发生的作用和影响分别开来，应对孔子的时代的具体情况作具体的研究，对孔子本人的思想作具体的分析。[3] 1956 年，冯友兰发表《中国哲学遗产的继承问题》，提出有些哲学命题有抽象和具体两方面的意义，他以孔子的“学而时习之，不亦说乎”“节用而爱人”，《礼记·礼运》的“天下为公”，孟子的“人皆可以为尧舜”，中庸的“博学之，审问之，慎思之，明辨之”，陆九渊的“六经皆可以为我作注脚”，王阳明的“良知”等为例，说明“抽象意义”有进步作用，是可以继承的，这就是“抽象继承法”。[4] 这可以说是对教条化马克思主义研究范式的反思。

1954 年，张岱年发表《王船山的唯物论思想》，肯定王船山的哲学思想是明清之际唯物论的最高成就，王船山论证了物质世界的独立存在、规律的客观性及物质世界的永恒性。[5] 1955 年，他又发表《张横渠的哲学》一文，论述了张载的唯物论自然观、辩证观念、认识论、伦理学说及社会政治思想，提出张横渠是“中小地主阶级思想家”，是“宋代卓越的唯物论者，他对唯物论的发展作出了巨大的贡献”，“明清的唯物论思想都是在他的影响之下，孕育并发展起来的”。[6] 这一观点引起了广泛争论。吕世骧、邓冰夷、陈玉森等人发文批评张岱年的观点，

① 参见冯友兰：《三松堂全集》第 13 卷，河南人民出版社 2001 年版，第 51 页。

② 参见冯友兰：《三松堂全集》第 13 卷，河南人民出版社 2001 年版，第 50 页。

③ 参见冯友兰：《三松堂全集》第 13 卷，河南人民出版社 2001 年版，第 51、70—71 页。

④ 参见冯友兰：《三松堂全集》第 12 卷，河南人民出版社 2001 年版，第 94—100 页。

⑤ 参见张岱年：《张岱年全集》第五卷，河北人民出版社 1996 年版，第 1—18 页。

⑥ 参见张岱年：《张岱年全集》第五卷，河北人民出版社 1996 年版，第 19—47 页。

认为张载是唯心论者。[①] 而张岱年发表《关于张横渠的唯物与伦理政治学说——答邓冰夷同志与吕世骧同志》《对〈张横渠是一个唯心论者〉一文的答复》对这些批评进行了回应。[②]

熊十力在1956出版的《原儒》中阐发了他的新儒学观，力图结合时代思潮，以社会主义思想解释孔子思想和儒家经典。他就《大易》《春秋》《礼运》《周官》四经探讨了孔子天下为公的理想和制度。他认为，《易·系辞传》讲"穷则变，变则通，通则久"，私有制和统治阶级的形成，是必经的阶段，但不可长久，废除阶级和私有制，则为变通可久之道。[③]《春秋》的"三世"本为"一事"，即"拨乱世反之正"，而"拨乱世"即是革命之事，"反之正"即是"明天下为公之道，创天下一家之规，为全人类开万世太平之治"。[④]《礼运》体现了孔子废除阶级与私有制，实行天下为公的外王学，保存阶级的小康礼教并不被孔子所认可。[⑤]《周官》为"拨乱起治"之书，其中包含了取消王权、实行民主政治、消灭私有制、土地国有、生产事业国营的思想。[⑥]

1960和1962年，中国社会科学院山东分院历史研究所两次召开孔子学术讨论会，探讨了孔子的阶级立场、孔子思想的历史作用、继承孔子思想遗产的方针和方法等问题，掀起了孔子研究的高潮。[⑦] 学界围绕孔子的阶级立场、天道观、天命观、鬼神观念、宗教观念、仁与礼以及

---

① 参见吕世骧：《张横渠的哲学究竟是唯物论还是唯心论》，载《哲学研究》，1955年第3期；邓冰夷：《〈张横渠的哲学〉一文读后感》，载《哲学研究》，1955年第3期；陈玉森：《张横渠是一个唯心论者——张岱年先生〈张横渠的哲学〉一文读后感》，载《哲学研究》，1956年第4期。

② 两文分别发表于《哲学研究》1955年第3期和1956年第4期。

③ 参见熊十力：《原儒》，中国人民大学出版社2006年版，第115页。

④ 参见熊十力：《原儒》，中国人民大学出版社2006年版，第127—128页。

⑤ 参见熊十力：《原儒》，中国人民大学出版社2006年版，第138—139页。

⑥ 参见熊十力：《原儒》，中国人民大学出版社2006年版，第148—165页。

⑦ 参见乔清举：《当代中国哲学史学史》，上海古籍出版社2014年版，第268页。

对孔子思想的评价等问题展开了激烈论争，冯友兰和关锋的观点形成了针锋相对的局面。[①] 其中，冯友兰在《论孔子》一文中所提出的孔子的“爱人”是爱与自己相对的别人的观点引起了持续的争论。[②] 关锋、林聿时发表《论孔子》，认为“仁”是有阶级性的，不包括“民”（奴隶）在内。[③] 冯友兰发表《论孔子关于“仁”的思想》，提出“人”是泛指，包含所有的人。而且，孔子的“仁”不仅是一种道德，也是一种世界观，作为世界观的“仁”，是人类自觉的表现。[④] 关锋、林聿时又发表《再论孔子——兼论哲学史方法论的一个问题》，断言孔子的“仁”属于奴隶主统治者的仁观念，“己所不欲勿施于人”和“己欲立而立人，己欲达而达人”是奴隶主关于“仁”的观念的抽象概括，有特定的阶级内容和时代内容。[⑤] 冯友兰又发表《再论孔子关于“仁”的思想》，明确孔子的“爱人”有普遍的形式，是超阶级的爱。[⑥] 除冯友兰和关锋的论争外，汤一介发表《孔子思想在春秋末期的作用》，提出孔子以仁为礼的内容，对礼进行了改造，使旧礼为新的经济关系服务。“仁”是有阶级性的，是统治阶级的品德，但“爱人”的对象也包括劳

① 参见乔清举：《当代中国哲学史学史》，上海古籍出版社2014年版，第269—278页。

② 参见冯友兰：《论孔子》，见《孔子哲学讨论集》，中华书局1962年版，第86页。

③ 参见关锋、林聿时：《论孔子》，见《孔子哲学讨论集》，中华书局1962年版，第227页。

④ 参见冯友兰：《论孔子关于“仁”的思想》，见《孔子哲学讨论集》，中华书局1962年版，第288、293、296页。

⑤ 参见关锋、林聿时：《再论孔子——兼论哲学史方法论的一个问题》，见《孔子哲学讨论集》，中华书局1962年版，第317页。

⑥ 参见冯友兰：《论孔子关于“仁”的思想》，见《孔子哲学讨论集》，中华书局1962年版，第472页。

动者。[①] 赵纪彬发表《仁礼解故》，以“克己复礼”为中心，对“克”“己”“礼”“仁”进行分别和总体的解释，认为“己”是“为仁”的主体，“克己复礼”是将“己”屈抑在“礼”的范围，说明“礼”为第一位，“仁”为第二位，由“礼”限定的“仁”非“爱一切人”的抽象德目，而是有阶级内容的上层建筑。[②] 赵纪彬将《仁礼解故》增补进 1962 年版的《论语新探》中。[③] 书中的《释人民》提出的“人”和“民”是春秋末期两大对立的阶级，即奴隶主和奴隶，这是各版本《论语新探》的一贯看法，也是关锋、林聿时主张“仁”这一道德范畴并不包含“民”这一阶级的依据。

此外，这一时期出版了若干值得重视的哲学史、思想史著作。杨荣国的《中国古代思想史》于 1954 年出版；侯外庐主编的《中国思想通史》5 卷 6 册至 1960 年全部出齐；任继愈主编的《中国哲学史》于 1963 年出版第一卷；冯友兰的《中国哲学史新编》于 1962 年出版第 1 册，1964 年出版第 2 册。这些通史著作均包含儒学研究的内容。这一时期亦有关于其他儒学代表人物如孟子、荀子、董仲舒、王充、韩愈、李翱、柳宗元、程颐、程颢、朱熹、王阳明，以及儒家经典如《周易》的讨论，在此不再多述。

二、走入歧途的“批孔”“批儒”（1966—1976 年）

这一时期，全国掀起了“批林批孔”“评法批儒”的浪潮，学术研究政治化，儒家的人物、思想、典籍成为“大批判”的对象，儒学研

---

① 参见汤一介：《孔子思想在春秋末期的作用》，见《孔子哲学讨论集》，中华书局 1962 年版，第 65—68 页。

② 参见赵纪彬：《仁礼解故》，见《孔子哲学讨论集》，中华书局 1962 年版，第 413—414 页。

③ 初版于 1948 年完成，曾以《古代儒家哲学批判》之名于 1950 年由中华书局出版，后以《论语新探》之名于 1959 年由人民出版社出版。

究走入歧途。

据统计，从1973年到1974年底的一年半时间里，全国96家报纸、期刊、学报共刊登“批孔”文章3000余篇，全国20余家出版社出版了“批林批孔”“评法批儒”的图书约有1400余部。①

然而，此时仍有学者能保持独立的见解。1974年，梁漱溟撰文《今天我们应当如何评价孔子》，提出了对“批林批孔”中很多观念的异议，反对将孔子视为维护奴隶制的复辟倒退的人。他提出四点论证：“克己复礼”是就生活修养而问，不涉及社会制度；孔子所重视的礼文以情理为其内容，孔子认真在情理上，而不执著于徒有其表的礼貌仪文，不必要恢复周代之礼；孔子钦佩周公的礼乐制作，但托古改制是其恒情；孔子之时非奴隶制，时论误解克己复礼为恢复周礼，又指周代为奴隶制社会，谓孔子卫护奴隶制，是错上加错。②

“批林批孔”运动又联及儒法斗争。哲学史上唯物主义和唯心主义、进步和反动阶级的斗争聚焦在了法家和儒家这两个学派之上，法家代表唯物主义、新兴地主阶级，儒家代表唯心主义、没落的奴隶主贵族，法家反复辟，儒家主复辟。

三、儒学的重新评价与现代新儒学思潮研究（1977—1989年）

1978年真理标准问题的大讨论和党的十一届三中全会关于“解放思想，实事求是”思想路线的确立带来了学术界的大变化，相对独立的学术研究开始恢复，很多学者提出应重新评价孔子及儒学。1978年，庞朴发表《孔子思想的再评价》一文，主张对孔子的评价应分辨出孔

① 陈居渊：《20世纪中国经学研究的回顾和展望》，载《中华文化论坛》，2006年第4期。

② 梁漱溟：《梁漱溟先生讲孔孟》，广西师范大学出版社2003年版，第222—223页。

子本来的东西和后世发生的东西，应区别本人的作用、后世的影响和后人的利用。① 1979 年，金景芳发表论文《关于孔子研究的方法论问题》，强调批判并非简单否定，批判孔子首先应了解孔子，批判应实事求是，不应“断章取义、曲解误解以及丑化谩骂”②。1980 年，李泽厚发表《孔子再评价》一文，认为应在广阔的历史视野内和中国文明将与世界文明交融会合的前景上对孔子作出再评价。他剖析了孔子思想中“仁”“礼”两个观念，认为孔子创始了一个对中华民族影响巨大的文化—心理结构，血缘基础、心理原则、人道主义、个体人格是构成这个思想模式和仁学结构的四因素，其整体特征是实践理性。③ 张岱年在 1980 年发表《孔子哲学解析》，概括出孔子思想的十个特点：述古而非复古；尊君而不主独裁；信天而怀疑鬼神；言命而超脱生死；标仁智而统礼乐；道中庸而疾必固；悬生知而重闻见；宣正名以不苟言；重德教而轻刑罚；整旧典而开新风。④ 1982 年，他又发表了《谈孔子评价问题》，认为孔子在哲学史、文化史上的重要贡献包括三方面：大规模讲学为百家争鸣开辟了道路；提出了以“泛爱”为内容的仁说；重人不重神，提倡积极有为的乐观精神，为中华民族的“共同心理”奠定了基础。⑤ 1982 年，匡亚明在《对孔子进行再研究和再评价》中提出了“三分法”：明显为维护封建地主阶级的统治和封建伦理关系的思想言论，必须加以严肃批判；含有人民性、进步性内容的思想言论可以作为借鉴；没有明显阶级含义的方法论方面的思想言论可以作为箴言学习。⑥ 1985 年，他出版了《孔子评传》一书，依照“三分法”对孔子

① 庞朴：《孔子思想的再评价》，载《历史研究》，1978 年第 8 期。

② 金景芳：《关于孔子研究的方法论问题》，载《哲学研究》，1979 年第 11 期。

③ 李泽厚：《孔子再评价》，载《中国社会科学》，1980 年第 2 期，后收入《中国古代思想史论》（人民出版社 1985 年版）。

④ 张岱年：《张岱年全集》第五卷，河北人民出版社 1996 年版，第 335—350 页。

⑤ 张岱年：《张岱年全集》第五卷，河北人民出版社 1996 年版，第 393—394 页。

⑥ 匡亚明：《对孔子进行再研究和再评价》，载《光明日报》，1982 年 9 月 13 日。

思想进行了历史的、全面的考察，影响巨大。①

这一时期的思想解放促生了“文化热”，西方文化如潮水般涌入，儒学与西方文化所代表的现代化的关系继五四运动后又一次成为热点问题。在这样的背景之下，一些学者开始关注并力图阐发儒学及中国传统思想、文化的现代价值，由梁漱溟、冯友兰、张岱年、季羡林、汤一介等发起、成立于1984年的中国文化书院通过教学活动、学术会议和学术出版，为继承和发扬中国文化的优良传统、提高中国文化研究水平、促进中外文化的交流和中国文化的现代化起到了持久的推动作用。其中，1988年出版的“中国文化与文化中国丛书”不仅有大陆学者阐发中国传统文化现代价值的著作——庞朴的《文化的民族性与时代性》和汤一介的《中国传统文化中的儒道释》，还有海外学者的作品——杜维明的《人性的自我修养》和成中英的《中国文化的现代化与世界化》。

现代新儒学研究的开展也是这一时期儒学研究的亮点。方克立和李锦全主持的“现代新儒学思潮研究”课题于1986年被批准为国家“七五”哲学社会科学重点课题，后又被列为“八五”重点课题，来自不同高校和科研院所的众多学者参与了该课题的研究。该课题确定梁漱溟、熊十力、张君劢、冯友兰、钱穆、贺麟、方东美、牟宗三、唐君毅、徐复观十位现代新儒家的代表人物为研究对象，研究持续十年，形成了《现代新儒学研究论集（一）》（1989年）、《现代新儒学研究论集（二）》（1991年）、“现代新儒学辑要丛书”（十四种，1992年—1996年）、《现代新儒家学案》（全三册，1995年）、“现代新儒学研究丛书”等重要学术成果，不仅带动了大陆学界的现代新儒学研究，而且对大陆学界的传统儒学研究尤其是宋明理学研究产生了重要影响，现代新儒学对传统儒学现代价值的阐发也增加了学者们对儒学的认同感。直至今日，现代新儒学依然是儒学研究的重要领域。

---

① 参见匡亚明：《孔子评传》，齐鲁书社1985年版。

这一时期的传统儒学研究也有重要突破，大量研究专著问世，其中有对各时期儒家人物思想和具体问题的探讨，有对各时期儒学的宏观研究，更有儒学的断代史研究。关于先秦儒学，除匡亚明的《孔子评传》外，还有蔡尚思的《孔子思想体系》（1982 年），钟肇鹏的《孔子研究》（1983 年），李启谦的《孔门弟子研究》（1983 年），夏甄陶的《论荀子的哲学思想》（1979），汪国栋的《荀况天人系统哲学探索》（1987 年），向仍旦的《荀子通论》（1987 年），赵宗正等合著的《孔孟荀比较研究》（1989 年）等。关于两汉儒学，有周桂钿的《王充哲学思想新探》（1984 年）、《董学探微》（1989 年），另有金春峰的《汉代思想史》（1987 年）。《汉代思想史》一书的提要中写道："本书不沿袭唯物、唯心斗争的框架模式，不囿于时下好些讲汉代哲学思想论著的传统观点，鲜明而尖锐地提出了董仲舒的'天人合一'的唯心论的积极作用及局限、自然哲学提出的'有机体是信息'与欧洲哲学的'人是机器'的优劣短长以及经学兴盛与衰落的原因、经验思维与理论思维的交错上升等等。"① 这也是该书的特点和重要贡献。宋明理学的研究成果更为丰富。1984 年，由侯外庐、邱汉生、张岂之主编的《宋明理学史》（上、下卷）出版，这是中华人民共和国大陆地区第一部系统论述理学发展历史的著作，描述了理学产生、发展和走向衰微的过程，立足文献剖析了理学的主要概念和命题，分析了理学的社会功能及其历史作用。② 此外，张立文的《朱熹思想研究》（1981 年）、《宋明理学研究》（1985 年），蒙培元的《理学的演变》（1984 年）、《理学范畴系统》（1989 年），崔大华的《南宋陆学》（1984 年），徐远和的《洛学源流》（1987 年），潘富恩、徐余庆的《程颢程颐理学思想研究》（1988 年），陈来的《朱熹哲学研究》（1988 年）以及邓艾民的《朱熹王守仁哲学研究》（1989 年）也是这一时期宋明理学研究的重要著作。其中，陈来

① 金春峰：《汉代思想史》，中国社会科学出版社 1987 年版。

② 参见侯外庐、邱汉生、张岂之主编：《宋明理学史》，人民出版社 1987 年版。

的《朱熹哲学研究》对朱熹的原始资料进行了全面详细的梳理、考证和解读，对朱熹哲学思想的发展脉络、核心命题、不同时期的思想特点进行了深入辨析，被看作这一时期宋明理学研究的典范之作。总体来看，这一时期的儒学研究有着显著的研究范式过渡的特点，大部分著作仍然存在唯物主义和唯心主义的标签化使用的现象，但也体现出力图打破教条的研究框架、回归儒学自身概念和命题的自觉。

经学曾经在中国学术体系中处于核心地位，但在以西方为参照的学科体系建立后一直处境尴尬，后又受到政治运动的冲击几乎归于沉寂。在 20 世纪 80 年代中期以后，《周易》研究颇受关注，有若干《周易》经传的注释、今译、研究著作问世，可以说有了经学复苏的迹象。刘大钧的《周易概论》（1986 年）概述了《周易》经传的基本情况，介绍了汉宋易学的象数之说，探讨了历代的《周易》研究。① 金景芳、吕绍纲的《周易全解》（1989 年）在对《易经》和《易传》的解释中尤其重视发挥其中的义理。② 黄寿祺的《周易译注》（1989 年）坚持象数义理并重的思路，剖析了《周易》经传的制作、性质、研究方法和解经体例，着力贴合经传的本义。③ 朱伯崑《易学哲学史》尤其值得关注，该书于 1986、1988 年出版了上中两册，1991 年在中国台湾出版四卷本，1995 年在中国大陆出版四卷本。该书将易学史上各家对《周易》义理的解释和对其理论思维的探讨依照其演变的过程作出了系统的叙述，对易经、易传、易学中的概念、范畴、命题及其理论体系进行逻辑分析，揭示了其理论思维的特征和价值。④ 这部著作强调以易学为代表的经学对于哲学史研究的意义，建立了哲学史和经学史的密切联系，对于哲学史研究和经学研究都具有重要的意义。此外，这一时期关于易学流派及

① 参见刘大钧：《周易概论》，齐鲁书社 1986 年版。

② 参见金景芳、吕绍纲：《周易全解》，吉林大学出版社 1989 年版。

③ 参见黄寿祺：《周易译注》，上海古籍出版社 1989 年版。

④ 参见朱伯崑：《易学哲学史》，华夏出版社 1995 年版。

易学典籍的专门研究也开展起来，如郑万耕的《太玄校释》（1986年），萧汉明的《船山易学研究》（1987年）。

这一时期还出现了关于儒学是否是宗教的论争。1978年底，任继愈在中国无神论学会成立大会上明确提出“儒教是教”的主张，后于1980年发表《论儒教的形成》一文，提出孔子开创的儒家学说直接继承发展了“殷周奴隶制时期的天命神学和祖宗崇拜的宗教思想”，儒学经历了西汉和宋明两次改造而发展为儒教，儒教奉孔子为教主，信奉“天地君亲师”，以六经为经典，教派及传法世系即儒家的道统论，具有宗教的一切本质属性。① 同年又发表了《儒家与儒教》。② 李国权和何克让发表《儒教质疑》一文，对任继愈的论点和论证进行了反驳。③ 崔大华发表《儒教辨》，指出儒家学说不是源于殷周宗教思想，而是西周的伦理道德思想，理学是对儒家伦理道德根源的哲学论证和对儒学中宗教神学的哲学改造。④ 冯友兰发表《略论道学的特点、名称和性质》，提出任继愈的标准和论证值得商榷，汉代古文经学反对今文经学和道学反对佛道都是反宗教斗争，说道学是宗教不符合哲学史的发展。⑤ 任继愈发表《儒教的再评价》一文对质疑和批评进行回应，对相关论点作出了进一步的阐述⑥，并在《具有中国民族形式的宗教——儒教》一文中提出“任何一个民族不可能没有自己的宗教信仰”，而儒教是“中国自己培养起来的宗教”，是“具有中国民族形式的宗教”⑦。

---

① 任继愈：《论儒教的形成》，载《中国社会科学》，1980年第1期。

② 参见任继愈：《儒家与儒教》，见《中国哲学》第3辑，生活·读书·新知三联书店1980年版。

③ 李国权、何克让：《儒教质疑》，载《哲学研究》，1981年第7期。

④ 崔大华：《儒教辨》，载《哲学研究》，1982年第6期。

⑤ 冯友兰：《略论道学的特点、名称和性质》，载《社会科学战线》，1982年第3期。

⑥ 参见任继愈：《儒教的再评价》，载《社会科学战线》，1982年第2期。

⑦ 任继愈：《具有中国民族形式的宗教——儒教》，载《文史知识》，1988年第6期。

四、国学热与儒学研究的深入（1990—1999 年）

在“国学热”的背景下，20 世纪 90 年代的儒学研究更加繁荣，除延续了 80 年代的若干研究热点外，又开拓出新的研究领域，对儒学所涉及的各种问题的研究更为具体深入，在研究方法上亦有新的特点。

（一）儒学史与经学史

在 20 世纪 80 年代已有儒学的断代史问世，90 年代则有几部各具特色的儒学通史出版。1991 年，赵吉惠等主编的《中国儒学史》出版，该书采用逻辑与历史相统一的方法，概括和整理了儒学发生、发展、演变到衰落的历史资料并进行了分析和评价，叙述了儒学发生、发展、演变、衰落的历史过程并总结了其中的规律，对其中的基本问题进行了解释说明，探讨了儒学在不同的历史阶段的思想特征、理论形态和历史作用。关于儒学的研究方法，该书提出走多元化的道路，既可以用划分唯物、唯心的方法去研究，也不反对用其他行之有效的方法，并强调在运用划分唯物、唯心的方法去分析儒家思想时要警惕和克服教条主义和简单化的倾向。① 1996 年，刘蔚华、赵宗正主编的《中国儒家学术思想史》出版，该书采取学术史与思想史相结合的方法，按照儒学的兴起、儒学的独尊、儒学的变异、儒学的复兴、传统儒学的总结与趋于终结五阶段从学术思想的层面对儒学的发生、发展、演变、盛衰的历史进行了全面系统的研究，尤其突出了各阶段的特点以及各代表人物的思想体

① 赵吉惠、郭厚安、赵馥洁、潘策主编：《中国儒学史》，中州古籍出版社 1991 年版，引言第 11 页。

系、学术成就、治学观点和运思方法。① 此外，还有1998年出版、姜林祥主编的《中国儒学史》，该书共七卷，是当时规模最大的儒学史著作。该书叙述了从先秦至近代儒学发生、发展、演变的历程，揭示了儒学的特征和精神，阐明了儒学的理论贡献，尤其重视儒学与社会政治之间的互动，儒学与其他学派的思想交流及冲突，甚至儒学与史学、文学、艺术、教育的关系，其中的近代卷详细阐述了鸦片战争开始到中华人民共和国成立前的儒学发展，可以弥补之前儒学通史著作的不足。②

在世纪之交，李申出版了《中国儒教史》。该书以儒教是教立论，叙述了儒教从创立、完善到逐渐走向衰亡的过程，揭示了儒教的神灵系统、祭祀制度、教义教理等，阐明了儒者如何为实现上帝、神灵的意旨而治国、修身并从事相关的理论探讨。因为立场不同，该书提出了诸多与传统不同的见解，如儒家重人事是要辅助上帝，儒家所讲的伦理道德是天、上帝的意志，儒家不否定鬼神和上帝的存在及其赏善罚恶的作用等。③ 在90年代，关于"儒学是否宗教"的争论并未停息。1998年《文史哲》编辑部还组织了关于"儒学是否宗教"的笔谈，主题包括：儒学是"学"还是"教"；如果是"教"，它是"教化"之"教"，还是"宗教"之"教"；如果是宗教，它是"指一种人生态度"的宗教，还是神学信仰体系。④ 张岱年认为，由于对宗教有不同理解，对儒学是否是宗教就有不同看法，儒学可以说是"以人道为主要内容、以人为终极关怀的宗教"⑤。季羡林主张"'教'即宗教"，讨论"儒学"或

---

① 参见刘蔚华、赵宗正主编：《中国儒家学术思想史》，山东教育出版社1996年版。

② 姜林祥主编：《中国儒学史》，广东教育出版社1998年版。

③ 李申：《中国儒教史》上，上海人民出版社1998年版；李申：《中国儒教史》下，上海人民出版社2000年版。

④ 《"儒学是否宗教"笔谈》，载《文史哲》，1998年第3期。

⑤ 张岱年：《儒学与儒教》，载《文史哲》，1998年第3期。

“儒教”必须有发展的观点，从“儒学”到“儒教”是一个历史演变的过程。[①] 蔡尚思主张“儒学非宗教而起了宗教的作用”[②]。郭齐勇则强调儒学不是宗教，但“具有宗教性的品格”，可以说它是“人文教”，“此‘教’含有‘教化’和‘宗教’两义”。[③] 张立文认为，儒学不仅“有很深厚的天命的宗教根基”，而且“具有终极关切和灵魂救济的内在超越的品格和功能”，因而其自身“已具备精神化宗教的性质（或称其为智慧型宗教）”[④]。李申的《中国儒教史》出版后受到两极化的评价，并引发了对儒学是否是宗教这一问题的新的思考和争论。

这一时期也出现了具有较高学术价值的经学史著作，如廖名春的《周易研究史》（1991 年），章权才的《两汉经学史》（1990 年版）、《魏晋南北朝隋唐经学史》（1996 年版）、《宋明经学史》（1999 年），汤志钧的《西汉经学与政治》（1994 年），吴雁南的《清代经学通论》（1993 年），田汉云的《中国近代经学史》（1996 年）等。

（二）先秦儒学与宋明理学

这一时期的孟子研究以杨国荣和杨泽波为代表。杨国荣先后出版了《重返战国：孟子新论》（1993 年）和《孟子评传：走向内圣之境》（1994 年）。他将孟子思想置于历史之中，从历史先导与时代背景中考察孟子的天人之辩、义利之辩、自我与群体、权变与独断、理想与现实、理性原则、人格境界等。主体自由、理性主义、道义论等术语的引入，将新的问题意识注入到孟子思想中，实现了对孟子思想的新解

① 季羡林：《儒学·儒教》，载《文史哲》，1998 年第 3 期。

② 蔡尚思：《儒学非宗教而起了宗教的作用》，载《文史哲》，1998 年第 3 期。

③ 郭齐勇：《儒学：入世的人文的又具有宗教性品格的精神形态》，载《文史哲》，1998 年第 3 期。

④ 张立文：《关于儒学是“学”还是“教”的思考》，载《文史哲》，1998 年第 3 期。

释。[①] 杨泽波先后出版了《孟子性善论研究》（1995年）、《孟子评传》（1998年）和《孟子与中国文化》（2000年）。他认为孟子坚持良心本心论性，良心本心是性善的根据，是一种道德本体，孟子创立了"本心本体论"[②]。他用"伦理心境"来解读良心本心，良心本性是一种社会生活和智性思维在内心结晶而成的"伦理心境"，是"后天而先在"的，理解"伦理心境"如何是后天而先在的是破解性善论的关键。[③] 杨泽波提出"三分方法"即将人与道德相关的要素分为欲性、智性、仁性，这也是他儒学研究的一大特色。[④] 此外，还有杨大鹰的《孟子学说研究》（1992年）、王其俊的《亚圣智慧——孟子新论》（1996年）、吴乃恭的《孟子》（1997年）、张奇伟的《亚圣精蕴——孟子哲学真谛》（1997年）、董洪利的《孟子研究》（1997年）等。《孟子研究》不仅有关于孟子思想的研究，而且梳理和分析了各历史阶段的孟学，可以说是一部孟学史著作。

这一时期的荀子研究亦有较大进展。高正的《〈荀子〉版本源流考》（1992年）对不同版本的《荀子》进行了比较和评论。[⑤] 郭志坤的《荀学论稿》（1991年）阐述了荀子的政治、经济、历史、军事、法律、教育、自然科学、宣传、伦理道德、文艺等思想。[⑥] 廖名春的《荀子新探》（1994年）探讨了荀子的人性论、群论、天人论、解蔽论、正名论、富国裕民论、兵论等重要问题，提出了若干新见解，如关于荀子的人性论，他分辨了"性"概念的两层意义，提出情、欲、知、能是"性"概念的子概念，情、欲之性为"恶"，但知、能之性并没有被赋

① 参见杨国荣：《重返战国：孟子新论》，开今文化事业有限公司1993年版。
② 参见杨泽波：《孟子评传》，南京大学出版社1998年版，第303—313页。
③ 参见杨泽波：《孟子性善论研究》，上海人民出版社2016年版，第82—85页。
④ 参见杨泽波：《孟子性善论研究》，上海人民出版社2016年版，第1页。
⑤ 参见高正：《〈荀子〉版本源流考》，中国社会科学出版社1992年版。
⑥ 参见郭志坤：《荀学论稿》，上海三联书店1991年版。

予价值内容。[①] 惠吉星的《荀子与中国文化》（1996 年）运用文化学理论，分析了包括荀学在内的中国文化的重要特质。[②] 孔繁的《荀子评传》（1997 年）探讨了荀子的礼治、王霸、天人相分、解蔽、正名、性恶以及音乐和诗赋等思想，梳理了荀子对先秦诸子的评价、荀子的影响以及后世评价。[③]

这一时期的宋明理学的研究成果相当丰富。杨国荣的《王学通论——从王阳明到熊十力》（1990 年）、《心学之思——王阳明哲学的阐释》（1997 年），陈来的《有无之境——王阳明哲学的精神》（1991 年）、《宋明理学》（1992 年），张立文的《走向心学之路——陆象山思想的足迹》（1992 年），东方朔的《刘蕺山哲学研究》（1995 年），徐洪兴的《思想的转型——理学发生过程研究》（1996 年），冯达文的《宋明新儒学略论》（1997 年）等。其中，陈来和杨国荣的研究特征比较鲜明，二人的共同点是结合西方哲学资源对理学家思想进行解读，但立足点和思路有较大区别。陈来在诠释理学家的思想时注重从其自身的文献脉络中确定其固有的问题意识、凝练重要范畴和命题，而在具体诠释范畴、命题时，相应地援引西方哲学的观念资源进行比较研究。而杨国荣则是将宋明理学置于西方哲学的视域内，将其问题与西方哲学的问题相连接，在与西方哲学的对话中实现对宋明理学的新诠释。

这一时期的传统儒学研究已经摆脱苏联教条化的马克思主义的影响，在重视儒学自身的概念、范畴、逻辑结构的同时吸收西方哲学的观念和理论作为参照和诠释资源，但如何处理二者的关系仍然是复杂的问题。在 20 世纪末 21 世纪初，学界提出了中国哲学合法性问题和中国哲学研究方法问题，引发了持久且激烈的讨论。

---

① 参见廖名春：《荀子新探》，中国人民大学出版社 2013 年版，第 82—86 页。

② 参见惠吉星：《荀子与中国文化》，贵州人民出版社 1996 年版。

③ 参见孔繁：《荀子评传》，南京大学出版社 1997 年版。

（三）现代新儒学研究

现代新儒学研究在20世纪80年代展开，90年代则是收获的季节。除前文所列的课题组所组织出版的系列成果外，还有很多值得关注的重要进展。

在整体研究方面，有宋志明的《现代新儒学研究》（1991年），胡伟希的《传统与人文：对港台新儒家的考察》（1992年），李翔海的《民族性与时代性——现代新儒学与后现代主义比较研究》，陈少明的《儒学的现代转折》（1992年），黄克剑、周勤的《寂寞中的复兴——论当代新儒家》（1993年），陈来的《哲学与传统——现代儒家哲学与现代中国文化》（1994年），颜炳罡的《当代新儒学引论》（1998年）等。这些著作选取了各自不同的研究角度，探讨了现代新儒学的理论渊源、传承发展的线索以及当下境遇，揭示出现代新儒学的思想创见和特点，比较了现代新儒学与现代以及后现代文化的异同，对现代新儒学的理论得失进行了评价。

在个案研究方面，关于现代新儒学各代表人物均有研究成果问世。关于梁漱溟的研究成果，有马勇的《梁漱溟文化理论研究》（1991年），郑大华的《梁漱溟与现代新儒学》（1993年）、《梁漱溟与胡适：文化保守主义与西化思潮的比较》（1994年），曹耀明的《梁漱溟思想研究》（1994年），郭齐勇、龚建平的《梁漱溟哲学思想》（1996年），李善峰的《梁漱溟社会改造构想研究》（1996年）等。这些研究涉及梁漱溟的思想渊源、理性观、直觉说、人生哲学、中西文化观、社会改造思想等。关于熊十力的研究主要有郑家栋的《本体与方法——从熊十力到牟宗三》（1992年），郭齐勇的《熊十力思想研究》（1993年），宋志明的《熊十力评传》（1993年），丁为祥的《熊十力学术思想评传》（1999年）等。这些成果所论问题包括熊十力思想的形成与演变、本体—宇宙论、心性论、体用观、易学思想、佛学思想、文化观以及熊十力与其他现代新儒学人物的思想异同。另有张庆熊的《熊十力的新唯识论与胡塞尔的现象学》（1995年），从论东西方哲学的特点、意识结构的分析、本体论学说、论哲学的方法几个方面对二者进行了比较。关于张君劢的研究论著有郑大华的《张君劢传》（1997年）、《张君劢学术思想评传》（1999年），陈先初的《精神自由与民族复兴——张君劢思想综论》（1999年）等，主要探讨了张君劢的思想渊源、思想发展轨迹、科学观、文化观、宪政思想、民族主义思想、社会主义思想等问题。关于冯友兰的研究著作有李中华的《冯友兰评传》（1996年），宋志明、梅良勇的《冯友兰学术思想评传》（1999年），主要探讨了冯友兰的新理学体系、东西文化观、抽象继承法等。关于贺麟的主要研究著作有宋志明的《贺麟新儒学思想研究》（1998年）、张学智的《贺麟》（1992年）。关于牟宗三的研究著作有颜炳罡的《整合与重铸——牟宗三哲学思想研究》（1995年）、《牟宗三学术思想评传》（1998年），郑家栋的《本体与方法——从熊十力到牟宗三》（1992年）。而关于方东美、唐君毅、徐复观的研究主要是以学术论文的形式呈现。

（四）出土简帛与易学研究

中华人民共和国成立后的考古发掘为中国古代哲学和思想的研究提供了新的材料，其中和《周易》相关的文献较多，如阜阳汉简《周易》、马王堆帛书《周易》、王家台秦简《归藏》等，后又有上博简《周易》和清华简《筮法》《别卦》。1973年湖南长沙马王堆汉墓出土的帛书《周易》尤其受到关注。1992年湖南出版社出版了《马王堆汉墓文物》，公布了《六十四卦》《系辞》的照片及释文，1993年出版的《道家文化研究》第三辑为“马王堆帛书专号”，公布了《系辞》《二三子问》《易之义》《要》的释文，1995年出版的《道家文化研究》第六辑公布了《缪和》《昭力》的释文。帛书《周易》的公布将易学研究推向高潮。除校释和思想解读外，学者们就帛书《六十四卦》的卦序、卦名、卦爻辞与今本的关系，帛书《易传》与今本《易传》的关系，孔子与《周易》的关系，帛书《易传》的解易风格、成书年代、学派归属等问题展开了热烈讨论。代表性成果有邓球柏的《帛书周易校释》(1987年第1版，1995年第2版，2002年第3版)，李学勤的《周易经传溯源》(1992年)，张立文的《帛书〈周易〉注释》(1992年)，廖名春的《帛书易传初探》(1998年)、《〈周易〉经传与易学史新论》(2001年)，刑文的《帛书〈周易〉研究》(1997年) 等。

此外，余敦康在90年代出版了《易学今昔》《内圣外王的贯通——北宋易学的现代阐释》，后又出版《汉宋易学解读》(2006年)和《周易现代解读》(2006年)，是《周易》思想现代诠释的代表。《易学今昔》凝练出《周易》的思想精髓与价值理想，探讨了《周易》与中国传统文化、政治文化、伦理思想的关系，明确了《周易》在中国传统文化中的地位和特殊功能，从易学对于现代人的生活和现代管理的角度阐发了《周易》的现代价值。① 余先生在总结自己研究的基础上，提出在中国经学研究和经典论释的历史中贯穿着论释学的视野，我们应该经由诠释学的路向，实现传统经典的现代转化。②

1993年，湖北荆门郭店楚墓出土了大量竹简。1998年，文物出版社出版《郭店楚墓竹简》，公布了竹简内容。其中的儒家文献有11种14篇，分别为：《缁衣》《鲁穆公问子思》《穷达以时》《五行》《唐虞之道》《忠信之道》《成之闻之》《尊德义》《性自命出》《六德》以及《语丛》(4篇)。这些文献弥补了孔孟之间的文献空白，引起了学界轰动，具体的研究状况将在下一阶段介绍。

五、异彩纷呈的新局面（2000—2019年）

21世纪以来的儒学研究得到进一步的拓展和深化。关于儒学文献

① 参见余敦康：《易学今昔》，新华出版社1993年版。

② 参见余敦康：《诠释学是哲学和哲学史的唯一的进路》，载《北京青年政治学院学报》，2005年第2期。

的整理、新出土儒学材料的整理与研究、儒学史与儒学经典的诠释史、各期儒学的研究蓬勃开展。经过20世纪末以来中国哲学界对中国哲学合法性和中国哲学研究方法的讨论，包括儒学研究在内的中国哲学研究者更加重视中国古代典籍自身的概念、问题和逻辑，在研究方法上更为灵活、多元，西方诠释学影响尤其大。另外，一些学者致力于建构新的儒学思想体系，也有学者提出了当代儒学的新形态。

（一）儒学文献整理

21世纪以来的儒学文献整理工作进展迅速，古代儒学代表人物的文集、全集先后问世，如《朱子全书》（上海古籍出版社，2002年）、《船山全书》（岳麓书社，2011年）、《方以智全书》（黄山书社，2018年）等。其中，《儒藏》的编纂最引人注目。2003年，由北京大学汤一介教授任首席专家编纂的“《儒藏》编纂与研究”被确定为教育部哲学社会科学重大攻关项目。2004年，“《儒藏》精华本”被批准为国家社会科学基金重大项目。关于这一项目的意义，汤先生讲道：“中华民族正处在民族伟大复兴的前夜，重新回顾我们这个民族文化的源头及其不断发展的历史，必将对中华民族的伟大复兴发挥重大作用。为了能系统地、全面地、深入地研究儒家思想的方方面面，把儒家经典以其各时代的注疏和历代儒家学者的著述以及体现儒家思想的各种文献编纂成一部儒家思想文化的大文库《儒藏》，并进行若干专题研究，无疑对当今和后世都十分必要，特别是对使中国文化成为世界文明新建构的重要组成部分，具有非常重大的意义。”① 《儒藏》的编纂分为“《儒藏》精华编”和“《儒藏》全本”两步。“精华编”收录中国历史上最具影响力和代表性的儒家文献，包括传世文献和出土文献，以及历史上受儒家文化影响的韩国、日本、越南三国以汉文撰写的重要儒学文献。2014年，

① 参见汤一介：《我的哲学之路》，见《思考中国哲学》，中国人民大学出版社2016年版，第27—28页。

“精华编”出齐百册，至2019年底，“精华编”的中国部分的编纂工作基本完成，“全本”的编纂工作已开展。2004年，四川大学“《儒藏》编纂”项目立项，项目由舒大刚主持。舒先生从古代图书分类方法和儒学研究的视角，将《儒藏》编纂分为“六编”“三藏”“二十四目”。此外，2019年12月22日，《孟子文献集成》200卷首发式在山东邹城举行，《孟子文献集成》搜集、整理了从汉代至晚清民国时期的1200种注解《孟子》的书籍，为孟学研究提供了重要的文献资料。

（二）儒学史、经学史、儒家经典诠释史

这一时期有若干儒学史、经学思想史、经学哲学史出版。“经学”与“哲学”的结合尤其值得注意，发掘经学中的哲学义理使经学有了新的生命力，而从经学的角度研究哲学对中国哲学话语体系的建立有重要意义。这一时期出现了儒家经典诠释史的研究热潮。儒学思想的发展主要通过对经典进行重新诠释的形式，因而，此类著作多对西方诠释学有所借鉴，重视中国古代经典诠释的方法和特征等问题。

由汤一介、李中华主编的九卷本《中国儒学史》（2011年）是“《儒藏》编纂与研究”项目的子课题。该书围绕历代儒学的代表人物和主要儒学著作文献，系统梳理了儒学发生、发展及其演变的历史过程，概括了儒学在不同发展阶段的特点和意义，判定其贡献及其局限，辨析了儒学的基本问题，儒学的概念、范畴和命题，梳理、诠释和评价了儒学的价值体系，探讨了儒学与经学、儒学与诸子、儒学与外来文化、儒学与历代政权的关系。该书重视儒学与经学的结合，重视传世文献与出土文献的结合，反映了学术界的最新研究成果，回应了学术界的不同观点。此外，该书突出了儒学对于中华民族复兴的重要意义，从不同方面阐述了儒学的当代价值。①

2009年，黄宣民、陈寒鸣主编的《中国儒学发展史》出版。该书

① 参见汤一介、李中华主编：《中国儒学史》，北京大学出版社2011年版。

采用社会史与思想史相结合的研究方法，展现了儒学在不同历史阶段呈现出来的不同形态，突出了历代儒者的思想结构与社会实践之间的关系。①

2010 年，程志华出版《中国近现代儒学史》，2017 年出版《中国儒学史》，2019 年出版《美国儒学史》。《中国儒学史》以厘清“国学”“儒学”与“哲学”的关系为前提，从哲学及其功用的角度梳理了近三千年的中国儒学史。②《美国儒学史》将美国儒学的发展分为汉学研究的兴起、汉学与“中国学”的分化与并容、美国儒学研究的开展、美国儒学研究的纵深发展和后现代时期美国儒学，对各阶段的特征及代表人物的思想进行了分析。③

2010 年，姜广辉主编的《中国经学思想史》出版。该书将经学与思想，经学史与思想史、哲学史有机结合，充分利用出土简帛材料，不仅对传统经学问题进行新的研究，更着眼于经学的价值体系问题，重视发掘经典诠释所体现出的时代精神和灵魂。该书不仅梳理出了经学演变的历史轨迹，而且探讨了经学产生的历史条件、社会需要以及推动经学演变的历史动力，不仅关注经注的书面意义，更重视经注中所体现的中国古代价值理想。④ 可以说，该书在问题意识、研究方法、思想观点方面均有重要的突破。

向世陵主编的《宋代经学哲学研究》，包括《基本理论卷》《儒学复兴卷》和《理学体贴卷》。《基本理论卷》分析了理学不同学派的治学路径、理论特点和发展脉络，提出并论证了宋代哲学的基本框架和理论内涵；《儒学复兴卷》考察了儒学如何从立足于经学转向立足于哲学并最终形成新儒学的历史过程，揭示出经学发展与儒学复兴之间的联

① 参见黄宣民、陈寒鸣：《中国儒学发展史》，中国文史出版社 2009 年版。

② 参见程志华：《中国儒学史》，人民出版社 2017 年版。

③ 参见程志华：《美国儒学史》，人民出版社 2019 年版。

④ 参见姜广辉主编：《中国经学思想史》，中国社会科学出版社 2010 年版。

系；《理学体贴卷》勾勒出理学和经学深入互动与渗透的逻辑关系，阐明了理学如何在与佛老的对抗中通过经典资源的再造使传统经学转化为宋代理学的问题。①

蔡方鹿的《中国经学与宋明理学》（2011年）以经学和理学及其相互关系为研究对象，将经学与宋明理学、经典诠释与哲学诠释有机结合，梳理了宋代以前经学的发展演变、宋明理学的形成以及发展演变，分析了宋明理学的理论构成、基本特征及其经学观，并分别论述了北宋、南宋、元、明时期重要理学家的经学观及其以义理阐释经典的思想，揭示出经学理学化的必然性和时代意义。②

姜海军陆续出版了《宋代浙东学派经学思想研究》（2017年）、《元明清北京官方经学的传承、诠释与文化认同》（2018年）、《宋代经学诠释与思想演进》（2018年）、《南宋经学史》（2019年）等经学史著作。《宋代经学诠释与思想演进》探讨了宋学范式的发生、特质及相关学派、重要经学门类的传承和演变，分析了典型的儒者、学派与著述的经学认知、解释方法及思想建构等问题。③《南宋经学史》对南宋经学诸派的渊源、传承、诠释方式及历史影响进行了分析和总结，探讨了南宋经学与政治的关系，南宋经学的地位及其历史价值等问题。④

《四书》学的研究有朱汉民、肖永明的《宋代〈四书〉学与理学》。该书系统梳理了《四书》学的渊源及其在宋代的发展演变，并将《四书》学与理学结合研究，阐述了濂学、关学、洛学、荆公新学、蜀学、湖湘学、象山学在《四书》诠释与理学建构方面的学术特色与思想创新，探讨了朱熹理学与《四书》学之间的互动，揭示了《四书》学的形成、发展、定型与理学思想体系建构完成之间的内在联系。⑤ 2013

① 参见向世陵主编：《宋代经学哲学研究》，上海科学技术出版社2015年版。

② 参见蔡方鹿：《中国经学与宋明理学》，人民出版社2011年版。

③ 参见姜海军：《宋代经学诠释与思想演进》，社会科学文献出版社2018年版。

④ 参见姜海军：《南宋经学史》，高等教育出版社2019年版。

⑤ 参见朱汉民、肖永明：《宋代〈四书〉学与理学》，中华书局2009年版。

年，肖永明主持的“中国《四书》学史”被批准为国家社科基金重大项目。

唐明贵先后出版了几部关于《论语》学史的著作：《〈论语〉学的形成、发展与中衰——汉魏六朝隋唐〈论语〉学研究》（2005 年）、《论语学史》（2009 年）、《宋代〈论语〉诠释研究》（2018 年）。《论语学史》遵循历史与逻辑相统一的原则，采用哲学史与学术史相结合的方法，以各个历史时期有代表性的《论语》注本为切入点，展现了《论语》学形成、发展、演进的线索，突出了不同时期、不同流派的《论语》诠释的特点，总结了《论语》学的历史地位和贡献。① 2016 年，唐明贵主持的“明代《论语》学研究”被批准为国家社科基金重点项目。另有柳红的“《论语》诠释史论”被立为重点项目。

《孟子》学史亦受到学者的重视。2012 年，王其俊主编的《中国孟学史》出版。2011 年，以梁涛为首席专家的“中国孟学史”被批准为国家社会科学基金重大项目。关于孟学的断代史研究有周淑萍的《两宋孟学研究》、刘瑾辉的《清代〈孟子〉学研究》（2007 年）、李峻岫的《汉唐孟子学述论》（2010 年）、李畅然的《清代〈孟子〉学史大纲》（2011 年）等。杨海文的“汉唐孟子思想解释史研究”于 2018 年被立项为国家社会科学基金重点项目。

此外，《春秋》学史的研究成果较多，有赵伯雄的《春秋学史》（2004 年），李建军的《宋代〈春秋〉学与宋型文化》（2008 年），罗军凤的《清代春秋左传学研究》（2010 年），曾亦、郭晓东的《春秋公羊学史》（2017 年），张沛林的《追寻平实精微：汉唐春秋穀梁学论稿》（2019 年）等。礼学史有刘丰的《北宋礼学研究》（2016 年），夏微的《宋代〈周礼〉学史》（2018 年）等。《孝经》学史有陈壁生的《孝经学史》（2015 年），刘增光的《晚明〈孝经〉学研究》（2015 年）等。2013 年，杨少涵主持的“《中庸》学文献集成与研究”获批国家社

① 参见唐明贵：《论语学史》，中国社会科学出版社 2009 年版。

会科学基金青年项目，2016 年，申淑华的“《大学》解释史研究”被批准为国家社科基金重点项目。

（三）简帛儒家文献研究

郭店楚墓竹简公布后，学者们投入了极大的研究热情，若干重要学术期刊开辟专栏，姜广辉主编的《中国哲学》第二十辑为“郭店楚简研究”专号（1999 年），第二十一辑为“郭店简与儒学研究”专号（2000 年），陈鼓应主编的《道家文化研究》第十七辑为“郭店楚简”专号（1999 年），相关研究论文大量刊发，专著也接连出版。关于郭店儒简的重要研究专著有庞朴的《竹帛〈五行〉篇校注与研究》（2000 年），丁四新的《郭店楚墓竹简思想研究》（2000 年），郭沂的《郭店竹简与先秦学术思想》（2000 年），王博的《简帛思想文献论集》（2001 年），欧阳祯人的《郭店儒简论略》（2003 年），陈来的《竹帛〈五行〉与简帛研究》（2009 年）等。郭店楚简与思孟学派的关系成为当时学界争论的焦点，由这一问题又衍生出郭店楚简与《中庸》《孟子》思想的关系，《性自命出》与先秦儒家心性论的关系。体现思孟学派代表性主张的《五行》篇的研究，包括竹简《五行》与马王堆帛书《五行》的比较研究。李学勤、庞朴、姜广辉等学者主张这些儒简为子思或子思弟子所作，体现子思学派或思孟学派的思想；[①] 陈来、李泽厚、陈鼓应、郭齐勇等学者则反对将其归为思孟学派或子思学派。[②] 梁

① 李学勤：《先秦儒家著作的重大发现》，载《人民政协报》，1998 年 6 月 8 日；庞朴：《孔孟之间——郭店楚简的思想史地位》，载《中国社会科学》，1998 年第 5 期；姜广辉：《郭店楚简与〈子思子〉——兼谈郭店楚简的思想史意义》，载《哲学研究》，1998 年第 7 期。

② 陈来：《郭店简可称“荆门礼记”》，载《人民政协报》，1998 年 8 月 3 日；李泽厚：《初读郭店竹简印象记要》，见《道家文化研究》第十七辑，生活·读书·新知三联书店 1999 年版；陈鼓应：《〈太一生水〉与〈性自命出〉发微》，见《道家文化研究》第十七辑，生活·读书·新知三联书店 1999 年版；郭齐勇：《郭店儒家简与孟子心性说》，载《武汉大学学报》，1999 年第 5 期。

涛的《郭店竹简与思孟学派》(2008 年)是这一方面的总结性著作。他将郭店楚简和之后公布的上海博物馆藏简与《大学》《中庸》《礼运》《孟子》等传世文献相结合,考察了孔门后学的分化,思孟学派的酝酿、形成、完成的过程,概括了思孟学派的特点,剖析了其思想内容。他认为学界应该在思想史演变的过程中理解学派,子思学派和孟子学派在先秦时期独立存在,在两汉时期相互融合,在唐宋时期确立了其正统地位。子思学派和孟子学派既有思想的继承,也有发展和深化,《五行》经文到说文的差异体现了思孟学派内部的思想变化。①

1994 年,上海博物馆入藏一批竹简,2001 年起这批竹简被陆续公布,其中包括《孔子诗论》《子羔》《缁衣》《性情论》《周易》《民之父母》《容成氏》《鲁邦大旱》等儒家文献,其中受到最多关注的是《孔子诗论》和《性情论》。关于《孔子诗论》的讨论热点有作者与成篇年代、论诗的特色、与先秦至汉代诗学的关系、诗教思想与儒家的诗教传统等,相关论文非常多,著作有刘信芳的《孔子诗论述学》(2003 年)、陈桐生的《〈孔子诗论〉研究》(2004 年)、晁福林的《上博简〈诗论〉研究》(2013 年)等。《性情论》与郭店简《性自命出》内容基本相同,很多学者将二者进行参照和比较研究。这两篇文献为先秦儒家人性论的研究提供了重要材料,揭示出"情"在儒家心性论和教化思想中的重要性。

2008 年,清华大学入藏一批竹简,目前已经出版九辑整理报告,其中的《金縢》《尹至》《尹诰》《傅说之命》《摄命》《程寤》《皇门》《祭公之顾命》《保训》《厚父》《封许之命》等《书》类文献尤其受到关注。这些文献的成书时代与流传情况、文献的性质、与《尚书》的关系等问题是争议的焦点,这些文献的思想主旨及其与诸子思想的关系也是重要的研究内容。例如,关于《厚父》的成书时代有夏书说、商

① 参见梁涛:《郭店竹简与思孟学派》,中国人民大学出版社 2008 年版。

书说、周书说、战国说等不同看法。① 关于《厚父》与《尚书》及《孟子》的关系，有学者认为《厚父》是《尚书》中的一篇，孟子曾经熟读并引用过，但后来佚失②；有学者认为《厚父》虽属《尚书》逸篇，但可能并非《孟子·梁惠王下》所引之逸篇③；又有学者认为清华简《厚父》与《孟子·梁惠王下》所引《书》可能都是各自独立的版本，后来《孟子·梁惠王下》所引的篇章被整理到了《书》中，但清华简《厚父》是不是可以称为《书》则有待更多的证据。④ 关于此篇思想主旨，有学者认为《厚父》主要反映了古代的民本说⑤，有学者认为其表达的是作为三代意识形态的“民主”说，包含了做民之主和为民做主两个方面。⑥ 2016 年，刘国忠主持的“清华简与儒家经典的形成发展研究”获批国家社会科学基金重大项目。

---

① 参见程浩：《清华简〈厚父〉“周书”说》，见《出土文献》第五辑，中西书局 2014 年版；郭永秉：《论清华简〈厚父〉应为〈夏书〉之一篇》，见《出土文献》第七辑，中西书局 2015 年版；刘国忠：《也谈清华简〈厚父〉的撰作时代和性质》，载《扬州大学学报》，2017 年第 6 期；刘光胜：《清华简〈厚父〉时代归属新论》，载《学术交流》，2019 年第 1 期；李若晖：《〈厚父〉“典刑”考》，载《哲学与文化》，2017 年第 10 期。

② 李学勤：《清华简〈厚父〉与〈孟子〉引〈书〉》，载《深圳大学学报》，2015 年第 3 期。

③ 赵平安：《〈厚父〉的性质及其蕴含的夏代历史和文化》，载《文物》，2014 年第 12 期。

④ 黄国辉：《清华简〈厚父〉新探——兼谈用字和书写之于古书成篇与流传的重要性》，载《清华大学学报（哲学社会科学版）》，2016 年第 3 期。

⑤ 宁镇疆：《清华简〈厚父〉“天降下民”句的观念源流与豳公盨铭文再释——兼说先秦“民本”思想的起源问题》，载《出土文献》第七辑，中西书局 2015 年版。杜勇：《清华简〈厚父〉与早期民本思想》，载《西华师范大学学报》，2016 年第 2 期。

⑥ 梁涛：《清华简〈厚父〉与中国古代“民主”说》，载《哲学研究》，2018 年第 11 期。

（四）现代新儒学与政治儒学

这一时期关于现代新儒学的研究著作数量颇多，在研究的深度和广度上有所开拓。从研究对象上看，关于牟宗三等第二代新儒家的研究著作增多。

在整体研究方面，比较重要的成果有黄克剑的《百年新儒林——当代新儒学八大家论略》（2000 年），陈来的《现代中国哲学的追寻：新理学与新心学》（2001 年），景海峰的《新儒学与二十世纪中国思想》（2005 年），李翔海的《民族性与时代性——现代新儒学与后现代主义比较研究》（2005 年）、《现代新儒学论要》（2010 年）等。

在个案研究方面，牟宗三研究成果非常丰富，专著有陈迎年的《感应与心物：牟宗三哲学批判》（2005 年）、程志华的《牟宗三哲学研究——道德的形上学之可能》（2009 年）、彭国翔的《智者的现世关怀——牟宗三的政治与社会思想》（2016 年）、杨泽波的《贡献与终结：牟宗三儒学思想研究》等。其中，杨泽波的《贡献与终结：牟宗三儒学思想研究》是他专精研究牟宗三几十年的成果，尤其值得关注。该书共五册，分别探讨了牟宗三的“坎陷论”“三系论”“存有论”“圆善论”和“合一论”。通过坎陷开出科学和民主的“坎陷论”是牟宗三最早形成的理论。杨泽波认为“坎陷”有“让开一步”“下降凝聚”“摄智归仁”三个基本含义。[①]“三系论”指将宋明 600 年的发展划分为五峰、蕺山系，象山、阳明系和伊川、朱子系[②]，杨泽波将其判教标准归结为形著与活动。[③]“存有论”表达了道德之心不仅可以创造道德善行，

① 杨泽波：《贡献与终结：牟宗三儒学思想研究》第一卷，上海人民出版社 2014 年版，第 44 页。

② 杨泽波：《贡献与终结：牟宗三儒学思想研究》第二卷，上海人民出版社 2014 年版，第 17—18 页。

③ 杨泽波：《贡献与终结：牟宗三儒学思想研究》第二卷，上海人民出版社 2014 年版，第 19 页。

而且可以创生道德存有的思想。[①] 杨泽波将其分为超越存有论和无执存有论。[②]“圆善论”是以中国哲学尤其是儒学智慧来解决康德德福关系问题。杨泽波认为牟宗三的圆善论包括“诡谲的即”和“纵贯纵讲”两个理论步骤。[③]“合一论”针对康德以判断力沟通理论理性与实践理性的做法而提出，强调真善美相互为即、相融为一的思想。[④] 杨泽波将牟宗三的合一论分为“早期圆成论”与“后期合一论”，两者的最大不同在于“无相”。[⑤] 在疏解这五方面思想时，杨泽波肯定了其理论贡献，也指出了其缺陷和不足。

这一时期关于唐君毅的研究著作，有单波的《心通九境：唐君毅哲学的精神空间》（2001 年），段吉福的《从儒学心性论到道德形上学的嬗变：以唐君毅为中心》（2014 年），何仁富的《唐君毅与宋明理学：基于工夫论的朱、陆、王学之会通》（2016 年），雷爱民的《知识与境界：知识在唐君毅心灵九境论中的作用与定位》（2017 年），张云江的《唐君毅佛教哲学思想研究》（2019 年）等；关于方东美的研究专著有蒋国保、余秉颐的《方东美思想研究》（2004 年），李安泽的《生命理境与形而上学——方东美哲学的阐释与批评》（2007 年），宛小平的《方东美与中西哲学》（2008 年）等；关于徐复观的研究著作有李维武的《徐复观学术思想评传》（2001 年），马林刚的《道德与艺术的双重

---

① 杨泽波：《贡献与终结：牟宗三儒学思想研究》第三卷，上海人民出版社 2014 年版，第 3 页。

② 杨泽波：《贡献与终结：牟宗三儒学思想研究》第三卷，上海人民出版社 2014 年版，第 4 页。

③ 杨泽波：《贡献与终结：牟宗三儒学思想研究》第四卷，上海人民出版社 2014 年版，第 4 页。

④ 杨泽波：《贡献与终结：牟宗三儒学思想研究》第五卷，上海人民出版社 2014 年版，第 4 页。

⑤ 杨泽波：《贡献与终结：牟宗三儒学思想研究》第五卷，上海人民出版社 2014 年版，第 135 页。

变奏：徐复观文艺美学思想研究》（2015 年）等。

“政治儒学”针对现代新儒学的“心性儒学”而提出。蒋庆于 1991 年发表《从心性儒学走向政治儒学——论当代新儒学的另一发展路向》一文，又于 2003 年出版了《政治儒学：当代儒学的转向、特质与发展》一书。他认为，“心性儒学”有极端的个人化、形上化、内在化、超越化倾向，使其不可能开出新外王。① 必须在“心性儒学”之外，开辟“政治儒学”的路向，使中国儒学平行地朝两个方向发展，以“心性儒学”安立中国人的精神生命，以“政治儒学”建构中国式的政治制度。② 中国式政治制度就是体现礼乐精神、王道理想、大一统智慧、三世学说以及天子一爵等儒家思想的政治制度。③ 2011 年，蒋庆又出版《再论政治儒学》，提出了虚君共和制、太学监国制、儒教三院制的儒教宪政的国体形式、监督形式和议会形式。④

一些学者受蒋庆相关论著的影响，重视对经学特别是公羊学传统中政治思想的阐发。他们把儒家分为以孔子为开端至清末的古代中国和以康有为为开端的现代中国两期，主张回归到康有为，即现代中国的原点，阐发康有为有关现代中国的建构。这些学者被称为“新康有为主义”。2010 年，曾亦出版《共和和君主：康有为晚期政治思想研究》，该书从“三世说”入手，探讨了康有为如何围绕现代中国的构建而展开其理论思考及现实政治活动。⑤ 2012 年，唐文明出版《敷教在宽：康

---

① 参见蒋庆：《政治儒学：当代儒学的转向、特质与发展》，福建教育出版社 2014 年版，第 20—24 页。

② 参见蒋庆：《政治儒学：当代儒学的转向、特质与发展》，福建教育出版社 2014 年版，第 15 页。

③ 参见蒋庆：《政治儒学：当代儒学的转向、特质与发展》，福建教育出版社 2014 年版，第 99 页。

④ 参见蒋庆：《再论政治儒学》，华东师范大学出版社 2011 年版。

⑤ 参见曾亦：《共和和君主：康有为晚期政治思想研究》，上海人民出版社 2010 年版。

有为孔教思想申论》，依照时间顺序梳理了康有为的孔教思想，阐明了康有为孔教思想的理学基础和经学基础，揭示了康有为孔教思想背后的庶民关切和国家关切。① 干春松一直关注儒家与传统中国社会制度的关系，先后出版了《制度化儒家及其解体》（2003 年）和《制度儒学》(2006 年)。近几年出版关于康有为的专著。《保教立国：康有为的现代方略》从“保教”和“立国”两个维度来分析康有为关于现代民族国家政制建构的核心问题与设想，并探讨了康有为对于建立“现代”中国的当代价值。② 《康有为与儒学的“新世”》从儒学的分期问题开始，历述现代新儒家的儒学史叙述、意识形态化历史叙事中的儒家、现代儒学的“游魂”状态，以及儒家资本主义，提出重回康有为的观点。③ 政治儒学、“新康有为主义”的兴起在学界引起了众多的质疑和批评，代表性的有白彤东的《心性儒学还是政治儒学？新邦旧命还是旧邦新命？——关于儒学复兴的几点思考》（《开放时代》2010 年第 11 期)，刘悦笛的《评估“心性儒学”与“政治儒学”之争——兼论中国儒学的前途》(《探索与争鸣》2015 年第 11 期)，赵法生的《政治儒学的歧途——以蒋庆为例》(《探索与争鸣》2016 年第 4 期)，孙铁骑的《当代中国政治儒学批判》(《济南大学学报（社会科学版）》2018 年第 5 期)。

(五) 儒学新体系与新形态

寻求儒学的当代复兴是这一时期的儒学研究者的特点。有的学者致力于从哲学上建构新的儒学体系，亦有学者探索儒学以怎样的形态重新

① 参见唐文明：《敷教在宽：康有为孔教思想申论》，中国人民大学出版社 2012 年版。

② 参见干春松：《保教立国：康有为的现代方略》，生活·读书·新知三联书店 2015 年版。

③ 参见干春松：《康有为与儒学的“新世”——从儒学分期看儒学的未来发展路径》，华东师范大学出版社 2015 年版。

进入当代的社会生活。

张立文在20世纪90年代发表《理学的演变与理学的超越》（1993年）和《和合学概论——21世纪文化战略的构想》（1996年），提出了“和合学”概念，确立了“和合学”体系。近二十年又出版了《中国和合文化导论》（2001年）、《和合哲学论》（2004年）、《和合生生论》（2018年），对这一理论体系进行了阐发。“和合学”指“研究在自然、社会、人际、人自身心灵及不同文明中存在的和合现象，并以和合的义理为依归，以及既涵摄又超越冲突、融合的学问。”①“和合学”的总体结构是《周易》的天、地、人的三才结构，“地”为和合生存世界，“人”为和合意义世界，“天”为和合可能世界。②“和合学”确立“和生”“和处”“和立”“和达”“和爱”五大原理为“21世纪人类最大的原理和最高的价值”③。“和合学”在学术界和社会中产生了广泛影响，也引起一些争议。

牟钟鉴在20世纪90年代就提出仁学“代表着中华民族发展的精神方向，蕴含着较多人道主义和民本主义成分，给中国知识分子提供了一种切实而又高远的人生信仰，一种独特的文化价值理想”④。2013年，《新仁学构想——爱的追寻》一书出版。“新仁学”以仁爱为核心理念，突出生命哲学的主线，以孔子儒家为主，吸收诸子百家和西方文化之长而加以综合创新。“新仁学”的基本理论框架是“以仁为体、以和为用”，“以生为本、以诚为魂”，“以道为归、以通为路”，包含仁性论、仁修论、仁德论、仁志论、仁智论、仁礼论、仁事论、仁群论、仁力

---

① 张立文：《和合学——21世纪文化战略的构想》，中国人民大学出版社2006年版，第71页。

② 参见张立文：《和合学——21世纪文化战略的构想》，中国人民大学出版社2006年版，第100—106页。

③ 张立文：《和合学——21世纪文化战略的构想》，中国人民大学出版社2006年版，第481页。

④ 牟钟鉴：《儒家仁学的演变与重建》，载《哲学研究》，1992年第4期。

论、仁艺论。①

2011年，杨国荣出版“具体的形上学”三书《道论》《伦理与存在——道德哲学研究》《成己与成物——意义世界的生成》，构建了“具体的形上学”哲学体系。具体的形上学“与抽象形态的形而上学或‘后形而上学’的进路不同，‘具体的形上学’以存在问题的本源性、道德的形上向度、成己与成物的历史过程为指向，通过考察存在之维在真、善、美以及认识、价值、道德、自由等诸种哲学问题中的多样体现，以敞开与澄明人的存在与世界之在”②。三书相互关联，又各有侧重。《道论》着重从本体论方面阐释，《伦理与存在——道德哲学研究》以道德形上学为重点，《成己与成物——意义世界的生成》主要关注意义领域的形上之维。

陈来的《仁学本体论》一书的宗旨是将儒家的仁论发展为仁学的本体论。全书阐明了仁本体的含义，梳理了先秦至两汉儒家仁说的发展线索，阐述了宋明儒学的仁说，评述了熊十力和梁漱溟的形上学思想，回应了李泽厚的“情本体论”，提出仁爱、自由、平等、公正的“新四德”，进而探讨了仁与自由、平等、公正的关系以及儒家美德的现代转化问题，突出了仁学本体论的当代意义。③

杨立华的《一本与生生》围绕理一元论体系的建构来展开，参照《太极图说》的论述次第，一至三章关注本体问题，四至六章讨论心性问题，七至九章着眼于儒家价值的当代阐释和论证，最后一章对理一元论体系建构中的要点进行解释和总结。④

“教化儒学”是李景林所提出的当代儒学形态建构的方向。他以“教化”来揭示儒学的精神实质，认为儒学的教化理念既植根于社会人

① 参见牟钟鉴：《新仁学构想——爱的追寻》，人民出版社2013年版。

② 杨国荣：《具体的形上学·引言》，见《道论》，北京大学出版社2011年版，第5页。

③ 参见陈来：《仁学本体论》，生活·读者·新知三联书店2014年版。

④ 参见杨立华：《一本与生生》，生活·读书·新知三联书店2018年版。

伦和民众的日常生活，又具有超越性的价值理念。儒学当代形态的重建应将“文脉”（理论）和“血脉”（社会生活）融会起来。①

“生活儒学”是黄玉顺所提出的倡导“面向生活”的当代儒学形态。“生活儒学”的主旨，即“生活即是存在，生活之外别无存在”，认为一切形而下者、形而上者皆源于生活而归于生活。“生活儒学”的思想系统分为生活论的存在论、形而上学的重建、形而下学的重建三个层级。②

此外，又有多位学者提出“社会儒学”概念。2009 年，韩星在“百年儒学”学术研讨会上发表《社会儒学——儒学的现代转型与复兴之路》，针对心性儒学和政治儒学提出“社会儒学”，指普通民众对儒家文化的无意识认同和践行，是存在于普通百姓生活方式、生活习惯、风俗习气、品行操守中的儒学。③ 后又提出社会儒学的逻辑理路是：修身是社会儒学的根本，家庭是社会儒学的基石，社群组织是社会儒学的展开领域，天下大同是社会儒学的最高理想。④ 2010 年，谢晓东发文《社会儒学何以可能》，提出“社会儒学是一种后共同体时代的，以市民社会为基本立足点的，以非政治化为基本特征的，以人伦日用为基本关注点的儒学形态”⑤。2013 年，涂可国发表《社会儒学建构：当代儒学创新性发展的一种选择》，将社会儒学分为思想内容的社会儒学、作为功能实现的社会儒学和作为存在形态的社会儒学三个方面。⑥

---

① 参见李景林：《教化儒学论：李景林说儒》，孔学堂书局 2014 年版，第 223—227 页。

② 黄玉顺：《生活儒学：黄玉顺说儒》，孔学堂书局 2014 年版，第 2—3 页。

③ 参见韩星：《社会儒学——儒学的现代转型与复兴之路》，见《中国儒学》第八辑，中国社会科学出版社 2013 年版。

④ 韩星：《社会儒学的逻辑展开与现代转型》，载《东岳论丛》，2015 年第 10 期。

⑤ 谢晓东：《社会儒学何以可能》，载《哲学动态》，2010 年第 10 期。

⑥ 涂可国：《社会儒学建构：当代儒学创新性发展的一种选择》，载《东岳论丛》，2015 年第 10 期。

除以上研究领域外，先秦儒学、两汉儒学、宋明理学研究亦有新的创获，尤其是关于荀子的研究成果颇多。重要的学术著作有陈卫平的《孔子与中国文化》（2000年），苗润田的《解构与传承——孔子、儒学及其现代价值研究》（2002年），苟东锋的《孔子正名思想研究》（2016年），马积高的《荀学源流》（2000年），张奇伟的《荀子礼学思想研究》（2000年），韩德民的《荀子与儒家的社会理想》（2001年），周炽成的《荀子韩非子的社会历史哲学》（2002年），陆建华的《荀子礼学研究》（2004年），高春花的《荀子礼学思想及其现代价值》（2004年），储昭华的《明分之道——从荀子看儒家文化与现代民主政道融通的可能性》（2005年），东方朔的《合理性之寻求：荀子思想研究论集》（2011年），《差等秩序与公道世界：荀子思想研究》（2016年），孙伟的《重塑儒家之道——荀子思想再考察》（2010年），《“道”与“幸福”：荀子与亚里士多德伦理学比较研究》（2015年），王楷的《天然与修为：荀子道德哲学的精神》（2010年），《天生人成：荀子工夫论的旨趣》（2018年），陈来的《中国近世思想史研究》（2003年），《诠释与重建——王船山的哲学精神》（2004年），陈赟的《回归真实的存在——王船山哲学的阐释》（2002年），彭国翔的《良知学的展开——王龙溪与中晚明的阳明学》（2003年），《儒家传统的诠释与思辨——从先秦儒学、宋明理学到现代新儒学》（2012年），《近世儒学史的辨正与钩沉》（2013年），陈畅的《理学道统的思想世界》（2017年），朱承的《信念与教化——阳明后学的政治哲学》（2018年），赵金刚的《朱熹的历史观：天理视域下的历史世界》（2018年）等。其中还出现了荀子人性论的定性问题、“亲亲相隐”的解读等讨论热点，限于篇幅，在此不再专门讨论。

六、结语

回首70年来儒学研究所走过的路程，几代学人在艰难的探索中也留下了累累硕果。儒学最初被视为已经死去的研究对象，探讨的是它在历史上所发挥的作用，争论其在历史上的定位，甚至其历史作用也被判定为落后、反动。此后，学者们逐渐认可儒学思想中蕴含着现代价值并从不同方面去阐发。而到 21 世纪，学者们致力于以不同的方式在新的时代复兴和发展儒学。风雨之后见彩虹，儒学研究迎来了一个好的时代。当然，当前的研究还面临很多问题，诸如儒学在当代中国乃至世界究竟应该处于怎样的位置、发挥怎样的作用，儒学与马克思主义及道、法、佛教等其他传统思想文化内容的关系应如何处理，儒学在民间传播中出现的偏颇应如何避免等。虽然学者们为构建儒学新体系和新形态作出了很多努力，但争议颇多，儒学应该如何实现创新和转化仍然需要持续地讨论。儒学研究，永远在路上，惟期一路繁花似锦。

热点聚焦

知识创新决定未来权力财富分配

胡　军*

一、知识引领现代社会

我们现在正处于一个充满剧烈变化的世界之中，一切看上去似乎都格外的混乱、格外的无序。但就在这混乱与无序之中，有关专家却能够从中看清这样一个极为引人注目的事实，那就是知识在急剧地膨胀和极其迅速地传播。借助于电子计算机和现代通信技术，尤其是智能手机在社会上的普及，使得知识已渗透、蔓延到社会的各个方面、各个阶层，整个社会的性质发生了巨大而迅速的变化，人们的生活模式也随之发生了本质性的改变。正是借助于如此的方式，知识或信息也把自己的触角无限地伸展到未来的世纪之中，并将起着巨大的引领和主宰作用。

美国新制度经济学的代表人物加尔布雷斯早在20世纪六七十年代就首先注意到了知识在现代西方社会经济结构的权力重新分配过程中所起的决定性作用，并以此为基础，提出了著名的“权力分配论”的理论体系。

---

* 胡军，北京大学哲学系教授，北京市哲学会名誉会长。主要从事中国现代哲学、知识论研究。

加尔布雷斯认为，在任何社会中，权力总是与“最难获得或最难替代的生产要素”联系在一起。如果谁拥有了这样的生产要素的供给，谁也就自然而然地拥有了相应的权力。

在封建时代，土地显然是最重要的生产要素，地主是这一要素的拥有者或供给者，所以地主也就拥有了权力。

到了资本主义时代，资本代替土地成为最重要的生产要素，权力也就相应地转移到了资本家的手里。

而在现代社会中，由于工业的不断发展，尤其是科学知识理论的大力普及和技术的迅速进步，所需要的专门知识越来越精细、越来越复杂、越来越系统化。在现代社会，专门知识已成为决定企业成败的决定性的生产要素。于是，权力也就从资本家手中逐渐地转移到了一批具有现代工业技术所需要的各种知识、技能的人群手中。这些人被称作“技术结构阶层”。

权力分配论

时代	生产要素	权力拥有者
封建社会	土地	地主
资本主义	资本	资本家
现代社会	专业知识	技术结构阶层

“技术结构阶层”掌握了权力之后，又引起了以下几个带有根本性意义的变化：

（1）现代公司的新目标在“技术结构阶层”掌权之后，从过去追求最大限度的利润为目标转变为追求“稳定”“增长”和“技术兴趣”等目标。

（2）为了实现“稳定”这一首要目标，商品生产已由过去的消费者需要什么、公司就生产什么的“消费者主权”理论转变为“生产者主权”理论，即新的科技产品引领或刺激消费者的需求，如电脑的更新换代，苹果手机产品引领智能手机的消费，已经很明显地成了一个世界性的趋势。

(3)“技术结构阶层”掌权后，企业与银行、国家、工会、科技界的关系发生了重大的变化，如工业资本与银行资本不再融合，企业与工人的关系日益密切，企业与国家融为一体，等等。

(4)与上述的变化相适应，社会阶级关系也发生了很大的变化。正是基于上述的认识，加尔布雷斯指出，现代资本主义的社会冲突，已经不再是穷人和富人之间的对立，而是有知识者和无知识者之间的对立。有知识者就有可能成为富人，就有可能掌握相应的权力，而知识贫乏者也就可能永远只能是穷人了。

“权力分配论”的新颖独到之处，是它完全从“知识”这一全新的视角来分析资本主义社会以及企业内部结构所发生的结构性的重大变化。正是加尔布雷斯率先异常清楚地看到了，知识已经是现代社会中“最难获得或最难替代的生产要素”。就目前看，且不论新制度学派的理论在现代西方经济学界的影响到底有多大，但是有一点反复是很清楚明白的，即加尔布雷斯将知识看作是现代社会核心要素的思想具有深刻的历史洞察力。事实上，自20世纪七八十年代至今，整个世界都因知识的急剧增长和迅速传播发生了深刻而巨大的本质性变化。

加尔布雷斯的上述理论，在20世纪八九十年代不断得到来自不同学术领域学者的积极回应。并且不少学者还纷纷撰文，以“知识”为核心范畴来描述、分析现代世界范围内的政治、军事、经济、科技。而且，他们以“知识”来构想未来世纪的社会总特征成了一种特别受人青睐的时尚。如在80年代，日本学者堺屋太一的《知识价值革命》一书就是运用“知识价值”一词来描绘未来社会的总体特征，而且他把即将到来的未来社会干脆称之为“知识价值社会”，指出“知识价值社会”是由“知识价值革命”引起的。他认为，这种“知识价值革命”在日本、美国是由于80年代电子计算机技术和通信技术有了突飞猛进的发展和广泛的普及而产生的。他明确地指出，“知识价值社会”是比物质财富的生产来说更加重视创造“知识与智慧价值”的社会。在这样的社会里，将会减少对物质财富数量方面的需求，增加对社会主观意识的“知识与智慧的价值”的需求。

二、知识是高质量权力之源

到了20世纪90年代，美国著名的未来学家托夫勒则完全从“知识”这一视角出发，来分析和描绘现代及未来社会中的政治、经济的总体特征。

在1990年出版的《权力转移》一书中，托夫勒明确指出：传统的政治权力概念有两大要素，即暴力和财富。在古代社会中，暴力在政治生活中起着主导性的作用。在一定意义上，权力就是暴力。反之也一样，暴力也就是权力。这种意义上的权力显然是最为低质量的权力，因为暴力有着极大的弊端，即暴力的运用只能产生新的或更多、更大规模的暴力。它的另一缺陷在于它只能用来进行惩罚。所以，以暴力为实质的权力也就是低质量的权力。与暴力不同，财富则创造了优于暴力的权力，因为它既可用于威胁或惩罚，也可以提供奖赏，所以它也就明显地比暴力灵活得多了。然而真正高质量的权力则是源于知识理论的应用，因为知识理论可用于惩罚、奖励、劝说，甚至可以用来化敌为友，化解相互之间的矛盾冲突。而且知识也可以充当财富和暴力的增殖器，它可以用来扩充暴力或增加财富，也可以减少为达到某项目的所需要的暴力数量和财富数量。知识本身不仅是高质量的权力之源，而且它还是暴力和财富最重要的组成部分，即知识从暴力和财富的附属物变成了它们的精髓。这就是说，现代意义上的暴力和财富必须以知识为其基础。没有相应知识作为支撑的暴力和财富，已经被当今世界的人类看作是另类，而且必将迅速退出历史舞台。同时，我们也必须看到的是，暴力和财富无论从数量和程度上讲都是有限的。我占有了，你就难以拥有。反之，也是如此。而知识则大不一样，你掌控了相关知识这一事实并不能影响我或其他更多人来把握相同的知识理论系统。从知识性质的角度讲，同一知识可以为所有的理性的动物同时或先后来把握。更为重要的是，知识的运用还能进一步促进产生更多的和更新的知识。

总之，知识具有无边际的延伸性和时空的无限性。世界现代历史的发展清楚地表明，知识是最民主的权力之源。武力和财富是强者和富人的特征，而知识理论的真正革命性特征则是，只要具备了相应的理性思考能力，弱者和穷人也可以掌握先进的知识理论系统来引领世界、改变世界，从而成为世界的主人。从现代世界演变发展的历史过程来看，暴力和财富变得越来越依附于知识理论。而知识理论则不一样，它们可以不依赖于暴力和财富，但却能够将自己很快地转变为暴力和财富。发达国家多次工业革命以来的历史清楚地表现了知识理论的这一显著特性。

由于知识理论在经济生活领域内的全面渗入，现代的经济生活也出现了急剧的变革。随着服务及信息行业在发达国家中的增长及制造业本身的电脑化、网络化，财富的性质也随之发生了变化。尽管那些投资落后工业行业的人仍将工厂、机器设备以及财产目录等这样一些“硬资产”视为决定性的要素，但那些在急速增长的、最先进的行业中投资的人却依赖于完全不同的因素（知识或信息）来保证其投资效益。知识理论现在成了新的资本形态。以实物形态表现的传统资本，最显著的特点是它的时空有限性。知识资本却明显地与之不同，它具有无限的时空延伸性。同一种知识可以同时被许多不同的使用者应用。我们已经指出过，运用知识的同时也是创造知识的时候，知识不可穷尽，更无法独占，这就是知识资本的革命性特征。由于知识减少了人们对原料、劳动、时间、空间和资本的需要，知识理论已成为现代经济和未来经济发展的主要资本形态。随着这种状况的发生，知识正在升值，正因为如此，争夺知识和人才的信息战才到处激烈地进行着，而且会愈演愈烈。知识主宰着现代社会的发展，知识引领着未来社会发展的方向。

经济的知识化或知识经济又被称为“超级信息符号经济”。其特点之一是知识密集性行业取代了那些主要依赖于原料和劳动力的制造业的地位而迅速崛起。另一显著特点是，知识增长率和淘汰率以超速递增的速度同步运行。所以，知识经济是一种快速运转的经济。在当今的世界，资本以前所未有的速度运转，财富以惊人的速度递增，时间成了越来越重要的生产要素。这就使得经济不发达的国家必须在发展知识经济方面努力实现与发达国家同速运转，否则只能长期依附于发达国家。

货币也日益信息化了。正如过去金银代替实物交易、纸币取代金银行使交换职能一样，储有大量信息的信用卡正在取代纸币在历史上曾经行使过的职能。最新的趋势则是手机的移动支付功能正在快速地替代银行卡。

总之，“知识是现代经济，特别是 21 世纪经济增长的关键因素”，这一看法已成了世界范围内的政治家、经济学家和企业家的共识。在电子信息化时代，越来越多的普通民众也不得不认可上述看法。

随着知识信息通过越来越庞大的计算机网络、电视媒介、手机通信设备在全球范围内迅速传播，不但经济出现了飞速的运转，而且也极大地加速了政治体制变革的速度和模式的转型。

更要引起我们格外关注的是，由于电子通信系统的知识信息发达及其在世界各地的迅速传播，已完全改变了过去曾经在历史上反复出现的先进知识理论体系只局限在少数精英知识分子圈内，然后经过各种社会变革逐渐为社会大众接受这样的历史变迁模式。众所周知，这种历史变迁的模式曾经在历史上起过巨大的主宰作用，但其所需要付出的代价也是很沉痛的。现代社会的知识理论系统借助于电子移动网络技术和不断提升的智能电子信息系统快速传播，使得相关的知识信息迅速地在社会的各个阶层传播，社会大众通过现代信息传播技术能够快速地掌握相关的知识理论，社会变革可能更为快速，所需付出的代价也可能会相应地减少。

知识在社会生活中全方位的渗透已使社会及其结构发生了极大的变化，未来将发生更为巨大的变化。知识在现代及未来社会中的巨大作用，是培根所始料不及的。可以断言，在现代社会中，知识已不仅仅是力量，它也是权力、财富、资本，知识更是现代社会发展与演变的真正的原动力。谁想成为现代及未来社会的先进生产力的代表和世界的引领者或主宰者，谁就必须形成和掌控最新的知识理论体系。未来学者们的共识是，知识已经成了全球范围内的 K 因素（知识在英文中为 Knowledge）。要在未来的世纪中立于不败之地，求得更大的发展可能，我们就必须不失时机地掌握世界范围内不断更新的知识理论系统。未来的世界是知识理论主宰的世界，知识理论是引领世界发展和进步的核心元素。谁掌握了最新的知识理论体系，谁也就会成为世界未来发展的主宰者或引领者。我们必须要格外重视和认清这一世界文化发展的新趋势。

这种关于知识社会及其发展的图景，也越来越迫使一些哲学家不得不对之给予更大的关注，投入更多的精力来研究各种知识理论体系。在知识论研究领域内的表现便是“知识”这一概念的内涵在不断拓宽。人们现在更为关注实际渗透于政治、经济及科技活动中的知识现象。传统观念认为，知识是真的信念，知识是以真命题表达的，而现在，一些哲学家却试图从信息的意义上来定义“知识”，认为“知识”就是正确的信息。① 这就使知识论的研究更具有了现代的意义。

由于中国文化中的逻辑意识与认识论意识素来不强，所以在我们的历史上从未形成过自己严谨的逻辑学知识理论体系，也几乎没有关于知识理论的系统研究。正是这样的文化历史传统导致了部分中国学者对于经典注疏的过度关怀，对于上古三代的不切实际的迷思与留恋，使中国学界整体来说对知识论的研究历来没有任何兴趣，所以对知识的上述作用也不曾给予应有的热情关注，更谈不上作深入和系统的研究了。

① 参见 Keith Lehrer：*The Theory of Knowledge*，Westview Press，1990.

三、科学知识是工业革命的基础

英国产业革命前，人类历史发展依靠的主要是经验或经验性要素的积累。但是之后的世界历史却走上了一条性质与之完全不同的发展道路，即重视理论知识在整个人类文明的发展中占据着越来越重要甚至是主宰的作用。

近代以来发达国家之所以强盛主要是如下两个原因：

（1）古希腊时期以几何学、逻辑学为基础而形成的各种科学知识理论体系。

（2）文艺复兴后以寻求因果关系为目的的可控的精确实验。

显然，前者是后者的理论知识基础，后者是前者的技术落实。知识理论经过实验技术的落实后就形成了工业产品。由此可见，工业革命是以相关的知识理论体系及其可控的实验技术为其基础的。如果没有上述的两个要素，工业革命是根本不可能出现的。

我们在此需要指出的是，这里所说的理论知识不是与经验毫无关系的，而是对经验的提升或总结所形成的。我们可以用英国工业革命以来的工业文明发展为例来说明相关知识理论体系的重要性。

可以说，自英国工业革命以来，人类迄今已发生多次产业革命：

第一次发生在18世纪末到19世纪中叶，以新的纺织机械等技术为特征；

第二次发生在19世纪中叶到19世纪末，以蒸汽机、转炉炼钢和铁路为特征；

第三次始于19世纪末，以电力、化学工业和内燃机为特征。

20世纪50年代以后，由于微电子技术、生物工程、宇航工程、海洋工业及新材料、新能源的迅速发展，这被称为是又一次新的产业革命。

20世纪80年代以来，由于电脑、通信技术、芯片技术等的飞速发展又引发了一场产业革命。

上述的产业革命都是以相关的科学知识理论体系为其基础的。没有相关的科学知识理论体系，是完全不可能出现这些产业革命的。

一部科学发展进步的历史清楚地告诉我们，埃及的亚历山大利亚的数学家希洛就曾经制作了一台用蒸汽推动小球旋转的机器。显然，希洛制作这台蒸汽机相关的经验不可缺少，但是主要的依据却是他自己的蒸汽机气体学理论。他曾著有《希洛气体学》一书，记载了最早的蒸汽机的制作原理。后来意大利的达·芬奇、法国技师科斯等也曾紧跟其后，不断地研制蒸汽机。上述对蒸汽机研制的历史过程为英国的瓦特的研究奠定了基础。

瓦特出生于机械工匠的家庭，父亲就是仪器修理工。瓦特后来在苏格兰的格拉斯哥大学当教学仪器的修理工。正是在这所大学里，瓦特结识了几位著名的物理学教授，如科学家布莱克和罗比森等。为了进一步改善蒸汽机，瓦特还阅读了许多相关的科技发明的书籍，学习了牛顿的力学理论。当然他也经常抽时间去听布莱克教授的讲课。正是布莱克的“比热”和“燃烧”的理论启发了他，使他认识到小蒸汽机单位容积比大蒸汽机要大，在冷凝后再重新加热气缸所消耗的热量比例就大。同时布莱克的科学理论使瓦特懂得，在液体和气体之间发生物态变化时，温度不变但要大量吸热或放热，温度和热量是两个不同的科学概念①。可见，瓦特对蒸汽机的改进有着极其丰富的相关经验，但在此我们不得不指出的是，瓦特对蒸汽机改进的成功主要是有着相关的科学理论的研究和指导。所以结论就是：蒸汽机的研制，实际上是从真空和大气压等科学理论研究入手的。真空和大气压强等理论导致了大汽机的发明，大汽机的改进和发展就成为名副其实的蒸汽机。②

稍微需要我们注意的是，20 世纪最重要的科技成果之一毫无疑问

① 参见龙福元：《产业革命》，吉林大学出版社 2008 年版。

② 参见龙福元：《产业革命》，吉林大学出版社 2008 年版。

是电子计算技术。众所周知，电子计算技术首先必须以数学为基础，因为人们的生活、生产和交换活动中有着大量的计算活动，随着计算活动的量越来越大、越来越复杂，这就历史地催生了电子计算技术的出现。1623 年，德国数学家什卡尔特最早提出了制造机械计算机的想法。在此影响下，1642 年法国数学家巴斯卡发明了第一台机械计算机。

德国哲学家、数学家莱布尼茨对计算机的发明也作出了杰出的贡献。他首先提出了直接进行机械乘法的设计思想，并于 1671 年制造了一台可以进行加、减、乘、除四则运算的计算机。其次，是他最早给出了二进制运算法则。他关于二进位制的数学演算模式完成于 1679 年。

在莱布尼茨思想的基础上，“1854 年，英国数学家布尔发表了他的重要著作《思维规律研究》，成功地将形式逻辑归结为一种代数演算，即今天的布尔代数。在这种代数中，变量只取 0 和 1 两个值，它特别适用于只具有开断与接通两种状态的电路系统。如果电子计算机采用二进制用逻辑线路处理逻辑代数运算就非常方便。所以布尔代数为把电子元件及其线路应用到计算机中提供了重要的理论基础”①。美籍匈牙利科学家冯 · 诺依曼等人成功地将二进制系统地运用到电子计算机上。我们之所以要叙述电子计算技术的历史，是为了清楚地表明电子计算技术的出现是有知识理论体系作为基础的。如果没有这样的知识理论为基础，没有以此理论知识为基础的科学实验，我们根本不可能想象电子计算技术及其产品的出现。

众所周知，电子计算机的出现和广泛运用已经极大地改变了现代人类的生活方式及其性质，已被广泛地运用于工业、农业、服务业之中。商业运作模式也因此发生了根本性的变化，网络销售已经完全颠覆了实体商业经营的模式。各大城市原来繁华的高层商业大厦关门的不少。我年轻时经常去的上海南京路、淮海路等繁华的商业街现在显得冷冷清

① 潘永祥：《自然科学发展简史》，北京大学出版社 1984 年版，第 543 页。此文关于电子计算技术的资料也主要采自该书的第 28 章“电子计算机科学技术的兴起”。

清，游人极少。因为现代人类早已进入以电子计算技术为基础的数字化时代。

由上可见，正是相关的知识理论为近现代以来的工业革命奠定了基础，极大程度地改变了现代人类的生活模式。可以这样说，如果没有相关的知识理论为指导，对现代社会起着巨大作用的工业革命不可能出现，人类的生活模式也只能延续农业社会的传统。

四、知识理论为发达国家奠基

知识理论不只引领着工业革命的进程，也对社会的发展起着重要的推动作用。如果社会科学与人文科学不只用来口号或标语式的表达，那么就得上升提炼成为知识理论体系。文明发展的历史清楚地告诉我们，正是在 17 和 18 世纪，西方学者们对于法治和民主政治理论的研究，才逐渐地形成了系统化的知识理论体系。他们充分讨论了人性、人的自然权利、自然法、财产权等重大的社会问题，深入而系统地讨论了如何通过契约建立政府、政府如何管理等重大的理论问题，如斯宾诺莎、笛卡儿、培根、霍布斯、洛克、卢梭等就上述的问题进行了系统深入的讨论和详细充分的论证，并分别就这些问题形成了自己的知识理论体系，对当时及以后的世界历史产生了巨大的影响。如英国哲学家洛克的政治哲学理论，尤其是他的《政府论》对美国的建国历程起着奠基性的作用。美国独立宣言和美国宪法的撰写者都很精通洛克的相关著述，宣言与宪法的某些段落和篇章就取自于洛克的《政府论》。

其实早在美国建国之前的经典文献《“五月花号”盟约》中就这样写道：“以上帝的名义，阿门。吾等，敬畏的陛下詹姆士王的忠实臣民们……谨在上帝的面前，彼此庄严地订立本盟约，结成公民团体，即政府，以便更好地建立秩序，维护和平……并随时按照最适宜于殖民地普遍福利之观点，制定正义平等之法律、条例、法令、宪法，并选派官吏实施之。对此，吾等誓当信守不渝。”① 这段在历史上曾经被反复引用的经典名言，其思想基础正是来自洛克的社会契约论。

洛克认为，政府是在拥有自然权利的个人之间通过签订社会契约的基础之上建立起来的。根据洛克的看法，自然状态下的个人完全无法使他们个人的天赋权利获得普遍的尊重和保护，他们无法凭借自己个人的努力来保护自己应有的东西，即自己的生命安全、财产安全。正是基于这样的认识，人们也就普遍同意将自己的部分权利转让出去，赞同建立政府，以保障自己的生命安全、财产安全等。由此可见，政府完全是凭借人民转让的权利，通过相互之间订立的契约而建立的。但是需要我们注意的是，契约具有相互的制约性。人务必要通情达理，因为只有理性的人才能成为政治上的自由人。自由不是一种随心所欲的无政府状态，自由是无须他人强迫的行动。只有理性、负责任的人才能让自己真正履行契约。同样，契约也对政府施加有一定的条件和义务。倘若政府毁弃契约，倘若政府威胁天赋人权（这本是政府要保护的唯一对象），倘若政府未经本人同意就夺取个人的财产或威胁人身安全，那么人民大众就有权重新考虑他们为创立这一政府所做的一切，最后甚至可以揭竿而起，反对这一政府，建立新的政府。②

洛克的上述思想后来又不断地出现在美国的《独立宣言》等其他的建国文献之中。正是基于上述的认识，所以不少历史学家、政治学家们指出，在宪政国家的形成过程中，美国被看成是唯一按照社会契约论原则建立起来的国家。③ 有的历史学家甚至断言，美国政府就是奠基于洛克的《政府论》，也不是没有道理的。美国建国的这一历程清楚地表明了这样一个历史事实，即比较合理而有效的政府体制必须建立在经过

① 转引自〔美〕爱德华·S. 考文：《美国宪法的“高级法”背景》，强世功译，生活·读书·新知三联书店1996年版，第65—66页。

② 参见帕尔默等：《启蒙到大革命》，世界图书出版公司2010年版，第36页。

③ 参见强世功：《自然权利与领土主权》，见《现代政治与道德》，上海三联书店2006年版，第95页。

充分而合理论证的相关的知识理论体系的基础之上。美国建国的历史远不到三百年，但美国却早已进入了发达国家的行列，在教育、科学技术、军事、艺术、经济等领域的创新遥遥领先。应该说，任何政府体制都有自己的局限，世界上根本不存在什么完美无缺的政体。但是一个合乎理性的国家或政府绝对不可能建立在经验或想象之上，任由感觉经验或短时间的情绪来制定国策、推举领导人。合理的政府机构及其运作必须建立在系统而周密的理性思考的相关知识理论体系之上，才能持久，才能有效运作，才能得到人民大众真正的拥护。

延续几千年的传统农业社会中，人类行为模式或结构基本是以感性经验为基础的。一般而言，人们是通过观察并模仿前人的行为模式而形成了自己的行为模式。这样的行为模式是极其简单的，缺乏系统性的结构。进入现代社会之后，农业社会流传下来的这种行为模式逐渐被淘汰了。现代人类的行为模式或结构必须要以相应的知识理论体系为指导。此处所谓的知识理论当然指的是经过周密思考和系统论证而形成的关于自然、社会、人文等领域的理论知识体系。

关于中国古代究竟有无科学是一个颇有争议的大问题，中外学界对此有过截然不同的看法，曾经有过较多的讨论。英国学者李约瑟就曾组织不少学者撰写了七卷本的《中国科学技术史》。此书的一个基本观点是，中国古代的科学技术从公元前 1 世纪到 15 世纪就领先世界其他国家，此书出版后在世界汉学界引起了轰动。但国外很多科学技术研究人员非常不同意李约瑟的观点。李约瑟本人也感到很大的困惑，既然中国的科学技术在世界上领先那么长的时间，为什么在 15 世纪后就突然不行，且远远落后于西方了呢？也正是出于上述类似的困惑，1953 年 3 月初，美国科学史家斯威策曾写信给当时世界上最为著名的科学家爱因斯坦，询问他对这一重要问题的看法。爱因斯坦在给他的回信中是这样说的："西方科学的发展是以两个伟大的成就为基础的，那就是，希腊哲学家发明的形式逻辑体系（欧几里得几何学中），以及通过系统的实验发现有可能找出因果关系（在文艺复兴时期）。”① 正是基于如此的看法，他认为中国古代似乎没有所谓科学应该具备的上述两个要素。他没有明确说中国古代没有科学，只是委婉地指出中国似乎没有西方所谓的科学的上述的两个要素。他所谓的形式逻辑体系，其含义是说以逻辑理论方法为基础建立起来的各种知识理论体系。知识理论就是现在所谓的科学（science），而他所说的实验技术（technology）形成于意大利文艺复兴时期。实验技术必须以相关的知识理论为基础或依托。正是由于知识理论与实验技术的结合才形成了18世纪后的多次工业革命或技术革命。在此我们必须注意的则是，多次工业革命相关的知识理论体系与实验技术的结合跨越了漫长的时间峡谷。如爱因斯坦所说，古希腊抽象的逻辑理论体系与意大利人的实验技术之间就相隔了近两千年。

五、知识理论引领现代人文艺术、体育

在此我们不得不注意到的另一个历史事实是，近现代以来，知识理论的重要历史作用不只是表现在工业革命、社会发展等领域中，人文艺术的进步也与知识理论密切相关。19世纪中后期逐渐形成了系统的心理学、美学学科等的理论体系。又如声乐学习，19世纪前学习声乐的过程就是经验性的，就是学生跟着老师面对面地学唱，老师唱一段，学生跟着唱一段。但1858年之后，学声乐的行动模式发生了根本性的变化。西班牙歌唱家加西亚的长期练唱，过度劳累，他的嗓子唱哑了。虽然以后不能再唱歌了，但他却将自己的精力用来研究声带发声的原理。1858年，在总结前人及自己歌唱生涯的丰富经验的基础上，他发明制造出了“喉镜”。将此仪器放进歌唱者的喉部，就能通过反光镜清楚看到唱歌时声带震动的状态。这就为后来声学理论的建立奠定了基础。而且通过喉镜也能比较准确地确定歌唱者歌唱时的声部，即是低音或中音

① 《爱因斯坦文集》第一卷，许良英等译，商务印书馆1976年版，第574页。

或高音等。在此基础上，第一部声学理论著作发表于 1873 年，之后声乐学习的模式发生了变化，学习者首先要学习关于声乐的知识理论，然后能够学唱某些歌曲。而且学习唱歌有其固定的基本流程，即需要将口腔打开、声带震动、腹式呼吸等环节紧密结合在一起。如要将口腔打开则要求歌唱时面带微笑，因为面带笑容时，嘴角会向两侧上方张开，脸两侧的肌肉就会上扬。口腔内就像含着一个球，分为上嘴、下嘴、前嘴与后嘴。唱歌时腹部和胸腔的气流通过声带从下嘴、后嘴，再到上嘴，然后通过前嘴出声。经过鼻咽腔加工后的声音就能够呈现出美妙的泛音或和声。

同样，近现代以来的体育锻炼也不只局限于经验性训练，而是必须以体育数学、体育力学、体育生理学、体育心理学、体育美学等相关知识理论体系为基础。正是在上述种种理论知识的指导之下，体育运动呈现为一套独特而复杂的行动结构。体育锻炼的目的就从最初有意识的行动训练逐渐地变成无意识的行动表演。体育中的个体项目，如体操等项目的结构趋于复杂，而集体项目如篮球、排球、足球等就呈现为更复杂的行动结构，必须经过严格的训练才能达标。比如体育比赛中的跨栏项目，表面看起来很简单，却涉及很多相关的知识及以此为基础的训练，两个栏之间奔跑的步数、跨栏时腿既不能过低，也不能过高，过低会将栏踢翻而影响速度，过高则大腿下压的时间会过长，同样会影响奔跑的速度，奔跑时左右胳膊摆动的姿势也会影响跨栏的动作。可见，这里所谓的严格训练的基础就是相关的知识理论。

现代的舞蹈艺术也呈现出同样的结构性变化的特点。如芭蕾舞演员的身材必须满足“三长一短一小”形体要求，即胳膊长、腿长、脖子长、脸小、腰短。但此处所说的长、短、小，仍然有更精细的比例要求，太长了不行，太短了也同样不行，长或短等必须有严格的数学方面的比例。如果以肚脐为界，上、下身身段的黄金比例应是 5∶8。这一黄金比例是古希腊数学家毕达哥拉斯根据数学原理推导出来的。同样脖子长、腰短等也有精确的比例方面的要求。除了身体生理上的严格要求之外，芭蕾舞演员的动作有着更为严格而精确的要求。我曾于2017年夏天在圣彼得堡皇家剧院观看过由皇家芭蕾舞团演出的《天鹅湖》。剧情安排，尤其是芭蕾舞演员的动作都经过精心的设计、严格而精确的长期训练。

六、建筑、设计等知识理论是美化城市的基础

我们还必须注意的是，工业革命之后，人们的生活模式、社会结构也发生了极大的变化。最为显著的变化就是大城市和超大城市的出现，人口密集、楼房密集、道路交叉层叠，等等，这就使得市民生活及其行动结构发生了极大的变化。比如楼房、道路设施的建构必须完全按照建筑力学、建筑材料学、建筑设计学、建筑美学等相关学科知识理论为基础来设计图纸，进而进行精确而严格的施工。整个城市更需要有整体的设计，如俄罗斯的圣彼得堡市就是根据一位著名的设计师沃罗尼欣的所设计的图纸建立起来的。其间某些政府领导想对这个设计图案加以干涉，做些改变，但是沃罗尼欣坚决地拒绝了这样的干涉。正是出于建筑专家的精心设计，圣彼得堡整体的景色确实美观。相比之下，莫斯科城市却缺乏这样的整体设计。这一城市建造了太多的高架桥，把整个莫斯科城市的景观切割得零零碎碎，远远比不上圣彼得堡的城市美景。

又如我们现在出行的方式或结构早就有了本质性的改变。我们可以开着汽车、坐着高铁或飞机去远途旅行。众所周知，这一类交通工具的发明和制造都必须有相关的科学知识理论体系为其基础，并经过严格、精准的实验制造出来，否则是绝无可能的。即便我们在城市里的道路上行走，为了保护自己生命的安全，我们首先要清楚并遵循安全出行的相关知识。

由上所述，我们可以清楚地看到，与传统社会相比，现代人类的行为模式已经发生了巨大而根本性的变革，即知识理论引领并决定着人类的行为模式。

我们的传统文化没有这样的两个要素。近代以来，我们通过引进的途径在可控实验及其技术方面有所进步，但是对实验技术的基础即系统知识理论的研究至今仍然未得到应有的重视，如何加强与推进知识理论体系的研究应该成为文化强国建设的核心内容。所以，鉴于上述的认识，我建议我国政府应该组织相关人员研讨如何在知识理论体系的基础上发展我们自己的产业革命，走出新的路子，而不能仅仅只对产品进行模仿、加工、组装。

同样，我国的法治建设也必须奠基于相应的知识理论体系。尤需注意的是，法治也必须以相关的知识理论体系为指导。历史上的许多法典也大都奠基于知识理论体系之上。中国历来重视德治，但由于缺乏相应的知识理论体系作为支撑，所以也就易流于空泛的口号或高大上的标语，无法在现实社会中得到有效的落实。因为良好的德治必须有知识理论体系作为基础，道德基于知识，真道德必须基于真知识，“道德即知识”是西方两千多年来的传统。道德必须与知识携手才能引导社会走向美好的未来。

总之，只有在长期和系统的知识理论研究的基础上，我们国家的整体实力才能逐渐进步、不断提升，才能逐步建设为让世人刮目相看的文化强国。舍此绝无其他的道路可走。

应当重视当代哲学与新科学技术的互动作用研究*

江　怡　陈敬坤**

【摘　要】 面对当代自然科学的迅猛发展，哲学的反应相对滞后，甚至过于消极保守，殊不知哲学自诞生之初，本质上就具有跨学科研究的性质。坚持哲学与科学的互动研究意义重大，既要克服“哲学终结论”，也要避免“科学万能论”。从方法论层面看，要坚持对科学理论的哲学解释和对科学概念与命题的语义分析，语义分析方法是科学解释中意义建构的关键。从内容层面看，重视认知科学哲学和人工智能哲学的交叉学科研究，在认知科学研究中主要有表征主义和以生成主义为代表的反表征主义两种范式的竞争，而人工智能的研究无疑更集中地体现了哲学与科学之间紧密的互动关系，不论是科学研究者还是哲学研究者都不能无视这种互动关系。

---

* 此文受2020年度地方高校“高等学校学科创新引智计划”：当代哲学与新科学技术互动作用学科创新引智基地（项目号D20021）资助。此文初稿曾于2019年11月9日在北京大学举办的“如何做哲学：元哲学与哲学方法论”国际研讨会上宣读。特别感谢陈波教授邀请我们在大会上作主题发言，感谢与会者对论文初稿的建议和评论。

** 江怡，教育部长江学者特聘教授，北京市哲学会名誉会长，山西大学哲学学院科学技术哲学研究中心教授，主要从事分析哲学史、语言哲学、心灵哲学、人工智能哲学的研究；陈敬坤，山西大学哲学社会学学院副教授、副院长，主要从事心灵哲学、科学技术哲学的研究。

【关键词】科学解释　语义分析　表征　生成主义　人工智能哲学

20世纪是人类历史发生深刻变革的时代。这不仅是由于发生了两次世界范围的人类战争，而且由于16世纪以来的工业革命造成的现代化使当代世界全面转变为以信息技术为核心的虚拟化世界。人类所面对的世界已经不再是简单的由客观对象构成的物质世界，人类的实践活动和主观介入已经构成了我们所面对的世界的重要组成部分。这直接导致了当代哲学对"真理""世界""主体""客体"等概念的重新解释。进入21世纪以来，人类知识的增长和信息交流的便利，带来的是科学共同体的开放态度，跨学科和交叉学科的技术成果已经越来越显示其强大的生命力。在这种时代背景中，哲学的跨学科性质也引起越来越多人的关注。其中，当代哲学与新科学之间的互动作用问题，也就成为哲学家们关注的焦点之一。

一、互动作用研究之意义

当代自然科学的发展可谓突飞猛进，从电子时代到信息时代再到人工智能时代，从量子力学到生命科学再到类脑科学，人类知识几乎在以几何级数增长。然而，面对当代自然科学的迅猛发展，当代哲学却表现出了相对滞后的反应。一方面，作为人类智慧追问者的哲学家们对当代人类智慧之结晶的自然科学发展采取了消极甚至抵触的态度。哲学家们过分固守自己的领地而对自然科学研究的排斥，导致哲学与自然科学发展严重脱节，也导致自然科学家对哲学研究的漠视和反感。另一方面，虽然也有哲学家表现出对当代科学发展的热情，但由于缺乏对当代自然科学研究成果的深入了解，因而尚无法对当代科学的重要意义给出恰当解释。由于哲学的历史发展始终伴随着自然科学的进步，科学世界观的变化推动了哲学观念的革命，因而当代自然科学的发展必定对当代哲学产生重要影响，这是不争的客观现实。

同时，当代自然科学发展过程与哲学特有思维方式密切相关。数字计算中的因果推理、实验现象中的重复对比、经验过程中的概念解释、科学理论建构的简单性原则，所有这些常见的自然科学研究模式正是当代哲学所追求的目标。这就意味着，自然科学研究的思维方式与哲学有着密不可分的联系。一方面，自然科学研究的目的与人类生存福祉之间的密切关系，使得科学家们的工作往往是从作为应对自然界的人类存在出发去考虑某个具体科学问题的解决方案及其后果。这种人类观念保障了自然科学研究的主观无伤害原则，因而与哲学关心人类福祉的目的一致。另一方面，自然科学研究的观察实验方法与哲学知识论对经验来源的推崇一脉相承，这就使得自然科学研究的可观察性、可重复性和可操作性等特征具有了哲学认识论的意义。

基于以上认识，我们认为，当代哲学与新科学技术互动作用研究具有重要理论价值和时代意义。这是当今世界思想领域普遍关心的重要问题，它促使人们重新思考人类的认识方式与人类自身存在的关系，即人类的认识方式（包括科学和技术手段）是否或在何种程度上影响人类存在。由于这个问题本身的重要性，各国哲学家和思想家都在围绕这个问题展开各种形式的讨论。近十年的两届世界哲学大会都把这个问题确定为大会的重要议题之一。有着百年历史的国际哲学学院也就此问题举行过多次会议。随着我国综合国力的提升，我们在思想领域的国际作用也日益凸显。面对人类知识进步的重大挑战，如何在哲学研究以及跨学科领域中彰显我们的观念力量就变得十分紧迫。我们的研究成果也可以为我国的未来发展决策提供支持。

二、互动作用研究之历史和现状分析

关于哲学的跨学科性质，美国哲学家巴姆（A. J. Bahm）曾明确指出："哲学，就其综合功能而言，本质上主要是跨学科的。……这个事实已被大多数跨学科研究政策的科学家们所遗忘了。”① 哲学的这种特殊性质不仅是用于区分哲学与其他经验科学的重要标志，而且是哲学自身的显著特征。作为“爱智慧”的哲学，它以概念化的方式展现了人类的全部知识，同时也以其独特方式对人类的全部知识给出了详尽的论证和说明。

我们知道，哲学与自然科学在源头上是一体的。这个一体性不仅是由于它们最初都是为了满足对外部世界的认识，更是由于它们的研究方式都是以理论论证和观念推演为主要特征。但自17世纪以来，天文学、力学、物理学、化学、生物学等各门自然科学由于其研究对象逐渐确定，研究方式发生转变，而先后从哲学中分化出来，建立起以独立的学科范式与研究目标为特征的经验科学。这是人类知识体系在学科意义上的第一次分化。到19世纪前后，随着自然科学的迅速发展以及社会生产力发展水平不断提高，社会结构发生深刻变革，社会现实问题日渐复杂，产生了人文与社会科学领域的许多学科，诸如社会学、经济学、法学、政治学等学科，确立了各自独立的学科地位，从而完成了人类知识体系的第二次分化。在这两次知识分化的过程中，哲学逐渐从人类知识的汇总演变为一门具有高度理论意义的专门学科。不仅如此，哲学在知识分化的过程中，也逐渐完成了自身研究领域的分化：首先是本体论、认识论在哲学中的地位凸显，几乎主导整个近代哲学的发展；随后，逻辑学、伦理学、科学哲学、宗教学、美学等学科也形成了区别于传统哲学的独立研究对象，逐渐发展为独立的哲学分支。哲学的自我分化过程推动了哲学学科的发展，同时也凸显了哲学与其他知识门类之间的相互渗透，从而形成专门化哲学（或部门哲学），诸如法哲学、政治哲学、经济哲学、道德哲学、社会哲学、科学哲学、历史哲学、逻辑哲学、心理学哲学、数学哲学、生态哲学、心灵哲学，等等，还产生了更为具体的分支领域，如人工智能哲学、技术伦理学、认知科学哲学，等等。这

① 金吾伦主编：《跨学科研究引论》，中央编译出版社1997年版，第3页。

表明，一方面，在当今的哲学学科中，不同的问题是由不同的哲学分支专门研究，而且，即使相同的问题也是由不同的哲学分支从不同方面，在不同概念框架内进行研究。另一方面，当今的每一知识体系都已经和正在形成自己的哲学分支领域，哲学研究的范围已经扩展到了人类知识的几乎所有领域。可以说，哲学的专门化以及各门哲学分支学科的形成，既与自然科学和技术的高度发展有关，也反映了哲学研究领域的不断深化。

然而，近年来，在经历了分化过程后，哲学学科出现了重新整合的趋势。在学科分化基础上出现哲学与其他学科之间的交叉融合，这已经成为当今哲学研究的重要特征。美国哲学家莫顿·怀特曾指出："当我们一旦弄清楚学科之间没有明确的分界线，而且没有一门学科可以称得起在认识分类表中占有一个惟我独尊的位置时，当我们弄清楚了人类各种经验的形式也和认识同样重要时：只有到那个时候才算打通最广义的、关于人的哲学研究的道路。"① 事实上，"科学研究对哲学的依赖与哲学研究对科学的依赖一样，都是相互补充、互为说明的关系。尤其是在当今科学快速发展和社会急剧变化的时代，哲学与科学之间已经无法划分出明显的界限"②。这种交叉融合不仅发生在哲学与科学之间，同样发生在自然科学内的各个学科之间、自然科学与其他社会科学之间。但在后两者之间的融合中，面临着一些更本性的问题，需要各门学科在已有的研究基础上从哲学的高度才能给予回答，例如，科学技术的本质和功能、人与生态系统的关系、经济和社会发展的目标与尺度、政治运作与法律建设的基础等。同时，哲学在其发展过程中也需要不断寻找新的问题域和生长点。这样，哲学与这些学科的交叉渗透就变得不可避

---

① 〔美〕莫顿·怀特：《分析的时代——二十世纪的哲学家》，杜任之译，商务印书馆1981年版，第243页。

② 江怡：《论人文学科在认知科学中的作用》，载《南京大学学报》，2019年第5期。

免了。

哲学与自然科学的互动已经有了两千多年历史，但在今天对这种互动关系的认识要比以往任何历史时期都更为复杂多变。20 世纪的许多重要哲学家在解决现代知识增长以及哲学与自然科学互动问题方面作出了卓越贡献。尽管如此，如何理解这种互动作用，却始终是哲学家和科学家以及社会公众争论不休的话题。目前聚焦于两种主要不同观点。一种观点认为，自然科学对哲学的影响至关重要，特别是以物理学为代表的当代自然科学是哲学发展的基本模式。这以维也纳学派及其科学哲学观点为典型代表。另一种观点则认为，离开自然科学的哲学是不可能的，但离开哲学的自然科学却是可能的，当代自然科学发展已经日益取代哲学而成为人类处理自然、社会以及人类自身关键问题的首选，因而哲学本身就是多余的。这以当代物理学家霍金观点为典型。显然，这两种观点代表了两个极端。因此，如何正确理解哲学与自然科学的互动作用，就成为正确理解当代哲学和自然科学之意义的关键。

在国内，对哲学与自然科学互动的认识也存在两种极端，但采取了两种不同方式。一种方式是“科学万能论”和“哲学终结论”。前者声称一切自然现象都可以用自然科学加以说明，后者则由此断定哲学的终结。虽然终结论并非完全出自万能论，但其结果就是要取消或否定哲学的作用。国内科学哲学界和具有哲学意识的自然科学家主要持这种观点。另一种方式则是“不可替代论”和“哲学特色论”。前者声称哲学具有自然科学无法替代的作用，后者则坚持哲学的特殊性质。虽然坚持特色论并非完全来自不可替代论，但坚持不可替代论的主要依据就是哲学特色论。国内从事传统哲学研究的学者大多持这种观点。①

严格地说，以上观点都无助于我们正确理解哲学与自然科学的互动作用，相反，它们在不同程度上都有害于这种正确理解，甚至妨碍了哲

---

① 江怡：《机器思维问题不同研究进路的哲学分析》，载《中国社会科学评价》，2019 年第 4 期。

学和自然科学发展。

三、互动作用研究之方法论：科学解释与语义分析

与具体科学相比，科学哲学的主要作用是对科学理论的哲学解释和对科学概念与命题的语义分析。这里所谓的“哲学解释”，是指对各门科学使用的基本概念和理论作出哲学上的说明，阐明其共同内容及其区别和联系。“语义分析”则是对各种科学概念和科学命题的意义作出逻辑考察，揭示这些概念和理论的真实内容。在这两种作用中，解释作用是首要的和基础性的，语义分析基于某种具体的哲学解释而产生。科学概念的发展变化，集中反映了科学理论和科学研究的进步。然而，每一个科学概念的形成在语义上都是系统相关的。这使得语义分析在哲学解释乃至整个科学哲学研究中都占据核心地位。可以说，科学哲学的发展取决于语义分析方法的发展。

语义分析方法作为一种横断性的科学方法，其重要性毋庸置疑，从普遍的科学研究方法论的视角审视语义分析方法的历史演进，应当对科学解释和意义建构的逻辑分析进路、历史语境分析进路、语用分析进路等进行全面梳理和考察，从中厘清语义分析方法发展的脉络，追溯语境论思想发展的线索。可以看出，伴随着科学哲学的进步，语境因素在语义分析中的地位和作用已经逐渐彰显出来，这就与传统的语义分析方法有了重要区别，使得科学哲学的“语义转向”成为可能。

“语言转向”开启了科学哲学的现代性进程，而语言转向内在的“分析转向”预设了未来“语义转向”的走势，强化了意义建构的语义分析方法①，而语境因素的引入又完全可以弥补语义分析的局限性。近年来，二维语义学的出现，被看作是对语境分析方法的全面提升，代表了语义分析方法的未来趋向。而对科学理论的哲学解释，就是其自身语

① 郭贵春：《科学研究中的意义建构问题》，载《中国社会科学》，2016 年第 2 期。

境化的过程：意义的标准是语境化的，需要语境化的整体论方法来进行解释。因此，科学理论哲学解释中意义建构的语境化趋向，成为当代科学哲学研究中最有前途的方向之一。

一般科学哲学及科学方法论在整个发展过程中，涌现出了大量的重要文献，比如霍尔顿（G. Holton）的《科学和反科学》（*Science and Anti-Science*）（1993 年），基切尔（P. Kitcher）的《走向实用主义的科学哲学》（*Toward a Pragmatist Philosophy of Science*）（2013 年），科利万（M. Colyvan）的《数学的不可或缺性》（*The Indispensability of Mathematics*）（2007 年），豪森（C. Howson）和乌尔巴赫（P. Urbach）的《科学推理：贝叶斯方法》（*Scientific Reasoning: The Bayesian Approach*）（2006 年），等等。这些文献以及其他所有文献构成了一般科学哲学及科学方法论的研究框架，具有非常重要的理论研究价值。如果科学的本性是对自然的解释，那么科学哲学就是对这种解释的解释。从经验证实标准到科学发现的逻辑，从范式理论到科学研究纲领，从覆盖律模型到解释的语用学，从溯因推理到最佳说明推理，等等，经典的科学哲学理论和研究方法无不表明，对科学的哲学解释是科学哲学的核心，科学哲学研究最本质的功能之一就是在解释过程中实现对科学理论意义的建构。关于狭义的科学解释或说明，涌现出了大量的解释模型，它们从不同角度提供对科学解释问题的某种洞察，大体可以分为以下几个维度：（1）语义维度。以亨普尔的解释模型为代表，还包括后来萨尔蒙、兰顿等人所做的改进。（2）语用维度。范·弗拉森等人从不同的角度阐述了“解释的语用学”。（3）历史和社会维度。以库恩提出的基于社会认识的“范式”理论为代表，布鲁尔等人提出了更激进的社会建构论。（4）解释学维度。克里斯等人试图将伽达默尔的哲学解释学用于自然科学领域。

当代学者越来越重视语境在意义建构中的作用和意义。卡普伦（H. Cappelen）（2007 年）正确地指出，整体的意义建构依赖于相关命题的语境意义及其相互之间构成的方式，并由此构成了特定语用过程中整体语境的价值取向。[①] 腊平（S. Lappin）（1997 年）和斯科拉（L. Sklar）（2000 年）阐述了语形和语义在语境中的相互作用。[②] 此外，鲍克（T. Bonk）（2008 年）阐述了“非充分决定性”对意义建构的影响。[③] 兰斯（M. Lance）（2008 年）论述了语法的规范性和意义建构的语义特性。[④] 查尔莫斯（D. Chalmers）等人提出了二维语义学理论，为语境的模型化和计算化创造了条件。[⑤]

国内关于科学解释和意义建构的研究近年来有逐渐增加的趋势，出现了很多较为深入的具体研究，而基于语境的语义分析方法从科学哲学现代性的视角解决科学解释和意义建构问题可以说是一种全新的尝试。

四、互动作用研究内容之一：认知方式的心理描述与表征路径

研究认知方式的心理描述与表征路径从哲学本体论和科学存在论角度对哲学和科学研究对象的不同考察，强调自然科学与哲学在认识对象上的不同理解方式以及它们之间的观念联系。这既包含对自然科学与哲学在认识对象上历史演变的描述，又包含对哲学家和科学家不同论述的

① Herman Cappelen, “The Creative Interpreter: Content Relativism and Assertion,” in J. Hawthorne (ed.), *Philosophical Perspectives*, 2008, Vol. 22. pp. 23-46.

② Shalom Lappin, *The Handbook of Contemporary Semantic Theory*, Oxford: Blackwell Publishers, 1997. Lawrence Sklar (ed.), *The Nature of Scientific Theory*. New York: Garland Publishers Inc., 2000.

③ Thomas Bonk, *Underdetermination: An Essay on Evidence and the Limits of Natural Knowledge*. Netherlands: Springer, 2008.

④ Mark Norris Lance, John O'leary-Hawthorne, *The Grammar of Meaning: Normativity and Semantic Discourse*. Cambridge: Cambridge University Press, 2008.

⑤ David J. Chalmers, “The Foundations of Two-Dimensional Semantics,” in Manuel Garcia-Carpintero and Josep Macia, eds., *Two-Dimensional Semantics*. Oxford: Oxford University Press. 2006.

分析考察。重点在于哲学心理学、实验心理学、认知心理学等学科历史描述和现状分析。这项考察的内容涵盖心理表征、机制、还原、实现、知觉、意识、语言、情绪、模拟、心理学解释、认知神经科学、计算神经科学、心理病理学、情境认知、人工智能以及进化心理学等重要方面，涉及了心理学与认知科学哲学的广泛领域与核心议题，在阐明心灵研究中理论与解释的本质的同时，也多方面多维度地展示了相关讨论中所蕴含的深刻的哲学洞见及其未来发展趋向。

就与心灵和认知有关的各种心理现象（如：意识、知觉、情绪、意象、记忆等）而言，其本质和源头直指自然、社会、心灵各大领域的交集，其特征、功能及影响亦直接关涉对人和世界的本质结构的整体把握，对这些现象及其特征与功能的探讨构成了当代认知哲学研究对象的核心。例如，意识问题（包括：意识的种类与特征、意识与心理以及反省之间的关系等）、情绪问题（包括：情绪的种类与特征、情绪的认知产生机制、情绪与推理、情绪与意识、情绪与自然类等）、记忆问题（包括：认知视域下记忆存在的哲学基础与实质、记忆与意象、语言、情绪的关系等）、意象问题（包括：意象存在的前提和本质、意象的表征方式等），认知过程的发生与机制、认知的结构、认知的表征类型与转换、各种认知理论之间的关系等问题，智能的本质与人工智能等问题，意向性的结构、种类、功能，意向性与意识、语言的关系，意向性的本体论地位等问题，附随性与还原性、决定性、依赖性的关系等问题，这些无疑都是当前认知哲学的热点性问题。

表征在心灵和认知研究中无疑是一个核心概念。20 世纪 50 年代后，在计算机科学、控制论和系统论等学科的影响下，认知科学试图以表征的计算过程来描述脑内的信息加工，心智的计算隐喻在与认知相关的各种研究中广为接受，心智的计算—表征理解成为新的研究范式，形成所谓的第一次认知革命。在这一新的范式中，认知归根结底不过是基于表征的计算操作，认知语言学、认知神经科学、心灵哲学等各个领域都因为贯彻这一思想而取得了巨大发展和突破，由于计算是以表征为基础的，表征是计算的起点，因此表征主义的重要性显得尤为突出，在认知研究中长期居于主导地位。尽管近年来表征主义受到一系列的挑战，但表征理论仍具有明显的理论优势，受到迈克·泰（Michael Tye）、克拉克（A. Clark）、卡明斯（R. Cummins）、史密斯（B. C. Smith）、丹尼特（D. Dennett）、豪格兰德（J. Haugeland）等一大批重要哲学家的支持。近几十年来，表征与表征内容问题引起大量争论，其中最为关键的问题涉及命题态度的本质及其与内容的关系，感受质及其与内容的关系。目前关于表征内容的自然主义理论主要有两种：因果信息理论和功能理论。前者主张表征内容以它携带的、由什么引起或将要发生的信息为基础；后者认为，表征内容涉及它与其他表征的关系（因果计算的、推论的）。而在认知科学哲学中，大脑和中枢神经系统的计算构架、心理性（mentality）的科学和常识说明的兼容性（compatibility）等问题，一直没有得到很好的解决。①

五、互动作用研究内容之二：具身理论和生成主义

具身理论和生成主义是对认知表征主义进路提出的两个主要挑战。首先是由弗朗西斯科·瓦雷拉（Francisco Varela）、埃文·汤普森（Evan Thompson）和埃莉诺·罗施（Eleanor Rosch）等人在1991年出版的《具身的心灵：认知科学和人类经验》（*The Embodied Mind：Cognitive Science and Human Experience*）一书中提出的。他们注意到，对有机体生成作用的关注与实在论（即世界是独立于心灵的）是不相容的，对于有机体来说，世界并不独立于有机体的活动，世界是被有机体的在世操持而带入的。在这部影响巨大的著作中，他们提出了生成主义的基本观点，确立了一种反表征主义思想路线，将有机体的认知能力嵌入并

① 参见魏屹东：《表征概念的起源、理论演变及本质特征》，载《哲学分析》，2012年第3期。

作用于生物的、心理的和文化多样性的宽泛语境中。在强调心智与涉身活动和嵌入活动之间的本质性联系时，这种最初版本的生成主义目标，就是明确反对并矫正那些“将表征作为其核心概念”的心灵进路。

但生成主义的支持者并不都是立场坚定地反对表征，例如一些相对温和的生成主义理论，比如感觉运动的生成主义（Sensorimotor Enactivism）和自创生的生成主义（Autopoietic Enactivism）。前者的支持者主要有赫利（S. Hurley）、奥利根（J. K. O'Regan）和阿瓦·诺伊（A. Noë）等人，后者的支持者主要有汤普森（E. Thompson）和德·保罗（Di Paolo）等人。胡托（D. Hutto）和迈因（E. Myin）等人主张激进的生成主义，试图在基本心智的层面彻底抛弃内容和意义之类的谈论。他们在2006出版的论文集《激进的生成主义：意向性、现象学和叙述》（*Radical Enactivism: Intentionality, Phenomenology and Narrative*）收录了鲁德（A. Rudd）、克雷（T. Crane）、高尔丁（P. Goldie）、霍布森（P. Hobson）、吉拉拉基尔（S. Gglalagher）等人对胡托生成主义观的评论，胡托对这些批评逐一作出回应，2013出版的《激进化的生成主义：没有内容的基本心灵》（*Radicalizing Enactivism: Basic Minds without Content*）进一步完善了其对表征主义和内容理论的批判，2017年又出版了《进化中的生成主义：基本心灵遭遇内容》（*Evolving Enactivism: Basic Minds Meet Content*），对之前的理论作出了修正和完善。胡托近十余年来不遗余力地批判以表征概念和内容理论为基础的经典认知理论，是激进反对表征主义的典型代表。

同样影响深远的是克拉克（A. Clark）与查尔莫斯在1998年发表的论文《延展的心灵》中提出的延展认知观，得到了萨顿（J. Sutton）、霍格兰德、罗兰茨（M. Rowlands）、吉布斯（R. Gibbs）、门纳里（R. Menary）等学者的广泛支持。他们认为，传统的外在论是相对于内在论而言，但仍然默认了将心智限定在头脑之内的观点。他们主张一种更为积极的外在论，将认知过程中与人耦合的环境和技术资源视为构成心智的要素。延展认知观较为保守，对表征主义也没有构成严重威胁，但它使人们更加明确地认识到身体和环境在认知过程中的重要性。

20世纪80年代以来，情境性（situatedness）和具身性（embodiment）越来越成为认知研究相关领域的重要概念，涉身认知、情境认知在批判表征主义的过程中也逐渐分化为温和派与激进派。前者如贝拉德（D. H. Ballard）、科斯（D. Kirsh）和迈吉利奥（P. Maglio）的行动导向认知理论，后者主要代表是认知动力学理论，倡导者主要有埃德曼（G. Edelman）、克兰西（W. J. Clancey）、泰兰（E. Thelen）、史密斯（L. Smith）、吉尔德（T. van Gelder）、波特（R. F. Port）、吉尔索（J. A. S. Kelso）、布鲁克斯（R. Brooks）和比尔（R. D. Beer）等人，他们都倾向于将认知看成是非表征、非计算的系统事件，认为认知发展是一个复杂的动力系统中的变化，是诸多分散的和局部的相互作用涌现的结果。

认知本质上即表征和计算，这是经典认知科学表征主义的核心信条。这一信条背后有三个基本假设。其一，作为表征对象的世界的客观性与独立性；其二，存在作为表征者的主体或心智；其三，从表征发挥作用的方式来看心智是“自然之镜”。随着人们对环境因素和资源在认知活动中发挥的作用的重视，表征主义的观点受到越来越多的质疑。认知科学的很多研究成果也表明，表征主义在很多情况下缺乏应有的解释力。比如颜色恒常性的挑战表明，表征主义以经验内容来说明现象特征的区别并不成功；自主行动者（autonomous agent）的认知活动是由大脑、身体和世界协作完成的，这一事实表明忽略环境因素的表征—计算模型难以胜任。

涉身认知、延展认知、嵌入认知、情境认知、生成主义等新认知理论，在不同程度上对表征主义进行了批判，削弱了表征在认知解释中的作用。这些认知解释所具有的一个共同特征是，它们尊重如下事实，即认知者是涉身的并且是与环境交互的。认知不仅仅是被动的思考，而是基于行动的思考。这种以有机体的活动或行动为导向的观点尤其对知觉理论构成了冲击，比如，在视觉理论中，视知觉这种活动不仅仅涉及视觉器官的样态，而且包含整个生成的有机体。如果我们不承认内部神经机制和过程的研究是理解有机体如何产生视知觉的关键，那么表征的核心作用就被削弱了。按照这些新的认知解释，我们并不需要构建环境的内部表征，因为有机体是在环境中发现自身：有机体可以将其所处环境典型化，而不用诉诸环境的内部模型。需要注意的是，正是基于对待表征的不同态度，这些认知解释普遍存在两种不同的理论倾向，即较为温和的涉身认知观和较为激进的涉身认知观。比如，在涉身认知理论中，温和的涉身认知观在引入新的因素，即身体行动和世界的同时，也不排斥传统的心智表征和计算概念，而是试图将它们与新的因素结合在一起。这种结合的一个重要策略就是，通过引入行动和环境认知任务中发挥的作用来降低表征计算范式中任务的计算复杂性。激进涉身认知观最有力的理论支撑是认知的动力系统理论。传统范式的计算假设认为，认知系统是一个物理的符号计算系统，该系统对于智能行为而言是必要的和充分的。与之相对，认知动力系统的提出的动力假设认为：自然认知系统是某些类型的动力系统，而且动力学的理解是对认知系统最好的理解。我们认为，对待表征问题的不同态度，是理解这些认知理论的关键。因此，从表征与非表征的视角对这些认知理论作系统考察，分析这些理论中的微妙差别，在此基础上进而探讨一种非表征的认知理论是否可能，这是当前认知科学哲学理论的重要工作。

从激进生成主义的观点来看，无论是自创生成论还是感觉运动生成论都保留了认知活动中具有内容的表征成分，为表征主义留下余地。胡托等人认为，生成主义从本质上来看是一种与表征主义不相容的理论，因此生成主义的不断激进化是一个必然趋势，它不是对表征主义作温和的改良，而是颠覆性的革命，彻底抛弃认知科学中的理智主义传统，否认所有心智活动都涉及内容和表征。① 这种观点的核心在于，基本心智

① Daniel Hutto, Erik Myin, *Radicalizing Enactivism: Basic Mind without Content*. Cambridge, MA: The MIT Press, 2013. pp. xii-xix.

不涉及内容。有机体可以用多种智慧方式应对环境，不必求助于呈现和表征外部世界的内部机制。胡托对表征主义中载体与内容的共变关系提出质疑，认为这将构成表征主义无法克服的“难问题”。面对这一难问题，在基本心智解释上应该采取的态度就是，放弃“内容”概念和表征概念，除了那些涉及意识形态和语言实践的高级心智活动外，内容性的心智表征活动并不是一种普遍存在。生成主义虽然产生了广泛影响，但因其理论的激进也受到各方质疑和批评。一个主要的批评是，激进生成论虽然在解释基本心智方面相对表征主义而言具有更好的解释力，但是对于复杂的认知行为，生成主义所强调的基本心智似乎又存在明显的不足。

六、互动作用研究内容之三：人工智能哲学相关问题

自20世纪90年代以来，人工智能引起人们的广泛关注和讨论，各种人工智能的研究资料可谓汗牛充栋。特别是近十年来，以阿尔法狗（AlphaGo）和索菲亚为代表的人工智能技术不断取得令人惊叹的突破，关于人工智能的哲学研究也呈现爆炸式增长。

早期人工智能哲学的一个重要方面是哲学家对人工智能技术的批评和质疑，主要代表是1972年德雷福斯的《计算机不能做什么：人工智能的局限》（*What Computers Can't Do*：*The Limits of Artificial Intelligence*）、1992年的《计算机依然不能做什么：人工理性批判》（*What Computers Still Can't Do*：*A Critique of Artificial Reason*）以及1980年塞尔的《心灵、大脑和程序》（*Mind*, *Brain and Program*），还有70年代普特南提出的缸中之脑的思想实验。这些都试图表明，智能机器能够处理句法操作，但无法进行语义操作。豪格兰德将人工智能视为其重要的研究领域，撰写了一系列人工智能哲学著作，如《人工智能：伟大的想法》（*Artificial Intelligence*：*the Very Idea*，1985）以及编撰的论文集《心灵设计：哲学、心理学、人工智能》（*Mind Design*：*Philosophy*，*Psychology*， *and Artificial Intelligence*）（1981）和1997年的续集。英国女哲学家玛格丽特·博登（Margaret Boden）在1990年编著《人工智能哲学》（*The Philosophy of Artificial Intelligence*）文集，共收录15篇经典论文，已经有中译本出版。2006年，博登在牛津大学出版社出版了两卷本巨著《作为机器的心灵——认知科学史》（*Mind as Machine：A History of Cognitive Science*），其中不仅研究人工智能的历史，而且从更广阔的认知科学意义上探讨了机器思维的发展历程。

同时，一些具有远见卓识的人工智能专家不仅关注具体的研究任务，还试图通过人工智能研究考察人类自身的认识，从而进展到一种哲学的研究。人工智能专家尝试从哲学中吸取思想资源，寻找可用于人工智能研究的新方向。对于这种亲密互动的关系，哲学家德雷福斯有过一段生动的描述："我惊讶地发现，认知模拟的先驱者们——已经继承了霍布斯推理就是计算的主张、笛卡尔的心理表述、莱布尼兹的'普遍文字'的思想——所有知识都可以在一组初始概念中得到表示：康德规则即概念的主张，弗雷格关于这些规则的形式化以及罗素用逻辑原子建立实在组块的假定。简言之，虽然没有意识到这一点，但是人工智能的研究者们正在勤奋工作，把理性主义哲学转变成一个研究纲领。"①

人工智能哲学涉及的议题非常广泛。除了与语义问题密切相关，还有图灵测试引发的机器思维甚至机器意识问题。图灵测试引发当代自然科学的最大挑战，是人类思维的可模拟性。科学家们对机器思维的乐观态度与哲学家们对意识难问题的探索，构成当代哲学与自然科学对话的重要组成部分，也是两者形成鲜明对立的焦点之一。如何解释大脑不同的功能，这是哲学与心理学、生命科学、神经科学、计算机科学和人工智能互动的重要领域。此外，作为检验人工智能作用的无监督方案如何能够经受自由意志的挑战，这是当代哲学家和科学家共同面临的难题。

---

① H. L. Dreyfus,"Why Heideggerian AI Failed and How Fixing It Would Require Making It More Heideggerian". *Philosophical Psychology*, Vol.20, No.2, 2007, pp.247-268.

人工智能具有自由意志，是否意味着人类被完全取代，这是人类必须回答的一个严峻问题，也是哲学与科学互动作用的最终环节。这是人工智能研究对哲学研究的重要影响结果。

最后，人工智能引起的人类学和伦理学问题也是人们忧虑的焦点。人工智能的出现，拓展了人类的认识边界，对“人类中心主义”产生了挑战。人工智能等于是在整个人类主体面前树立了一个“他者”，这个他者不是低于人类主体、被人类所主宰的客体，而是与人平等的、能让人类审视自己的他者。人工智能也引发了伦理的讨论，甚至动摇了人类伦理的一些基础。

近年来出版的人工智能方面的各类著作明显增多，翻译成中文的就不在少数。但严肃的哲学探讨仍不多见，在人工智能哲学研究方面，国内学术界虽然还仍以译介国外著作为主，但是已经出现一些较有份量的人工智能哲学专著，并且人工智能哲学研究的学术团队在不断扩大、学术旨趣在不断丰富、学术成果在不断深化，总体呈现出日益兴盛的局面。如 2013 年徐英瑾出版了以人工智能为主题的哲学专著《心智、语言和机器——维特根斯坦哲学和人工智能科学的对话》，2014 年高新民与付东鹏出版了《意向性与人工智能》，2016 年董佳蓉出版了《语境论视野下的人工智能范式发展趋势研究》。这些成果表明，国内哲学界已经开始了对人工智能的哲学研究，并向人工智能专门领域的研究者提出了邀约，以共同完成对人工智能技术的时代反思。

市场、利益和主体：改革开放四十年的社会空间*

张立波**

【摘　要】1978年以来中国改革开放的轨迹和逻辑，是从计划经济体制转变为市场经济体制。在这一逐步推进、不可扭转的过程中，人们对市场及其相关问题的认识不断深入，讨论不断扩展，关乎价值规律、生产力与生产关系的关系、经济与政治的关系、经济管理体制等一系列重大的理论问题。市场经济体制确立和完善的过程，就是消费者的利益、生产者的利益、个人的利益得到承认和保护的过程。最终，市场主体亦即真正的主体得以确立。由是之故，中国特色的社会主义市场经济堪称一种成功的市场经济模式。

【关键词】市场经济　个人利益　市场主体　改革开放四十年

中华人民共和国成立后，随着国民经济的恢复，第一个五年计划的实施，以及对生产资料私有制的社会主义改造的全面展开，逐步形成了高度集中的计划经济体制。选择这样的经济体制，是由当时的主客观条

---

* 本文系北京市社会科学基金重大项目“历史唯物主义与‘中国道路’研究”［项目编号：17ZDA03］的阶段性成果。

** 张立波，中国人民大学哲学院教授，北京市哲学会副秘书长。主要从事马克思主义哲学和历史理论研究。

件决定的。历史地看，这一体制在我国社会主义经济建设中发挥了重要的作用，但它有其自身的局限性，随着社会条件的变化，它愈来愈无法适应现代化建设的要求。进入改革开放新时期，我国逐步实现了从计划经济体制到市场经济体制的转变。如果说1978年党的十一届三中全会毅然抛弃“以阶级斗争为纲”的错误方针，把党和国家的工作中心转移到经济建设上来，旨在政治路线的拨乱反正①，那么，党的十四大报告明确提出我国经济体制改革的目标是建立社会主义市场经济体制，意味着对之前14年实践的方向和目标的确认：“从根本上改变束缚我国生产力发展的经济体制，建立充满生机和活力的社会主义新经济体制，同时相应地改革政治体制和其他方面的体制，以实现中国的社会主义现代化。”② 本文基于市场及其机制的相关论争，阐述人的利益的伸张和主体性的确立，强调市场与利益和主体之间具有内在的关联，市场经济的社会化意义就在于承认利益、确立主体。

一、市场

市场古已有之，泛泛而谈，自有人类社会，就有市场。到了现代，尽管不是所有的社会都拥有市场体制，但几乎都毫无例外地利用着市场。交换即市场，非市场体制下的市场包括两种，一种是理发、自行车修理之类的市场，一种是黑市交易。改革开放前，我们的社会允许前者存在，禁止并打击后者，但却屡禁不止。当时实行的是计划经济体制，依据马克思主义政治经济学原理的论述，生产资料的私有制与市场经济相匹配，公有制势必要求计划经济和按劳分配。无论经济领域出现怎样

---

① 中共中央党史研究室编：《中国共产党新时期历史大事记（1978.12—2002.5）》（增订本），中共党史出版社2002年版，“第一版前言”，第3页。

② 江泽民：《加快改革开放和现代化建设步伐　夺取有中国特色社会主义事业的更大胜利——在中国共产党第十四次全国代表大会上的报告》，人民出版社1992年版，第3页。

的困难和挫折，对计划经济体制的模式都不曾动摇过，社会主义就是计划经济，计划经济就是社会主义。经济困难时给予市场以较大的空间，一旦情况得以好转，市场的空间立刻就被收缩，人们在头脑里根深蒂固，市场是不合乎社会主义的，暂时的挪用可以理解，长期的使用则是不合法的。

思考的源头还是要从马克思的共产主义概念谈起。在马克思的早期著作《1844年经济学哲学手稿》中，共产主义的目标是超越异化，克服私有财产制度造成的人类与其自身的疏离，他此后的理论工作就是探求达成这一目标的可能性条件及这一目标的一般构成。毫无疑问，马克思强调把共产主义视作“过程”而非“状况”，认为“共产主义对我们来说不是将被确立的状况，不是现实应当与之相适应的理想。我们将共产主义称之为消灭现存状况的现实运动”①，但是，他对共产主义特别是第一阶段作了富有原则性的描述，比如，《共产党宣言》提出工人革命的第一步是使无产阶级上升为统治阶级，无产阶级将利用自己的政治统治，“一步一步地夺取资产阶级的全部资本，把一切生产工具集中在国家即组织成为统治阶级的无产阶级手里”，要做到这一点，“当然首先必须对所有权和资产阶级生产关系实行强制性的干涉”②。取代资本主义的新社会“将把整个社会变成一座工厂”，在那里“自由人联合体”将“自觉地把他们许多个人劳动力当作一个社会劳动力来使用”，于是“鲁滨逊的劳动的一切规定”将“在社会范围内重演”③。列宁在《国家与革命》中把这一设想具体化，预言在共产主义社会的第一阶段，“全体公民都成了一个全民的、国家的‘辛迪加’的职员和工人”，“整个社会将成为一个管理处，成为一个劳动平等和报酬平等的工

① 《马克思恩格斯选集》第1卷，人民出版社1995年版，第87页。

② 马克思、恩格斯：《共产党宣言》，人民出版社2014年版，第49页。

③ 马克思：《资本论》第1卷，人民出版社2004年版，第96页。

厂”。[①] 20世纪30年代，苏联宣布全面建成社会主义制度，确立了高度集权的计划经济管理体制，由各级政府部门利用行政权力和行政命令支配一切经济活动，这实际就完全排斥了价值规律和竞争规律的作用。于是生发这样的吊诡：一方面，口口声声要从实际出发，按照客观规律办事，另一方面，苏联的经济学家认为社会主义经济发展不受客观经济规律支配，经济活动取决于国家的经济政策。[②]

1956年我国基本完成社会主义改造后，基本上照搬了苏联的经济模式。在发展过程中一再遇到问题，也不断作出调整，但在根本上，坚持了这样的公式：资本主义=私有制+市场经济，社会主义=公有制+计划经济。有什么样的所有制形式就有什么样的资源配置方式，在这样的认识前提下，生产力甚至被排除在政治经济学的研究对象之外。[③] 离开生产力谈论生产关系的发展，抽象谈论社会主义生产关系，导致在实际政策和实践上，脱离现有的生产力发展水平，一味追求生产关系的变革和过渡，酿成了20世纪50年代末期巨大的灾难。生产力决定生产关系，生产关系对生产力有反作用，这是马克思历史唯物主义的基本原理，然而，怎样理解生产关系一定要适合生产力性质的规律？1956年9月，党的“八大”决议提出我国国内当前的主要矛盾是“先进的社会主义制度同落后的社会生产力之间的矛盾”，全国和地方的报刊发表文章展开了热烈的讨论，一些宣传部门、高等院校、学术机构召开座谈会。讨论的主要问题是：其一，生产关系是否走在生产力前面了？其二，在生产关系和生产力的矛盾中，谁是矛盾的主要方面？经过三年困

---

① 《列宁选集》第3卷，人民出版社2012年版，第202页。

② 譬如，1931年第23—24期《布尔什维克》发表沃兹涅辛斯基的《关于社会主义经济问题》一文，文章认为，苏联已经从“自发的经济规律时代，进入无产阶级自觉制定经济规律的时代”。（〔苏〕尼·沃兹涅辛斯基：《关于社会主义经济问题》，载《布尔什维克》，1931年第23—24期）

③ 斯大林在《苏联社会主义经济问题》中指出：“政治经济学的对象是人们的生产关系，即经济关系。”（《斯大林文选》，人民出版社1962年版，第629页）

难时期，一些人开始认识到，不仅落后于生产力的生产关系会阻碍生产力发展，超越生产力发展阶段、人为强加的“先进”生产关系“同样会阻碍生产力的发展”。[①] 怎样理解生产关系对生产力的反作用？能不能说在一定条件下，生产关系可以决定生产力性质？能不能说在一定条件下，生产关系的变革可以对生产力的发展起主要的决定的作用？经济理论界20世纪50年代开始讨论的这些问题，愈来愈趋向“左”倾，以至于“文革”后期出现了这样的谬论：“在整个社会主义历史阶段，生产关系对生产力、上层建筑对经济基础始终起着主要的决定的作用”[②]，“社会生产力的发展，是在不断改革生产关系和上层建筑的过程中实现的”[③]。在改革开放新时期，围绕生产力和生产关系问题，经济理论界再次展开争论，哲学界也参与其中，发挥了积极的作用。[④]

自中华人民共和国成立以来，一切关于经济与社会的思考都是（关于）政治的思考。只有社会主义才能救中国，所以，中国只能走社会主义道路，这是首要的政治命题。依据马克思主义经典理论和苏联建设经验，社会主义=公有制+计划经济，所以，我们也就只能实行公有制和计划经济。在把社会划分为政治、经济等不同领域的情况下，政治优于

---

① 参见薛暮桥：《中国社会主义经济问题研究》，人民出版社1979年版，第257页。

② 转引自中共辽宁省委宣传部大批判组：《搞乱理论是为了篡党夺权》，载《辽宁日报》，1977年3月28日。

③ 吕达：《一个加快复辟资本主义的〈条例〉》，载《人民日报》，1976年5月31日。

④ 值得一提的是王于的观点。他批评说，如果认为“一定的条件下，生产力却要由生产关系去决定”，就意味着“生产力决定生产关系的原理并不是绝对的和普遍的，是可以有例外的”，于是，我们的生产关系就像“魔术师手中的小箱子一样，只消把鸡蛋或者别的什么东西往里面一放，就‘自然而然’地飞出个肥大的活鸡来”。他强调，反作用无论多大，都不等于决定作用，否则就会导致“历史的二元论”。（王于：《实践证明了什么？——谈谈“生产关系在一定条件下决定生产力”的问题》，载《人民日报》，1980年11月17日）

经济，“不论是搞革命还是搞建设，必须首先从政治上考虑问题”①，“只从经济上看问题，不从政治上看问题的观点，将会使我们的工作脱离党的领导，脱离社会主义方向和路线”②。在政治挂帅面前，价值规律就不起作用了，以至于不存在利用经济规律的问题，有的人甚至认为经济规律是可以“消灭”的。政治挂帅就是要挂经济的帅，要经济工作跟着政治走，问题的关键在于“挂”，绝不是政治与经济的一般结合。③ 1977 年以后，理论界对政治与经济关系问题展开新的讨论，大都认为政治与经济是对立统一的关系，一些人甚至提出“经济第一性、政治第一位”的观点。随着党的工作重点的转移，越来越多的学者认识到，经济利益是新时期最大的政治④，政治落实到业务才算落到实处⑤。尤为重要的是，“政治不能在客观存在的经济规律以外，自己创造另外的什么规律来强加于经济”，应该了解，“党的正确的政治领导的任务，正在于尽最大的努力”使“经济工作按照客观规律进行”，以保证经济工作的政治目的的实现。⑥

事实上，公开的宣传中一直承认客观规律、尊重客观规律，关键在于什么是客观规律，怎么尊重客观规律。自斯大林 1952 年在《苏联社会主义经济问题》一书中提出“国民经济有计划（按比例）发展规律”以来，我国经济学界结合国民经济发展中提出的问题，展开了热烈的讨论。在 1956 年社会主义改造完成以前，主要讨论这一规律在我国当时存在多种经济成分的条件下发生作用的范围和程度，其中一个重要问

① 高洪：《经济基础和上层建筑》，通俗读物出版社 1958 年版，第 23 页。

② 齐作文：《从政治上看问题》，载《解放》，1960 年第 4 期。

③ 鞠维家：《正确处理政治工作与经济工作的关系》，载《光明日报》，1965 年 12 月 27 日。

④ 谭华辙：《实现四个现代化是新时期最大的政治》，载《红旗》，1979 年第 2 期。

⑤ 吴方烈：《关键是政治必须落实到业务》，载《解放日报》，1978 年 12 月 4 日。

⑥ 参见胡乔木：《按照经济规律办事，加快实现四个现代化》，载《人民日报》，1978 年 10 月 6 日。

题，就是这一规律与价值规律的相互关系。1956年到“文革”前，重点讨论了有计划和按比例、速度与比例、有计划按比例和价值规律的关系等问题。粉碎“四人帮”以后，速度与比例、有计划与按比例等问题得到了进一步的讨论。长期以来，大多数观点认为国民经济按比例发展的规律是客观规律，甚至是社会主义经济特有的规律①，但也有观点认为不是客观规律，因为“‘有计划’便是人的主观意志，计划经济就是随意‘拍板’”②，1978年后，更是有观点认为“按比例是客观经济发展的要求，而有计划是人为的主观因素”，有计划按比例规律的“概念”本身就不确切③。甚至有学者提出，所谓有计划按比例实质上是价值规律的“客观要求”，就是要有计划按比例地分配生产资料和劳动力，因此没有必要再提出“有计划按比例发展规律”④。从中华人民共和国成立三十年来的情况看，国民经济比例失调、发展缓慢根本原因就是不按客观经济规律办事，违背了按比例发展规律，而非违背了“有计划按比例规律”。把有计划按比例发展规律视作社会主义经济必须遵循的规律，只能是“吃苦头”，必须否定这条根本不存在的“规律”。⑤这就涉及价值规律的地位问题。

中华人民共和国成立以来，我国经济学界对价值规律在社会主义制度下的作用问题，进行过四次较大规模的讨论。第一次是在1956—1957年，讨论主题是价值规律和计划经济的关系；第二次是在1958—

---

① 参见陈俊明：《关于有计划按比例发展规律的几个理论问题》，载《新闻日报》，1959年8月1日；胡乃武：《国民经济有计划发展规律的几个问题》，载《教学与研究》，1980年第3期。

② 转引自杨英杰：《论社会主义社会中的几个重要经济规律》，载《新建设》，1962年第12期。

③ 转引自吴崇庚、许昌明、林世昌：《全省价值规律问题讨论会的基本观点介绍》，载《安徽日报》，1979年11月23日。

④ 卓炯：《价值规律与四个现代化》，载《学术月刊》，1979年第2期。

⑤ 孙树霖：《安徽省召开价值规律问题讨论会》，载《经济学动态》，1980年第1期。

1959 年，讨论主题是人民公社化以后价值规律的作用；第三次是在 1961—1964 年，讨论主题是价值规律和社会主义经济管理的关系包括价格形成的基础；第四次是在粉碎“四人帮”以后，经济学界批判了“四人帮”及其舆论工具即多年来鼓吹的所谓对价值规律“可用可不用”的唯意志论、价值规律是社会主义经济的一种“异己力量”、价值规律的作用必然产生资本主义和资产阶级等谬论，按照客观经济规律办事、用经济方法管理经济成为当务之急，如何认识和掌握价值规律的问题得以凸显。经济学界围绕价值规律与经济改革的关系问题，着重讨论了这样四个问题：（1）用经济的办法管理经济，是否就是利用价值规律来管理经济的问题；（2）价值规律的作用能不能限制的问题；（3）社会主义经济中的竞争问题；（4）计划调节与市场调节的关系问题。对这些问题的讨论，势必牵扯社会主义制度下的商品生产、价格形成、经济核算乃至所有制、经济结构、经济管理体制等问题。

“经济管理体制是否适合于生产发展的需要，从根本上说取决于最基本的生产关系结构，即所有制结构安排是否得当。”① 改革开放前，我国经济管理体制过于集中，首先是由所有制结构过分单一化，把整个国民经济都改造为国家直接管理的国营经济和准国营经济造成的。那么，衡量一种所有制形式好坏优劣的标准究竟是什么？对此，马克思历史唯物主义的态度非常明确，生产力决定生产关系，生产关系要与生产力性质相适应，所以，适合当时当地生产力性质、促进生产力发展的生产关系就是最好的生产关系。然而，具体的运用中，却是任何时候坚持公有制都比私有制优越，以及在社会主义公有制的范围内，国有制无条件地比集体所有制优越。“一大二公”，越“大”越“公”，越“公”越“好”，不顾客观条件地追求“大”与“公”，就难免在社会主义改

① 吴敬琏：《关于我国现阶段生产关系基本结构的若干理论问题》，见《中国社会科学院经济研究所政治经济学研究室编：《经济改革的政治经济学问题探讨》，中国社会科学出版社 1982 年版，第 1 页。

造的过程中出现盲目冒进的毛病，以及后来一再出现的“割资本主义尾巴”、所有制“升级过渡”等。进入改革开放新时期，承认我国现有生产力的多层次性，就需要所有制结构上的多层次性与之相适应。

在改革初期的讨论中，经济理论界形成了这样一种普遍认识：我国现行经济管理体制的主要缺陷，是人为地把社会主义经济的计划性和市场性割裂开来，只重视计划调节而忽视市场调节，似乎计划起作用的地方，市场机制就不起作用；反之亦然，计划作用不到的地方市场机制才起作用。把市场视作同社会主义本性不相容的观点，给我们的经济生活带来了一系列消极的后果，如“生产与需要脱节”“计划价格脱离实际”“资金分配上的供给制”“企业结构上的自给自足倾向”，等等。因此，1980 年 9 月国务院经济体制办公室通过的《关于经济体制改革的初步意见》指出，“我国经济体制改革的原则和方向应当是：在坚持生产资料公有制占优势的条件下，按照发展商品经济和促进社会化大生产的要求，自觉运用价值规律”，“把单一的计划调节，改为在计划指导下充分发挥市场调节的作用”。承认社会主义经济是有计划的商品经济，在理论上是一个很大的进步，变单一的计划调节为计划调节与市场调节相结合，把社会经济的计划性同各个经济单位经济活动的灵活性结合起来，成为经济改革中的一项重大决策。党的十二届三中全会通过的《关于经济体制改革的决定》明确指出：“要突破把计划经济同商品经济对立起来的传统观念，明确认识社会主义计划经济必须自觉依靠和运用价值规律，是在公有制基础上的有计划的商品经济。”这样，就确立了我国经济改革的目标是建立社会主义商品经济，邓小平评价《中共中央关于经济体制改革的决定》是“马克思主义的新的政治经济学”“解释了什么是社会主义，有些是我们老祖宗没有说过的话”“这是真正坚持社会主义，否则是‘四人帮’的‘宁要社会主义的草，不要资本主义的苗’”。但是，1989 年秋季以后，报刊上出现了大量批判改革的“市场取向”的文章，把计划和市场问题同基本社会制度联系起来，认为这是一个姓“社”还是姓“资”的问题。直到邓小平南方谈话之后，党的十四大报告明确社会主义经济制度改革应以建立社会主义市场经济体制为目标，从此前的“结合论”拓展为“市场论”；中共十五大报告进一步为社会主义市场经济明确了所有制基础，把公有制为主体、多种所有制经济共同发展作为基本经济制度。

任何一个现代市场经济，都有三个基本要素：第一，建立在明确界定的产权基础上、独立自主地进行决策、负完全经济责任的厂商（企业）；第二，企业有权自由进入、彼此间平等自由竞争、能够提供正确价格参数的市场；第三，政府的宏观（总量）管理和行政指导。① 这三个方面构成有机整体，彼此联系，相互制约，实现有效资源配置的功能。这就要求建立自由企业制度，确立竞争性的市场体系，保障以间接调控为主的宏观调控体系。经济体制是整个社会体制的基础，市场经济体制也就是社会性的市场体制。“所谓市场体制，就是不通过中央指令而凭借交易方式中的相互作用，以对人的行为在全社会范围内实现协调的一种制度。”② 随着市场经济体制的建立，整个社会生活发生了根本性的变化。

二、利益

作为一种对生产、资源分配以及产品消费事先进行计划的经济体制，几乎所有的计划经济体制都依赖于指令性计划，因而也被称为指令性经济。在这种经济体制中，解决“生产什么、怎样生产和为谁生产”三个基本经济问题的是政府因为大部分的资源为政府所拥有，并且由政府所指令而分配资源，不受市场影响。与之相反，在市场经济（又称为自由市场经济或自由企业经济）体系下，产品和服务的生产及销售完全

---

① 吴敬琏：《计划经济还是市场经济》，中国经济出版社1993年版，第175页。

② 〔美〕C.E. 林德布鲁姆：《市场体制的秘密》，耿修林译，江苏人民出版社2002年版，第4页。

由自由市场的自由价格机制所引导。价格在市场经济中的作用至关重要，生产者和消费者都是通过价格获得作出决策的必要信息，企业要想在竞争中生存下去，必须生产消费者所欲购买的商品和服务，因而，消费者是市场经济关注的焦点。正如亚当·斯密所说："消费是生产的唯一目的；生产者的利益只有在对增进消费者的利益来说是必要的时候，才应当被关注。"这就意味着，"消费者的利益才是市场经济的中心。在市场体制中，生产和分配结构最终要由消费者决定"，相比之下，在计划经济中，主要考虑的是生产者的利益，"生产者从中央计划部门得到指令，同消费者没有任何直接的关系"，消费者的利益也就很难得到重视。① 消费者的利益不受重视，社会主义生产的目的也就无从落实。

马克思主义告诉我们，人们奋斗所争取的一切，都直接间接地同他们的物质利益有关，正是物质利益推动着人们的生产活动、政治斗争，推动着整个民族的发展。社会主义的物质利益作为一个体系，包括个人利益、集体利益和国家利益。长期以来，我们以国家利益和集体利益之名，抑制、损害乃至牺牲个人利益，而没能落实和贯彻马克思的思想。社会主义改造完成后，原则上主张政治挂帅与物质利益相结合，而普遍的主张是政治挂帅第一、物质鼓励第二，"以政治挂帅为前提，把加强政治思想教育放在首要的第一位"②，理由就是，仅仅依靠物质利益并不能使人们正确认识集体利益、长远利益同个人利益、目前利益的关系，消灭工农业差别。物质鼓励越少，越要强调政治挂帅，"只要做好政治思想工作，就可以实现精神向物质的革命转化"③，精神变物质。当然，也有经济学家如薛暮桥认为，不能借口政治挂帅而不讲"个人利益"，"公社物资上调可以不记账，社与社、队与队的差别可以拉平，

---

① 〔挪威〕伊萨克森、〔瑞典〕汉密尔顿、〔冰岛〕吉尔法松：《理解市场经济》，张胜纪、肖岩译，商务印书馆 1996 年版，第 40 页。

② 漆琪生：《关于按劳分配原则的几个问题》，载《新建设》，1964 年第 8—9 期。

③ 葛致达：《在经济工作中正确处理人和物的关系》，载《光明日报》，1965 年 8 月 2 日。

不计价算账，不承认差别，违反等价交换的原则”。不算经济账，“结果会影响积极性”。① 持相同意见的人还认为，算经济账涉及一个“根本的问题”，即能不能处理好各方面的关系，能不能“促进生产力的发展”，“增进劳动人民的团结”，“促进干部学会经营管理的方法”，“教会广大农民管理”公社，“更好地监督自己的干部”。②

党的十一届三中全会决定停止使用“以阶级斗争为纲”这个口号，把全党工作着重点和全国人民的注意力转移到社会主义现代化建设上来，“抓革命，促生产”的提法也就不能再用了。在社会主义改造基本完成以后，我们的根本任务已经由解放生产力变为在新的生产关系下保护和发展生产力，大规模的阶级斗争已经基本结束，生产关系和上层建筑的变革乃至整个社会的发展归根到底是由生产力的发展决定的，并且，在实际的生产建设和其他方面的工作中，“抓革命，促生产”的提法造成了很大的危害，“使正常的社会秩序、生产秩序、工作秩序遭到破坏”，“严重束缚了广大干部的思想”。③ 邓小平一再强调：“贫穷不是社会主义，发展太慢也不是社会主义。”1978 年 9 月 16 日，他在听取吉林省委常委汇报工作时说：“按照历史唯物主义的观点来讲，正确的政治领导的成果，归根结底要表现在社会生产力的发展上，人民物质文化生活的改善上。如果在一个很长的历史时期内，社会主义国家生产力发展的速度比资本主义国家慢，还谈什么优越性?”1984 年 6 月 30 日，邓小平在会见外宾时说：“社会主义要消灭贫穷。贫穷不是社会主义，更不是共产主义。”1987 年，他在接见外宾时指出：“搞社会主义，一定要使生产力发达，贫穷不是社会主义。我们坚持社会主义，要建设对资本主义具有优越性的社会主义，首先必须摆脱贫穷。”邓小平关于

① 薛暮桥：《社会主义制度下的商品生产和价值规律——在经济理论讨论会上海会议上的讲话》，见《社会主义经济理论问题》，人民出版社 1979 年版，第 59 页。

② 宁佐：《谈算账》，载《政治学习》，1959 年第 9 期。

③ 张德成：《“抓革命，促生产”的提法不可再用》，载《人民日报》，1979 年 3 月 9 日。

“贫穷不是社会主义”的思想，明确了社会主义的根本任务是发展生产力，促进了社会主义经济建设的发展。

满足整个社会正常增长的物质和文化需要，是社会主义的生产目的。物质利益是物质需要的题中应有之义，物质利益的实质就是满足人们物质需要的必要性。经济学界一直认为，社会主义条件下存在着不同形式的物质利益，这些不同形式的利益之间既有根本的一致，又有非对抗性的矛盾。越来越多的人认识到，个人利益是共同利益的基础和归宿，共同利益是由个人利益集中而成的，共同利益最终总要转化为个人利益或服务于个人利益。① “试想一想：如果没有9亿人民的个人利益，神州大地寥无人迹，社会主义中国的国家利益又从何谈起!”② 并且，应该把物质鼓励与精神鼓励相结合③，甚至应当以注重物质利益的鼓励为主。④ 在改革初期，计划调节与市场调节的关系，也被一些人视作局部利益、个人利益与整体利益的统一。“在一般情况下，国家计划的决策，往往侧重于从整体的利益来考虑问题，而市场上一个商品生产者和消费者的抉择，则往往侧重于考虑局部的和个人的利益。”⑤ 因此，市场调节和计划调节的统一和矛盾，实质上反映了社会主义经济中局部利益、个人利益与整体利益的统一和矛盾。正是在这个意义上，我们在实行计划调节与市场调节相结合的国民经济管理体制中，要以计划调节为主，同时充分重视市场调节的作用。

---

① 薛永应：《社会主义必须充分关心劳动者的个人物质利益》，见《按照客观规律办事，加速社会主义现代化建设》，上海人民出版社1979年版，第105页。

② 薛永应：《经济改革中的物质利益问题》，见中国社会科学院经济研究所政治经济学研究室编：《经济改革的政治经济学问题探讨》，中国社会科学出版社1980年版，第238页。

③ 汪海波：《加强思想政治工作，把精神鼓励和物质鼓励结合起来》，载《财贸战线》，1979年5月11日。

④ 张海涛：《思想政治工作与物质利益原则》，载《财经研究通讯》（贵州），1979年第2期。

⑤ 刘国光、赵人伟：《计划和市场的关系》，载《红旗》，1979年第9期。

计件工资具有典型的意义。计件工资是根据职工完成的劳动数量和按事先规定的计件单价计算和支付的工资，它将劳动报酬与劳动成果最直接、最紧密地联系在一起，能够直接、准确地反映出劳动者实际付出的劳动量，具有很强的物质激励作用，可以刺激劳动者从物质利益上关心自己的劳动成果，利于企业员工素质和劳动生产率的提高。1956 年国务院在发布的《关于工资改革的决定》中指出，各产业都应该制定切实可行的推广计件工资制的计划和统一的计件工资规程，凡是能够计件的工作，应该在 1957 年全部或大部分实行计件工资制。1958 年以后计件工资制的实施受到很大冲击。1977 年国家重申计件工资和计时工资一样，都是贯彻按劳分配的有效形式。1978 年国务院发布的《关于实行奖励和计件工资制度的通知》强调，有条件的企业需实行计件工资制。1980 年国家计委、国家经委、国家劳动总局关于试行《国营企业计件工资暂行办法（草案）的通知》，进一步规定了实行计件工资制的具体要求，并明确了实行计件工资制的目的和必备的条件。

个体经济的发展也具有标志性意义。1979 年 2 月，国务院批转的国家工商行政管理总局的报告指示，各级工商行政管理局“可以根据当地市场需要，在征得有关业务主管部门同意后，批准一些有正式户口的闲散劳动力从事修理、服务和手工业的个体劳动，但不准雇工”。1980 年 8 月《中共中央关于转发全国劳动就业会议文件的通知》确认了“劳动部门介绍就业、资源组织起来就业和自谋职业相结合的方针”，要求“鼓励和扶植城镇个体经济的发展”。1981 年 6 月，中共十一届六中全会通过的《中共中央关于建国以来党的若干历史问题的决议》肯定了“一定范围内的劳动者个体经济是公有制经济的必要补充”，这意味着个体经济的合法性获得正式承认。同年 7 月，《国务院关于城镇非农业个体经济若干政策性规定》允许个体业主雇工，雇工 8 人成为划分个体企业和私营企业的标准。此后，个体经济的发展环境逐步优化，政策逐步宽松，数量稳定增长，经营规模持续扩大。

包产到户作为农村经济体制改革第一步，个人付出与收入挂钩，农民生产的积极性大增，解放了农村生产力。从1980年秋到1982年末，农村普遍实行“包产到户”，政府文件称之为“集体所有制的合作经济”，事实上，这是一种建立在“包”来的土地上的业主制企业，也就是我国法律上的“个人独资企业”。中共中央从1981年到1985年连续发布“1号文件”，就巩固这一制度发出指示。之后，在1991年的中共十三届八中全会和1993年的十四届三中全会的决定中，明确规定农村家庭承包经营制长期不变，使得家庭农场制度进一步得到巩固，为农村商品经济发展创造了条件，促使传统农业经济开始朝专业化、商品化和社会化方向发展。

随着中国经济向外资企业开放和有限度地向业主制企业开放，私人资本主义工商业呼之欲出。1982年12月通过的《中华人民共和国宪法》完全没有提到私营经济。但是，在允许雇工的大门打开之后，私营经济迅速发展起来，雇工人数也突破了8人的限额。1987年，中共十三大明确提出鼓励发展个体经济和私营经济的方针。1988年4月，七届人大一次会议通过《宪法修正案》，其第11条规定：“国家允许私营经济在法律规定的范围内存在和发展。私营经济是社会主义公有制经济的补充。国家保护私营经济的合法权利和利益，对私营经济实行引导、监督和管理。”2002年11月8日，党的十六大报告第一次把非公有制经济的发展放在与国有经济发展同等重要的地位，指出既要毫不动摇地发展国有经济，也要毫不动摇地发展非公有制经济，由此，私营经济在社会主义市场经济中的合法地位得以真正确立。

在关乎个人利益的观念变革上，“蛇口风波”具有标志性的意义。1988年1月13日晚上，在蛇口招商大厦举行了“青年教育专家与蛇口青年座谈会”。一位专家在发言中提到，有个别人来深圳的目的，就是为了在别人创造的财富中捞一把，这就是极少数淘金者，特区不欢迎这样的淘金者。而蛇口青年认为，“淘金者”赚钱，没有触犯法律，无所谓过错，“淘金者”来蛇口的直接动机是赚钱，但客观上也为蛇口建设出了力，“淘金者”并没有什么不好。有专家认为，“有许多个体户把收入的很大部分献给了国家，办了公益事业”，这种精神与做法应大力提倡。而蛇口青年则认为在“左”的阴影徘徊下的嬗变不应赞扬，在当时，一些个体户这种举动并非出于自愿，而是对“左”的思想心有余悸的表示。个体户在赚钱的同时，已经为国家作了贡献。个体户只有理直气壮地将劳动所得揣入腰包，才能使更多的人相信党的政策的连续性和稳定性。一位蛇口青年还在会上尖锐地提出，对祖国爱的表达，应当实事求是，而不应当讲虚的、假的、空头的。“我们用自己的劳动表达对祖国的爱。我们自己劳动了，劳动成果自己享受。”2 月 1 日，《蛇口通讯报》以《蛇口：陈腐说教与现代意识的一次激烈交锋》为题对这次座谈会作了报道，随后又连发数篇文章，批评 3 名报告者思想意识僵化。2 月 12 日，《羊城晚报》报道了此事，“蛇口风波”的影响开始由南及北。8 月 6 日，《人民日报》发表 7000 字长文《“蛇口风波”答问录》，并就此开辟专栏展开议论。“蛇口风波”的影响是方方面面的，其中之一是对个人利益和个体户的看法。商品经济的自主性带来青年利益观念的强化，他们把对社会作贡献与自己必须获得一定利益联系起来，从中获取贡献的动力。商品经济的契约性带来青年权利意识的强化。权利是利益的法律契约形式。① “应当承认，一些个体户要办公益事业的动机是高尚的，但在目前情况下，人们也应当看到，一部分个体户的这种举动并不是完全出于自愿，而是对“左”倾思想心有余悸的表现，尤其是对那些看到个体户发财就不自在的人的恐惧表现。个体户是受到法律保护的，但却被近 40 年的传统观念视为异己。因此，我们认为个体户政策如真正落实，就应当承认个体户在赚钱的同时，已经为国家作出了贡献，而且要承认个体户对国家的贡献和其他人是一样的。个体户不应当永远置于受审地位，不应当认为他们只有拿出更多的钱来办公益事业，才是没有受剥削阶级意识影响的行为。”

邓小平 1985 年 10 月 23 日会见美国时代公司组织的美国高级企业

---

① 参见马立诚：《蛇口风波》，中国新闻出版社 1989 年版。

家代表团时说，一部分地区、一部分人可以先富起来，带动和帮助其他地区、其他的人，逐步达到共同富裕。随着整个国民经济高速发展，个体经济、私营经济等非公有制经济迅速发展，私人的财富也相应日益增长。在法律上明确保护私有财产，可以使财产所有人产生一种制度预期，产生对自己的财产的安全感，从而激励人们依法创造财富的积极性，并起到鼓励交易的作用，形成稳定有序的市场秩序，推动市场经济向前发展。我国 1982 年的宪法第十三条明确规定，国家保护公民的合法的收入、储蓄、房屋和其他合法财产的所有权。2004 年宪法修正案将该规定作了修改，对私有财产的保护作了进一步的规定："公民的合法的私有财产不受侵犯。"这一规定进一步明确了发展非公有制经济的方针，这无疑是 2004 年修宪最具现实意义的内容，反映了中国共产党对待私有财产态度的重要转变，表明了以产权制度改革为核心内容的中国经济改革继续稳步推进。2007 年 3 月 16 日，《中华人民共和国物权法》由第十届全国人民代表大会第五次会议通过。物权法实行了对所有权的一体保护，保护国家所有权、集体所有权的同时，保护私人所有权，"私人的合法财产受法律保护，禁止任何单位和个人侵占、哄抢、破坏"。物权就是财产权，是人权的组成部分，尊重个人的物权，就是尊重人权的基础，就是尊重人权。没有对物权的保护，对人权的保障就是不完善的。

市场经济才能真正满足作为消费者的个人的利益。在先前的认识中，计划经济顾名思义是有计划的与市场经济。这里的计划包括方方面面的内容，其中之一，就是欲望。换言之，计划经济就是对欲望的某种程度的抑制，并且，这种计划是在抑制意义上的计划。在市场经济中，企业在销售产品和提供服务方面进行竞争，它们主要关心的是为消费者的利益服务。这促使企业不断生产新的产品，以更好地满足顾客的需求，在这方面做得成功的、具有创新精神的企业，将获得较大的市场份额。企业会随时关注顾客的需求变化，在顾客的嗜好发生变化时，企业的生产也会随之予以调整。

三、主体

在传统的计划经济体制下，所谓的“公”是真正的主体，唯一的主体。先公后私、公而忘私、大公无私是备受推崇的集体主义思想品德，“公”具有天然的合法性和正当性，与之相对，“私”是令人羞愧乃至道德低下的品格。归结起来，“公”赋有公共性、革命性、统一性、牺牲性等光环，“私”意味着自私自利、个人主义、唯我独尊、不顾他人。对“公”与“私”的这样一种极端理解，不仅使得私有制等同于“恶”，而且使得与“私”有关的话题成为一种禁忌。“无论是政治上还是文化上，人们对私有化总是充满强烈的敌意。”① 以至于公开实行市场经济后，人们谈论私营经济时，还是惯于代之以“民营经济”。经济上“无私”，政治上“忘我”，思想上“大一统”，由此造成的局面就是个性的丧失和泯灭。

“真理标准”讨论具有一般性的思想解放意义，打开了自由思想之门。人道主义和异化问题的讨论重申人的存在论地位，把人作为关注的核心，其根本的指向是“左”的思想路线下对人性的泯灭，通过把马克思主义和人道主义相勾联，强调要把人当作人来看待，人本身就是人的最高目的，人的价值就在他的自身，从而把人性从阶级性的桎梏下解放出来。② 由于政治方面的缘由，人的研究以主体性研究的方式得以延续和深化，在文学、哲学、社会学等领域都有突出表现。就哲学领域而言，通过原理研究、哲学史与思想史研究、文本研究和现实研究等路径，对人的全面发展、人的权利、人的能力素质、人的个性、人的自

---

① 〔英〕罗纳德·哈里·科斯、王宁：《变革中国——市场经济的中国之路》，徐尧、李哲民译，中信出版社 2013 年版，第 175 页。

② 关于人道主义和异化问题讨论的历史性回顾，参见雷永生：《讨论“人道主义”和“异化”为何成了“精神污染”？——“人道主义和异化”大讨论始末》，载《社会科学论坛》，2012 年第 7 期。

由、人的需要等问题进行了深入持久的研究，形成了“人学”这一新的跨学科研究领域。学术思想的讨论，和整个社会的改革开放进程具有内在的契合性。政治空气清明，学术思想讨论就比较兴盛；政治空气压抑，学术思想讨论就比较低迷。与此同时，我们更应该注意到，学术思想讨论和经济改革之间的内在关联。

“人”成为学术研究和思想讨论的“主体”，从事学术研究和思想讨论的知识分子理当成为“主体”。改革开放前的相当长一段时期，采用思想强制、群众暴力的方式强迫知识分子进行无休止的“思想改造”，用专政的方法解决思想世界的问题，也就是，通过政治运动、“革命大批判”的方法，“兴无灭资”，摧毁知识分子的思想自由和独立人格，实行所谓“知识分子工农化”。“文革”结束后，党在知识分子政策上进行了一系列的拨乱反正，重申知识分子是工人阶级的一部分，公开宣布废除“团结、教育、改造”的旧政策，实行“尊重知识、尊重人才”的新政策，并要求着重在知识分子中选拔和培养接班人。①

农民的主体地位由于家庭联产承包责任制得以确立。家庭联产承包责任制，是以集体经济组织为发包方，以家庭为承包主，以承包合同为纽带而组成的有机整体。通过承包使用合同，把承包户应向国家上交的定购粮和集体经济组织提留的粮款等义务同承包土地的权利联系起来，把发包方应为承包方提供的各种服务明确起来。家庭联产承包责任制的推行，突破了“一大二公”“大锅饭”的旧体制，纠正了长期存在的管理高度集中和经营方式过分单调的弊端，使农民在集体经济中由单纯的劳动者变成既是生产者又是经营者，个人付出与收入挂勾，从而大大调动了农民的生产积极性，较好地发挥了劳动和土地的潜力。1983 年中央下发文件，指出联产承包制是在党的领导下我国农民的伟大创造，是马克思主义农业合作化理论在我国实践中的新发展。2002 年，全国人

① 参见杨凤城：《中国共产党的知识分子理论与政策研究》，中共党史出版社 2005 年版。

大通过《农地承包法》，确立了农户家庭承包责任制的法律地位。随着承包户拥有续订合约的优先权，“长期不变就是永远不变”。

改革开放以前，国家对国有企业实行计划统一下达，资金统贷统还，物资统一调配，产品统收统销，就业统包统揽，盈亏都由国家负责，国有企业没有经营自主权。党的十一届三中全会提出，要让企业有更多的经营管理自主权。按照十一届三中全会提出的改革方向，先后在国有企业推进了扩大企业经营自主权、利润递增包干和承包经营责任制的试点，调整了国家与企业的责权利关系，进一步明确了企业的利益主体地位，调动了企业和职工的生产经营积极性，增强了企业活力，为企业进入市场奠定了初步基础。党的十四届三中全会明确了国有企业改革的方向是建立“产权清晰、权责明确、政企分开、管理科学”的现代企业制度。随着改革的深入，国有经济布局和结构调整力度加大，大多数国有企业进行了公司制改革，企业改制和产权转让逐步规范，国有资本有序退出加快，国有企业管理体制和经营机制发生深刻变化。

桑巴特在1915年出版的《商人与英雄》一书中不无鄙夷地指出，“个人对权利的要求始终是商业精神的一种结果”“1789年的思想——自由、平等、博爱——是典型的商业思想，除了保证个人的利益外，没有任何其他目标”。在谈到新时期主体的时候，个体户和私营企业主值得高度关注。个体户作为对城乡个体工商户的一种俗称，最初是个贬义词，在20世纪80年代初期，它基本上就是待业青年、劳改犯的代名词，是和主流社会格格不入的。根据1981年国务院《关于城镇非农业个体经济若干政策性规定》，个体经营户一般是一人经营或家庭经营，必要时，经过工商行政管理部门批准，可以请一至两个帮手。技术性较强或者有特殊技艺的，也可以带两三个最多不超过五个学徒。在法律规定范围内的城乡劳动者个体经济，是社会主义公有制经济的补充，其合法的权益受国家保护。生产资料归劳动者个人所有，以个体劳动为基础，劳动成果归劳动者个人占有和支配的一种经营单位。个体经济是吸纳就业的重要渠道。根据有关学者的调查，中国的个体工商户平均雇用人数为2人左右。据《走第三条道路——与你一起做自由职业者》的分析，中国实有私营企业750多万户，从业人员8700万人，实有个体工商户3200多万户，从业人员6500万人，全国个体私营经济从业人员达到1.52亿人。这从另一个侧面说明，个体私营大大缓解了社会的就业压力，而创业成功的非公有制企业则不断扩大着就业机会。

在谈论当代中国市场主体的时候，农民工不可忽视。随着城市化步伐的加快，大批剩余的农村劳动力开始向城市转移，跨省流动农民工主要流入大中城市，省内流动农民工主要流入小城镇。所谓农民工，泛称所有在外打工的农村人，简称“民工”，也就是从农村进入城市，依靠替雇主工作为谋生手段，但不具备非农业户口的社会群体。由于城乡二元体制的壁垒，农民工这个中国产业工人中人数最大的群体，劳动条件差，工作环境苦，收入低，许多人处于艰难的生活和工作状况。① 据估计，2005年有1.5亿人，他们处在产业的边缘、城乡的边缘、体制的边缘，由此所产生的“农民工问题”② 不容忽视，与此同时，我们必须看到，从农民到农民工意味着流动的自由性。在20世纪50年代中期到70年代后期，农民工的流动是完全不被政策允许的，当时严格限制城市企业从农村招工，由于统购统销制度与人民公社制度的实行，农村内部自由变更职业的权利也被剥夺。80年代后，“农民工”进入以“离土不离乡，进厂不进城”为主导模式的就地转移时期，90年代，逐步转向承认、接受、鼓励流动（异地转移）的时期。

改革开放之后，毕业分配制度开始松动，国家逐步开始提倡“供需

① 关于农民工糟糕境况的报道和作品很多。比较有名的有，潘毅：《中国女工——新兴打工者主体的形成》（九州出版社2011年版），潘毅、卢晖临、张慧鹏：《大工地——建筑业农民工的生存图景》（北京大学出版社2012年版）。

② 为了解决农民工问题，国家先后出台了一系列政策。如，2006年3月27日，中华人民共和国中央人民政府网公布《国务院关于解决农民工问题的若干意见》（国发〔2006〕5号）。

见面”、用人单位择优录用及自主择业。1989年1月12日，国家教委向国务院提交了《关于改革高等学校毕业生分配制度的报告》，该《报告》指出，“以统和包为特征的毕业生分配制度存在着一些明显的弊端，不利于调动学生学习、学校办学、用人单位合理使用人才的积极性……毕业生分配制度改革的目标是在国家就业方针、政策指导下，逐步实行毕业生自主择业，用人单位择优录用的‘双向选择’制度”。自20世纪90年代中后期，全国大部分地区取消了毕业分配制度，国家从高校就业分配的主导性角色演变为放权之后完全退出大学生的就业安排。毕业生不再被动地、无条件地服从国家指令性的安排，而是可以根据自己的兴趣和志向选择自己的就业领域和方向，从传统的依附、服从国家就业安排的角色转变为更加适应市场变化的自主角色。这个过程伴随着传统国家—个人关系的消解和新型国家—个人关系的建构，即从“大一统”的国家整合、吸纳个人到逐步放权后国家和个人相对清晰的自我边界，原来隐而不彰的个人主体性被渐次激活。①

一切在市场上从事交易活动的组织和个人都是市场主体，既包括自然人，也包括以一定组织形式出现的法人；既包括赢利性机构，也包括非赢利性机构。企业、居民、政府和其他非赢利性机构构成了市场主体的诸要素，其中，企业是最重要的市场主体。当我们谈论企业的主体地位时，通常包含两层含义：（1）企业作为自主经营、自负盈亏、自我发展、自我约束的商品生产和经营单位，具有自身独立的经济利益，拥有作为商品生产经营者应有的权利，并承担相应的责任，独立享有民事权利和承担民事义务；（2）企业是市场竞争的主体。市场是社会资源的主要配置者，市场主体处于社会经济的中心，不是市场主体隶属于政府而是市场主体独立于政府，不是政府集权而是市场主体分权，不是市

① 参见赵晔琴：《从毕业分配到自主择业：就业关系中的个人与国家——以1951—1999年〈人民日报〉对高校毕业分配的报道为例》，载《社会科学》，2016年第4期。

场主体听命于政府而是政府服务于市场主体。企业作为市场经济的主体，是通过企业家的作用体现出来的，“企业家是经济活动的重要主体”①。建立现代企业制度的核心是规范政府与企业的关系，也是规范政府与企业家的关系。这包括两个方面：一是要约束和规范企业的市场行为。本质上，政府官员和企业家是两大权利的平等主体，同时这种双向的规范和约束具有相互制衡性。二是从计划经济向市场经济转化的过程，是一个政府官员与企业家在市场中主导角色的变换过程，即政府官员由主导角色转换为附属角色，企业家由附属角色转换为主导角色，因此，只有企业家成为真正的市场主体，政府对市场实施法律调控的微观基础才能建立起来。

在计划经济下，国家是唯一的主体，此外不存在别的主体。在市场经济条件下，个人主体、企业主体、政府主体、生产者主体、消费者主体才真正成为可能和现实。主体都是共性和个性的统一体，没有共性就谈不上个性，没有个性也谈不上共性，共性与个性保持相辅相成、相反相成的关系。在计划经济时期，即便存在个性，也是被“计划”的个性，因而也就不是本真意义上的个性。在市场经济条件下，个性也会受到各种各样的限制、束缚和引导，但原初意义和本真意义上的个性得以真正展现和释放。人性即个性，市场经济是个性的基础，权利是个性的基础。成为真正的主体之后，才可能深入而具体地谈论个别的、多元的感觉、需求和欲望，谈论世俗的感觉、需求和欲望，一方面，将其和情感、理性、理想之类的东西相区别，另一方面，它总是个体的而非集体的。存在民族情感、国家理性、共同体理想之类的术语，但不存在民族欲望、国家欲望或共同体欲望之类的术语。

① 参见《中共中央 国务院关于营造企业家健康成长环境弘扬优秀企业家精神更好发挥企业家作用的意见》(2017年9月8日)。

四、其他

在1990年7月的一次高层会议上，经济学家们就社会主义经济应当是计划经济还是市场经济这一重大问题，分化为“计划”和“市场”两大学派。“吴市场”的说法不胫而走。吴敬琏因为坚持“市场取向的改革”或者说“市场化”，获得了“吴市场”这一称号。这一称号为吴敬琏带来巨大的荣耀，也带来莫大的风险，他其时被一些人视作“资产阶级自由化”的代表，之后的十多年间也一直遭到批评。最近的一次集中批评，见于北京日报出版社2016年出版的《中国需要什么样的市场经济》（以下简称《什么样》）一书，该书汇集了国内21位专家学者的文章，包括五个部分的内容：中国改革的方向是什么？“中国模式”的实质是什么？重启什么样的改革？国有经济不需要加强吗？改革开放不需要讲政府作用吗？该书主要针对的是吴敬琏、马国川合著的《重启改革议程——中国经济改革二十讲》（以下简称《重启》），此外就是吴敬琏独著的《当代中国经济改革进程》一书。

吴敬琏、马国川合著的《中国经济改革二十讲》于2012年12月出版，次年1月再版，书名改为《重启改革议程：中国经济改革二十讲》，是为《重启》的第1版，此后该书于2014年4月、2016年4月相继出版了第2版和第3版。从《什么样》一书的注释可以看出，该书的作者们所阅读的是《重启》的第1版。《重启》一书出版时，十八大刚刚召开，所以，该书很自然地被视作十八大报告精神的一种理解和阐释，其赞赏者欢欣鼓舞，反对者忧心忡忡。《什么样》一书所呈现的，就是反对者的思想主张，该书头篇文章题为《十八大后再谈我国经济体制改革的方向》，一目了然。

1840年以来，中国一再站在“向何处去”的历史分水岭上，改革开放的进程中，“中国向何处去”的问题也是时隐时现。《重启》基于这样的一个思想前提：21世纪初期以来改革出现了停滞甚至倒退的倾向，这就使中国现行的“半统制、半市场”混合体制的消极方面更加强化。“中国正站在新的历史十字路口上。为了避免社会危机的发生，必须当机立断，痛下决心，重启改革议程，真实地而非口头上推进市场化、法治化、民主化的改革，建立包容性的经济体制和政治体制，实现从威权发展模式到民主发展模式的转型。”① 前提即结论，为此，该书回顾历史、评判现在、展望未来，从第一讲“中国再度面临‘向何处去’的问题”的振聋发聩开始，作结于第二十讲“重启改革议程”的奋臂大呼。

反对者同样痛心疾首，“目前有一种错误的观点，对我们的改革目标进行歪曲”。依据刘国光的概括，这种观点的核心思想和主要主张的出发点是：中国现时仍然是一种“半统制、半市场”的体制，政府和国有经济仍然牢牢掌握国民经济的一切“制高点”，市场在资源配置中发挥基础作用的目标远没有实现。改革开放所取得的成就完全归功于市场化的进展，改革开放中所出现的问题主要是由于政府干预，市场化不够。收入两极分化等社会矛盾的根源主要的是由于政府权力过大、贪污腐败严重。下一步改革要从以下方面进行：一是破除国有经济对一些重要产业的垄断；二是削弱政府对经济的管理和干预。“市场化”是唯一解决中国经济问题、社会矛盾的灵丹妙药，是唯一实现中华民族伟大复兴的“法宝”。在刘国光及其同道看来，这种观点的实质就是“新自由主义”和“市场原教旨主义”②。

反对者认为：改革开放以来，虽然国有经济总量不断扩大，但在国民经济中的比重却一直下降；过度市场化和过度私有化是导致我国收入两极分化和腐败等社会问题的真正根源。“今后，我们还要搞社会主义

① 吴敬琏、马国川：《重启改革议程——中国经济改革二十讲》（第三版），生活·读书·新知三联书店 2016 年版，第 5 页。

② 刘国光：《十八大后再谈我国经济体制改革的方向》，见中国红色文化研究会主编：《中国需要什么样的市场经济：21 位专家学者与吴敬琏先生商榷》，北京日报出版社 2016 年版，第 3—4 页。

市场取向的改革和完善，但不能搞过度市场化；我们还要搞国有企业管理的改革创新，但不能搞私有股份化；我们欢迎外资，利用外资，但要对外资有所限制，不能被外资控制；我们支持竞争，反对行政垄断，但不能以反垄断为名，限制国有经济的发展；我们拥护政府让利于民，发挥私营经济的活力，但并不是支持政府让利于少数富人、少数大资本所有者，继续扩大贫富差距；我们赞成市场在资源配置中起基础性作用，但并不是说要削弱国家的经济调控和计划导向的能力。”基于这样的认识，为了保证经济改革的正确方向，今后应从三个方面着手：“一是做优做强做大国有经济和集体经济，发挥国有经济的主导作用和公有经济的主体作用；二是转变政府职能，在减削对微观经济不必要的干预的同时，加强国家宏观经济调控和计划导向能力；三是着力改善民生问题，逐步解决财富和收入两极分化问题。”①

市场经济制度在中国所创造的经济奇迹有目共睹，对此，几乎没有人持怀疑态度。争论的焦点在于，改革开放至今所出现的经济问题、社会矛盾的根源是政府干预过度、市场化不够，还是过度市场化。吴敬琏所寄望的，是通过“市场化、法治化、民主化”的改革，建立包容性的经济体制和宪政体制。在批评者看来，吴敬琏所追求的就是欧美的自由市场经济模式或社会市场经济模式，所推崇的所谓“有限政府”“中性政府”就是资本主义国家的政府，其实质就是要让私有制经济主导中国经济，这显然是“资本主义市场化”。② 由此导致的分歧在于，业已取得的成就应当归功于谁？目前存在的问题应该归咎于谁？进而言之，市场化之路何去何从？

浏览《什么样》一书不难发现，各位作者惯于引经据典，或者是

---

① 刘国光：《十八大后再谈我国经济体制改革的方向》，见中国红色文化研究会主编：《中国需要什么样的市场经济：21位专家学者与吴敬琏先生商榷》，北京日报出版社2016年版，第7—8页。

② 中国红色文化研究会主编：《中国需要什么样的市场经济：21位专家学者与吴敬琏先生商榷》，北京日报出版社2016年版，第6页。

马克思主义经典作家的文本，或者是党和国家领导人的讲话，以此作为论据，为自己的论点寻求支持，这当然是必要的，也是有道理的，与此同时，“实践标准”应当始终予以贯彻。各位作者对改革的方向保持警觉，对国家的前途念兹在兹，这种出发点值得高度的尊重，与此同时，改革的缘由和初衷始终不能忘却。1991 年，世界经济合作与发展组织在《转换到市场经济》的研究报告中提出了成功的市场经济的三种主要模式：美国的自由主义市场经济模式；德国和北欧一些国家的社会市场经济模式；法国、日本的行政管理导向型市场经济模式。现在，我们完全有理由说，中国特色的社会主义市场经济也是一种成功的市场经济模式，它充分意识到各个社会主体思想行为背后的利益动因，关注不同社会群体的利益倾向、利益关切和利益诉求，积极地建立和完善利益评判机制、利益表达机制、利益协调机制、利益补偿机制，有效解决各种利益矛盾和利益冲突，致力于经济的增长服从于人的需要，为人的自由全面发展创造了良好的环境，打开了开放的空间，开辟了广阔的道路。

专题讨论

论习近平新时代中国特色社会主义思想的哲学基础*

李少军　梅沙白

【摘　要】中国共产党第十九次全国代表大会决定习近平新时代中国特色社会主义思想为党的指导思想，这一思想是党和国家行动纲领与思想指南，是马克思主义中国化的新成果，是二十一世纪的马克思主义。第十三届全国人民代表大会第一次全体会议通过《中华人民共和国宪法修正案》，习近平新时代中国特色社会主义思想写入宪法，成为国家指导思想。习近平新时代中国特色社会主义思想成为党和国家指导思想，这是一个重大的事件，它将对中国和世界产生重要影响。研究习近平新时代中国特色社会主义思想有着重要的理论意义和现实意义。本文用逻辑和历史相统一的方法，从马克思主义发展史和共产主义运动相结合的角度研究这一思想的基本特征、主要内容和意义，探讨的重点是：习近平新时代中国特色社会主义思想哲学基础是什么？本文的结论是：马克思主义创始人马克思恩格斯创立辩证唯物主义和历史唯物主义，为无产阶级和广大劳动人民提供了认识世界和改造世界的锐利思想武器。习近平坚持和应用这一世界观和方法论，把马克思主义基本原理与当今中国实际相结合，领导中国共产党和中国人民进行中国特色社会主义实

* 李少军，北京大学马克思主义学院教授、博士生导师，北京市哲学会理事；梅沙白，北京大学马克思主义学院博士研究生。

践，创立了习近平新时代中国特色社会主义思想，习近平新时代中国特色社会主义思想的哲学基础是辩证唯物主义和历史唯物主义。

【关键词】习近平新时代中国特色社会主义思想　哲学基础　辩证唯物主义和历史唯物主义

中国共产党第十九次全国代表大会决定：习近平新时代中国特色社会主义思想作为中国共产党的指导思想，这一思想是马克思主义中国化的最新理论成果，是二十一世纪的马克思主义，是中国共产党和中国人民的思想指南和行动纲领。第十三届全国人民代表大会第一次全体会议通过《中华人民共和国宪法修正案》，习近平新时代中国特色社会主义思想写入宪法，成为国家指导思想。习近平新时代中国特色社会主义思想成为党和国家的指导思想，这是一个重大的事件，它将对中国和世界产生重要影响。研究习近平新时代中国特色社会主义思想有着重大的理论意义和现实意义。本文用逻辑和历史相统一的方法，从马克思主义发展史和共产主义运动相结合的角度研究这一思想的基本特征、主要内容和意义，探讨的重点是：习近平新时代中国特色社会主义思想的哲学基础是什么？

一、与时俱进的马克思主义

马克思主义作为世界性思潮，是一个开放的理论体系，它吸取人类文明的优秀成果；马克思主义在指导共产主义实践中，随着实践的发展而不断实现理论创新，马克思主义是一个发展的理论；马克思主义反映了客观事物及其发展规律，尤其是人类社会历史发展规律，开辟了人类认识真理的一条正确道路，马克思主义是科学理论。

1848年，马克思和恩格斯受工人政党“共产主义同盟”委托起草一个宣言并公开发表，这就是《共产党宣言》。列宁说：“这部著作以天才的透彻而鲜明的语言描述了新的世界观，即把社会生活领域也包括在内的彻底的唯物主义、作为最全面最深刻的发展学说的辩证法、以及关于阶级斗争和共产主义新社会创造者无产阶级肩负的世界历史性的革命使命的理论。”① 《共产党宣言》的公开问世标志着马克思主义的诞生，标志着马克思主义与工人运动紧密联系起来，使工人运动进入一个崭新的历史时期，无产阶级开始用马克思主义世界观和方法论认识世界和改造世界，掀起波澜壮阔的共产主义运动，在马克思恩格斯参与和领导下成立了“第一国际”和“第二国际”，无产阶级政党有了自己的国际组织。

1859 年，马克思出版自己多年研究经济学的著作《政治经济学批判（第一分册）》，在该书的《序言》中，马克思对历史唯物主义作了经典表述。恩格斯为该书写了一篇书评，书评写道：“我们党有个很大的优点，就是有一个新的科学的世界观作为理论的基础。”② 恩格斯在引述《序言》原文后说：“只要进一步发挥我们唯物主义论点，并且把它应用于现时代，一个强大的、一切时代中最强大的革命远景就会立即展现在我们的面前。人们的意识取决于人们的存在而不是相反，这个原理看来很简单，但是仔细考察一下也会立即发现，这个原理的最初结论就给一切唯心主义，甚至给最隐蔽的唯心主义当头一棒。关于一切历史的东西的全部传统的和习惯的观点都被这个原理否定了。政治论证的全部传统方式崩溃了；爱国的义勇精神愤慨地起来反对这种无礼的观点。因此，新的世界观不仅必然遭到资产阶级代表人物的反对，而且也必然遭到一群想靠自由、平等、博爱的符咒来翻转世界的法国社会主义者的反对。这种世界观激起了德国庸俗的民主主义空喊家极大的愤怒。”③ 在这里，恩格斯通过总结无产阶级政党的革命经验，明确指出无产阶级政党的一个重要特点是：有新的科学的世界观作为自己的理论基

---

① 《列宁全集》第 26 卷，人民出版社 1988 年版，第 50 页。

② 《马克思恩格斯选集》第 2 卷，人民出版社 2012 年版，第 10 页。

③ 《马克思恩格斯文集》第 2 卷，人民出版社 2009 年版，第 598 页。

础。这个新的科学的世界观是马克思主义哲学即辩证唯物主义和历史唯物主义，而这个世界观必然遭到资产阶级和小资产阶级的反对。无产阶级在革命斗争中要取得胜利，必须把自己的实践和理论置于这个世界观基础之上，在这一世界观和方法论指导下，提出自己的纲领、确立自己的目标和制定自己的战略策略，以此指导无产阶级革命运动，充分发挥人民群众创造历史的主体作用。在共产主义运动中，恩格斯这一思想成为无产阶级政党的一个基本原则，它丰富了马克思主义政党建设理论。

20世纪初，无产阶级领袖列宁在流亡国外，领导布尔什维克进行革命斗争时，面对马克思主义哲学遭到歪曲即党内一部分人用新康德主义、马赫主义，用最新的所谓“科学材料”修正马克思主义哲学新形势，列宁在1908年花了8个月时间，在哲学上总结和概括19世纪末20世纪初自然科学的新成果，写成了《唯物主义和经验批判主义》，列宁开宗明义写道：“凡是多少读过一些哲学著作的人都应该知道，未必能找到一个不直接或间接地驳斥唯物主义的现代哲学（以及神学）教授。他们曾经一百次、一千次地宣告唯物主义已被驳倒，可是直到现在，他们还在一百零一次、一千零一次地继续驳斥它。我们的修正主义者全都在驳斥唯物主义，同时又装出一副样子，好像他们驳斥的本来只是唯物主义者普列汉诺夫，而不是唯物主义者恩格斯。”① 列宁这一著作捍卫了马克思主义哲学，丰富和发展了辩证唯物主义，尤其是马克思主义认识论，擦亮了布尔什维克党的思想武器。在第一次世界大战期间，列宁用辩证唯物主义和历史唯物主义的世界观和方法论观察当时世界，提出这个时代是战争和革命的时代，写下了《帝国主义论》《国家与革命》等马克思主义著作，将马克思主义发展到新的阶段即列宁主义。1917年，在列宁的领导下布尔什维克取得十月革命胜利，科学社会主义从理论变为现实，十月革命开辟了人类历史的新纪元。1919年，列宁领导

① 《列宁选集》第2卷，人民出版社2012年版，第16页。

成立了“共产国际”，通过“共产国际”把马克思主义的火种撒向全球。

十月革命一声炮响，给中国人民送来了马克思列宁主义。在“共产国际”的帮助下，1921年中国共产党成立，有了中国共产党，中国革命的面貌焕然一新。

中国共产党刚成立就投入到激烈的革命斗争中，没有充足时间进行理论学习和理论创新，与欧洲共产党相比马克思主义理论准备不足。对此，1941年刘少奇在给宋亮回信中说：“马克思主义传入中国时，又由于中国当时是客观革命形势很成熟的国家，要求中国革命者立即从事、而且以全部力量去从事实际的革命活动，无暇来长期从事理论研究与斗争经验的总结（这种情形直到今天还是有的，如我们今天到处都感觉到实际工作中的干部缺乏，一切干部几乎都很难从工作中抽出作一种比较长期的理论学习等）。所以中国党一开始成立，就卷入伟大的实际革命斗争中，各方面都应付不暇。这与中国党的理论准备不够亦是有关系的。”① 由于理论准备不足和无产阶级革命经验的缺乏，中国共产党在领导中国革命中曾经犯过右倾错误和“左”倾错误，尤其是以王明为代表的“左”倾错误，造成第五次反围剿的失败，党中央和红军被迫长征，遵义会议纠正了错误的军事路线，确立了毛泽东在党中央的领导地位，使中国革命转危为安。长征胜利到达陕北后，毛泽东开始从哲学高度总结中国革命的经验教训，通过系统学习研究马克思主义哲学，他亲自在抗日军事政治大学讲授马克思主义哲学，在教学中，1937年写出《矛盾论》《实践论》等马克思主义哲学著作。《矛盾论》和《实践论》用马克思主义的认识论和辩证法“揭露党内的教条主义和经验主义——特别是教条主义这些主观主义的错误”②。毛泽东的著作把马克思主义中国化，丰富和发展了马克思主义哲学。1942年，在毛泽东和

① 《刘少奇选集》上卷，人民出版社1985年版，第221页。

② 《毛泽东选集》第1卷，人民出版社1991年版，第282页。

党中央领导下，在全党开展马克思主义学习运动即整风运动，运动伊始，毛泽东和艾思奇等同志编辑出版《马克思恩格斯列宁斯大林思想方法论》并将其作为整风文件供全党学习。① 中国共产党花了三年时间进行整风学习，端正我们党的思想方法，使全党马克思主义水平得到极大的提高，中国共产党确立了实事求是的思想路线，擦亮了自己的思想武器。1945 年在党的第七次代表大会上将毛泽东思想写入党章，毛泽东思想和马克思列宁主义成为中国共产党的指导思想，毛泽东思想的创立实现了马克思主义中国化的一次重要飞跃。在毛泽东思想指引下，中国人民取得了新民主主义革命的胜利，成立了中华人民共和国，经过社会主义改造，1956 年建立起社会主义制度。

在中国建设社会主义，这对于中国共产党和中国人民来说是一件前无古人的大事，在建设社会主义的过程中，中国取得突出的成就，但是也走了弯路，犯过像“文化大革命”这样的严重错误。1976 年粉碎“四人帮”，结束了“文化大革命”。但是，当时党中央领导人坚持“两个凡是”方针（凡是毛主席作出的决策，我们都坚决维护，凡是毛主席的指示，我们都始终不渝地遵循）。“两个凡是”的方针是典型的唯心主义和形而上学思想方法，严重背离辩证唯物主义的思想方法。中华人民共和国成立后，我们党在建设社会主义过程中犯错误的一个重要原因是思想上背离唯物主义思想路线。粉碎“四人帮”，在政治上结束“文化大革命”，但是坚持“两个凡是”方针表明在思想上还没有走出“文化大革命”。因此，“两个凡是”一提出，邓小平就反对，认为“两个凡是”不符合马克思主义。1978 年，在全党开展“真理标准大讨论”，通过讨论，党内树立起了“实践是检验真理的唯一标准”这一马

① 在该书的例言中写道：“本书是在我党中央和毛泽东同志反主观主义、反宗派主义、反党八股的号召之下编纂起来的，目的是要帮助同志们掌握马克思、恩格斯、列宁和斯大林的科学共产主义的思想方法，来整顿我党的学风、党风和文风，为中国革命胜利而斗争。”（参见《马克思恩格斯列宁斯大林思想方法论》，人民出版社 1957 年版，第 1 页）

克思主义认识论的基本观点。同年，邓小平在中央工作会议上发表《解放思想，实事求是，团结一致向前看》的讲话，阐述了马克思主义的思想路线，邓小平的讲话得到党中央的肯定。党的十一届三中全会重新确立和恢复实事求是的思想路线，实现了党和国家工作重心的转移，即以阶级斗争为纲到以经济建设为中心。会议公报写道："会议对进一步继承和发扬毛泽东同志所倡导的马克思主义学风，即坚持唯物主义的思想路线问题，展开深入的讨论，会议一致认为，只要全党同志和全国人民在马列主义、毛泽东思想的指导下，解放思想，努力研究新情况新事物新问题，坚持实事求是、一切从实际出发、理论联系实际的原则，我们党才能顺利地实现工作重心的转变，才能正确解决实现四个现代化的具体道路、方针、方法和措施，正确改革同生产力迅速发展不相适应的生产关系和上层建筑。"① "会议高度评价了关于实践是检验真理的唯一标准问题的讨论，认为这对于促进全党同志和全国人民解放思想，端正思想路线，具有深远的历史意义。一个党，一个国家，一个民族，如果一切从本本出发，思想僵化，那它就不能前进，它的生机就停止了，就要亡党亡国。"②

十一届三中全会后，我国的社会主义建设进入一个新时期，1982年在党的第十二次代表大会上，邓小平在开幕辞中提出："我们的现代化建设，必须从中国的实际出发。无论是革命还是建设，都要注意学习和借鉴外国经验。但是，照抄照搬别国经验、别国模式，从来不能得到成功。这方面我们有过不少教训。把马克思主义的普遍真理同我国的具体实际结合起来，走自己的道路，建设有中国特色的社会主义，这就是我们总结长期历史经验得出的基本结论。"③

---

① 中共中央党校教务部编：《十一届三中全会以来党和国家重要文献选编》上册，中共中央党校出版社2003年版，第21页。

② 中共中央党校教务部编：《十一届三中全会以来党和国家重要文献选编》上册，中共中央党校出版社2003年版，第22页。

③ 《邓小平文选》第3卷，人民出版社1993年版，第2—3页。

通过总结长期历史经验，邓小平领导中国共产党和中国人民成功开辟中国特色社会主义道路，创立中国特色社会主义理论，在马克思主义中国化的道路上又一次实现飞跃。

通过回顾历史，从共产主义运动中可以看出：马克思恩格斯创立马克思主义，在人类思想史上完成一次革命性变革，为无产阶级和劳动人民提供了认识世界和改造世界的思想武器，马克思主义哲学是马克思主义整个理论的基础。在新的历史条件下，列宁捍卫和发展马克思主义辩证唯物主义和历史唯物主义，将马克思主义从理论变为现实，创立列宁主义。毛泽东把马列主义与中国具体实际相结合，把辩证唯物主义和历史唯物主义化为中国共产党实事求是的思想路线，创立了毛泽东思想。邓小平通过重新确立和恢复实事求是思想路线，成功开辟中国特色社会主义道路，形成邓小平理论。这表明马克思主义是发展的理论，具有与时俱进的理论品格。在马克思主义发展史上有各个阶段的理论成果，但是，贯穿在这些理论中的核心是辩证唯物主义和历史唯物主义的思想路线即实事求是的思想路线，也就是说，马克思主义是建立在辩证唯物主义和历史唯物主义基础上的，背离这个理论基础的理论创新和发展只会使马克思主义走到邪路上去。用辩证唯物主义和历史唯物主义的世界观和方法论认识世界和改造世界，在这一世界观方法论的基础上实现马克思主义理论创新，这是马克思主义实现自身发展的理论逻辑。

中国特色社会主义的实践在不断发展，客观形势要求中国特色社会主义理论也要随着实践的发展而发展。在21世纪，习近平遵循辩证唯物主义和历史唯物主义的思想路线，在领导中国共产党和中国人民建设社会主义实践中，创立习近平新时代中国特色社会主义思想。以下我们将具体分析这一思想的历史和逻辑。

二、在马克思主义哲学基础上实现理论创新

理论与实际相统一是马克思主义的一个基本原则，也是马克思主义

根本的学风。马克思主义作为共产党的指导思想，在马克思主义理论创新过程中，党的领导人肩负着重要的使命。在共产主义运动史上，列宁、毛泽东、邓小平等共产党领导人能够实现发展马克思主义，因为他们坚持了马克思主义的原则和学风，始终用辩证唯物主义和历史唯物主义的世界观和方法论认识世界和改造世界。如果与之背道而驰，则会走上错误的道路。对此，无产阶级革命家陈云有着精辟的见解，1987 年 7 月 17 日，陈云在谈话时指出："我们国家是十亿人口的社会主义大国，无论今天还是将来，在世界上都处于举足轻重的地位。要把我们党和国家领导好，最要紧的，是要使领导干部的思想方法搞对头，这就要学习马克思主义哲学。"接着谈了自己在延安时具体学习马克思主义哲学的经验，最后说："总之，我个人体会是：学习哲学，可以使人开窍。学好哲学，终身受用。希望能够组织政治局、书记处、国务院的同志都来学习哲学，并把这个学习看成是工作的一部分，也是自己的一项重要责任。"①

2012 年，在中国共产党第十八次代表大会上，习近平当选为中国共产党中央委员会总书记和军事委员会主席，在中央政治局常委与记者见面时，习近平说："人民对美好生活的向往，就是我们的奋斗目标。""人民是历史的创造者，群众是真正的英雄。人民群众是我们力量的源泉。我们深深知道，每个人的力量是有限的，但只要我们万众一心、众志成城，就没有克服不了的困难；每个人的工作时间是有限的，但全心全意为人民服务是无限的。责任重于泰山，事业任重道远。"② 这是新一届中央领导集体的誓言，是一个闪耀着历史唯物主义光辉的誓言。2013 年 1 月 5 日，习近平在对新进中央委员、候补委员讲话时强调："中国特色社会主义是社会主义而不是其他什么主义，科学社会主义基

① 《陈云文选》第 3 卷，人民出版社 1995 年版，第 360、362 页。

② 《习近平谈治国理政》，外文出版社 2014 年版，第 4—5 页。

本原则不能丢，丢了就不是社会主义。”①“我们党始终坚持共产主义远大理想，共产党员特别是党员干部要做共产主义远大理想和中国特色社会主义共同理想的坚定信仰者和忠实实践者。对马克思主义的信仰，对社会主义和共产主义的信念，是共产党人的政治灵魂，是共产党人经受住任何考验的精神支柱。”② 在共产主义运动处于低潮时期，在西方发达资本主义在政治、经济、军事、文化和科技等方面处于优势的情况下，在中国共产党部分领导和部分党员共产主义理想动摇、徘徊时，这样的讲话、这样的声音可以说是振聋发聩，这显示出习近平作为共产党总书记敢于担当的精神、具有的坚定信念和马克思主义素养。

十八大以来，以习近平总书记为核心的党中央带领全党和全国各族人民建设中国特色社会主义，面对新情况、新问题，攻坚克难，把马克思主义基本原理与中国具体实际相结合，推进了中国特色社会主义事业不断发展，取得举世瞩目的成就，使中国的发展进入新时代。在中国特色社会主义伟大实践中，深刻总结并充分运用党成立以来的历史经验，从新的实际出发，及时回答时代之问、人民之问，用博大胸怀吸收人类创造的一切优秀文明成果，用马克思主义中国化的科学理论引领伟大实践，创立了习近平新时代中国特色社会主义思想。党章写到：“在习近平新时代中国特色社会主义思想指导下，中国共产党领导全国各族人民，通揽伟大斗争、伟大工程、伟大事业、伟大梦想，推动中国特色社会主义进入了新时代。”因为习近平总书记提出了一系列原创性的治国理政新理念、新思想、新战略，展现出马克思主义政治家、战略家的远见卓识，党的十九届六中全会决议因此明确指出，习近平同志是习近平新时代中国特色社会主义思想的主要创立者。因此，这个理论以他的名字命名为习近平新时代中国特色社会主义思想。

理论是在解决和回答实践遇到的问题中产生的，回答和解决实践中

① 《习近平谈治国理政》，外文出版社2014年版，第22页。

② 《十八大以来重要文献选编》上册，中央文献出版社2014年版，第115页。

的问题，离不开世界观和方法论这个思想方法（路线），人们在认识世界和改造世界过程中总是遵循一定的思想方法，这一思想方法体现这个理论的哲学基础。习近平新时代中国特色社会主义思想遵循的是实事求是的思想路线（方法），它的理论基础是辩证唯物主义和历史唯物主义。

在担任总书记前，作为中央党校校长的习近平十分重视党校学员的马克思主义哲学教育，2012 年他在春季学期开学典礼讲话中说："马克思、恩格斯没有直接用过'实事求是'这个词汇，但他们创立的辩证唯物主义和历史唯物主义，突出强调的就是实事求是。实事求是，是毛泽东同志用中国成语对辩证唯物主义和历史唯物主义世界观和方法论所作的高度概括。坚持实事求是，就是坚持一切从实际出发来研究和解决问题，坚持理论联系实际来制定和形成指导实践发展的正确路线方针政策，坚持在实践中检验真理和发展真理。我们党是靠实事求是起家和兴旺发展起来的。"① 实事求是"始终是中国共产党人认识世界和改造世界的根本要求，是我们党的基本思想方法、工作方法和领导方法，是党带领人民推动中国革命、建设、改革事业不断取得胜利的重要法宝"②。习近平把"实事求是"不仅仅当作思想方法，而且进一步提出实事求是是我们党的工作方法和领导方法，实事求是是我们党取得胜利的法宝。这表明习近平不仅坚持辩证唯物主义和历史唯物主义的实事求是思想路线，而且深化了对实事求是的认识，为新时代中国特色社会主义思想的创立奠定坚实的哲学基础。

十八大后，习近平总书记组织中央政治局的同志分别学习历史唯物主义和辩证唯物主义，提出如何将辩证唯物主义和历史唯物主义的基本原理与中国特色社会主义实践遇到的问题联系起来，破解实践和理论难题。

① 《习近平党校十九讲》，中共中央党校出版社 2014 年版，第 275 页。

② 《习近平党校十九讲》，中共中央党校出版社 2014 年版，第 276 页。

2013年，习近平在主持中共中央政治局举行历史唯物主义基本原理和方法论集体学习时，首先强调马克思主义哲学的生命力，有力回击马克思主义哲学过时论的观点，其次，强调历史唯物主义的重要性，第三，他提出要求，坚持历史唯物主义，开辟马克思主义的新境界。他说："马克思主义哲学深刻揭示了客观世界特别是人类社会发展一般规律，在当今时代依然有着强大生命力，依然是指导我们共产党人前进的强大思想武器。我们党自成立起就高度重视在思想上建党，其中十分重要的一条就是坚持用马克思主义哲学教育和武装全党。学哲学、用哲学，是我们党的一个好传统。在革命、建设、改革各个历史时期，我们党运用历史唯物主义，系统、具体、历史地分析中国社会运动及其发展规律，在认识世界和改造世界过程中不断把握规律、积极运用规律，推动党和人民事业取得了一个又一个胜利。历史和现实都表明，只有坚持历史唯物主义，我们才能不断把对中国特色社会主义规律的认识提高到新的水平，不断开辟当代中国马克思主义发展新境界。"①

习近平就如何用历史唯物主义基本原理和方法去分析和解决实际问题提出自己如下见解：

1. 关于社会存在决定社会意识的原理。我们党现阶段提出和实施的理论和路线方针政策，之所以正确，就是因为它们都是以我国现时代的社会存在为基础的。党的十八届三中全会对我国全面深化改革作出了总体部署，是从我国现在的社会存在出发的，即从我国现在的社会物质条件的总和出发的，也就是从我国基本国情和发展要求出发的。

2. 关于社会基本矛盾分析法的原理。只有把生产力和生产关系的矛盾运动同经济基础和上层建筑的矛盾运动结合起来观察，把社会基本矛盾作为一个整体来观察，才能全面把握整个社会的基本面貌和发展方

① 《推动全党学习和掌握历史唯物主义 更好认识规律更加能动地推进工作》，载《人民日报》，2013年12月5日。

向。坚持和发展中国特色社会主义，必须不断适应社会生产力发展调整生产关系，不断适应经济基础发展完善上层建筑。我们提出进行全面深化改革，就是要适应我国社会基本矛盾运动的变化来推进社会发展。社会基本矛盾总是不断发展的，所以调整生产关系、完善上层建筑需要相应地不断进行下去。改革开放只有进行时没有完成时，这是历史唯物主义的态度。

3. 关于物质生产是社会生活的基础的原理。准确把握全面深化改革的重大关系。生产力是推动社会进步的最活跃、最革命的要素。社会主义的根本任务是解放和发展社会生产力。在全面深化改革中，我们要坚持发展仍是解决我国所有问题的关键这个重大战略判断，使市场在资源配置中起决定性作用，更好地发挥政府作用，推动我国社会生产力不断向前发展，推动实现物的不断丰富和人的全面发展的统一。物质生产是社会历史发展的决定性因素，但上层建筑也可以反作用于经济基础，生产力和生产关系、经济基础和上层建筑之间有着作用和反作用的现实过程，并不是单线式的简单决定和被决定逻辑。我们提出全面深化改革的方案，是因为要解决我们面临的突出矛盾和问题，仅仅依靠单个领域、单个层次的改革难以奏效，必须加强顶层设计、整体谋划，增强各项改革的关联性、系统性、协同性。只有既解决好生产关系中不适应的问题，又解决好上层建筑中不适应的问题，这样才能产生综合效应。同时，只有紧紧围绕发展这个第一要务来部署各方面改革，以解放和发展社会生产力为改革提供强大牵引，才能更好地推动生产关系与生产力、上层建筑与经济基础相适应。

4. 关于人民群众是历史创造者的原理，人民是历史的创造者。要坚持把实现好、维护好、发展好最广大人民根本利益作为推进改革的出发点和落脚点，让发展成果更多更公平惠及全体人民，唯有如此改革才能大有作为。

在这次学习会上，习近平总书记向党的干部发出号召，要求原原本本学习马克思主义哲学以提高自己的水平。他说：“我们党在中国这样一个有着13亿人口的大国执政，面对着十分复杂的国内外环境，肩负着繁重的执政使命，如果缺乏理论思维的有力支撑，是难以战胜各种风险和困难的，也是难以不断前进的。党的各级领导干部特别是高级干部，要原原本本学习和研读经典著作，努力把马克思主义哲学作为自己的看家本领，坚定理想信念，坚持正确政治方向，提高战略思维能力、综合决策能力、驾驭全局能力，团结带领人民不断书写改革开放历史新篇章。”①

时隔一年多，2015年1月23日，习近平又一次主持中央政治局举行辩证唯物主义基本原理和方法论集体学习。他说：“今天，十八届中央政治局进行2015年第一次集体学习，学习内容是辩证唯物主义基本原理和方法论。2013年，我们进行第十一次集体学习时安排了历史唯物主义基本原理和方法论。安排这两次学习，目的是推动我们对马克思主义哲学有更全面、更完整的了解。辩证唯物主义是中国共产党人的世界观和方法论，我们党要团结带领人民协调推进全面建成小康社会、全面深化改革、全面依法治国、全面从严治党，实现“两个一百年”奋斗目标、实现中华民族伟大复兴的中国梦，必须不断接受马克思主义哲学智慧的滋养，更加自觉地坚持和运用辩证唯物主义世界观和方法论，增强辩证思维、战略思维能力，努力提高解决我国改革发展基本问题的本领。”②

习近平进一步分析辩证唯物主义基本原理与实际问题的关系，回答如何运用辩证唯物主义的世界观和方法论解决面临的实际问题，提出如下观点：

1. 要学习掌握世界统一于物质、物质决定意识的原理，坚持从

---

① 《推动全党学习和掌握历史唯物主义 更好认识规律更加能动地推进工作》，载《人民日报》，2013年12月5日。

② 《坚持运用辩证唯物主义世界观方法论 提高解决我国改革发展基本问题本领》，载《人民日报》，2015年1月25日。

客观实际出发制定政策、推动工作。当代中国最大的客观实际，就是我国仍处于并将长期处于社会主义初级阶段，这是我们认识当下、规划未来、制定政策、推进事业的客观基点，不能脱离这个基点。既要看到社会主义初级阶段基本国情没有变，也要看到我国经济社会发展每个阶段呈现出来的新特点。经过30多年改革开放，我国社会生产力、综合国力、人民生活水平实现了历史性跨越，我国基本国情的内涵不断发生变化，我们面临的国际国内风险、面临的难题也发生了重要变化。我们提出要准确把握、主动适应经济发展新常态，就是适应国际国内环境变化、辩证分析我国经济发展阶段性特征作出的判断。准确把握我国不同发展阶段的新变化新特点，使主观世界更好符合客观实际，按照实际决定工作方针，这是我们必须牢牢记住的工作方法。辩证唯物主义并不否认意识对物质的反作用，而是认为这种反作用有时是巨大的。我们党始终把思想建设放在党的建设第一位，强调“革命理想高于天”，就是精神变物质、物质变精神的辩证法。我们必须毫不放松理想信念教育、思想道德建设、意识形态工作，大力培育和弘扬社会主义核心价值观，用富有时代气息的中国精神凝聚中国力量。

2. 要学习掌握事物矛盾运动的基本原理，不断强化问题意识，积极面对和化解前进中遇到的矛盾。问题是事物矛盾的表现形式，我们强调增强问题意识、坚持问题导向，就是承认矛盾的普遍性、客观性，就是要善于把认识和化解矛盾作为打开工作局面的突破口。我们党领导人民干革命、搞建设、抓改革，从来都是为了解决中国的现实问题。对待矛盾的正确态度，应该是直面矛盾，并运用矛盾相辅相成的特性，在解决矛盾的过程中推动事物发展。我们强调不能简单地以国内生产总值增长率论英雄，提出加快转变经济发展方式、调整经济结构，提出化解产能过剩，提出加强生态文明建设，等等，都是针对一些牵动面广、耦合性强的深层次矛盾的。面对复杂形势和繁重任务，首先要有全局观，对各种矛盾做到心中有数，同时又要优先解决主要矛盾和矛盾的主要方面，以此带动其他矛盾的解决。我们提出要协调推进全面建成小康社会、全面深化改革、全面依法治国、全面从严治党，是当前党和国家事业发展中必须解决好的主要矛盾。我们既要注重总体谋划，又要注重牵住“牛鼻子”。在任何工作中，我们既要讲两点论，又要讲重点论，没有主次，不加区别，眉毛胡子一把抓，是做不好工作的。

3. 要学习掌握唯物辩证法的根本方法，不断增强辩证思维能力，提高驾驭复杂局面、处理复杂问题的本领。我们的事业越是向纵深发展，就越要不断增强辩证思维能力。当前，我国社会各种利益关系十分复杂，这就要求我们善于处理局部和全局、当前和长远、重点和非重点的关系，在权衡利弊中趋利避害、作出最为有利的战略抉择。全面深化改革，要突出改革的系统性、整体性、协同性，使改革成果更多更公平地惠及全体人民。要反对形而上学的思想方法，看形势做工作不能盲人摸象、坐井观天、揠苗助长、削足适履、画蛇添足。要加强调查研究，坚持发展地而不是静止地、全面地而不是片面地、系统地而不是零散地、普遍联系地而不是单一孤立地观察事物，准确把握客观实际，真正掌握规律，妥善处理各种重大关系。

4. 要学习掌握认识和实践辩证关系的原理，坚持实践第一的观点，不断推进实践基础上的理论创新。我们推进各项工作，要靠实践出真知。理论必须同实践相统一。必须高度重视理论的作用，增强理论自信和战略定力，对经过反复实践和比较得出的正确理论，要坚定不移坚持。

在这次学习活动中，习近平明确指出马克思主义哲学是辩证唯物主义和历史唯物主义，提出辩证唯物主义是中国共产党人的世界观和方法论，这十分有力地回击了那些攻击辩证唯物主义的各种错误观点，捍卫了辩证唯物主义。他发出要发展 21 世纪的中国的马克思主义的号召，他说：“要根据时代变化和实践发展，不断深化认识，不断总结经验，不断实现理论创新和实践创新良性互动，在这种统一和互动中发展 21

世纪中国的马克思主义。”①

2013 年和 2015 年，习近平组织中央政治局同志集体学习历史唯物主义和辩证唯物主义，在中国共产党的历史上是继延安整风运动之后，党的高级干部又一次集体学习马克思主义哲学活动。这是 1987 年陈云希望总书记组织政治局、书记处和国务院领导同志学习马克思主义哲学的具体体现，具有重要的历史意义和现实指导意义。

习近平总书记不为理论迷雾遮双眼，不为时髦哲学所迷惑，捍卫了辩证唯物主义和历史唯物主义。他以马克思主义者的眼光，敏锐地牢牢抓住辩证唯物主义和历史唯物主义这一马克思主义的世界观和方法论，并用这一世界观和方法论去认识世界和改造世界，坚持把马克思主义基本原理与中国具体实际相结合，从理论和实践两个方面回答新时代什么是中国特色社会主义，如何坚持中国特色社会主义，从而创立了习近平新时代中国特色社会主义思想。习近平新时代中国特色社会主义思想的哲学基础是辩证唯物主义和历史唯物主义。

三、习近平新时代中国特色社会主义思想的历史方位和理论逻辑

时代范畴是马克思主义一个基本范畴，它的基本内涵是指人类社会发展的历史方位。人类社会发展有其自身内在的发展趋势，人类社会发展是其现实性和可能性的辩证统一，在现实性的基础上，社会发展充满各种可能性，有现实可能性、抽象可能性等，现实可能性经过主观努力可以转变为新的现实，抽象的可能性是抽象的，不能够转变为新的现实。马克思主义要求无产阶级政党必须清醒认识自己所处的时代，抓住时代主题，发挥主观能动性，从客观现实出发，把现实可能性和人民的

① 《坚持运用辩证唯物主义世界观方法论 提高解决我国改革发展基本问题本领》，载《人民日报》，2015 年 1 月 25 日。

根本利益结合起来，确立自己的新理论，提出自己的新纲领，明确自己的新目标，制定自己的新战略。用新理论武装群众，用新的纲领带领群众，用新的目标鼓舞群众，用新的战略指导群众，充分发挥人民群众是历史创造者的作用。人类社会作为历史主体，它具有普遍性和特殊性，因此，时代范畴也具有普遍性和特殊性，普遍性时代范畴是指人类社会整体发展历史方位，特殊性时代范畴是指一个国家、一个民族发展的历史方位。

20 世纪初，列宁用历史唯物主义观察他所处的历史方位，提出资本主义已经由自由资本主义发展到垄断资本主义即帝国主义阶段，垄断是帝国主义本质特征，资本垄断力量渗透世界各地。帝国主义国家之间由于发展不平衡，为了争夺原料和世界市场、瓜分势力范围，帝国主义国家之间必然发生战争，帝国主义是战争策源地。战争将引起革命，列宁称这个时代为战争与革命时代。列宁根据第一次世界大战的情况，在战争期间，领导布尔什维克党发动革命，取得十月革命胜利，社会主义由理论变为现实。无产阶级政党遵循列宁主义的这一原则，利用第二次世界大战，壮大革命力量，东欧和中国先后取得社会主义革命胜利，社会主义由一国变为多国。

20 世纪 80 年代，邓小平根据变化了的客观实际，提出和平与发展是时代的主题，领导中国实行改革开放，开辟了中国特色社会主义道路，领导党和人民进行中国特色社会主义的实践，创立了邓小平理论。

中国特色社会主义在中国经过三十多年的发展，进入 21 世纪。习近平分析我国发展的历史方位，提出经过长期努力，中国特色社会主义进入了新时代，这个新时代是中国特色社会主义新时代，具有特殊性。新时代具有如下的现实可能性：

第一，新时代意味着近代以来久经磨难的中华民族迎来了从站起来、富起来到强起来的伟大飞跃，迎来了实现中华民族伟大复兴的光明前景；

第二，新时代味着科学社会主义在 21 世纪的中国焕发出强大生机活力，在世界上高举中国特色社会主义大旗帜；

第三，新时代意味着中国特色社会主义道路、理论、制度、文化不断发展，拓展了发展中国家走向现代化的途径，给世界上那些既希望加快发展又希望保持自身独立性的国家和民族提供了全新选择，为解决人类问题贡献了中国智慧和中国方案。

总体看，新时代是夺取中国特色社会主义伟大胜利的时代，是决胜全面建成小康社会、进而全面建设社会主义现代化强国的时代，是逐步实现全体人民共同富裕的时代，是实现中华民族伟大复兴中国梦的时代，是我国日益走近世界舞台中央、不断为人类作出更大贡献的时代。

新时代的现实可能性，客观上要求，必须从理论和实践结合上系统回答新时代坚持和发展什么样的中国特色社会主义、怎样坚持和发展中国特色社会主义，包括新时代坚持和发展中国特色社会主义的总目标、总任务、总体布局、战略布局和发展方向、发展方式、发展动力、战略步骤、外部条件、政治保证等基本问题，并且要根据新的实践对经济、政治、法治、科技、文化、教育、民生、民族、宗教、社会、生态文明、国家安全、国防和军队、“一国两制”和祖国统一、统一战线、外交、党的建设等各方面作出理论分析和政策指导，以利于更好地坚持和发展中国特色社会主义。围绕这些问题，以习近平总书记为核心的党中央，坚持以马克思列宁主义、毛泽东思想、邓小平理论、“三个代表”重要思想、科学发展观为指导，坚持解放思想、实事求是、与时俱进、求真务实，坚持辩证唯物主义和历史唯物主义，紧密结合新的时代条件和实践要求，以全新的视野深化对共产党执政规律、社会主义建设规律、人类社会发展规律的认识，进行艰辛理论探索，形成了习近平新时代中国特色社会主义思想。

新时代指的是我国社会发展的历史方位，作为历史方位的新时代，是习近平新时代中国特色社会主义思想的理论逻辑的起点，新时代社会主要矛盾是习近平新时代中国特色社会主义思想面对的核心问题，这个思想就是围绕新时代社会主要矛盾（我国稳定解决了十几亿人的温饱问题，全面建成小康社会，人民美好生活需要日益广泛，不仅对物质文化生活提出了更高要求，而且在民主、法治、公平、正义、安全、环境等方面的要求日益增长。同时，我国社会生产力水平总体上显著提高，社会生产能力在很多方面进入世界前列，更加突出的问题是发展不平衡不充分，这已经成为满足人民日益增长的美好生活需要的主要制约因素。因此，我国社会主要矛盾已经转变为人民日益增长的美好生活需要和不平衡不充分的发展之间的矛盾）展开。因为社会主要矛盾的变化是关系全局的历史性变化，它对党和国家工作提出了许多新要求。只有继续推动发展，着力解决好发展不平衡不充分问题，提升发展质量和效益，更好满足人民在经济、政治、文化、社会、生态等方面日益增长的需要，更好推动人的全面发展、社会全面进步，这是解决新时代社会主要矛盾的主要方法。新时代不仅有社会主要矛盾还有次要矛盾。习近平围绕解决我国新时代社会矛盾提出基本纲领，制定战略，形成一系列相互联系的思想，这就是习近平新时代中国特色社会主义思想。辩证唯物主义和历史唯物主义的世界观和方法论贯穿在这个思想的方方面面，习近平新时代中国特色社会主义思想是靠这个世界观和方法论构建起来的，辩证唯物主义和历史唯物主义是其哲学基础。

正如习近平在 2017 年 7 月 26 日省部级研讨班上的讲话中强调："认识和把握我国社会发展的阶段性特征，要坚持辩证唯物主义和历史唯物主义的方法论，从历史和现实、理论和实践、国内和国际等的结合上进行思考，从我国社会发展的历史方位上来思考，从党和国家事业发展大局出发进行思考，得出正确结论。"①

习近平新时代中国特色社会主义思想实质是对马克思列宁主义、毛泽东思想、邓小平理论、"三个代表"重要思想、科学发展观的继承和发展，是马克思主义中国化最新成果，是党和人民实践经验和集体智慧

① 《高举中国特色社会主义伟大旗帜 为决胜全面小康社会实现中国梦而奋斗》，载《人民日报》，2017 年 7 月 28 日。

的结晶，是中国特色社会主义理论体系的重要组成部分。

习近平新时代中国特色社会主义思想与马克思列宁主义、毛泽东思想、邓小平理论、“三个代表”重要思想、科学发展观是一脉相承的，这个脉就是辩证唯物主义和历史唯物主义的世界观和方法论即实事求是的思想路线，实事求是思想路线是毛泽东思想的精髓，是邓小平理论的精髓，是“三个代表”重要思想的精髓，是科学发展观的精髓，也是习近平新时代中国特色社会主义思想的精髓。习近平新时代中国特色社会主义思想是马克思主义，是马克思主义中国化的新成果，是中国特色社会主义理论体系的组成部分。不能离开马克思主义发展史、离开共产主义运动实践、离开新时代和离开辩证唯物主义、历史唯物主义孤立地理解和看待习近平新时代中国特色社会主义思想。

中国共产党第十九次代表大会决定指出：习近平新时代中国特色社会主义思想是“全党全国人民为实现中华民族伟大复兴而奋斗的行动指南，必须长期坚持并不断发展。在习近平新时代中国特色社会主义思想指导下，中国共产党领导全国各族人民，统揽伟大斗争、伟大工程、伟大事业、伟大梦想”①。

中国共产党是一个拥有8000多万党员，领导着中国13亿多人口的执政党，习近平新时代中国特色社会主义思想作为党和国家的指导思想和行动纲领，用习近平新时代中国特色社会主义思想武装全党和全国人民，用这一行动纲领引领13亿中国人民，用这一战略策略指导中国现代化建设，充分发挥人民群众创造历史的作用，必将对中国和世界产生重大而深远的影响。

---

① 《中国共产党第十九次代表大会文件汇编》，人民出版社2017年版，第69页。

历史规律和趋势的主体性阐释*

陈新夏**

【摘　要】在对唯物史观关于历史发展规律和趋势的阐释中，存在着仅仅从客体方面看问题、将历史规律和趋势等同于物质体系或物质条件发展规律和趋势的片面理解。历史本质上是人的活动史，历史规律本质上是人们自己的社会行动的规律，历史规律和趋势既受到客体方面的因素即社会经济、政治和文化条件的制约，也受到主体方面的因素即人的动机以及需要、利益和价值因素的制约。承认历史发展规律和趋势中主体方面因素的作用，可以强化社会历史解释的价值之维，肯定“善”在历史发展中的作用，可以透彻说明历史决定论与人的选择和创造作用的关系。

【关键词】历史规律　历史趋势　主体性　需要　利益　价值

关于历史规律和趋势与人的活动的关系，一直存在着不同的理解。历史是人的活动史，人的活动要受到主体因素的影响，因而对历史规律

* 本文系国家社会科学基金重点项目“马克思主义人的发展理论体系研究”（项目编号：17AZX001）的阶段性成果。

** 陈新夏，首都师范大学马克思主义学院教授，北京市哲学会副会长。主要从事马克思主义哲学和价值哲学研究。

和趋势既应当从客体的方面去理解，也应当从主体的方面去理解。从客观的方面去理解即对历史发展规律和趋势作出客观的把握，可以为社会历史认识提供科学的基础；从主体的方面去理解即对社会历史发展规律和趋势作出主体性的把握，可以强化社会历史理论的价值之维，对历史规律和趋势作出更加全面、合理的解释。

一、历史规律和趋势解读中的问题

社会历史与自然史不同，在理解历史规律和趋势时有一个绕不过去的问题，就是历史规律和趋势与人的主体因素特别是主观动机的关系，因为正如恩格斯所说，“在社会历史领域内进行活动的，是具有意识的、经过思虑或凭激情行动的、追求某种目的的人；任何事情的发生都不是没有自觉的意图，没有预期的目的的”①。但是，承认人的活动受动机支配却并不意味着否定历史发展的规律性，因为“不管这个差别对历史研究，尤其是对各个时代和各个事变的历史研究如何重要，它丝毫不能改变这样一个事实：历史进程是受内在的一般规律支配的”②。历史规律与人的主观动机和行为之间的关系是所有历史观都要回答的一个重要问题，由于不能正确解释这一关系，在以往的历史观中存在着机械决定论、非决定论以及黑格尔的唯心史观等错误观点。

首先是机械决定论。机械决定论只承认一切事物具有必然性、因果制约性和客观规律性，认为世界上的一切现象都是由某种先定的原因决定的，把必然性绝对化而否认偶然性，在社会历史领域否认人的主观能动性，将社会历史中的因果性联系归结为上帝、天意等神秘力量预先安排的结果，认为历史结局完全由这种神秘的东西来决定。霍尔巴赫就认为：世界上一切事物都是互相关联的，自然界中一切原因都必然产生一

① 《马克思恩格斯选集》第4卷，人民出版社2012年版，第253页。

② 《马克思恩格斯选集》第4卷，人民出版社2012年版，第253—254页。

定的结果，自然界的一切都是必然的因果链，前因与后果之间分毫不差，没有偶然性，没有属于意外的事物。例如自然界中一场风暴，每个小沙粒落在何处，方位如何，它这样运动而不是那样运动等都是必然的。“在一切都遵守着自己的生存法则的这个自然之中，既不能有混乱，也不能有真实的恶，在这个自然之中，没有偶然，没有属于意外的事物，也决没有没有充分原因的结果。”① 因此，偶然性是一个没有意义的字眼，是人们把不了解的因果联系归结出来的，“我们使用偶然这个字，不过是来掩盖我们对于产生所见的那些结果的自然原因的愚昧无知罢了”②。他还运用机械决定论来解释社会的发展，认为社会发展过程中只有必然性，没有偶然性。这种机械决定论最终必然陷入宿命论。

其次是非决定论。非决定论否认社会现象、历史事件具有必然性、规律性、因果制约性，认为历史是偶然事件的堆积，既无规律性，更无所谓趋势，从而陷入了黑格尔所谓对历史的“‘心理学的’看法”③。例如一些18世纪法国唯物主义哲学家就否认历史发展的规律和趋势，正像恩格斯所指出的，这些旧唯物主义者从来没有给自己提出过寻找历史规律的问题，“因此，它的历史观——如果它有某种历史观的话——本质上也是实用主义的，它按照行动的动机来判断一切，把历史人物分为君子和小人，并且照例认为君子是受骗者，而小人是胜利者。旧唯物主义由此得出结论说，在历史的研究中不能得到很多有教益的东西；而我们由此得出的结论是，旧唯物主义在历史领域内自己背叛了自己，因为它认为在历史领域中起作用的精神的动力是最终原因，而不去研究隐藏在这些动力后面的是什么，这些动力的动力是什么。不彻底的地方并

① 〔法〕霍尔巴赫：《自然的体系》下卷，管士滨译，商务印书馆1964年版，第66页。

② 〔法〕霍尔巴赫：《自然的体系》下卷，管士滨译，商务印书馆1964年版，第63页。

③ 〔德〕黑格尔：《历史哲学》，王造时译，上海书店出版社2001年版，第31页。

不在于承认精神的动力，而在于不从这些动力进一步追溯到它的动因"①。在现代，非决定论代表性的观点有卡尔·波普尔对历史决定论的反驳，他强调人的意志绝对自由，强调历史发展的主观性，否定历史发展的规律和趋势。

波普尔将对历史决定论的反驳概括为五个论题：

"（1）人类历史的进程受人类知识增长的强烈影响。(即使把我们的思想，包括我们的科学思想看作某种物质发展的副产品的那些人，也不得不承认这个前提的正确性。)

（2）我们不可能用合理的或科学的方法来预测我们的科学知识的增长。(这个论断可以由下面概述的理由给予逻辑的证明。)

（3）所以，我们不能预测人类历史的未来进程。

（4）这就是说，我们必须摒弃理论历史学的可能性，即摒弃与理论物理学相当的历史社会科学的可能性。没有一种科学的历史发展理论能作为预测历史的根据。

（5）所以历史决定论方法的基本目的是错误的，历史决定论不能成立。"

他由此得出结论："历史决定论是一种拙劣的方法——不能产生任何结果的方法。""我已证明，由于纯粹的逻辑理由，我们不可能预测历史的未来进程。"② 进而断言：历史命运之说纯属迷信，科学或任何别的合理方法都不可能预测人类历史的进程。

再次是黑格尔的唯心史观。与非决定论相反，黑格尔所代表的历史哲学认为，历史人物的表面动机和真实动机都决不是历史事变的最终原因，这些动机后面还有应当加以探究的别的动力，因而致力于寻找这种动力。黑格尔在《历史哲学》中就认为，"历史上的事变各各不同，但

① 《马克思恩格斯选集》第4卷，人民出版社2012年版，第255页。

② 〔英〕卡尔·波普尔：《历史决定论的贫困》，杜汝楫、邱仁宗译，华夏出版社1987年版，第1—2页。

是普遍的、内在的东西和事变的联系只有一个"①。不停留于动机而要追究动机背后的动力，超越了那种浅薄的对历史的"'心理学的'看法"，使黑格尔在同时代思想家中鹤立鸡群之处，然而问题在于，"黑格尔的历史观以抽象的或绝对的精神为前提，这种精神是这样发展的：人类只是这种精神的无意识或有意识的承担者，即群众。……人类的历史变成了抽象精神的历史，因而也就变成了同现实的人相脱离的人类彼岸精神的历史"②。他"不在历史本身中寻找这种动力，反而从外面，从哲学的意识形态把这种动力输入历史"③，主观地杜撰出历史规律，甚至断言"'理性'是世界的主宰，世界历史因此是一种合理的过程"④，"从世界历史的观察，我们知道世界历史的进展是一种合理的过程，知道这一种历史已经形成了世界精神的合理的必然的路线——这个世界精神的本性永远是同一的，而且它在世界存在的各种现象中，显示了它这种单一和同一的本性"⑤。"上帝统治着世界，而'世界历史'便是上帝的实际行政，便是上帝计划的见诸实行。"⑥ 黑格尔的这种历史观陷入了唯心史观。

马克思恩格斯创立的唯物史观承认决定论，既超越了机械决定论，又超越了非决定论以及唯心史观。一方面，他们在历史过程中寻找规律，揭示了历史过程的必然性和规律性，并在此基础上指出社会历史具有由低级向高级发展的客观趋势，这种理解超越了黑格尔的历史哲学而成为唯物主义的历史观。另一方面，他们又肯定人的动机和行为在历史发展中的作用，认为历史并不是某种独立于人的主体，"历史什么事情也没有做……其实，正是人，现实的、活生生的人在创造这一切，拥有

---

① 〔德〕黑格尔：《历史哲学》，王造时译，上海书店出版社2001年版，第5页。

② 《马克思恩格斯文集》第1卷，人民出版社2009年版，第291—292页。

③ 《马克思恩格斯选集》第4卷，人民出版社2012年版，第255页。

④ 〔德〕黑格尔：《历史哲学》，王造时译，上海书店出版社2001年版，第8页。

⑤ 〔德〕黑格尔：《历史哲学》，王造时译，上海书店出版社2001年版，第10页。

⑥ 〔德〕黑格尔：《历史哲学》，王造时译，上海书店出版社2001年版，第37页。

这一切并且进行战斗。并不是‘历史’把人当作手段来达到自己——仿佛历史是一个独具魅力的人——的目的。历史不过是追求着自己目的的人的活动而已”①。人类历史不同于自然史，“人类史同自然史的区别在于，人类史是我们自己创造的，而自然史不是我们自己创造的”②。就自然界来说，虽然也有作为人活动结果的人化自然物的部分，但整个自然界对于人及其活动而言却具有先在性，社会历史则不然，社会历史对于人和人的实践来说并无发生意义上的先在性，正相反，历史是人的活动史，是人活动的结果，是实践的产物，具有鲜明的人为性。

依据历史是人的活动史的理论逻辑，就应当充分肯定动机等主观因素在历史中的作用，然而问题在于，后人在对唯物史观关于历史发展规律和趋势的阐释中，却出现了以规律性和必然性否定主观动机，认为历史发展规律和趋势在人的主观动机和行为之外的误读。在国内，一些权威教科书虽然承认“社会规律所规定的历史发展的必然过程，包含个人意志的因素和作用”③，以及“人们行动的目的是预期的”④，却又认为“在许多个人意志的冲突中通过相互作用而实现的历史过程和结果，却受着不依人的意志为转移的客观规律的支配”⑤，将历史规律置于人的意志（动机）和行为之外。在国外，有的马克思主义研究者如阿尔都塞，也作出了相似的误读，认为“在历史中起作用的辩证法不是任何主体的作用，无论这主体是绝对的（神）还是仅仅是人类的，历史的起源总是已经被推到了历史以前，因此历史既没有哲学上的起源，也没

① 《马克思恩格斯文集》第1卷，人民出版社2009年版，第295页。

② 《马克思恩格斯文集》第5卷，人民出版社2009年版，第429页。

③ 肖前、李秀林、汪永祥主编：《历史唯物主义原理》，人民出版社1991年版，第37页。

④ 肖前、李秀林、汪永祥主编：《历史唯物主义原理》，人民出版社1991年版，第38页。

⑤ 肖前、李秀林、汪永祥主编：《历史唯物主义原理》，人民出版社1991年版，第38页。

有哲学上的主体”①，正确地否定了外在于人的神秘力量在历史中的作用，却又错误地否定了人在历史中的作用。

这种观点在论及社会发展的动力、机制和规律时，对于物质因素和物质关系与人们动机的关系作出了单向度的理解，只强调物质因素和物质关系对人的活动的制约性，忽视动机对人们行为从而社会运行所起的作用，或是将其置于边缘的、被决定的位置，例如，虽然论述生产力在社会发展中的最终决定作用时，指出了“生产力是人们‘以往的活动的产物’，‘是人们实践能力的结果’……生产力不是超历史的预成的实体，而是人的实践活动的产物，具有属人的性质”②，但是在论述社会发展的根本动力时，又回避甚至否定人的活动及其背后的意识的决定性作用和地位。这种理解肯定了历史发展的规律性及其客观性，坚持了历史观上的唯物主义，超越了社会历史解释上的非决定论，但却走向了另一种极端，实质上是将历史看作某种独立于人的主体，将历史发展规律和趋势理解成了某种外在于人的东西，违背了“历史什么事情也没有做……其实，正是人，现实的、活生生的人在创造这一切……历史不过是追求着自己目的的人的活动而已”③ 的观点。这种看法显然不能说明人的动机和行为在历史过程中的作用，不能说明历史发展规律不同于自然规律的特点，不能说明社会发展的合目的性与合规律性的关系，最终难以跳出机械唯物论的樊篱。

导致这种误读的原因，就是对历史发展规律和趋势仅仅从客体的方面去阐释，而没有从主体的方面去阐释，忽视了人在历史中的根本性的作用，正是这种片面性造成了对唯物史观“唯物”含义的片面理解。为了超越机械唯物论，对历史发展规律和趋势进行科学的说明，

① 〔法〕阿图塞：《列宁和哲学》，杜章智译，远流出版事业股份有限公司 1990 年版，第 146 页。

② 肖前、李秀林、汪永祥主编：《历史唯物主义原理》，人民出版社 1991 年版，第 99 页。

③ 《马克思恩格斯文集》第 1 卷，人民出版社 2009 年版，第 295 页。

就必须从主体的方面去理解，对社会历史发展规律和趋势作出主体性的把握。

二、历史规律和趋势的主体性

从主体的方面理解历史发展规律和趋势，就要对人的动机及活动与历史发展规律和趋势关系作出新的探讨，厘清社会发展中物质条件与人的活动的关系。

唯物史观肯定经济的社会形态的演变是一种自然史的过程从而历史有规律性，并不意味着将历史规律归结为物质条件和关系运动的规律，不意味着取消或否定人作为历史活动主体的地位，因为唯物史观之“唯物”，不在于它承认物质因素和关系在社会发展中的作用，而在于它不仅承认主体因素在社会发展中的作用，也承认物质因素和关系在社会发展中的作用。事实上，那种否定人作为历史活动主体的地位的观点早就受到过马克思恩格斯的批评，他们认为，以往历史观的一个缺陷是，“历史总是遵照在它之外的某种尺度来编写的；现实的生活生产被看成是某种非历史的东西，而历史的东西则被看成是某种脱离日常生活的东西，某种处于世界之外和超乎世界之上的东西”①，明确否定了历史是一个无主体过程的观点。正如弗罗洛夫所说，“马克思主义从一开始就把人的本质同劳动、生产联系起来。如果把马克思对于生产和需要的辩证法的理解运用于中介问题和用社会因素改造生物因素的问题，那么，可以说，‘每一方表现为对方的手段；以对方为媒介；这表现为它们的相互依存’”②。从追根究底的意义上说，由于历史本质上是人的活动史，历史规律本质上是人们自己的社会行动的规律，因而历史规律可以

① 《马克思恩格斯选集》第1卷，人民出版社2012年版，第173页。

② 〔苏〕弗罗洛夫：《人的前景》，王思斌、潘信之译，中国社会科学出版社1989年版，第36页。

也应当纳入人的活动范畴来理解。也就是说，在唯物史观的理解中，物质因素和关系的作用与人的主体因素在社会发展中的作用是相辅相成而非相互排斥的，承认物质因素和物质关系对人的活动的制约性，并不意味着否认人的动机在社会发展中的作用。进一步说，物质条件和关系运行规律与人的活动规律这两个规律本质上是同一的，在历史过程中，物质条件和物质关系状况虽然不完全以个人的主观意志为转移，却又是由人的活动决定并体现的。

这里涉及的一个问题是，历史规律在何种意义上是客观的？通常认为，历史规律的客观性就在于它不以人的意志为转移。然而问题在于，什么是“不以人的意志为转移”？回答这一问题的关键是这里的“人”之所指，即：是个人、群体还是整个人类？我们认为，这里的“人”指的是个人或群体，而不是指整个人类。澄清了这一点，便可以得出结论：“不以人的意志为转移”是指不以个人或某个群体的意志为转移，而不是不以整个人类或抽象意义上的“人”的意志为转移。因此，历史规律的客观性是指它不以个人或某个群体的意志为转移，而不是指它完全外在于人，与人及其活动无关，就此而言，“社会历史的发展规律不是既成的、先定的”①，物质体系和关系的发展规律既构成人活动的基础并制约着人的活动，又蕴含在人的活动的趋势之中。正是从人的活动的趋势具有规律性和必然性的意义上说，以经济运动为基础的社会运动是一个自然历史过程。动态地看，社会规律是人与物质条件和社会关系交互作用的结果，是物质条件和关系制约人与人对物质条件和关系的超越的统一，是人在一定物质条件和关系基础上的主体选择、创造和超越的体现，即恩格斯所谓“合力”的结果。

回溯历史，人类社会发展的道路并不是笔直平坦的，其间充满着曲折和反复，这种曲折性和反复性正表明了历史是人的活动史。试想，如果社会运动只是物质体系的运动，那么社会发展就应当是一帆风顺、一

① 赵家祥：《马克思主义是发展着的理论》，载《光明日报》，2017年8月2日。

以贯之的，而不可能出现或快或慢、或起或伏的变化，更不会出现反复甚至倒退。社会进程之所以在不同时期会出现波动、反复甚至倒退，就是因为人的思想和行为会出现变化，甚至会出现失误。由此可以证明，社会物质体系及其关系的规律是人的活动规律的客观外在的表现，它们不在人的活动之外，就在人的活动之中，本质上就是人的活动的规律。由于知识增长远比物质财富增长更加取决于人的主体能力及其创造性活动，更少受到物质条件和规律的制约，也更加具有不确定性，所以在当代及未来，随着科学技术的发展特别是知识经济成为社会进步的主要推动力量，社会历史过程的“人为”特性将更趋明显。

与对社会发展规律的理解直接相关的是对社会发展趋势的理解，即社会发展趋势的根据何在，社会发展趋势与人的活动是怎样的关系？

趋势通常被认为是事物发展的动向，而历史趋势就是历史规律所体现出来的历史发展方向及其过程的总的结果，是历史规律在过程中的动态体现。唯物史观继承了黑格尔的发展观，对社会运动持进步论的主张，然而问题在于，社会由低级向高级发展趋势的根据何在？我们认为，正像社会规律不同于自然规律一样，社会发展趋势（历史趋势）也不同于自然发展趋势，它是通过人的活动实现的，本质上是人活动的趋势。只有人的活动具有目的性，物质条件本身并无目的性，且物质条件变化是由人的活动造成的，因此，社会由低级向高级发展趋势之根据不在人之外，就在人之中，社会发展趋势本质上就是人们动机、愿望和行为的实现，虽然其实现要以一定的客观条件为基础。

为了说明历史规律和趋势与人的意志和行动之间的关系，恩格斯提出了“合力论”，认为“人们总是通过每一个人追求他自己的、自觉预期的目的来创造他们的历史，而这许多按不同方向活动的愿望及其对外部世界的各种各样作用的合力，就是历史”①。“历史是这样创造的：最终的结果总是从许多单个的意志的相互冲突中产生出来的，而其中每一

① 《马克思恩格斯选集》第4卷，人民出版社2012年版，第254页。

个意志，又是由于许多特殊的生活条件，才成为它所成为的那样。这样就有无数互相交错的力量，有无数个力的平行四边形，由此就产生出一个合力，即历史结果，而这个结果又可以看作一个作为整体的、不自觉地和不自主地起着作用的力量的产物。因为任何一个人的愿望都会受到任何另一个人的妨碍，而最后出现的结果就是谁都没有希望过的事物。所以到目前为止的历史总是像一种自然过程一样地进行，而且实质上也是服从于同一运动规律的。……然而从这一事实中决不应作出结论说，这些意志等于零。相反地，每个意志都对合力有所贡献，因而是包括在这个合力里面的。”① 这一论述辩证地说明了人的动机和行为与历史发展规律和趋势之间的关系，回答了什么是社会发展的趋势以及它是如何形成的这一问题。

按照恩格斯的逻辑，“合力”本质上是由个人的活动构成的群体活动的结果。在现实生活中，每一个个体（以及各个群体）为了追求他自己的、自觉预期的目的，其行为都是有意识、有目的的，但由于这些个体或群体之间的动机和目的不同甚至相互冲突、相互抵消，从而导致群体无意识，即“出现的结果就是谁都没有希望过的事物”。“谁都没有希望过的事物”之出现，表明历史进程不以个人（以及某个群体）的意志、动机为转移，但并不意味着它与个人的意志、动机无关，“相反地，每个意志都对合力有所贡献”，也就是说，“合力”所蕴含的社会发展“趋势”归根到底是人的动机进而是人的行为的综合性的结果。正是从这个意义上说，人的动机与物质条件和物质关系交互作用，决定着社会发展的规律和趋势。

强调动机的作用，并不等同于黑格尔所批评的“‘心理学的’看法”。黑格尔所批评的“‘心理学的’看法”，是主张历史进程是由个别杰出人物的“心理”变化决定的，而我们强调的是群体的甚至是整个人类的“心理”对历史进程的作用。恩格斯曾注意到这两者之间的差

① 《马克思恩格斯选集》第4卷，人民出版社2012年版，第605—606页。

别，他指出，“如果要去探究那些隐藏在——自觉地或不自觉地，而且往往是不自觉地——历史人物的动机背后并且构成历史的真正的最后动力的动力，那么问题涉及的，与其说是个别人物，即使是非常杰出的人物的动机，不如说是使广大群众、使整个整个的民族，并且在每一民族中间又是使整个整个阶级行动起来的动机；而且也不是短暂的爆发和转瞬即逝的火光，而是持久的、引起重大历史变迁的行动。”①在他看来，广大群众的动机不同于个别杰出人物的动机之处，就在于它体现着人心所向，代表着历史发展的潮流和方向。

恩格斯强调广大群众的动机（即“人心所向”）的作用，但并不认为它就是历史发展的终极原因，他认为还可以追溯动机背后的“动因”，即在行动者的头脑中以这些动机的形式出现的历史原因。通常认为，恩格斯说的这些“历史原因”就是客观条件，特别是社会的经济因素。这一理解有待商榷。决定动机的因素仅仅是客观条件吗？我们认为，所谓客观条件决定动机，是指在影响动机形成的因素中，社会的经济、政治和文化等客观条件是最基本的因素，构成了动机形成的宏观的、基础性的背景，但它与动机之间却不一定是直接对应的关系，因而一般来说，一个人如果缺乏主体性，他的动机和行为就可能是被动地反映客观条件，或者说是由客观条件直接地、单向度地决定的，他就会在生活中随波逐流，但对于主体性强的人来说，动机和行为就不是动因的被动反映，而是具有主动性从而超越现实性，由此才能理解，在同样的社会条件下或同样的社会环境中，人们却往往会形成不同的动机，其选择和行为会大相径庭甚至截然相反。

客观条件只是动因的一部分，那么决定动机的其他动因是什么？当然就是主体方面的因素。

以恩格斯的“合力说”以及与之相关的“人心所向”为例。对于何为“人心所向”，一直缺乏透彻的说明。一般认为，“人心所向”就

① 《马克思恩格斯选集》第4卷，人民出版社2012年版，第255—256页。

是人们的心愿、想法反映或代表着历史发展的潮流和方向，是客观现实条件及其发展趋势的体现。这种理解有一定的道理，但并不全面，因为“人心所向”的依据既是客观的也是主观的，是客观与主观的统一。

一方面，“人心所向”要有客观依据即依赖于一定的社会条件，社会条件不具备、不成熟，就不会形成正确的动机，或者说即使形成了动机和行为也不能实现，因为“人们自己创造自己的历史，但是他们并不是随心所欲地创造，并不是在他们自己选定的条件下创造，而是在直接碰到的、既定的、从过去承继下来的条件下创造。”①

另一方面，人心所向又要有主体依据，是人在现实条件中形成的主观动机、心愿和想法。众所周知，在历史过程中，每一次大的运动的产生和开展都是由一些先觉者发动和领导的，故有“众人皆醉我独醒”，真理（以及优秀价值）一开始掌握在少数人手里的说法。当然，如果仅仅是“独醒”，仅仅是少数人掌握真理和优秀价值，并不能形成一场大的历史运动，所谓“独醒”实质上是独自先醒，所谓少数人掌握真理实质上是率先掌握真理和确立优秀价值。这些人只有以先觉觉后觉，唤起民众，才能成事，而其所以先觉能够觉后觉，既可能是因为先觉者在一定的历史条件基础上反映和代表了多数人（后觉者）共同的需要和利益，又可能是因为先觉者和后觉者“人同此心，心同此理”。这里的“心同此理”之“理”就是共同的认识和共同的价值取向，只不过被少数人先行发现或率先提出，而这些科学认识和优秀价值一旦为广大群众所掌握，就会形成为广泛深入的历史运动，中国古人曾就此总结出历史过程中的政治规律：“得民心者得天下，失民心者失天下。”

构成“人心所向”即历史趋势主体依据方面的因素，主要包括人的需要和利益以及价值取向。

首先是需要和利益，这是决定人们动机最基本的因素。人们的动机首先基于他们的需要，一方面，需要是由低级向高级依次递进的，其中

① 《马克思恩格斯选集》第1卷，人民出版社2012年版，第669页。

生存性的需要（物质需要、安全需要等）是基础，是人们生存（生产等）活动动机的来源。正如马克思所说，“当人们还不能使自己的吃喝住穿在质和量方面得到充分保证的时候，人们就根本不能获得解放”①。满足生存性的需要是人们一切活动最基本的目标，是其他需要满足的前提和基础。另一方面，生存性需要的满足又并非人们生活追求的全部或一切活动的主旨，随着生存性需要的满足，人活动的动机将发生改变，从创造丰裕的物质财富和更好的物质条件转向（或提升为）自身的发展，例如丰富精神生活、提高自身的素质，以及能力、个性和社会关系的自由全面发展。

其次是价值取向，这是决定人们动机的重要因素。价值取向与人们的日常生活和行为息息相关，人的思想观念，他们的情感和行为，既以需要和利益为基础，也会基于一定的价值取向。在决定人的动机的主观因素中，价值取向具有特殊的作用和地位，因为价值取向是需要和利益的集中体现，代表着人们的根本需要和长远利益，正因为如此，价值取向往往是超越具体的需要和利益的，一方面，它往往与当下的需要和利益无关，具有超越现实性，另一方面，它在动机的形成过程中起着长期的、稳定的作用。由于体现着人们的根本需要和长远利益，价值取向带给人的动机之强烈和持久，往往远胜于具体的需要和利益，古往今来仁人志士们为追求真理、正义和自由而赴汤蹈火、舍生取义、终生奋斗的种种壮举，就是其典型的事例。正因为价值取向体现着人们的根本需要和长远利益，人们往往要对自己行为的实际后果作出价值上的研判和权衡，判定其是否符合自己、群体或社会的根本需要和长远利益，是否有价值而值得去做。

① 《马克思恩格斯选集》第1卷，人民出版社2012年版，第154页。

三、历史规律和趋势主体性阐释的启示

进行历史规律和趋势的主体性阐释，对于深化社会历史认识、推进唯物史观理论研究具有重要的启示意义。

承认历史发展规律和趋势中主体因素的作用，可以凸显历史认知和评价中的价值之维。

以往在论及社会发展中人的主观因素时，多是强调认识（知识）的作用，“知识就是力量”以及“科学技术是第一生产力”论断深入人心就是例证。比较而言，对价值在社会发展中作用的认识却很不到位。历史和现实表明，价值取向对社会发展起着一种定向、引领和规范的作用，往往会对人的思想和行为从而对社会发展产生重要的影响，决定着对未来社会的理想，决定着社会的发展方向和目标。

以对“人民日益增长的美好生活需要和不平衡不充分的发展之间的矛盾”的解读为例。解决这一矛盾的目标是满足人民日益增长的美好生活需要，然而何为美好生活，怎样的生活才是美好生活，却有待于合理的定位。“美好生活”作为社会发展的目标，不是一种实然的社会状态，而是需要在理论上建构并在实践中实现的理想的社会状态。对美好生活社会状态的建构既要基于对现实条件的科学认识，也要基于价值取向，即人们对生活意义、人生价值和追求的理解，价值取向不同，对美好生活的理解也会大相径庭。正是基于人的发展价值取向，我们认为，在人的生存性需要得到较好满足后，美好生活将主要体现在人的精神生活的充实和丰富，人的能力的实现和发展以及人的素质的提升等方面。这方面需要的发展及其满足将决定未来社会发展的基本趋势，这就是：社会发展将越来越围绕着人的发展来进行，人们在未来将更加重视自我实现，社会将更加尊重每个人的首创精神及其成就，人们在改造客观世界的同时将更加重视自身素质的提高，人们将更加重视精神生活的满足和拓展，更加重视人与人、人与社会、人与自然的和谐及协调发展。因

此，在论及历史发展动力的主体因素时，至少应当将价值与知识因素等量齐观，视之为社会发展主体因素中的车之两轮、鸟之两翼。亦因此，唯物史观理论的当代建构不仅要注重认识维度，也要注重价值维度，要实现科学认识与价值取向、合规律性与合目的性的统一，塑造唯物史观理论的完整性。

承认历史发展规律和趋势中主体因素的作用，可以充分肯定“善”在历史发展中的作用。

关于善与恶在历史发展中的作用，一直有一种说法，即恶比善起着更大的作用。近代哲学家中持这一观点的代表人物是康德，他认为，历史发展的动力是人性中恶的本质，人有一种自私的倾向，虽然这种倾向不是建立在理性准则的基础上，但却会始终存在，并充当了砥砺道德的磨石。他指出，人的利己本性和不满足心理推动人的创造活动和社会进步，正是恶的本性导致人们之间的不平等，而不平等则具有二重性，“它是那么多的坏事的、但同时却又是一切好事的丰富的泉源”①。恶虽然在道义上是不足取的，但对社会发展却可资利用，例如大自然就往往通过人的自私自利，通过人们对商业利益的追求而促进和平，因此，恶的本性是历史发展的动力。另一代表人物是黑格尔，他在论及对杰出人物的评价时，主张历史尺度优于价值（道德）尺度。他认为，由于一些杰出人物具有非凡的特质、作为和历史贡献，所以对他们不能仅仅以常人的眼光和标准（如道德标准）进行评价，而应当作出历史的、合规律性的评价，这是因为，“一个‘世界历史个人’不会那样有节制地去愿望这样那样的事情，他不会有许多顾虑。他毫无顾虑地专心致力于‘一个目的’。他们可以不很重视其他伟大的、甚或神圣的利益。这种行为当然要招来道德上的非难。但是这样魁伟的身材，在他迈步前进的

① 〔德〕康德：《历史理性批判文集》，何兆武译，商务印书馆1990年版，第73页。

途中，不免要践踏许多无辜的花草，蹂躏好些东西”①。

恩格斯在《路德维希·费尔巴哈和德国古典哲学的终结》中赞同黑格尔肯定恶在历史发展中作用的看法，指出：“在黑格尔那里，恶是历史发展的动力借以表现出来的形式。这里有双重的意思，一方面，每一种新的进步都必然表现为对某一神圣事物的亵渎，表现为对陈旧的、日渐衰亡的、但为习惯所崇奉的秩序的叛逆，另一方面，自从阶级对立产生以来，正是人的恶劣的情欲——贪欲和权势欲成了历史发展的杠杆……”恩格斯充分肯定了恶在历史发展中的作用，同时又将费尔巴哈与黑格尔相比较，认为费尔巴哈在道德问题上宣扬抽象的善，“同黑格尔比起来也是肤浅的”②，他还批判了费尔巴哈宣扬抽象的爱、认为“爱随时随地都是一个创造奇迹的神”③的错误观点。

人们往往据此断定，恩格斯肯定“恶”在历史发展中的作用而否定“善”在历史发展中的作用。我们认为，这一理解有待重新辨析。

“善”与“恶”一样，在历史发展中起着重要的作用，是人的活动从而社会进步的动机之源。善所以是人的动机之源，是因为求善是人的本性。从总体上说，人们一切行为根本上都是为了追求幸福，为了更好地生存和发展，一言以蔽之，就是基于“求善”的动机和愿望。对于人的本性是善还是恶，中国古代一直有争论，有“性善论”“性恶论”以及“善恶混同论”等，但一直以来在人们心中占主导地位的还是“性善论”，故《三字经》有“人之初，性本善”一说，且这一说法广为流传并成为多数人的共识。“性善论”能否成立虽然仍有争论，但其所以在各种人性理解中占据主导地位，至少反映了人们对“性善”的期望和追求，反映了求善是人（至少是多数人）的本性。中国如此，

① 〔德〕黑格尔：《历史哲学》，王造时译，上海书店出版社2001年版，第32—33页。

② 《马克思恩格斯选集》第4卷，人民出版社2012年版，第243页。

③ 《马克思恩格斯选集》第4卷，人民出版社2012年版，第246页。

其他国家亦然，例如西方社会也有各种“性善论”，代表性的观点有爱尔维修的“自爱”说以及康德的“绝对命令”等，虽然其观点特别是理论基础受到一些人的非议甚至批判，但却不能否认其价值取向上的合理性。“求善是人的本性”是就大多数人而言的，毋庸讳言，中外历史上都不乏恶人，且人具有趋利避害、追求利益的本性以及恶是社会发展的动力的表现形式，但从总趋势上说，人类具有趋善的本性，对于大多数人来说，都要追求自身的幸福、完美和社会的完善，正是这一“善”的本性与“恶”的本性一道推动着文明的进步，因而从一定的意义上说，人的向善、向好的愿望决定着社会由低级向高级发展的趋势。回溯历史，在中国，从《礼运》大同篇的“天下为公”到康有为《大同书》的“太平世”，在西方，从柏拉图的“理想国”到近代的人道主义、人权理念、空想社会主义以至于马克思主义人的发展理想，这些美好的愿望一直引领着人类社会的进步。

由此可以认为，历史进步是由人的需要和利益驱动、由价值取向引领的，社会由低级向高级发展归根结底是基于人的活动具有追求幸福生活以及追求自身发展的趋善、向好的本性，是人追求更好生活的动机和行为的对象化。这种趋善、向好的本性持续地体现在世世代代的人们的动机和行为中，就决定了历史发展的总趋势是由低级走向高级，即使过程中会历经反复和曲折，也改变不了这一基本走向。

承认“善”在历史发展中的作用，可以凸显合目的性在社会发展中的地位和作用，改变以往历史认知和评价中仅仅强调“恶”的作用的片面性，使人们在评价历史事件和人物时，充分考量人的需要和利益及其向善、向好价值取向对其行为从而对历史规律和趋势的影响，在设定社会发展目标、谋划社会活动时更加自觉地运用价值和道德的尺度，更加自觉地追求公平正义等价值诉求。

承认历史发展规律和趋势中主体因素的作用，可以透彻说明历史决定论与人的选择和创造作用的关系。

唯物史观的历史决定论认为，社会发展是一个自然历史过程，具有不以人的意志为转移的客观规律和趋势，但其群众史观又主张人民群众是历史的创造者，是历史进步的主要推动力，这两种说法之间直接地看存在着矛盾而难以兼容，因为“决定”和“创造”显然是相互抵触而难以自洽的。通常化解这一矛盾的方式，是认为人民群众创造历史要以一定的社会条件为基础，不能随意而为。这一解说的实质就是：人民群众创造历史是历史决定亦即自然历史过程与人的选择性和创造性的统一。

历史决定与人的选择之所以能够统一起来，是因为人的动机和行为与社会发展趋势之间具有内在的关联。所谓选择，就是对人的行为和社会发展前景作出主观定向，而这种主观定向既要基于客观条件和规律，也要依据人的主体因素即愿望、动机和价值取向。马尔库塞提出了“决定性选择”一词，认为“这个术语仅仅是‘人们创造自己的历史，不过是在一定条件下创造自己的历史’这一命题的浓缩”①，这个词比较贴切地表达了唯物史观对物质条件及其规律与人的活动关系的理解。选择要基于客观条件和规律，就是说选择并非任意妄为，选择要依据人的主体因素即愿望和动机，就是说人的选择具有自主性，并非被动地适应或反映客观条件和规律，因而要主动作为，同时也意味着主动可为。

选择要主动作为并且主动可为，所以应当纠正以往历史认知和评价中重视外部条件而忽视人的主体作用的偏向，在社会实践和社会生活中更加注重人们的主体性及历史主动性和创造性，根据人的需要、利益和价值取向而不是根据某种外在于人的因素（如“上帝”“天意”“大自然的隐蔽计划”“绝对精神”或者与人无关的“规律”“趋势”等）确定社会发展的目标，制定人们行动的计划。亦因此，人们对社会进步的信心不需要寻找外在的依据或依托，而应当建立在自己对社会发展的信念、愿望和行为的基础之上，建立在自己的努力奋斗之上。

---

① 〔美〕赫伯特·马尔库塞：《单向度的人》，刘继译，上海译文出版社2006年版，第202页。

选择要主动作为并且主动可为，所以在社会生活和实践中应当更加强调人的责任。社会发展是合力的结果，其中每一个意志和行为都发生作用，由于每一个意志和行为的主体都有选择的自主性，因此，他们都对社会生活中相关事情的发生、变化，以及对社会发展变化的结果负有责任。选择的自主性决定了人必须为自己的行为负责任，而不能将自己的行为视为对外界因素被动的适应，以迫于环境、条件、规律、趋势、习惯等理由放弃或推卸自己的责任。责任意识是人的责任心的根源和出发点，人只有秉持责任意识，才能主动为自己的行为负责，对自己的动机和行为始终秉持敬畏之心、羞耻之心，更加自觉地以道德和法律约束自己的行为，保持做人的尊严；才能自觉合理地选择和规范自己的行为，促进和保障社会的正常运行和发展。

超越"市民社会"：重思权利与权力的关系

文　兵*

【摘　要】权利与权力及其相互的关系，一直被视为法律中的重要现象，以权利制衡权力也被视为现代民主的重要成就。权利与权力的这种关系，又往往被划归到不同的主体，即个体与国家。这些理解，其实是基于以契约论为代表的自由主义的主张。权利与权力的对立，根本上来说是产生自近代以来的市民社会与政治国家的分离。马克思在其唯物史观的创立过程中，借由对黑格尔法哲学的批判以及对犹太人问题的探讨，分析了市民社会与政治国家相分离的背景后果及其两者之间的内在关系。这些分析从根本上来说，是超越了市民社会的原则，超越了原子似的个人，以"社会化的人类"为新的立脚点，对于我们今天理解权利与权力及其相互关系有着重要的意义。

【关键词】权利与权力　市民社会　政治国家　法治

权利与权力及其相互的关系，被视为法律上最重要的现象，或者法学上最重要的范畴①，据说在法学领域已取得了大体的共识。在法学领

* 文兵，中国政法大学人文学院哲学系教授，北京市哲学会副会长。主要从事马克思主义哲学、西方哲学和法哲学研究。

① 参见童之伟：《再论法理学的更新》，载《法学研究》，1999年第2期。

域，权利与权力基本上是被视为相互对立的一组概念。但是，如果权利与权力之间仅限于法学的领域，进而被理解为分离与对抗的关系，就可能没有把握到权利与权力之间真实而又复杂的关系。在马克思看来，权力与权利的这对范畴的产生及其对立是市民社会的产物，也必将随着对市民社会的扬弃而被扬弃。我们这里考察马克思在创立他的唯物史观的过程中，涉及的对权力与权利之关系的思考，而这一思考是通过对德国的国家哲学与法哲学的批判进行的。马克思恩格斯明确说过，他们“对法（权利）的批判是与对德国哲学的批判联系在一起的”①。由此可以看出，这种批判对于他们创立自己新的学说所具有的重要意义。我们这里主要考察的是马克思到写作《德意志意识形态》时，在有关权利与权力及其相互关系问题上的新的思考。

一、超出权利与权力的主体固化

权利与权力这对范畴，常常被归之于不同的主体，即权利是就公民而言的，而权力是就国家而言的。这种划归主体的方式，之所以被人们普遍采用，是因为在他们看来是有重要意义的。在当代著名的法理学家博登海默看来，法律就是用以限制权力的侵略性、扩张性，以维持政治与社会领域中的妥协、和平与一致，而其依赖的一个重要手段，“便是通过在个人与群体中广泛分配权利以达到权力的分散和平衡。当这样一种权利结构建立起来时，法律就会努力保护它，使其免受严重的干扰和破坏”②。将权利与权力对立起来，以公民权利制约政治权力，一直以来就是自由主义的基本观点。防止权力的腐败，这也是自近代以来的所谓民主社会的一个重要问题。即使在马克思恩格斯盛赞的具有“全新的

① 《马克思恩格斯全集》第3卷，人民出版社1960年版，第229页。

② 〔美〕博登海默：《法理学——法律哲学与法律方法》，邓正来译，中国政法大学出版社2004年版，第374—375页。

历史创举”的巴黎公社中，仍然需要“防止国家和国家机关由社会公仆变为社会主人”，而“这种现象在至今所有的国家中都是不可避免的”。① 但马克思并不是用这种权利与权力的对抗来解决这样的问题，因为马克思本人把“权利”本身视为资本主义的产物。马克思在1864年10月写的《协会临时纲领》中，因使用了“权利”“义务”这样的字眼而在随后专门进行了解释。他在致恩格斯的信中解释说，这只是“用目前水平的工人运动所能接受的形式表达”② 他们的观点，并称这些字眼已妥为安排使其不可能造成危害。

如果把权力与权利划归为不同的主体，实际上是把复杂的问题简单化了，而这主要是自由主义的理论设定。

从公民来看，公民在两重意义上具有“权力”，简单来说，既包括法律上的强制力，也包括政治上的影响力。在近代以来的英美自由主义的政治哲学传统中，一般从契约论的立场出发，多是坚持权利是一种自然权利，并以此出发来论证国家的起源与职能，权利与权力的二分就比较明确了，也就是将两者分别归之于公民与国家这两个不同的主体。但在《元照英美法词典》（2003年版）中，在“权利（right）”这一词条中，有这样的一个界说：“权利被认为是与法律相一致的为某一行为或占有某物的自由，或者更严格地说，如果侵犯这种为某一行为或占有某物的自由，将会受到法律制裁。在最一般的意义上，权利既包括以某种方式作为或不作为的自由（为法律所保护者），也包括迫使特定的人为或不为某一特定行为的权力（为法律所强制者）。”在这一词典的理解中，公民既有法律赋予的权利，又有法律赋予的权力。在这里，并没有将权利与权力归之于不同的主体。

至于权力作为政治上的影响力，马克思在其早期思想中就已注意到了这个问题。在19世纪初的时候，犹太人问题成了德国政治生活中的

---

① 《马克思恩格斯选集》第3卷，人民出版社2012年版，第55页。

② 《马克思恩格斯文集》第10卷，人民出版社2009年版，第216页。

突出问题，这主要表现在犹太人的政治权利受到了很大限制。鲍威尔在他的《犹太人问题》与《现代犹太人和基督教获得自由的能力》两部著作中提出了犹太人的政治解放问题。马克思对鲍威尔表达了不同的看法。

鲍威尔在《犹太人问题》中说："在维也纳只不过是被人宽容的犹太人，凭自己的金钱势力决定着整个帝国的命运。在德国一个最小的邦中可能是毫无权利的犹太人，决定着欧洲的命运。"① 马克思指出，这种情形并不是个别的事实，"犹太人用犹太人的方式解放了自己，不仅因为他掌握了金钱势力，而且因为金钱通过犹太人或者其他的人而成了世界势力，犹太人的实际精神成了基督教各国人民的实际精神"②。马克思再次对鲍威尔另一段话进行了评论。鲍威尔说："这种情况是虚假的：在理论上不给予犹太人以政治权利，实际上他却有很大的权力，而且在很大的范围内显示自己的政治影响。"③ 马克思在评论时从理论上直接指明了政治权力与政治权利的关系："犹太人实际政治权力同他的政治权利之间的矛盾，就是政治同金钱势力之间的矛盾。虽然在观念上，政治凌驾于金钱之上，其实前者是后者的奴隶。"④ 在马克思的思想中，政治权利本身就是建立在政治权力基础之上的，这种名义上的政治权利的丧失并不能影响到他们的政治权力。马克思在《德法年鉴》时期，正处于走向历史唯物主义的过程中，虽然没有能够从物质资料的生产方式来说明整个社会的存在及其变化，但已开始从物质关系来说明政治权利与法律关系。

从国家来看，国家是否只有权力而无权利？英美传统中，一般否认国家具有权利。目前国内不少学者也否认国家具有权利，而只是认为国

① 转引自《马克思恩格斯文集》第1卷，人民出版社2009年版，第50页。

② 转引自《马克思恩格斯文集》第1卷，人民出版社2009年版，第50页。

③ 转引自《马克思恩格斯文集》第1卷，人民出版社2009年版，第51页。

④ 转引自《马克思恩格斯文集》第1卷，人民出版社2009年版，第51页。

家机关或部门具有权利。但在德国哲学传统之中，情况较为复杂。德语中的权利（Recht）一词比较难译，在中文甚至英文中都没有可与之对等的词，中文可译为“权利”“法权”“公道”“正当”“正确”等意。康德在《法权论》（1796年付印）中对其的使用，有我们这里讨论的“权利”一词的含义。康德在该书中论述了“私人法权”与“公共法权”，而“公共法权”这一部分的第一章即为“国家法权”。他在此谈到了国家对人民的法权。在他看来，“国家对人民的法权”之一，就是国家为了维持社会的那些不能自己维持自己的成员，政府有权强迫富人提供资金。“为此，国家如今把自己的法权建立于其上的富人们就使自己有责任为保存他们的同国公民而作出他们自己的贡献。现在，这可以通过向国家公民的私有财产或者其贸易往来征税，或者通过建立基金会及其利息来实现；不是为了国家的需要（因为国家是富裕的），而是为了人民的需要，但不只是通过自愿的奉献（因而这里说的仅仅是国家对人民的法权）……而是强制性的，是国家捐税。”① 可以说，在康德那里，国家是具有一定的权利（法权）的，而这一“国家法权”其实就是济贫救弱。

黑格尔在《法哲学原理》中，反对近代以来的以契约论对国家的论证，反对将个人与国家对立起来。黑格尔虽然将市民社会与政治国家视为客观精神在伦理阶段上的两个环节，把国家视为市民社会的内在目的，但实际上在经验层面上又将两者对立起来了，因为他将市民社会视为对个人私利的追逐，而将政治国家视为对普遍事务的关注。按黑格尔的说法：“市民社会是个人私利的战场，是一切人反对一切人的战场，同样，市民社会也是私人利益跟特殊公共事务冲突的舞台，并且是它们

---

① 〔德〕康德：《道德形而上学》，李秋零译，中国人民大学出版社2013年版，第116页。

二者共同跟国家的最高观点和制度冲突的舞台。"① 马克思一方面高度评价黑格尔说，"黑格尔觉得市民社会和政治社会的分离是一种矛盾，这是他的著作中比较深刻的地方"②。市民社会与国家的分离，也只是表现了现代社会的结果，不外是市民等级和政治等级的"分离"。马克思另一方面则对其提出了批评，认为他的错误在于："他满足于这种解决办法的表面现象，并把这种表面现象当作事情的本质。"③ 黑格尔的解决之道就是力图用政治国家来统摄和吞噬市民社会，将两者的关系完全颠倒过来，并进一步强化了国家的权利。黑格尔在《法哲学原理》中宣称，国家这个实体性的统一是绝对的不受推动的自身目的，"在这个自身目的中自由达到它的最高权利，正如这个最终目的对单个人具有最高权利一样，成为国家成员是单个人的最高义务"④。但这样一来，国家有了最高权利，而市民社会实际上却没有了任何权力。法国公法学家狄骥在引述黑格尔这段话时说："这段话恐怕是我们理解黑格尔国家理论的最佳入口。"⑤ 在他看来，如此理解的国家，在黑格尔的理论之中就不会存在个人权利与国家权力的关系问题。这里值得注意的是，马克思对黑格尔将国家视为绝对至上的相关思想的批判，与自由主义的批判大异其趣，不是从个体权利出发，而是深刻揭露这一思想的神秘主义的根源。如在分析黑格尔《法哲学原理》第 261 节"国家法"谈到的国家对于家庭与市民社会的最高权力时，马克思指出黑格尔把观念变成了主体，因此，才有了这样的颠倒："家庭和市民社会使自身成为国家。它们是动力。可是，在黑格尔看来又相反，它们是由现实的观念产生

① 〔德〕黑格尔：《法哲学原理》，范扬、张企泰译，商务印书馆 1961 年版，第 309 页。

② 《马克思恩格斯全集》第 3 卷，人民出版社 2002 年版，第 94 页。

③ 《马克思恩格斯全集》第 3 卷，人民出版社 2002 年版，第 94 页。

④ 〔德〕黑格尔：《法哲学原理》，范扬、张企泰译，商务印书馆 1961 年版，第 253 页。

⑤ 〔法〕狄骥：《法律与国家》，冷静译，中国法制出版社 2010 年版，第 94 页。

的。把它们结合成国家的不是它们自己的生存过程，而是观念的生存过程，是观念使它们从自身中分离出来。”①

二、揭露权利与权力的虚假对立

权利与权力的对立，与市民社会与政治国家的对立有着密切的关联。按苏联法学家帕舒卡尼斯的说法：“一般说来，马克思描绘的政治国家分离于市民社会的现象反映在法的理论中，就导致了两个独立的问题。”② 其中一个问题就是主观法（权利）与客观法（法律）的关系。“主观法描绘了利己主义个人的特征，他们作为市民社会的成员，沉溺自我，限于个人利益和能力的牢笼，与集体分离开来。客观法则表达了作为政治国家的资本主义国家统一的愿望，以及对它自己的组成部分生效的普遍性的要求。”③ 另一个问题与此相关，就是公法与私法的问题。公法与私法之间其实难以划分，因为个人利己主义的利益与整个政治国家的普遍利益之间只能在抽象的层面上分开。

马克思对黑格尔法哲学的批判，其中最重要的一点，就是要揭露他的保守性。马克思在1842年3月致卢格的信中说：“我为《德法年鉴》写的另一篇文章是在内部的国家制度问题上对黑格尔自然法的批判。这篇文章的主要内容是同立宪君主制这个彻头彻尾自相矛盾和自我毁灭的混合物作斗争。”④ 这篇论文虽然并没有在《德法年鉴》上发表，但其主要思想体现在了随后的《黑格尔法哲学批判》与《〈黑格尔法哲学批判〉导言》之中。而这种保守性，正是体现于他通过颠倒权利与权力

① 《马克思恩格斯全集》第3卷，人民出版社2002年版，第11页。

② 〔苏〕帕舒卡尼斯：《法的一般理论与马克思主义》，杨昂、张玲玉译，中国法制出版社2008年版，第54页。

③ 〔苏〕帕舒卡尼斯：《法的一般理论与马克思主义》，杨昂、张玲玉译，中国法制出版社2008年版，第54页。

④ 《马克思恩格斯全集》第47卷，人民出版社2004年版，第23页。

的关系来颠倒市民社会与政治国家的关系。在批判黑格尔的长子继承权时，马克思就明确指出，长子继承权并非如黑格尔说所的那样是政治的要求，恰恰相反，“黑格尔当作长子继承权的目的、规定性因素、始因来描述的东西，倒反而是长子继承权的成果、结果，是抽象的私有财产对政治国家的权力，而黑格尔却把长子继承权描写成政治国家对私有财产的权力。”① 在马克思这里，显然不是政治国家对私有财产具有权力，而是私有财产对政治国家具有权力。

马克思在同一时期进行的对政治解放与人的解放的探讨，也是对黑格尔法哲学批判的深化。政治解放是要求从专制统治之下解放出来，而人的解放则是要从市民社会之下解放出来。马克思肯定了政治解放的意义，对市民社会中的个体的权利即“人权”给予了充分肯定。在《论犹太人问题》中，马克思进一步分析，这种政治国家与市民社会的分离，导致了人权与公民权的分离。而这里所谓的“人权”，只不过是市民社会的成员的权利，是与他人并同共同体分离开来的权利，因此，《人权与公民权宣言》中的自由，不过是“人作为孤立的、自我封闭的单子的自由”②。而自由这一人权的运用，实际上就是私有财产这一人权。“这就是说，私有财产这一人权是任意地、同他人无关地、不受社会影响地享用和处理自己的财产的权利；这一权利是自私自利的权利。这种个人自由和对这种自由的应用构成了市民社会的基础。这种自由使每个人不是把他人看做自己自由的实现，而是看做自己自由的限制。”③所谓的公民权，就是一种政治权利，是在政治共同体即国家中与别人共同行使的权利。这种市民社会与政治国家的分离，使人过着了双重的生活：天国的生活与尘世的生活。前一种是政治共同体中的生活，是人把自己作为一种社会存在；后一种是市民社会中的生活，一种作为私人进

① 《马克思恩格斯全集》第3卷，人民出版社2002年版，第124页。

② 《马克思恩格斯文集》第1卷，人民出版社2009年版，第40页。

③ 《马克思恩格斯文集》第1卷，人民出版社2009年版，第41页。

行活动，既把他人看作工具，也把自己降为工具，成为了异己力量的玩物。

市民社会与政治国家在表面上的分离，也就形成了私法与公法这两个相对独立的领域，故而，对于“法治”才有了这样一个经典的表述：“私域自治、公权受限。”但是，如果按个人主义的理解，这个表述就是把市民生活与政治国家相互对立起来，把个人权利与国家权力对立起来。这种对立其实只是表面的对立，因为在两者之后其实就是市民社会各种权力的博弈，而这种博弈的结果，就是国家仅只是个人权利的捍卫者、自由市场的守夜人：“个人和团体通过市场来进行交易，追求自身的利益天经地义，其前提是不妨害他人同样追求自身利益的努力，国家只是这种自身交易的公平裁判者，而不必卷入社会福利的追求本身。这个基本信念成了自由主义者的一个基本信条，并且反映在其对政府合法性的论证方面。”① 按自由主义的理解，国家的作用仅是保护私有财产而已，而其应有的社会责任则被抹去了。

在马克思看来，公民权与人权的分离所造成人的异化，就还必须由“政治解放”进入到“人的解放”，最终要克服这种异化。把权利与权力对立起来，并不能摆脱这种异化并实现人的解放，用权利制衡权力的法治理念绝非马克思对于未来社会的一种构想。马克思在后来的《关于费尔巴哈的提纲》中说得非常明确：“旧唯物主义的立脚点是市民社会，新唯物主义的立脚点则是人类社会或社会的人类。”② 马克思这里的“市民社会”，还是在狭义的意义上的使用，即资本主义的物质生产与交换关系。这种体现资本主义生产方式的市民社会，是以保护其私有财产为其根本。

---

① 顾肃：《自由主义基本理念》，中央编译出版社2005年版，第76页。

② 《马克思恩格斯选集》第1卷，人民出版社2012年版，第136页。

三、重释权利与权力的真实关系

一旦我们进入规定权利与权力关系的法律的前提，如果仍然把权利与权力的主体分别归之为公民与国家，我们就可能陷入理论混乱。权利与权力在法律体系中都可以清楚加以厘定，但超出法律的框架，权利与权力的关系就可能是另外的样态了，因为法律本身并不是自足的，而是受物质生活所决定的。

在历史唯物主义的视域中，规定权利的法律体系是受权力所决定的。马克思恩格斯在《德意志意识形态》中批判施蒂纳时指出，在现实的历史中存在着两种相互对立的理论家：一是那些认为权力是法的基础的理论家，二是那些认为意志是法的基础的理论家。马克思恩格斯赞同霍布斯的观点，但不同于霍布斯的是，他们明确认为构成法的基础的权力正是现实的物质生活所赋予给个人的，从而赋予了“权力”这一概念以唯物主义的内涵。马克思恩格斯指出：“如果像霍布斯等人那样，承认权力是法的基础，那末法、法律等等只不过是其他关系（它们是国家权力的基础）的一种征兆，一种表现。那些决不依个人‘意志’为转移的个人的物质生活，即他们的相互制约的生产方式和交往形式，是国家的现实基础，而且在一切还必需有分工和私有制的阶段上，都是完全不依个人的意志为转移的。这些现实的关系决不是国家政权创造出来的，相反地，它们本身就是创造国家政权的力量。……他们的个人统治必须同时是一个一般的统治。他们个人的权力的基础就是他们的生活条件，这些条件是作为对许多个人共同的条件而发展起来的，为了维护这些条件，他们作为统治者，与其他的个人相对立，而同时却主张这些条件对所有的人都有效。”① 个人的意志恰恰是由物质生活所决定的，而这些个人通过法律形式来实现自己的意志，同时使其不受他们之中任何

① 《马克思恩格斯全集》第3卷，人民出版社1960年版，第377—378页。

个人的任性所左右，这一点也不取决于他们的意志。马克思恩格斯指出，尽管被统治阶级有消灭国家和法律的“意志”，但这些东西的存在与否也不是由他们的意志所能决定的。甚至，当现实的关系“还没有发展到能够实现这个意志以前，这个‘意志’的产生也只是存在于思想家的想像之中。”①

权利实际上是特定社会形式之下对个人权力的一种法律上的确认。在马克思恩格斯看来，在特定的生产关系中占统治地位的个人，“除了必须以国家的形式组织自己的力量外，他们还必须给予他们自己的由这些特定关系所决定的意志以国家意志即法律的一般表现形式”②。马克思恩格斯批评施蒂纳把争取权利与平权的斗争变成了争取这些“概念”的斗争，看不到体现为法律的权利、平权也仅是特定生产关系的产物，就如在中世纪的特权一样，在现代的权利、平权，都是不同生产方式的表现，法律关系也只与这两种生产方式相适应而已。

对于产生于特定社会形式之下的“权利”这一概念，马克思在这一时期就对之有着十分清楚的认识。在他看来，“权利”根本没有超出“退居于自己的私人利益和自己的私人任意，与共同体分隔开来的个体的人”③。政治国家与市民社会从根本上来说具有内在的一致性，所以马克思才这样以反讽的方式说道：“令人困惑不解的是，一个刚刚开始解放自己、扫除自己各种成员之间的一切障碍、建立政治共同体的民族，竟郑重宣布同他人以及同共同体分隔开来的利己的人是有权利的(1791 年《宣言》)。”④ 政治共同体被那些谋求政治解放的人贬低为了维护自己私利、所谓人权的手段而已。正是因为这样的一种认识，可以说马克思从这一时期开始，才没有落入到用权利以对抗或制约权力这样

① 《马克思恩格斯全集》第 3 卷，人民出版社 1960 年版，第 378 页。

② 《马克思恩格斯全集》第 3 卷，人民出版社 1960 年版，第 378 页。

③ 《马克思恩格斯全集》第 3 卷，人民出版社 1960 年版，第 185 页。

④ 《马克思恩格斯全集》第 3 卷，人民出版社 1960 年版，第 185 页。

的自由主义的话语之中。马克思在此后撰写或修改的无产阶级政党的纲领之中，也是非常慎重地使用“权利”这样的词语。在建构中国特色社会主义法治理论体系的今天，是否仍然把“权利与权力”作为法学中最为核心的范畴，也是值得我们进一步思考的。

当代分析的马克思主义学派的学者 G. A. 科恩为了在历史唯物主义的理论框架中，将经济基础与上层建筑在概念上区分开来，对于权力与权利这对概念进行了剖析。在他看来，在生产关系的表述中出现“财产权”“所有权”这样的表达权利的法律概念，无疑是在生产关系这一概念中混杂着上层建筑的因素，这就难以运用经济基础决定上层建筑这样的原理。在他看来，对于“对 Ø 的权利”这一形式的短语，可以代之以“权力”这个词来表示一种权力。经过这样的置换，我们就可以把新短语表示的“权力”视为与原短语表示的“权利”相对应的权力。这样一来，“如果 x 拥有权力 p，而权力 p 对应权利 r，我们可以粗略地说，他拥有的权力内容与权利 r 的内容相同，但我们不能推断他还拥有权利 r。拥有权力不需要拥有它们对应的权利，拥有权利也不需要拥有对应它们的权力。只有拥有合法的权力才需要拥有它对应的权利，而只有拥有有效的权利才拥有它对应的权力。”① 科恩认为，权利与权力之间存在着不同，就权力来说，它不仅可以与法律脱离开来，而且还在于权力可以有程度上的不同。科恩对权力的界定：“一个人当且仅当能够做 Ø 的时候，他才拥有对 Ø 的权力，而‘能够’（able）是非规范意义上的。”② 因此，人们对于 Ø 的权力是不尽相同的，这取决于他们遇到的困难如何、付出的代价如何。他的这个区分，对于我们“权利平等”有一个新的视角：权利在法律上往往都是平等的，但这种权利的保有或

① 〔英〕G. A. 科恩：《卡尔·马克思的历史理论》，段忠桥译，高等教育出版社 2008 年版，第 253 页。

② 〔英〕G. A. 科恩：《卡尔·马克思的历史理论》，段忠桥译，高等教育出版社 2008 年版，第 253 页。

实现又是很不相同的。权利的平等完全可能掩盖权力的不平等。恩格斯后来在《反杜林论》中指出："无产阶级抓住了资产阶级所说的话，指出：平等应当不仅仅是表面的，不仅仅在国家的领域中实行，它还应当是实际的，还应当在社会的、经济的领域中实行。"① 这无疑是强调在资本主义所谓政治平等并不意味着经济的、社会的平等。

四、超越"市民社会"

马克思在其思想成熟期，对于权利这样的概念明确持否定的态度。如他在《德意志意识形态》中所说："至于谈到权利，我们和其他许多人都曾强调指出了共产主义对政治权利、私人权利以及权利的最一般的形式即人权所采取的反对立场。请看一下'德法年鉴'，那里指出特权、优先权符合于与等级相联系的私有制，而权利符合于竞争、自由私有制的状态；指出人权本身就是特权，而私有制就是垄断。"②

马克思恩格斯在这里的立场是，"权利"产生于原子式的、利己主义的个人之间的交换需要，法律就成了保护这种交换关系的形式，故而也成了统治一切的最高形式。在《论犹太人问题》中，马克思就已指出："在这个自私自利的世界，人的最高关系也是法定的关系，是人对法律的关系，这些法律之所以对人有效，并非因为它们是体现了人本身的意志和本质的法律，而是因为它们起统治作用，因为违反它们就会受到惩罚。"③ 苏联法学家帕舒卡尼斯对马克思的相关思想有这样的阐释："资本主义社会最大的特征在于公共利益与个人利益的分离与对立。正是在这种对立中，他们不知不觉地采取了私人利益的形式，这就是法律形式。由此可以推断，国家组织中的法律因素首先就是那些可以纳入冲

① 《马克思恩格斯选集》第3卷，人民出版社2012年版，第484页。

② 《马克思恩格斯全集》第3卷，人民出版社1960年版，第228—229页。

③ 《马克思恩格斯文集》第1卷，人民出版社2009年版，第53页。

突的私人利益框架中的东西。”①

马克思对于作为保护法律而设置的“国家”，也是持一种拒斥的态度，这是因为，这种国家就是建立在特定的以利己主义为原则的市民社会基础上的。马克思恩格斯在《德意志意识形态》中指出：“因为国家是统治阶级的各个人借以实现其共同利益的形式，是该时代的整个市民社会获得集中表现的形式，所以可以得出一个结论：一切共同的规章都是以国家为中介的，都获得了政治形式。”② 马克思认为，国家只是一个冒充的、虚假的共同体，而在真正的共同体之中，各个个人克服了相互的分离，克服了异己的关系。这种真正的共同体的形成，在于共产主义的运动，即“推翻一切旧的生产关系和交往关系的基础，并且第一次自觉地把一切自发形成的前提看作是前人的创造，消除这些前提的自发性，使这些前提受联合起来的个人的支配”③。马克思对于“国家”的拒斥也贯穿在他此后的思想之中，如在《法兰西内战》中，马克思在高度评价公社体制时，把“国家”视为阻碍社会自由发展的“寄生赘瘤”④。当然，马克思也是十分清楚的，国家的产生与存在是与社会物质生产发展的一定阶段相联系的，即便是在无产阶级取得国家政权之后，国家仍然会存在。马克思的设想是，在从资本主义社会到共产主义社会之间，有一个从前者变为后者的革命转变时期，与此相应地，在政治上也存在一个过渡时期，“这个时期的国家只能是无产阶级的革命专政”⑤。国家的消除即使在无产阶级革命专政下也有一个相当的过程。

---

① 〔苏〕帕舒卡尼斯：《法的一般理论与马克思主义》，杨昂、张玲玉译，中国法制出版社 2008 年版，第 56 页。

② 《马克思恩格斯选集》第 1 卷，人民出版社 2009 年版，第 212 页。

③ 《马克思恩格斯选集》第 1 卷，人民出版社 2009 年版，第 202 页。

④ 《马克思恩格斯选集》第 3 卷，人民出版社 2012 年版，第 101 页。

⑤ 《马克思恩格斯选集》第 3 卷，人民出版社 2012 年版，第 373 页。

就“权利”来说，马克思认为，刚刚从资本主义社会产生出来的共产主义社会第一阶段，仍然还带有它由之脱胎出来的那个旧社会的痕迹。所以，马克思指出，在分配上所要求的“平等的权利”，虽然在这里原则和实践不再相矛盾，但仍然是资产阶级权利，仍然被限制在一个资产阶级的框框中。马克思具体分析了“平等的权利”在这样的阶段所可能导致的不平等，最后的结论是：就它的内容上来讲，“它像一切权利一样是一种不平等的权利”①。马克思的这一分析警示我们，对于“权利”这样的概念，不能只是限于法律体系之中来理解，而必须置于广阔的社会历史领域及其变化之中来加以理解。

① 《马克思恩格斯选集》第3卷，人民出版社2012年版，第364页。

中国哲学

庄子思想的三大本原及其自然之义

丁四新*

【摘　要】(1)“道”“气”“天”是庄子思想的三大本原，对其思想的形成具有建本立极的作用。这三大思想源头在庄子思想中的推演，导致了其思想的复杂性和差异性。(2) 在庄子思想中，“道”有主观境界义和客观实在义，“气”有客观实在义和精神状态义。从宇宙生成看，道、气为二元，气聚散变化而道随气周行；从始源看，“道”毕竟是第一位的，“气”是第二位的。“天”亦有客观实在义和主观境界义。在庄子思想中，“天”不是“道”的代名词，《在宥》《天地》《天道》等篇将“天”明确置于“道”之上。“天”其实是“自然”的代名词，是对“自然”“无为”两概念内涵的综合；而“道”反而成为对“自然”概念的推演。(3)“自然”是庄子思想最核心的观念，它贯通于“道”“气”“天”三大本原之中。它兼具“自己如此”“自然而然”和“无为”三义，同时兼具客观实在义和主观境界义。“自然”赋予“天”以本质义，而“天”赋予“自然”以始源义。自然的境界，即道的境界，即天的境界，即逍遥无待的境界，即无知无欲、无名无功无己、适己忘己的境界。

* 丁四新，清华大学人文学院哲学系教授，北京市哲学会副会长。主要从事中国哲学与儒家经学的研究。基金项目：国家社会科学基金重大项目“出土简帛四古本《老子》综合研究”(编号：15ZDB006)。

【关键词】庄子　道　气　天　自然

一、引言与问题的提出

《庄子》是中国哲学、思想与文化的基本经典，近百年来学者对其展开了大量研究，论著众多，数量庞大。尽管大部分论著缺乏学术研究上的“递进”意义，属于所谓陈词滥调，但其中仍不乏真知灼见，值得重视。

本文所谓“庄子思想”，泛指庄子及其学派的思想，《庄子》其书在较大程度上被看作一个有着密切联系的思想整体。庄子其人与《庄子》其书的关系，特别是内篇、外杂篇与庄子本人的著作关系，是近一个世纪来相关学术考证工作的重点，但从总体上来看，成绩并不理想，其相关研究工作早已陷入了困境。① 对于此一问题，笔者的观点是：大体说来，《庄子》内七篇出自庄子手笔，但不尽为其所自著，个别章段，如《逍遥游》《德充符》篇末的庄惠对话就很可能出自庄子弟子的附益；外杂篇不尽出自庄子后学的手笔，它们在总体上体现了庄子学派的丰富性和复杂性，不过从现有资料来看，其中仍应有不少篇章由庄子自著。在此基础上，本文将考察和分析构成庄子思想的本原（源头）问题。

“本原”“始源”和“本根”，这三个词语的含义很相近，可以换用。“源”即“原”的派生字，字本作“原”。对“本原”的理解，中国古人大体上有本体论和宇宙论（宇宙生成论）两种模式，而且这两

① 关于庄子其人其书的考证，可以参看张默生：《先秦道家思想研究》，齐鲁书社1993年版，第97—116页；王叔岷：《庄子管窥》，中华书局2007年版，第88页；崔大华：《庄学研究》，人民出版社1992年版，第43—103页；李宝红、康庆：《二十世纪中国庄学》，湖南人民出版社2006年版，第18—62页。

种理解模式所导致的概念内涵在中国古代常常是交织在一起的。“本根”作为哲学上的“始源”概念，首见于《庄子·大宗师》篇和同书《知北游》篇，庄子学派用它来喻指“道”。本文所说“始源”，首先是从构成《庄子》思想之理论框架来说的，其次是从其所关涉到的世界本源来说的。目前，关于衍生庄子思想的本原是一个、两个还是三个的问题，学者的意见很笼统，有待于阐明。而且，从始源的角度看，学者要么对“天”的概念重视不够，要么弱化了它在构造庄子思想中的重要意义。

通常，学者们习惯于沿用所谓“老庄一贯”论。① 在此前提下，学者或认为《庄子》的思想就像《老子》一样以“道”为其唯一源头。由此，学者或认为老子的“道”属于客观实有形态，而庄子的“道”则属于主观境界形态，或认为主观境界形态和客观实有形态兼而有之。② 与此相应，学者或对《庄子》内、外、杂篇的“道”作了分别和对立，甚至认为内篇中的某些段落和文句不出于庄子之手。在“道”之外，一些学者已意识到庄子思想未必只有一个本原的问题，他们认为“气”在《庄子》一书中具有特别的重要性，《知北游》篇“通天下一气耳”的命题表明“气”在庄子思想中是一个具有根源性和普遍性的概念。而在“气”与“道”的关系上，目前学者的认识仍然较为模糊，

① 庄子在先秦时期的名声并不显赫。“老庄一贯”论萌芽于《庄子》本书，这特别见于《天下》篇。需要指出，《庄子·天下》篇并以庄子之道术最高，超过了关尹、老聃。大概在汉代中期，“老庄一贯”论正式形成，司马迁《史记·老子韩非列传》曰：“其学无所不窥，然其要本归于老子之言。”除《庄子》本书之外，在先秦提及庄子其人的书篇，仅见于《荀子·解蔽》《吕氏春秋·去尤》《必己》三篇，可见庄子在战国晚期的影响不大。从战国中期至两汉，一般黄老并言，汉代偶有“老庄”连言者，这见于《淮南子·要略》及《后汉书·马融列传》所载“马融曰”。老庄连言并成为道家的代名词，则是在魏晋玄学之后的事情。

② 参见简光明：《近二十年来台湾的庄学研究》〔方勇主编：《诸子学刊》第3辑，上海古籍出版社2010年版，第437页〕。简文综述了方东美、牟宗三、徐复观、唐君毅等人关于庄子道论的观点。

这直接影响到他们对于“气”这一概念在庄子思想中之地位应当如何判断的问题。此外，部分学者意识到“天”在《庄子》一书中的重要性，他们以“天”为境界义，认为庄子的心灵有一个超越“人”而追求“天”的境界向度①，但这些学者一般是在荀子“庄子蔽于天而不知人”（《荀子 · 解蔽》）或郭象“天者，自然之谓也”（《大宗师注》）的说法上来理解其涵义的，忽视甚至有意消解了“天”在其思想中建本立极的作用。总之，形成庄子思想的观念源头或本原是什么？这是值得大力探讨的问题。本文认为，“道”“气”“天”是庄子思想形成的三大本原，它们都含有“自然”之义。

进一步，尽管“自然”一词在《庄子》中出现的频率不高，仅六次，但我们能否由此得出庄子本人或庄子学派并不重视“自然”思想呢？答案显然是否定的。实际上，“自然”正是庄子思想的核心观念之一，相较于老子，庄子有过之而无不及。而且，自汉代以来，庄子思想的“自然”义不断得到强化，至于郭象《庄子注》而达到顶峰。既然“自然”确实是庄子思想的核心观念，那么它与推衍庄子思想之源头——“道”“气”“天”的关系是什么呢？这也是本文需要阐明的问题。

二、“道”及其自然之义

（一）“道”的主观境界义与客观实在义

“道”是庄子思想体系的第一个本原。一般认为，庄子的道论是继承老子道论并作转进的结果，且其主要落实在人生论或人生境界论上。关于庄子“道”的涵义，一般认为，它具有本体、始源和本根之义，贯通于客观和主观世界；具有整全性和普遍性，且其性“自然”。同

① 参见钱穆：《庄老通辨》，九州出版社2011年版，第509—510页；王玉彬：《庄子哲学之诠释与重建》，人民出版社2015年版，第85页。

时，学者认为，庄子的“道”具有强烈的主观境界义和工夫论、方法论意义。其中，冯友兰和牟宗三的意见影响较大。冯氏说庄子的“道”是一个“抽象的‘全’”，“一个逻辑的概念”，“它超越于自然界，成为一个绝对”①，很显然他不认为“道”是一个实体。牟宗三则说：

> 《老子》之道有客观性、实体性及实现性，至少亦有此姿态。而《庄子》则对此三性一起消化而泯之，纯成为主观之境界。故《老子》之道为“实有形态”，或至少具备“实有形态”之姿态，而《庄子》则纯为“境界形态”。……客观性、实体性是本体论的，实现性是宇宙论的。如是，《道德经》之形上系统，因有此三性故，似可为一积极而建构之形上学，即经由分解而成之积极而建构之形上学。但此积极形上学似乎并保不住，似乎只是一姿态。而庄子正式向化掉此姿态而前进，将“实有形态”之形上学转化而为“境界形态”之形上学。②

在此，牟氏区别了《老子》和《庄子》的“道”，他认为前者的“道”是客观实在的，属于“实有形态”，是本体论的和宇宙论的；而后者的“道”则纯为“境界形态”，《庄子》由此建构了一境界形态的

① 冯友兰说：“《老子》所说的道，照我的了解，就有些像‘全’。不过《老子》所说的‘全’，是一个具体的‘全’，那就是说，其中包括‘精’‘气’和天地万物。用《老子》的话说，其中包括‘无’和‘有’。《则阳篇》所说的‘全’也有这个意思。可是就庄子学派的整个体系说，道既然是‘无有’，因此其中就不能包括有。如果道‘有’是‘全’，那也只能是一个抽象的‘全’，一个逻辑的概念。它超越于自然界，成为一个绝对。”（见冯友兰：《先秦道家哲学主要名词通释》，载《北京大学学报》，1959年第4期）

② 参见牟宗三：《才性与玄理》（《牟宗三先生全集》第2卷，台湾联经出版事业有限公司2003年版，第205—207页）。

形上学。徐复观亦持相近之说。[①] 牟氏的看法，得到了学界的广泛回应，既有赞成的，也有批评的。

《庄子》的“道”是不是纯为“境界形态”的？它有没有客观性、实体性和实现性？这是问题的关键。笔者不赞成牟氏的看法，庄子本人及庄子学派的“道”实际上还是有其客观性、实体性和生成性的一面。《庄子》的“道”包括两个层面的含义，一个与庄子哲学的目的论紧密相关，它是真知论形态的、工夫论形态的和境界形态的“道”；一个与庄子哲学的宇宙论相关，它是实有形态的，按照牟宗三的话来说，此“道”具有客观性、实体性和实现性。当然，需要指出，在庄子思想系统中，前者所占的分量是主要的，后者所占的分量是次要的。但如果就逻辑关系来说，那么后一义的“道”在先，前一义的“道”在后。从客观义到境界义，这是合乎古代思想逻辑的，《庄子》亦不能例外。

证明庄子的“道”具有客观性、实体性和实现性的文本，当以庄子或庄子学派对于“本根”的相关论述为最重要和最有力。《大宗师》曰：

> 夫道，有情有信，无为无形；可传而不可受，可得而不可见；自本自根，未有天地，自古以固存；神鬼神帝，生天生地；在太极之先〈上〉而不为高[②]，在六极之下而不为深；先天地生而不为久，长于上古而不为老。狶韦氏得之，以挈天地；伏牺氏得之，以袭气母；维斗得之，终古不忒；日月得之，终古不息；堪坏得之，以袭昆仑；冯夷得之，以游大川；肩吾得之，以处太山；黄帝得

① 徐复观说：“到了庄子，宇宙论的意义，渐向下落，向内收，而主要成为人生一种内在的精神境界的意味，特别显得浓厚。”（徐复观：《先秦人性论史·庄子的心》，九州出版社2014年版，第331页）

② “之先而”三字为“之上而”三字合文的误书，参见拙作《〈庄子·大宗师〉札记三则——“在太极之先而不为高”“朝彻”和“彼方且与造物者为人”》，载《暨南大学学报（哲学社会科学版）》，2019年第6期。

之，以登云天；颛顼得之，以处玄宫；禺强得之，立乎北极；西王母得之，坐乎少广，莫知其始，莫知其终；彭祖得之，上及有虞，下及五伯；傅说得之，以相武丁，奄有天下，乘东维，骑箕尾，而比于列星。

上引《大宗师》一段文本，学者或疑其非庄子本文。严复首先产生怀疑，他说："自'夫道有情有信'以下，至'而比于列星'止，数百言皆颂叹之词，然是庄文无内心处，不必深加研究。"① 钱穆进而疑其非庄子本文，他说："此章言伏羲、黄帝、颛顼云云，似颇晚出……崔本'列星'下，尚有'其生无父母，死登假，三年而形遯，此言神之无能名者也'，凡二十二字。盖郭象疑而删之，而不知其全章皆可疑也。"② 今人颜世安和徐克谦赞成钱说。③ 但目前看来，严、钱二氏只是怀疑、猜测，其说实无根据。萧平博士批评了钱说，重新肯定了《大宗师》此章属于庄子文本④，他的意见是对的。

陈鼓应虽然受到牟宗三等人的影响，云庄子将"道"转化为"心灵的境界"，但是他仍然肯定庄子的"道"具有实存性，是天地万物的生成本根⑤，这与笔者的看法一致。"夫道有情有信"至"长于上古不为老"一段，是上述所引《大宗师》文的主体。这段文字的思想要点，已见于《老子》一书，但"自本自根"的说法却颇具新意。何谓"本根"？外篇《知北游》曰："今彼神明至精，与彼百化，物已死生方圆，

① 严复：《庄子评语》，见王栻主编：《严复集》第4册，中华书局1986年版，第1117页。

② 钱穆：《庄子纂笺》，九州出版社2011年版，第54页。

③ 参见颜世安：《庄子评传》，南京大学出版社1999年版，第182页；徐克谦：《庄子哲学新探》，中华书局2005年版，第47—48页。

④ 参见萧平：《老庄自然观念新探》，台湾花木兰出版社2015年版，第148—152页。

⑤ 参见陈鼓应：《老庄新论》，上海古籍出版社1992年版，第185—196页。

莫知其根也，扁然而万物自古以固存。六合为巨，未离其内；秋豪为小，待之成体。天下莫不沈浮，终身不故；阴阳四时运行，各得其序。惛然若亡而存，油然不形而神，万物畜而不知。此之谓本根，可以观于天矣。”“本根”与“枝叶”相对，庄子用以譬喻“道”。通过这一譬喻，庄子阐明了：“道”是其自身的本根，之先、之外都无生成它的本根；“道”是第一本源（本根），天地万物归根结底由其生成，而且，“道”的存在及其生成天地万物，是自然而然地发生的。毫无问题，庄子的“道”具有客观性、实体性和实现性。

除上述引文外，外篇《知北游》还有一段文字足以说明庄子的“道”具有客观性、实体性和实现性。是篇曰：

> 东郭子问于庄子曰：“所谓道，恶乎在?”庄子曰：“无所不在。”东郭子曰：“期而后可。”庄子曰：“在蝼蚁。”曰：“何其下邪?”曰：“在稊稗。”曰：“何其愈下邪?”曰：“在瓦甓。”曰：“何其愈甚邪?”曰：“在屎溺（尿）。”东郭子不应。庄子曰：“夫子之问也固不及质，正获之问于监市履狶也，每下愈况。汝唯莫必，无乎逃物。”

《知北游》所说“本根”，即上述引文中的“道”。此“道”既然“无所不在”，甚至“在蝼蚁”“在稊稗”“在瓦甓”和“在屎尿”，那么它无疑具有客观性、实体性和实现性。此外，从内篇到外杂篇，《庄子》还有不少文本可以直接证明庄子或庄子学派的“道”具有“实有形态”①，而不尽是所谓“境界形态”。

① 例如，《庄子·德充符》“庄子曰”：“道与之貌，天与之形，恶得不谓之人?”同书《天地》曰：“夫道，覆载万物者也，洋洋乎大哉！……夫道，渊乎其居也，漻乎其清也。金石不得，无以鸣。故金石有声，不考不鸣。万物孰能定之!”同书《天道》曰：“夫道，于大不终，于小不遗，故万物备。广广乎其无不容也，渊乎其不可测也。”同书《则阳》曰：“道，物之极，言默不足以载。”同书《渔父》曰：“且道者，万物之所出也，庶物失之者死，得之者生；为事逆之则败，顺之则成。故道之所在，圣人尊之。”

总之，《庄子》的“道”大抵有两种存在形态，一种为“境界形态”，另一种为“实有形态”。尽管前一种形态是主要的，所占分量很重，但是我们不能由此忽视，甚至否定后一种形态的存在。

（二）“道”的自然义

“自然”和“道”都是老子哲学的重要概念。“自然”一词在《老子》一书中共出现5次，它是一个合成词，由“自”和“然”两个单纯词构成。“自”在上古汉语中有多个义项。《说文·自部》曰：“自，鼻也。”其实，“自”本即是“鼻”的象形字；因指鼻自谓，故“自”字有“自己”之义。“自然”之“自”，是“自己”之意；同时，在一定语境中它又与外因、外力相对，而包含了“自然而然”（naturally/spontaneously）之义，“自化”“自正”“自生”“自成”等道家词汇即都包含了这个意思。“然”，从肰从火。《说文·肉部》曰：“肰，犬肉。”同书《火部》曰：“然，烧也。”“然”是一个形声字，其本义为“燃烧”，俗字再加火旁，别作“燃”字；其本字则借作代词、叹词、副词、连词或助词。学者或说“然”字的本意是“火上烤着狗肉”①，则以此字为一形声兼会意字，其实这是不对的。从所谓“火上烤着狗肉”会意，这是将“然”字作“烤”字来解释了。“自然”中的“然”字其实是指示代词，是“如此”“这样”的意思。由“自”“然”二字合成的“自然”一词，其字面意思是“自己如此”；同时，从用法上看，它又具有自然而然、非由某个主宰者使之然的意思。对于道家的“自然”概念来说，这两重意义缺一不可，必须结合起来。总之，从词义看，“自然”是“自己如此”的意思，其结构是主谓兼宾语。其中，“自”是反身代词“自己”，“然”是“如此”“这样”的意思，后者是一个指示代词，在语法上起谓语兼宾语的作用。

《老子》“道”的“自然”义，首先体现在通行本第二十五章“道

① 罗安宪：《论“自然”的两层排斥性意涵》，载《哲学研究》，2019年第2期。

法自然”的命题上。对于“道法自然”，河上公《注》曰：“道性自然，无所法也。”王弼《注》曰：“道不违自然，乃得其性，〔法自然也〕。法自然者，在方而法方，在圆而法圆，于自然无所违也。”①“性”是特性、本质义。这两种训解很相近，都认为“自然”是“道”的根本特性。这样，“自然”就成为贯通解释《老子》一书的核心概念了，是对“道”的最高限定。换一句话说，“自然”在《老子》中是一个属性概念，而不是一个实体概念。

《庄子》的“道”具有“自然”义，这可以从客观形态和主观形态两个方面来看。客观形态之“道”有“自然”义，这特别见于庄子的“本根”说。换一句话说，在《庄子》中，“本根”即具有“自然”义。《大宗师》云“夫道，有情有信，无为无形”，又云“自本自根”，都是从本体论的角度来阐明“本根”概念的，它们肯定“道”是其自身存在的根源。在此，“无为无形”和“自本自根”即指明了“道”包含“自己如此”和“自然而然”这两重涵义。外篇《知北游》“今彼神明至精”一章，则是从生化论来谈论“本根”的。此“本根”即是“道”。从此章来看，六合、秋毫、天下万物均是自然而然地由本根生成的，即所谓“惛然若亡而存，油然不形而神，万物畜而不知”是也。而且，此“本根”所具之“自然”特性，《知北游》篇又归之于“天”的概念，云：“此之谓本根，可以观于天矣。”在此，“天”是自然义和根源义相混合的一个概念。此外，《庄子》注重从人类的本质是什么及其生成根源来阐述“道”的“自然”义，在《德充符》篇末的惠庄之辩中，庄子认为“人故无情”，认为人的本质即是人的自然本质，而人的自然本质来自“道”和“天”（“道与之貌，天与之形”）。外杂篇进而用“性命之情”的概念深化了对人的自然本质的理解，并对各种异化人性的论调作了猛烈的批判。从根源来看，人的自然本性来自

① 参见王卡点校：《老子道德经河上公章句》，中华书局1993年版，第103页；王弼：《老子道德经注》，见楼宇烈：《王弼集校释》上册，中华书局1980年版，第65页。

“天”，来自“道”。反过来看，“道”和“天”即内在地包含着“自然”义。

从主观形态，即从工夫境界形态来看，庄子“道”的自然义主要体现在虚无无为这一点上。在庄子及其学派看来，人之所以倒悬、不通于道的原因，在于人有己，受到情感、欲望、智巧、认知及各种社会价值观念（功名、仁义礼乐）的束缚和倒悬，《庚桑楚》篇曰：“富、贵、显、严、名、利六者，勃志也；容、动、色、理、气、意六者，缪心也；恶、欲、喜、怒、哀、乐六者，累德也；去、就、取、与、知、能六者，塞道也。”此四六者（二十四个因素）对人情作了大体概括，它们大体上是人丧失其自然本质而被倒悬起来的原因。而如何释缚和解悬？外篇《刻意》曰：“夫恬惔寂寞、虚无无为，此天地之平而道德之质也。”“恬淡寂寞”“虚无无为”，是主观形态的“道”的内容。从目的和本质来看，虚无无为即意味着生命存在的自然无待之境：工夫论上的无为与境界论上的自然无待，其实是一体两面的关系。

三、“气”及其自然义

（一）“气”的概念与“通天下一气耳”的命题

“气”是庄子思想体系的第二个本原。《说文·气部》曰：“气，云气也。象形。”“气”字已见于甲文，是“氣”之本字，后“氣”行而“气”废。不过，今书简体复用“气”字。《说文·米部》曰：“氣，馈客刍米也。”“氣”既然被借用为“气”字，那么俗加食旁，“氣”遂写作“饩”字。在《庄子》一书中，“气”字有多种含义和用法，不过归纳起来，可以分为两大类，一类为主观之气，一类为客观之气，前者包括体气（血气、情感之气、正邪之气）、神气（精神之气）、心气、志气、人气等说法，后者则包括云气、风气、六气、天气地气、四时之气、阴阳之气和本原之气等说法。这两类气的区别是相对的，其中血气、情感之气出自天生，也可以归入客观一类。另外，天地之气应即阴阳之气，而四时之气可以理解为阴阳之气或天地之气的再分化。从庄子哲学来看，心斋之气和本原之气是非常重要的。心斋之气属于工夫哲学，而本原之气则系生化天地万物的实体和质料因。作为对应于庄子思想体系之源头的“气”，正是指此生化天地万物的本原之气。

《庄子》内篇已有本原之气和阴阳之气的概念，《大宗师》曰：“伏羲氏得之，以袭气母。”“气母”即始源之气、本根之气，《鹖冠子》及汉人称之为“元气”。不仅如此，《大宗师》还说：“彼方且与造物者为人〈匕（匹）〉[①]，而游乎天地之一气。”所谓“游乎天地之一气”，乃就气的流行发用言，这种观念与《知北游》“通天下一气耳”的说法是完全相通的。《大宗师》篇同时有“阴阳之气”的说法，云“阴阳之气有沴”。阴阳之气，是本原之气的分殊，它流行于天地之间，万物（包括人、物）得之以生，得之以存。外篇《秋水》云“自以比（庇）形于天地而受气于阴阳”，杂篇《则阳》云“是故天地者，形之大者也；阴阳者，气之大者也”，可以进一步说明这一点。顺便指出，在先秦宇宙生成论中，“天地”是先于“阴阳”而存在的，阴阳之气是后于天地而流行发用、生化万物的，这一点可以参见郭店简《太一生水》篇和上博简《恒先》篇。

外篇《知北游》和《至乐》两篇，对于庄子学派的本原之“气”的概念作了清晰的论述，并提出了“通天下一气耳”的命题。《知北游》曰：

---

① “人”字，王引之曰“犹偶也”。其实，“人”字是“匕”字之误。“匕”读作“匹”，训为匹偶。参见王念孙：《读书杂志》，江苏古籍出版社 2000 年版，第 1012 页；丁四新：《〈庄子 · 大宗师〉札记三则——“在太极之先而不为高”“朝彻”和“彼方且与造物者为人”》，载《暨南大学学报（哲学社会科学版）》，2019 年第 6 期。

人之生，气之聚也，聚则为生，散则为死。若死生为徒，吾又何患！故万物一也，是其所美者为神奇，其所恶者为臭腐；臭腐复化为神奇，神奇复化为臭腐。故曰："通天下一气耳。"圣人故贵一。

这段话的气论思想，后来被宋儒张载所继承。根据这段话，庄子认为人物的生死都是由一气聚散的结果，"聚则为生，散则为死"；而且，随着气的聚散，人物的生死亦因之循环往复。在此基础上，庄子强调了"气"的本体和本原作用，提出了"通天下一气耳"的重要命题。而正是"通天下一气耳"的命题，充分地显示了"气"是庄子思想体系的源头之一。

不过，庄子的思考并未停留在"气"上，他认为"气"也不是终极始源。《至乐》篇载"庄子曰"："是其始死也，我独何能无概然！察其始而本无生，非徒无生也，而本无形，非徒无形也，而本无气。杂乎芒芴之间，变而有气，气变而有形，形变而有生，今又变而之死，是相与为春秋冬夏四时行也。人且偃然寝于巨室，而我噭噭然随而哭之，自以为不通乎命，故止也。"在此，庄子虽然认为人的生死形化来自气化，但是他认为"气"不是终极始源，所谓"非徒无形也，而本无气"是也。在他看来，终极始源存在于"芒芴"之间，"杂乎芒芴之间，变而有气"。"芒芴"，犹《老子》的"恍惚"（或"惚恍"）。"恍惚"是老子用来描述本体之道的存在状态的词语，见于通行本《老子》第十四章和第二十一章。据此，《至乐》篇的"芒芴"一词，同样是用来描述本体之道的存在状态的一个概念。这样，"道"与"气"即有高下、先后之分："道"是终极本源，"道"在先而"气"在后，"道"高于"气"，而"气"在"道"之下。也可以说，"道"是第一实体，而"气"是第二实体。推言之，"芒芴"之"道"包含着"理""气"两大因素，而"气"因为解释形化的需要而受到了庄子学派的特别重视。"气"后于"终极始源"的思想，可见于上博简《恒先》篇。在这篇战国竹书中，宇宙生化论的一个系列是恒先→或→气→有→始→往，很明显，“恒先”是终极始源，而“气”是在“或”之后才出现的。进一步，《恒先》还认为天地万物是由“气”生成的，其具体生成次序是这样的：（气→）清气、浊气→天地→性→万物（有治而无乱）→人（乱出于人）。[①] 可以看出，这篇竹书的“气”与《庄子·至乐》《知北游》两篇所说的“气”，在功能和地位上都非常相近。

需要指出，在“气”的生天生地、生人生物的过程中，“道”并没有缺席，而是参与其中。换一句话说，天地万物的生成是由“道”“气”两者共同作用的结果。

（二）气化的自然义

无论“气”本身的生成还是气化生物，庄子学派都认为它们是自然生成的。

先看“气”本身生成的自然性。《至乐》篇云：“杂乎芒芴之间，变而有气。”从“杂乎芒芴之间”到“变而有气”，“气”本身的生成似乎是偶然发生的，具有“自生自作”的“自然”特性。楚竹书《恒先》即云“气是自生自作”，这句话即完全表明了这一点，此气的生成既不是故生的，又不是或使之生成的。据《大宗师》“夫道，有情有信”一章，作为终极始源的“道”是无意志和无主宰性的。虽然它是万有的总根源和总根据，但它是通过自然流行的方式来生化万物的。在杂篇《则阳》中，庄子学派否定了季真之“莫为”和接子之“或使”两说。而据此可知，气本身虽然来源于道，但它是自然而然地生成的，这正如《恒先》所说，是“自生自作”的结果。

---

① 笔者曾对《恒先》的宇宙生成论有专门的论述，可参见如下三文：《亘与亘先：上博楚竹书〈恒先〉的关键概念研究》，载《新疆师范大学学报（哲学社会科学版）》，第38卷第3期（2017年5月）；《楚竹书〈恒先〉的三重宇宙生成论与气论思想》，载《哲学动态》，2017年第9期；《“或”：上博楚竹书〈恒先〉的一个疑难概念研究》，载《中国哲学史》，2015年第2期。

再看气化的自然性。气化即为天地万物的生成。在《庄子》中，作为万物之根源的“气”是一种无意志、无意识而有能量的精细物质，与《管子》中的“精气”概念很相近。这样，一般说来，气化流行即具有自然性。从道到物，中经气化流行，整个生成过程是无所谓主宰者和支配者的，完全是自生自化的结果。在《则阳》篇中，庄子学派否定了“莫为”“或使”两说，而肯定了万物“自化”的观念。在追问万物生成的根源性问题上，季真认为道莫之为，接子则主张道莫之使。在庄子学派来看，这两种回答都是不对的：“或使则实，莫为则虚。有名有实，是物之居；无名无实，在物之虚……或使、莫为，言之本也，与物终始。道不可有，有不可无。道之为名，所假而行。或使、莫为，在物一曲，夫胡为于大方？”“或使”“莫为”两说，均“在物一曲”上，将“道”变作一物，而将真正的道遗忘了。同时，庄子学派主张万物的生成都是自化的结果，《则阳》篇曰：“鸡鸣狗吠，是人之所知，虽有大知，不能以言读其所自化，又不能以意其所将为。斯而析之，精至于无伦，大至于不可围。”因此，从庄子学派对“莫为”“或使”两说的否定及对“万物自化”的肯定，我们不难作出这样的推论：庄子学派认为气化流行乃是一个自然生成的过程。这一点，还可以在《大宗师》中得到证明。造化生物，为人还是为物，为生还是为死，从根本上说，纯粹是气化流行的偶然结果。庄子认为，人无力、无意识向着“人”自身作选择，人在大化流行的过程中成其为人，乃纯然是自然而偶然的结果。

最后看万物生成的自然性。万物生成的自然性包括两点，一是自化，即认为万物的生成不是外力作用或主宰者所役使的结果；二是万物的生成是无意识和无目的的。除了《则阳》篇外，《在宥》篇曰：“汝徒处无为，而物自化。”《秋水》篇曰：“物之生也若骤若驰，无动而不变，无时而不移。何为乎？何不为乎？夫固将自化。”很明显，庄子学派认为万物的生成属于“自化”，既非或使，亦非莫为。也可以说，自化即道，自化即自然。外篇《至乐》曰：“种有几，得水则为继。得水土之际则为蛙蠙之衣……青宁生程，程生马，马生人，人又反入于机。万物皆出于机，皆入于机。”《至乐》篇所言生物形化的次序及杂篇《寓言》所说的“万物皆种也，以不同形相禅”的观点，今天看来虽然都未必正确，但庄子学派毕竟想探究生物之间在“形化”上的联系，并提出了“种有几”（几者，几微）“万物皆出于机，皆入于机”（机者，机窍、机制）的命题，这在当时是十分难得的生物学洞见。在民国时期，胡适等人曾援引时髦理论，认为庄子《至乐》《寓言》两篇的相关说法属于达尔文的生物进化论。① 现在看来，这是不对的。四十年后，胡适本人也承认了自己的错误，他说，庄子“始卒若环，莫知其伦”（《庄子·寓言》）的说法是一种“循环的变化论”，而不是所谓进化论。② 在当时，章鸿钊等人即批评了胡说，认为庄子所说物种的变迁遵循“天钧律”，既没有目标和方向，走的路线也是曲线型的，并说，庄子学派的观点属于“自化论”③。章氏的说法和批评无疑是正确的。现在看来，庄子学派尽管对生物间的形变关系作了一定的关联，但仍然属于推测性的，而且，他们仍然肯定万物的生成是无意识和无目的的，因而他们的理论属于自化论和循环论。总之，庄子及其学派肯定了万物的生成具有自然性。与此相应，庄子在价值层面上又高度肯定了“自然”法则，如《德充符》“常因自然而不益生也”，《应帝王》“顺物自然，而无容私焉”的“自然”，都属于此一用法。

此外，庄子在工夫境界层面上的气论也有自然义，而这种自然义是

---

① 胡适、支伟成等人认为庄子有进化论思想，参见胡适：《中国哲学史大纲》上卷，上海古籍出版社 1997 年版，第 187—191 页；支伟成：《庄子校释》上篇，中国书店 1988 年据 1924 年上海泰东图书局本影印，第 4—5 页。

② 1958 年，胡适本人也著文否定了自己四十年前的说法，参见胡适：《胡适文集》第 6 册，北京大学出版社 2008 年版，第 159 页。

③ 章鸿钊、吕思勉等人不同意对庄子思想作进化论的解说，参见章鸿钊：《达尔文的天择律与庄子的天钧律》，载《学艺》，第 6 卷第 2 号；吕思勉：《经子解题》，华东师范大学出版社 1996 年版，第 119 页。

从应然的角度来说的。在内篇《人间世》中，颜回问及“心斋”，仲尼答曰：“若一志，无听之以耳而听之以心，无听之以心而听之以气。耳止于听，心止于符。气也者，虚而待物者也。唯道集虚。虚者，心斋也。”对于“气也者，虚而待物者也”之“气”，庄子是从工夫境界层面来说的。此“气”，即虚无的心灵境界。而所谓虚无，即是对于智欲、礼乐、仁义等观念的洁除，同篇亦称之为“虚室生白”。而庄子的“心斋”思想，可能与《管子・心术》等篇的思想相关。“唯道集虚”，“虚”即意味着自然性的呈现，和对人为的排除。需要注意的是，在《庄子》中，主体性的“气”多指体气，它不能与“心斋”之“气”相混淆。内篇《应帝王》曰：“汝游心于淡，合气于漠，顺物自然，而无容私焉，而天下治矣。”此“气”，与上“心”字互文，即指含藏在心中的自矜自是的精神之气、主观之气。此“气”在庄子哲学中是消极的，是庄子所消解和斋戒的对象。很显然，它与“心斋”之“气”在性质上是迥殊的。

四、“天”及其自然义

（一）“天”的概念及其地位在《庄子》中的提升

“天”是庄子思想体系的第三个本原。《说文・一部》云：“天，颠也。至高无上，从一、大。”“天”字已见于甲文、金文，它其实是一个象形字。王国维《释天》说：“古文天字本象人形，殷墟卜辞或作[illegible]，盂鼎大丰敦作[illegible]，其首独巨……是天本谓人颠顶，故象人形。卜辞、盂鼎之[illegible]、[illegible]二字，所以独坟其首者，正特著其所象之处也。”①在先秦秦汉时期，“天”字有如下含义：（1）人的额部，脑袋；凿顶之

① 王国维：《观堂集林》卷六，见《王国维遗书》第1册，上海书店出版社据商务印书馆1940年版影印，第11页。

刑（在额头上刺字）。（2）天空，与地相对；天体，天象；天气，气候。(3）自然；自然的、天生的；天性，天质。（4）天神，上帝，万物的主宰者；指君王或地位较高的尊者；天命，命运。（5）仰赖以生存者称天。① 上述字义，大部分可见于《庄子》书中。很容易发现，《庄子》的“天”字没有天神、上帝义，但这并不意味着其“主宰”“命赋”义即因此不存。《庄子》还特别显扬了“天”的自然义，使“天”成为全书最关键的概念之一。《庄子》内篇已很重视“天”的概念，外杂篇更是多次将“天”的地位置于“道”之上，显示此一概念在庄子思想中具有特殊性和根源性。

先看《庄子》“天”的“主宰”和“命赋”义。《庄子》一书的写作在战国中后期，它置身于天命论及宇宙生成论的语境中。尽管庄子及其学派主要继承了老子的思想，着力发展“天”的客观自然义，但细读原文，它或多或少受到了天命论或天命生物说的影响，因此其中的一些“天”字仍然具有主宰义和命赋义。内篇《人间世》曰：“易之者，皞天不宜。”《德充符》曰：“天刑之，安可解？”《大宗师》曰：“父邪母邪！天乎人乎！”这三个“天”字就具有主宰义。内篇《德充符》曰：“受命于地，唯松柏独也在，冬夏青青；受命于天，唯舜独也正。”又曰：“道与之貌，天与之形，恶得不谓之人？”《应帝王》曰：“尽其所受于天，而无见得，亦虚而已。”这三个“天”字具有命赋义。外篇《在宥》曰：“广成子之谓天矣！”“天”即指广成子。《在宥》又曰：“天忘朕邪？”又曰：“吾遇天难，愿闻一言。”又曰：“天降朕以德，示朕以默。”这三个“天”字均指鸿蒙。《天地》曰：“啮缺可以配天乎？吾藉王倪以要之。”此“天”字指啮缺，但许由认为啮缺配不上“天”，《天地》曰：“夫何足以配天乎？虽然，有族有祖，可以为众父，而不可以为众父父。”因此“天”在此为至高无上之称，在如上引文中它同时具有主宰之义。《达生》曰：“天地者，万物之父母也。”又曰：“则

① 王力主编：《王力古汉语字典》，中华书局 2000 年版，第 178 页。

胡罪乎天哉？休恶遇此命也？……又何暇乎天之怨哉！”这些“天”字有命赋义。进一步，“天”的主宰义和命赋义是密切相关的，主宰义与命赋义是彼此贯通的。

再看“天”的地位在《庄子》思想体系中的提高。这一点，可以放在“道”和“天”在《庄子》思想中之地位高低的变迁上来看。在内篇中，某些“天”字具有主宰和命赋义，但它们依赖的语境是孤立的，与“道”不发生直接联系。从其与“道”居于同一语境及从总体上来看，前者的重要性及其所处的地位明显不及后者。在《德充符》末章，惠庄辩论“人故无情”的问题，庄子曰：“道与之貌，天与之形，恶得不谓之人？”又曰：“道与之貌，天与之形，无以好恶内伤其身。”这是以“道”“天”作为生成人物的两大根源，不过后者的地位看起来比前者的地位略低。但这种情况，在外杂篇中发生了改变。杂篇《天下》曰：“以天为宗，以德为本，以道为门，兆于变化，谓之圣人。”这几句话将“天”的叙述置前，看起来更重要。可以确定，“天”的地位被提高且置于“道”之上，这在外篇《在宥》《天地》《天道》三篇中是很明确的。《在宥》篇曰：

> 贱而不可不任者，物也；卑而不可不因者，民也；匿而不可不为者，事也；粗而不可不陈者，法也；远而不可不居者，义也；亲而不可不广者，仁也；节而不可不积者，礼也；中而不可不高者，德也；一而不可不易者，道也；神而不可不为者，天也。故圣人观于天而不助，成于德而不累，出于道而不谋，会于仁而不恃，薄于义而不积，应于礼而不讳，接于事而不辞，齐于法而不乱，恃于民而不轻，因于物而不去。物者莫足为也，而不可不为。不明于天者，不纯于德；不通于道者，无自而可。不明于道者，悲夫！

《天地》篇曰：

天地虽大，其化均也；万物虽多，其治一也；人卒虽众，其主君也。君原于德而成于天，故曰：玄古之君天下，无为也，天德而已矣。以道观言而天下之君正，以道观分而君臣之义明，以道观能而天下之官治，以道泛观而万物之应备。故通于天地者，德也；行于万物者，道也；上治人者，事也；能有所艺者，技也。技兼于事，事兼于义，义兼于德，德兼于道，道兼于天。故曰："古之畜天下者，无欲而天下足，无为而万物化，渊静而百姓定。"记曰："通于一而万事毕，无心得而鬼神服。"

《天道》篇曰：

是故古之明大道者，先明天而道德次之，道德已明而仁义次之，仁义已明而分守次之，分守已明而形名次之，形名已明而因任次之，因任已明而原省次之，原省已明而是非次之，是非已明而赏罚次之。赏罚已明而愚知处宜，贵贱履位，仁贤不肖袭情，必分其能，必由其名。以此事上，以此畜下，以此治物，以此修身，知谋不用，必归其天，此之谓太平，治之至也。

上引《在宥》篇一段文字，先以物、民、事、法、义、仁、礼、德、道、天为序，后以天、德、道、仁、义、礼、事、法、民、物为序，二者虽然不完全对应，但都将"天"放在最高位置上，这是确定的。上引《天地》篇和《天道》篇的两段文字都是从"君天下"的角度来说的。在《天地》篇中，天、道、德、义、事、技依次为上位，上位概念兼摄下位概念，而"道兼于天"一句清晰地表明"天"居于最高位置。上引《天道》篇的"大道"指治理天下、致太平之道。这一段文字围绕"古之明大道者"起论，依次列出了天、道德、仁义、分守、形名、因任、原省、是非、赏罚，亦将"天"置于最高位置上。

曹础基认为《庄子》在许多地方“‘天’与‘道’是同义语”，“‘天’与‘道’对举而义同”，又说：“作者是以自然界的天，来形象地表述恍惚虚无的道而已。由于天是自然而然的，故此把产生、支配这种自然而然的现象的道也称之为天。”① 张恒寿认为《庄子》内篇的最高概念不是“道”，而是“天”“天地”等，他说：“在比较早出的各篇中所讲的最高概念，不是‘道’字，而是‘天’‘天地’‘天下’和‘造物者’‘造化’‘真宰’等具体名词。”② 王威威不同意曹、张二氏的说法，认为在《庄子》内篇中，“‘道’仍然是庄子思想中的最高概念，天以道为依据”；认为庄子后学（外杂篇），特别是《天地》《天道》“明确将天、天地的地位置于道、道德之上，天成为第一位的概念，而道降为第二位，而且天成为论述和认识道的依据”。③ 如上三氏意见，其实都意识到了“道”“天”在《庄子》文本中的位置高低的问题，他们都作出了自己的判断和相应的解释。笔者认为，首先，可以肯定《庄子》内篇的最高概念是“道”，而不是“天”，张恒寿之说非是。其次，区别《庄子》内篇与外杂篇的“天”“道”两个概念及其地位之高低变化，是十分必要的，而肯定《天地》等篇之“天”的地位高于“道”，这是合乎原意的。在《庄子》中，特别是在外杂篇的《在宥》《天地》《天道》三篇中，“天”与“道”的区别确实值得高度注意：将“天”的地位放在“道”之上，显系作者有意为之的结果。最后，应当对不同性质的“天”和“道”作出区分，充分认识其复杂性。笼统地说“天”与“道”是同义语，这固然是不对的，但是盲目地宣称这两个概念是完全不同的，也是失之轻率的。在《庄子》中，“道”与“天”这两个概念都有客观实体和工夫境界两义。作为客观实体意义上

① 曹础基：《庄子学派的分野》，见见氏著：《庄子研究》，复旦大学出版社 1986 年版，第 102—103 页。

② 张恒寿：《庄子新探》，湖北人民出版社 1983 年版，第 321—322 页。

③ 参见王威威：《庄子学派的思想演变与百家争鸣》，人民出版社 2009 年版，第 89、92 页。

的“道”是天地万物的本根，是终极始源；作为工夫境界意义上的“道”是人成其为真人，获得真知，并进而达到“天地与并生，万物与我为一”（《庄子・齐物论》）之境界的手段和目的。而作为客观实体义的“天”，或者是神性实体，或者是自然实体：对于前者，《庄子》是否定的，且是书几乎不存在此一用法，但它仍然在一定意义上保留了“天命”之义；对于后者，《庄子》持肯定态度，其例多见，具体指天体和天空，与“地”相对。作为工夫境界意义上的“天”，是一种抽象的精神实在，其中的“天”是“自然”“无为”之义，庄子及其后学充分发挥了此义。所谓天或天地的境界，即本真自然的存在境界。而且，此种“天”虽然不是实体，但可以通过其所成就的人格而具体化和实体化。当然，这里存在一个问题，为何客观外在的“天”（上帝、天神或天体、天空、自然界）可以上升为境界意义上的“天”？这是因为：一者，道家以“自然”“无为”为“道”的根本属性；二者，道家从天人相对的观念中抽象出“天”的特性在于“无为”和“自然”。而随着天人相对、天人相分观念的强化，“天”被直接赋予了“自然”“无为”的涵义。其实，不仅道家如此，儒家也是这样，《礼记・中庸》云：“诚者，天之道也；诚之者，人之道也。”竹书《五行》曰：“德，天道也；善，人道也。”其中的“天道”或“天之道”，均为“自然”“无为”之义，它们都是用来形容道德修养所达到的至极境界的。

回头看上引《在宥》《天地》《天道》三段文字中的“天”，它们正是“自然”“无为”之义。三文的巧妙之处，正在于通过“天”的分立及其地位的提高而彰显其“自然”“无为”之义，实现了对《老子》“道法自然”命题的新阐释，使其在庄子思想中具有建本立极的作用。这是主要方面。同时，需要指出，基于概念的惯性，“天”这一概念不可能完全不排除其原来所具有的根源义和主宰义。另外，上引《在宥》《天地》《天道》三段文字中的“天”，是从政治或治道来说的。而在《庄子》全书中，“天”的“自然”“无为”义主要是从工夫境界层面来说的。进一步，从总体上来看，“天”（或“自然”）确实是庄子思想系统的最高概念（但不是最高实体或终极实体），是庄子思想体系的构成始源之一。西方汉学家毕来德说："庄子使用'天'频率远远超过'道'，而'天'对他来说有一种更核心意义，可以说'天'乃是他思想核心上的一个概念。"① 这是对的，但更深入地说，"天"是庄子思想系统建本立极的三大本原之一。

（二）"天"的自然义

《庄子》的"天"具有自然、无为义，是其思想的重要特性之一。所谓"天"的自然义与无为义，在《庄子》一书中是密切相关，甚至相等的。从义理上来讲，此二义相为表里。《天地》篇曰："无为为之之谓天。"《渔父》篇曰："真者，所以受于天也，自然不可易也。"它们是直接证据。

其一，自然世界的演化、天地万物的生成及在当下存在的客观事物，均属于"天"，具有"天性"，是天然的、无为的。《至乐》篇曰："天无为以之清，地无为以之宁，故两无为相合，万物皆化。"这是说"天地"具有自然性和无为性。《田子方》篇曰："夫水之于汋也，无为而才自然矣。"这是说"水"具有自然性和无为性。在一定意义上来说，对自然世界的演化、生成及对客观事物之存在的认识和反思，都是"自然"观念产生的最初来源。

其二，《庄子》内外杂篇的许多"天"字，可以用"自然"或"无为"概念直接解释之。例如，"天池""天籁""天倪""天府""天钧""天理""天机""天和""天光"等的"天"字，皆为自然义。郭象《庄子注》多次云天即自然，如《齐物论注》曰："自己而然，则谓之天然。天然耳，非为也，故以天言之。"《大宗师注》曰："天者，自

---

① 〔瑞士〕毕来德：《庄子四讲》，宋刚译，中华书局2009年版，第36页。

然之谓也。”《天道篇注》曰：“天者，自然也。”① 这些注文可以加深我们对于庄子“天”概念的理解。同时，需要注意，“天”与“人”，“自然”与“人为”，这两对概念是相对的。

其三，《庄子》“天”的自然义，特别体现在天人关系上，“以天为宗”是庄子的基本观念。《齐物论》曰：“是以圣人不由，而照之于天。”《大宗师》曰：“死生，命也，其有夜旦之常，天也。”《天地》篇曰：“有治在人，忘乎物，忘乎天，其名为忘己。忘己之人，是之谓入于天。”《达生》篇曰：“彼得全于酒而犹若是，而况得全于天乎！圣人藏于天。”《渔父》篇曰：“真者，所以受于天也，自然不可易也。故圣人法天贵真，不拘于俗。”《列御寇》篇曰：“古之人，天而不人。”这六条引文，足以表明庄子学派在天人关系问题上的基本观点和立场。荀子曾批评“庄子蔽于天而不知人”（《荀子·解蔽》），这是很客观、很准确的评论。而庄子学派反复展开天人之辩，其目的正是为了肯定“天”的价值，彰显“天”的自然义和无为义。

总之，《庄子》一书的“天”以自然、无为义为宗，相对于老子来说，是庄子学派的思想创新。而此非实体义的、具有人文价值涵义而以人格境界之成就为目的的“天”，正是它可以作为庄子思想之源头的根据。不过，上引《在宥》《天地》《天道》三段文字将“天”置于“道”之上，这不是从构成世界之实体，而是从构成思想世界之源头的角度来说的。而通过将“天”置于“道”之上，我们可以断定“天”是构成庄子思想系统之一极，是其思想的三大源头之一。进一步，庄子学派“以天为宗”的说法，是对《老子》“道法自然”命题的转进和推演。在庄子及其学派那里，把握“道”，也就是把握“天”，把握“自然”“无为”的原则。

---

① 参见郭庆藩：《庄子集释》上册、中册，中华书局 2004 年第 2 版，第 50、224、471 页。

五、“自然”观念

无论是作为观念形态还是作为概念形态的“自然”，在庄子思想中都非常重要。庄子本人及其后学强调和深化“自然”观念，是《庄子》一书的显著特点之一。司马迁曾说：“庄子散道德，放论，要亦归之自然。”① 这个评论颇为中肯。钱穆则说：“似庄子心中，‘自然’尚未成一个特定之观念。”② 其实，钱氏的看法很难成立，一者，因为他将《老子》全书与《庄子》内篇的写作时代错置；二者，因为他对庄子“自然”观念的考察不够全面。笔者认为，庄子及其学派的“自然”观念，主要体现在如下几个方面。

其一，庄子的“自然”观念无疑来源于老子，不过庄子学派对于此一观念作了特别的强调和内涵的转化，并通过“天”这一概念表现出来，从而为其思想建本立极的。自然义、无为义的“天”，在《庄子》一书中出现的次数众多，是庄子学派“自然”观念的重心。当然，正如上文所说，庄子学派的道论和气论均有自然义，自然性是“道”“气”的根本属性。

其二，除了以“天”来表达“自然”概念外，《庄子》以“自然”一词的形式来表达此一概念共出现了六次，它们是：

> 吾所谓无情者，言人之不以好恶内伤其身，常因自然而不益生也。（《德充符》）
>
> 汝游心于淡，合气于漠，顺物自然，而无容私焉，而天下治矣。（《应帝王》）

---

① 《史记》卷63《老庄申韩列传》。

② 钱穆：《庄老通辨》，生活·读书·新知三联书店2005年版，第483页。

吾又奏之以无怠之声，调之以自然之命，故若混逐丛生，林乐而无形，布挥而不曳，幽昏而无声。(《天运》)

当是时也，莫之为而常自然。(《缮性》)

夫水之于汋也，无为而才自然矣。(《田子方》)

真者，所以受于天也，自然不可易也。(《渔父》)

此外，“自然”二字连言，在《庄子》中还出现了两次，一次见于《天运》篇“夫至乐者”一段文字，一次见于《秋水》篇“知尧桀之自然而相非”一段文字。前一段文字已被众多学者判定为衍文，它不属于《庄子》本文；后一段文字的“自然”是“自是”之意①，不属于本文所说的“自然”一词。

总结上引六例“自然”概念的用法，从语义看，它包括“自己如此”“自然而然”和“不为（无为）”三层含义。“自己如此”是对“自然”概念之字面意义的恰当训解，这在《老子》一书已很清楚。不过，“自己如此”的解释容易引起误解，一者，它是否即意味着自己必定如此呢？二者，它是否即意味着自己主宰性地使自己如此呢？答案显然是否定的。这两种解释都未必合乎道家的“自然”概念。《人间世》

① 《庄子 · 天运》曰：“夫至乐者，先应之以人事，顺之以天理，行之以五德，应之以自然，然后调理四时，太和万物。”这段文字自苏辙以来，认为非《庄子》本文，乃后人注文掺入本文中，王先谦、王叔岷、陈鼓应等赞成此说（王先谦：《庄子集解》，中华书局1987年版，第123页；王叔岷：《庄子校诠》上册，历史语言研究所专刊八十八，1988年，第513—514页；陈鼓应：《庄子今注今译》，中华书局1983年版，第368页；萧平：《老庄自然观念新探》，第142页）。《秋水篇》曰：“知尧桀之自然而相非，则趣操睹矣。”成玄英《疏》曰：“然，犹是也。夫物皆自是，故无不是；物皆相非，故无不非。”蒋锡昌说：“古书关于‘自然’一词约有二义：一为‘自成’，此为常语；一为‘自是’，此为特语。”并说《庄子 · 秋水篇》“知尧桀之自然”的“自然”即“自是”一词（参见郭庆藩：《庄子校释》中册，第579页；蒋锡昌：《老子校诂》，商务印书馆1937年版，第113页）。今按，成、蒋的训解是对的。

云“山木自寇也，膏火自煎也”，“自寇”“自煎”都是所谓自己如此的意思，但是它们显然不合于道家的“自然”观念，是庄子所鄙弃的。这正如“自见”“自是”“自伐”和“自矜”（《老子》第二十二章），是老子所否定的一样。对于“自然”的“自然而然”之义，庄子在《齐物论》首章作了特别阐明：“夫吹万不同，而使其自己也。咸其自取，怒者其谁邪？”“天籁”，即万籁自己如此和自然而然地如此，消解了“自己如此”所包含的主宰性，消解了“吾”对于其自身（“我”）的对待性（主客化）及在此对待性上所建构的主宰性。庄子学派对于“自然”观念的阐发重点即在于此。从郭象《注》来看，这一点更为清晰、明白。郭氏《逍遥游注》曰：“夫趣之所以异，岂知异而异哉？皆不知所以然而自然耳。自然耳，不为也。此逍遥之大意。”《齐物论注》曰：“夫天地万物，变化日新，与时俱往，何物萌之哉？自然而然耳。”① 王叔岷曾辑《庄子》佚文，一曰：“上不资于无，下不依于有，不知所以然而然，忽然而生，故曰自然之生也。”二曰：“不知所以然而然，故曰自然。”② 这两则佚文不像是《庄子》本文，似是后人的注文。郭象《注》及此两则佚注很显然阐发了“自然”概念的“自然而然”之义。而“自然而然”之义又包含了对于诈故、巧伪的否定。“无为”是庄子“自然”概念的第三层含义。主宰性的自己如此，与无为性的自己如此是相对的。“无为”在《庄子》中也是一个很重要的概念。“无为”与“自然”的关系有三层，一层从手段言③，在此手段（无为）与目的（逍遥、自化）之间的关系很明确。二层从目的、境界言，《大宗师》曰“芒然彷徨乎尘垢之外，逍遥乎无为之业”，《天运》

① 郭庆藩：《庄子集释》上册，第55页。

② 王叔岷：《庄学管窥》，中华书局2007年版，第239—240页。

③ 《庄子·逍遥游》曰：“何不树之于无何有之乡，广莫之野，彷徨乎无为其侧，逍遥乎寝卧其下？”同书《在宥》曰：“汝徒处无为，而物自化。”同书《天地》曰：“古之畜天下者，无欲而天下足，无为而万物化，渊静而百姓定。”

篇曰“逍遥，无为也”，直接将“逍遥”（自然即自由）的人生境界界定为“无为”，这是庄子及其学派的一个思想重点，对此郭象《注》着力作了发表。① 三层从本体和实然世界言，《至乐》篇曰：“天无为以之清，地无为以之宁，故两无为相合，万物皆化。芒乎芴乎，而无从出乎！芴乎芒乎，而无有象乎！万物职职，皆从无为殖。故曰：‘天地无为也，而无不为也。’人也孰能得无为哉?”《田子方》篇曰：“夫水之于汋也，无为而才自然矣。”此“无为”其实与“自然”同义，名异而实同。

其三，《庄子》的“自然”概念虽然包含客观实在义，但以主观境界义为主。牟宗三曾说：“‘自然’是系属于主观之境界，不是落在客观之事物上。若是落在客观之事物上（对象）上，正好皆是有待之他然，而无一是自然。故庄子之‘自然’（老子亦在内），是境界，非今之所谓自然或自然主义也。今之自然界内之物事或自然主义所说者，皆是他然者，无一是自然。老庄之自然皆真是‘自己而然’者。”② 牟氏强调庄子“自然”观念的主观境界义，这是对的，但有绝对化的倾向。实者，“自然”是“道”的本质属性，庄子学派又命之曰“天”，将“道”与“自然”二者统摄于其中，并通过本根性的作用而贯注于客观和主观两界。事实上，庄子学派并不否认“物之自然”。而将“自然”仅解释为主观自我的“自己而然”，甚至将其涵义严格地局限在此一意义上，这只能是一种误解。不过，特就庄子学派来说，“自然”观念之主观境界义确实得到了充分表发，最为重要，最为根本。

进一步，主观境界义的“自然”即是庄子“自然即自由”之人生哲学的核心要素之一。庄子学派正是以构建、推演和实现主观境界之

---

① 郭象《逍遥游注》曰：“自然耳，不为也。此逍遥之大意。”又曰：“自然者，不为而自然者也。”〔参见（清）郭庆藩：《庄子集释》上册，第10、20页〕

② 牟宗三：《才性与玄理》，见《牟宗三先生全集》第2卷，台湾联经出版事业有限公司2003年版，第207页。

“自然”观念为根本目标的，所谓逍遥无待，所谓“至人无己，神人无功，圣人无名”，所谓“入于天”“与天合一”，所谓“天地与我并生，万物与我为一”，即成就此一自然无为的人生境界。而自然无为的人生境界，即是“自然即逍遥”或“自然即自由”的境界。前者是从古典语词来说的，后者是从现代话语体系来说的。

最后，略加指出，在与“自然”概念密切相关的“自”类语词中，《庄子》值得注意的有“自本自根”和“自生”“自化”这三个词语。① “自本自根”见于内篇《大宗师》，它是阐明“道”的自然特性的用语，前文已申论之。“自生”，仅一见于《庄子·在宥》篇，它从属于“自化”概念。对于庄子学派来说，“自化”概念很重要，《庄子》全书凡三见，两见于外篇《在宥》《秋水》，一见于杂篇《则阳》。与此相关，“化”更是庄子学派的一个重要概念，内篇“化”字出现多次，《人间世》“夫胡可以及化”、《大宗师》“万化而未始有极也”的“化”字都属于“自化”，不过前者是主观境界义，而后者则是客观实现义。相较于内篇，《庄子》外杂篇不但正式提出了“自化”概念，而且在反思的基础上加入了特别意味。《在宥》篇曰：“汝徒处无为，而物自化。”在此，主观的无为与客观的自化相为因果关系。《秋水》篇曰：“河伯曰：‘然则我何为乎？何不为乎？吾辞受趣舍，吾终奈何？’北海若曰：‘……物之生也若骤若驰，无动而不变，无时而不移。何为乎？何不为乎？夫固将自化。’”在事物的生起和运动原因上，作者持事物自化（“固将自化”）的观点，反对任何来自人的“为”与“不为”。不但如此，在“万物之所生恶起”问题上，《则阳》篇批评了以言读测为道的观点。是篇曰：“（太公调曰）鸡鸣狗吠，是物人之所知，虽有大知，

① 对《庄子》“自”类结构语词的分析，可参见宋德刚：《先秦道家“自”类语词探析——以〈庄子〉为例》（载《“先秦诸子的争鸣与共识”学术研讨会暨第六届诸子学论坛论文集》，华北电力大学国学研究中心等主办，2019年4月）。

不能以言读其所自化，又不能以意〔意〕其所将为①。斯而析之，精至于无伦，大至于不可围，或之使，莫之为，未免于物，而终以为过。或使则实，莫为则虚。有名有实，是物之居；无名无实，在物之虚……或使、莫为，言之本也，与物终始。”此段文字与上引《秋水》篇一段文字相关。《则阳》篇的作者持万物自生自化的观点，认为自生自化即道，即真知。接子的“或使”（有道使之）、季真的“莫为”（道莫为之），均属以言读、以意测，落于“物”之上，而与“道”本身终究有隔。进一步，对于“万物之所生恶起”问题的回答，在庄子看来，只能以无原因为原因，万物的生起是纯然自化自为的，而自化自为即庄子学派所谓“道”。

六、结语

综上所论，庄子思想从其理论框架的形成来看有三大源头或本原，它们分别是“道”“气”“天”。“道”“气”“天”这三个概念对于庄子思想的形成具有建本立极的作用，它们是推演庄子思想的三个本原和支撑其思想的三个柱子。从发生学来看，庄子思想的形成，意味着庄子学派首先必须吸纳性质不同的思想要素，将“道”“气”“天”三者作为本原综合到自己的思想系统之中来。大致说来，“道”的观念来自老子，“气”的观念来自稷下诸子，而“天”的观念则源于儒家和客观的自然主义论者。这三种思想来源及其在庄子学派中的差异性推演（个体性和历时性），导致了庄子思想的复杂性及其内部的差异性，使得《庄子》一书从宏观上看来似乎缺乏十足的完整性。不过，《庄子》思想内

① 下“意”字，原本无。疑上“意”字下脱一重文符号。成玄英《疏》云：“不能用意测其所为，不能用言道其所以。”王叔岷则据成《疏》认为“意”下脱“测”（郭庆藩：《庄子集释》下册，第917页；王叔岷：《庄子校诠》中册，第1039—1040页）。

含的多元性和复杂性也为庄子学派的思想发展和创造提供了前提条件。在《庄子》思想中，“道”有主观境界义和客观实在义，且以前一义为主。“气”有客观实在义和精神状态义，且同样以前一义为主。前一义的“气”是庄子思想的本原之一，是能够统一客观实在世界的本体，后一义的“气”指虚无的心灵存在状态，这两种“气”的思想性质是不同的。从宇宙生成来看，“道”“气”为二元，“气”聚散变化而“道”随“气”周行；从始源看，“道”毕竟是第一位的，而“气”是第二位的。“天”有客观实在义和主观境界义，但后一义是主要的。有人说“天”即是“道”，是“道”的代名词，在笔者看来这是不够正确的。一方面，《庄子》外杂篇特别是《在宥》《天地》《天道》三篇明确将“天”的地位置于“道”之上。另一方面，“天”其实指代“自然”概念，是“自然”“无为”两概念之内涵的综合，而且通过“天”这一概念，庄子学派将“自然”从属性概念转化为原理概念，“道”因此成为此一原理的推演。此外，客观世界的存在以“自然”为本性，“天”与“人”的对立正聚焦于“自然”与“人为”、“无为”与“有为”的对立上。而随着对立程度的尖锐化，庄子及其后学按照自己的主张大力提升了“天”在其思想世界中的地位，故荀子有“蔽于天而不知人”的评论。

“自然”是庄子思想最为关键的概念，是对老子思想的转进，它贯通于“道”“气”“天”三大本原之中。若抛开自然性，那么“道”非庄子之“道”，“气”非庄子之“气”，“天”非庄子之“天”。在庄子思想中，“自然”兼具“自己如此”“自然而然”和“无为”三义，及兼具客观实在义和主观境界义。“自然”的客观实在义主要体现在：道自本自根、无为无形，气自生自化，及与人相对的天性上。“道”的主观境界义是对于老子哲学的转进和提升，而“天”的主观境界义则大抵属于庄子学派的思想创新，它赋予“自然”以始源义和与其同一的本质，故“天”可以为庄子思想建本立极，从而“自然”可以直接转换成“天”或“天然”的概念。自然的境界，即道的境界，即天的境界，即逍遥无待的境界，即去累解悬、无知无欲、无名无功无己的境界，即个体生命存在的适己忘己的境界。

总之，“道”“气”“天”是庄子思想的三极，或三大本原，它们使得庄子思想的成分变得复杂而多元。但我们不能由此推论，庄子思想在整体上是丛脞而散乱的。实际上，《庄子》思想极富思辨性和批判性，在博大的基础上又以“自然”观念一以贯之，构造了“自然即逍遥”或“自然即自由”的人生境界。毫无疑问，庄子为中国人的人生哲学开辟了一条崭新的道路，树立了一座难以企及的思想丰碑。千百年来，道家思想之所以给人以无穷的魅力，正有赖于庄子的创造。

中国哲学内蕴的超越性特质

李海峰*

【摘　要】 中国文化需要重新建立文化自信，发挥故有的人文精神的同时，展现其超越性的特质。哲学是文化中最为精华的部分，超越性特质主要展现在其整体对于语言的超越追求，儒家思想体现对于个体意识层面的超越性，道家思想侧重对于身体物质层面的超越性，禅宗思想体现出即世间求解脱的对红尘社会的超越性。中国哲学的超越性特质能够对治理现代性的弊端，从整体上提升人的生命境界，把个体生命带入更广大的宇宙秩序中，找寻到生命的意义。

【关键词】 中国文化　超越性　人文　生命

哲学不仅是人们应付环境的产物，而且也包含着人们摆脱肉体和自然限制的超越价值。哲学将至真、至善、至美作为最高追求。中国哲学在秉持人文精神的同时，展现出超越性的力量。

* 李海峰，北京师范大学文化创新与传播研究院副教授，北京市哲学会秘书长。主要从事中国哲学研究。

一、中国文化的自信与人文精神

中国文化是世界文明史上唯一延续几千年而没有断绝的文化，是中华民族的精神脊梁，也是每个中国人的根。中国文化的核心是儒道释三家哲学思想，儒家思想从汉代就一统天下，东汉末佛教传入中国，不断与产生于本土的儒道文化交锋、融合，适应儒家文化中的注重人文的特性，在本土化过程中演变出八大宗派，最终禅宗成为了中国化佛教的典型代表，中国传统思想领域内儒道释三家在保持自身独立性的同时形成了你中有我、我中有你的局面，共同构成了中国哲学中以儒家思想为主体，辅之以释老思想的格局。儒家强调道德修养，侧重在公共生活中的政治、生活领域起作用，追求修身、齐家、治国、平天下的理想，力图实现立德、立功、立言的现实功业；道家提倡自然无为，破除功名利禄的束缚，彻底实现天地与个人的同一，大鹏展翅般地实现个人精神自由，在艺术创作方面有很强的创造性和浪漫性，而且注重身体修炼，有导引、坐忘、心斋、内丹等修身养性的具体实践方法，客观上有健身延年的效果；佛家作为外来文化，以深奥精微的思辨体系，探讨心意识精细层面的转变，侧重分析人的精神心理领域的种种活动。故前哲云："以儒治世，以道修身、以佛修心。"

跨入近代以来，面对西方现代化先行国家的政治、经济和文化的大规模入侵，中国人为中华民族的复兴展开了艰难的求索。在被动地对西方文化的学习过程中，首先学习西方现代化中的那些结果性和表面性的东西，然后才一步步向前溯源，逐渐剥离出西方现代化中的那些原因性和根本性的东西。这种时序倒置特点在鸦片战争以来的中国历史上表现为三部曲：学习西方的实用技术以实现器物层面的变革（洋务运动），学习西方的宪政体制以实现制度层面的变革（戊戌变法和辛亥革命），学习西方的科学民主思想以实现精神层面的变革（五四新文化运动）。在这一系列的变革中，中国的传统文化被认为是落后的根源，被冠之以落后、腐朽的标签，遭到人们的一致批判，中国文化面临着前所未有的危机。

当今中国哲学发展的关键是重新树立对于中国哲学、中国文化的自信。从五四运动开始中国知识分子就对传统文化进行无情批判，把几千年来的文化贬得一无是处，却没有认识到五千年的中华文明历史进程中，如同接力赛跑一样，前人都跑得很好，最后一棒的失败却简单归因于文化并不公平。中国历史上的汉唐盛世、宋代文化都曾经是世界文明的领先水平，不能简单地将近代中国落后的原因归于文化，而要从闭关锁国的政策、文字狱的兴起、轻视商业的思想等多方面去寻找原因。当今，全球化背景下西方强势文化进入中国，中国除了对其进行学习、借鉴之外，更关键的是要树立对于自身文化传统的自信和认识到中国哲学中超越性的智慧。

中国哲学中蕴藏有人类同宇宙和谐共处的独特智慧，这种独特性是中国文化独具的特色和生命力。当今世界的竞争逐步由过去经济总量、军事力量、科技创新等硬实力竞争而转变为由文化号召力、价值观感染力、道德影响力等所构成的软实力竞争，因此每个国家的文化建设就关系到国家综合实力竞争。许多发达国家非常重视文化战略，不断向世界其他国家和地区输出其价值观，通过推动全球民主化和保护人权来维护和实现其全球战略利益。在此背景下，中国的年轻人崇尚西方价值观，哈韩哈日，花费大量时间和精力学习英语及西方文化，但对于《论语》《道德经》《黄帝内经》等中国本有的文化却一无所知。这显示出全球化背景下中国文化自信的缺失。亨廷顿作出了文明冲突的预言，认为在各文明之间的分界线将成为未来的战线。事实上，基督教文明和伊斯兰教文明都是神教性质，具有强烈的排他性，在未来的文明冲突中确实存在不会和平共处的可能性。而中国文明是具有多元包容的特性，在历史上儒道释三家和谐共处，没有发生过以宗教为名的战争，具有维持世界文明和谐相处的潜能，这是中国文明值得自信与骄傲之处。

中国哲学关注人的完整意义和价值，人与人的关系思考是其关注的重点。中国哲学自古以来就是向上反对拜神教，向下反对拜物教，其独具的人文精神极其可贵。这体现在三个方面，一是中国的创世神话中，人的主体精神都在其中发挥作用。盘古开天的故事中，“天地浑沌如鸡子。盘古生在其中，万八千岁，天地开辟……首生盘古，垂死化身，气成风云，声为雷霆；左眼为日，右眼为月；四肢五体为四极五岳；血液为江河；筋脉为地里；肌肉为田土；发为星辰；皮肤为草木；齿骨为金石；精髓为珠玉；汗流为雨泽。”盘古变化成了人世间的万事万物。女娲造人的传说也是同样的，女娲不断按照自己的模样捏造泥人并使其活起来，后来通过甩泥点来造人。可见，在中国祖先的深层意识中，世界和人类的起源都是类似于人的创世神创立的，在中华民族的起源神话中，就是来源于人的转化与创造。

二是中国的民俗传统中，神仙不是其父母所生，而是为民族作出卓越贡献或有高尚品格的人在后世的祭祀中不断变成神。比如由于后稷对农业的巨大贡献，后人便尊崇他为农业之神，享受人间的祭祀。《史记·封禅书》载：“周公既相成王，郊祀后稷以配天，宗祀文王于明堂以配上帝。”道教中的太上老君是根据先秦时代老子的形象演变而成的，老子本是道家学派的创始者，最后被称为道教的太清道德天尊，道教最高尊神“三清”之一。而民间信仰中的药神张思邈，文财神范蠡、武财神关羽，也都是由历史上的真实人物因具有非凡的道德品格而进入神仙谱系的，中国的神仙谱系的完善与发展充分体现了中国人的以人为本的思维角度。

三是中国儒家思想自古就提倡能够超越于物质追求之外的独立人格，道家也提倡至人无己、神人无功、圣人无名的人格境界。比如孟子讲的“富贵不能淫，贫贱不能移，威武不能屈”，孔子讲的“君子喻于义，小人喻于利”“不义而富且贵，于我如浮云”，都彰显了儒家思想中藐视富贵、财富的彰显挺立的独立人格。道家的工夫实践都是要回复到一种最本真的状态，复归于婴儿是理想的存在状态，如“专气致柔，能婴儿乎”（《老子·十章》）、“我独泊兮其未兆，如婴儿之未孩”（《老子·二十章》）以及“为天下谿，常德不离，复归于婴儿”。（《老子·二十八章》）这说明道家将一种人格的理想寄予在最本初的无染尘杂、质朴纯真的时刻，守望着开初的文明。

中国哲学中，人文精神与以文化人是中国特色的优雅体现。“人文”是跟“天文”相对，出自《周易》的《贲卦·彖传》：“刚柔交错，天文也。文明以止，人文也。观乎天文，以察时变。观乎人文，以化成天下。”通过对天文的考察，可以看到一年四季的变化；通过人文，就可以教化天下，让这个社会发生变化。中国文化的根本精神就是“人文化成”。“文明以止，人文也。”做人一定要懂得“止”，知道止于何处。每个人应该根据自己不同的身份了解自己应尽的义务，去做自己该做的事情，去规范自己的言行举止。人文强调以人为本，即强调人的主体性与独立性。人不能成为神的奴隶、物的奴隶，人要自觉自律，彰显人本身的道德主体性。“文化”跟“物化”相对，文化是用文的方式去变化，物化是用物的方式去改变。文明就是相对于野蛮、原始质朴而言，用文来明。人需要坚持人作为主体的精神，不能成为科技与物质的奴隶，那样反而认识不到自身。人如果听命于科技，听命于机器和数据，依靠财富而不是道德品质来评价人，就失去了人文精神。这是中国哲学值得自信的价值所在。中国哲学在处理人和人的关系、人和社会关系、人和宇宙关系中而体现出的以人为本的独特智慧，对于治理当今金钱至上、人类中心主义、恐怖威胁等弊端都是优秀的文化资源，中国文化基因中蕴藏着的是多元一体、美美与共的心态。这样的价值观念如果去影响世界，就会促进人类的长远发展和世界和平，体现出中国作为文化大国的魅力。

二、中国哲学的超越性特质

（一）中国哲学的超越性特质首先表现在中国哲学整体对于语言的超越性上

第一，中国哲学中对于超越语言局限性的多次强调。

《道德经》开篇就谈到语言与实相间的不统一性，“道可道，非常道。名可名，非常名”。可以言说出来的道并不是真正的道的本体，因为语言具有局限性。“老子承认语言是传达信息的中介，他认为人们可以借助这个中介去领会哲理，而一旦掌握了哲理，就应该遗忘原来的语言：因为天地之理不可以言而尽之，重要的是掌握实质。这就是中国哲人所说的得鱼忘筌、得意忘言、到岸舍筏。”① 庄子认为“道不可言，言而非也”。庄子把“道”看作衍生万物的精神实体，是天地万物的本质，超越于具体的万物之上，是抽象的存在。“道”一旦用语言来表述就会失真。对于体道而言，语言的作用是非常有限的。这是因为语言的运用是个人的行为，表达个人的体验，而人由于受时空、成心的限制不可能获得对事物的真知，势必造成对道的遮蔽。对于达意而言，语言的作用也是极为有限的，庄子认为“意之所随者，不可以言传也”，他用“轮扁斫轮”的寓言作了具体论述。《庄子》中多次提到“无言”的理论，启发人们重视沉默的作用。他认为语言表达主体应在遵循自然之道的前提下言而知足，该虚则虚，该实则实，亦言亦默，道物之极。

第二，中国美学描述超越语言的艺术境界。

中国的诗歌、绘画、园林、书法的艺术境界都讲究意境，是不同于单个元素简单相加表达的综合的超越感。诗歌、文章等讲究言外之意，得意以忘言。绘画、山水园林、文艺作品等都讲究意境，“所谓意境，

① 胡安良：《论“意在言外、言外之意”》，载《青海社会科学》，1987年第5期。

就是‘意’与‘境’之接合。‘意’是指作者的主观情思和美学理想，即诗意；‘境’是指作者所描绘的客观景象。诗情画意的有机统一，完美结合，便形成意境”。① 意境是由实境和虚境两个部分构成，实境即诗歌或者绘画作品中描绘的那具体的、有限的境，是意境产生的基础。由实境而引发出来的境界则是虚境，是无限的，充满想象空间的，读者可以感受得到但用语言表达不出的那种境界，就是虚境。

王国维在《人间词话》中特别强调意境，他区分了“有我之境”与“无我之境”两种，并作了简略说明。他说，“有有我之境，有无我之境。‘泪眼问花花不语，乱红飞过秋千去’，‘可堪孤馆闭春寒，杜鹃声里斜阳暮’，有我之境也。‘采菊东篱下，悠然见南山’，‘寒波淡淡起，白鸟悠悠下’，无我之境也。有我之境，以我观物，故物皆著我之色彩。无我之境，以物观物，故不知何者为我，何者为物”。

刘勰认为的“言不尽意”有三方面的内容②：其一，对于圣人的思想，圣人之道是“言不尽意”的。“神道难摹，精言不能追其极”。形而下的“器”是容易表达的，甚至可以通过“夸饰”的方法来充分表现其特征；而作为形而上的“道”，尤其是“神道”是“言不尽意”的。其二，人的思想是十分微妙的，确有许多只能意会而难以言传的东西，“言不尽意”正是反映了语言和思想的不等同性。其三，在文学创作中，故意利用语言在思想表达情感方面就呈现出的非同一性，造成“言不尽意”，有含蓄的艺术效果。在艺术中，往往“言不尽言意”比“言尽意”更有艺术魅力。

（二）中国哲学中对于生命的超越

第一，儒家思想体现的对于生命个体意识层面的超越性。

---

① 许珂：《论意境》，载《科教文汇》，2007 年第 12 期（中旬刊）。

② 贾明：《〈文心雕龙〉中对言意关系的认识—兼论“言不尽意”》，载《上海师范大学学报（社会科学版）》，1999 年第 3 期。

儒家思想中被人们广为传诵的是张载的横渠四句："为天地立心，为生民立命，为往圣继绝学，为万世开太平。"这句话开显出儒家在天地之间，胸怀天下的文化担当。"为天地立心"：天地本无心，但天地生生不息，生化万物，即天地的心意。天地人三才中，人需自觉秉承天地生生之德，天地生化万物的心得以彰显，这种仁爱成为儒家社会伦理建立的根基。"为生民立命"：儒家圣贤开显的"安身立命"之道，正是为了生民。这个道"百姓日用而不知"，却能潜移默化，加上伦常政教的设施，使生民的生活有了依循，而得以护持生命，这就是"为生民立命"了。"为往圣继绝学"：儒家圣人之学，自两汉以下，而魏晋，而南北朝，而隋唐，千百年间，一直未能善续先秦儒家的学脉。唐代儒者感慨"儒门淡泊、收拾不住"。直到理学家出来，才复活了先秦儒家的形上智慧，使天道性命重新光显于世。"为万世开太平"：儒家思想的情怀不只是当下社会国家的安定与平和，而是要为历史作出独到贡献，以"内圣为本质，以外王表功能"，开出太平盛世不只是一时，而是为千年万世开太平。

儒家思想侧重于社会中的人伦秩序的安定，其次第主要通过《大学》中的三纲八目的方式。三纲为其核心要义：明明德、亲民、止于至善。八目是：格物、致知、诚意、正心、修身、齐家、治国、平天下。明明德是将儒家认为每人都内在具有的光明德行发挥出来，不仅要自己明德彰显，修以自利之后要广泛利他，即推广到天下民众都能将自己的光明德行显发出来，这就是新民，最终要达到止于至善之地。儒家思想的意识层面不只是思维中的心意识，而是包含着先天本性中的光明德行。《大学》"所谓修身在正其心者，身有所忿懥，则不得其正；有所恐惧，则不得其正；有所好乐，则不得其正；有所忧患，则不得其正"。这种应然的心的状态是具有超越性的，超越了普通人后天情绪的干扰，忿懥、恐惧、好乐、忧患都是情绪状态的表现。这四方面情绪都需要觉察，觉察超越了所有的欲望与情绪，心中本有的中正才能保持。

《大学》中讲道："所谓齐其家在修其身者：人之其所亲爱而辟焉，之其所贱恶而辟焉，之其所畏敬而辟焉，之其所哀矜而辟焉，之其所敖惰而辟焉。故好而知其恶，恶而知其美者，天下鲜矣！"这段文字更是显示了修身中克服偏执情感作用的重要性，因为感情的亲密、厌恶、敬畏、怜悯、傲惰而在判断事物的时候出现偏差，未能按照事实本来的样子来处理，这五个方面都是人们平常心态自然呈现的，而儒家的修养就要超越常人之情，避免陷于一偏而身不修矣。

《大学》之中提到儒者修身要将先天光明的德性发扬出来，超越常人平常状态的情绪与杂念纷飞的心灵状态，能够摆脱愤怒、恐惧、喜好、忧患等情绪的干扰，也能够摆脱因为亲爱、厌恶、敬畏、怜悯、傲慢等导致的偏见，达到真正的清明而灵觉。儒家经典中不仅大学有超越性，《中庸》中也有超越人思想意识中偏执情绪的许多论述。

《中庸》提倡平常心，子曰："素隐行怪，后世有述焉，吾弗为之矣。"孔子提倡的修身是在日用平常中起用的，他反对探究奇异、行为怪诞博取名声的行为，而是坚持"君子依乎中庸，遯世不见知而不悔，唯圣者能之"。能够做到不偏、不改变，把握好自身光明的德行，依乎中庸而行事，只有圣人才能做到，这种平常心中见功夫的修持功夫，在儒家思想中是一以贯之的，"子不语怪力乱神"，而是倡导中庸之行。能够有中庸之道的君子可以超越外在环境对于自己的影响，无论富贵还是贫穷、患难还是漂泊，总是能够安然自在，从不怨天尤人。《中庸》还说"君子素其位而行，不愿乎其外。素富贵，行乎富贵；素贫贱，行乎贫贱；素夷狄，行乎夷狄；素患难，行乎患难；君子无入而不自得焉"。儒家君子的意识的超越性在于不会受情绪干扰，超越一切外在环境的改变，总是能安然乐处。

《中庸》描述了超越心意识的情绪偏执后，达到的最高理想生命境界是"诚者，天之道也；诚之者，人之道也。诚者不勉而中，不思而得，从容中道，圣人也。诚之者，择善而固执之者也"。儒家的君子和圣人是依着天道而行的，诚是天道，而人道就是去契合天道，达到诚的境界，超越自我的偏执与情绪。真正的诚者境界是圣人的境界，不需要努力就自然做成事情，不需要思考而能达到希望的结果。人在增强修炼的过程中必须选择善，并且能够坚固地持之以恒地做下去。

当个人超越了主观的情绪执著与偏见，能够通透公正，领悟到自己的本性之中具足智慧之后，这就可以说“唯天下至诚，为能尽其性”；自己能够见到本性，摆脱情绪的烦恼与各种思想的偏执之后，还要去帮助别人，还要使得万物都能充分发挥其潜能，这就是《中庸》讲的“能尽其性，则能尽人之性；能尽人之性，则能尽物之性”；这种对于人类整体的普遍大爱还不是最圆满的，真正全方位做好以后就是“能尽物之性，则可以赞天地之化育；可以赞天地之化育，则可以与天地参矣”。这样的人才是立于天地之间，为天地立心的人，真正领悟了天地人三才的奥妙。

儒家的生命境界不是个体的，而是对于社会整体仁爱，具有经世济民的思想，如同《中庸》所讲“诚者非自成己而已也，所以成物也。成己，仁也；成物，知也。性之德也，合外内之道也，故时措之宜也。”诚者要有仁有智，将性德显发出来，做到这样的人，无论是对内修己，还是对外待人接物，都可以做到适宜的程度。

《中庸》中对于君子外王的境界也有所描述。“故君子之道：本诸身，征诸庶民，考诸三王而不缪，建诸天地而不悖，质诸鬼神而无疑，百世以俟圣人而不惑。”君子所行之道，要以修正自己的身心为根本和起点。如果自己没有真正的实行，那就不可能得到民众真心的认同。《大学》里讲“君子有诸己而后求诸人”“上老老而民兴孝；上长长而民兴悌”与此是可以相互印证的。“故君子之道本诸身”，一定要在自己的身上有一个体现。“征诸庶民”指处理好自己与老百姓的关系，只有自己做到了才能影响到其他人。“考诸三王而不缪”，考证自己与以前的历史的关系，“建诸天地而不悖”，考证跟天地万物空间的关系，“质诸鬼神而无疑”，解决的是无形与有形的关系，不管存在不存在，也要能处理好。“百世以俟圣人而不惑”，君子之道如果真的能够做好了，在未来是有传承的意义。关键在于自己能够“因诚尽性，正己化人”，远方之人能够闻名慕德，近处之人也能受到潜移默化的影响。这是内在的德行修养到达生命圆融的境界，超越了自我的局限性之后转化一方的生命状态。儒家推崇的圣人修养境界确实是超越了一己之私的廓然大公之境界。

第二，中国哲学中道家修炼思想里对于肉体生命的超越性。

中国道家养生历史悠久，博大精深。其核心是中国道家的内丹养生之道，其理论基础为中国传统的生命科学理论：其主旨是让人们的生活方式道法自然，让生命的律动符合自然的节奏，合道的生活就是合乎规律的生活，进而通晓自然规律达到乐天知命，不仅掌握人类自身生命密码，同时也掌握宇宙天地人大自然万物生命变化的规律，最终让全人类达到健康长寿、天人相应的超然境界。“宇宙在乎手，万化生乎身”，概括了中国道家养生学及其核心。中国道家养生学核心理念为“天人合一”，通过修炼内丹养生之道达到“返朴归婴”，这也是《道德经》所崇尚的修养境界。其一是婴儿状态：“含德之厚，比于赤子。毒虫不螫，猛兽不据，攫鸟不搏。骨弱筋柔而握固。未知牝牡之合而全作，精之至也。终日号而不嘎，和之至也。”其二是玄同境界：“塞其兑，闭其门，挫其锐，解其纷，和其光，同其尘，是谓玄同。”这种“玄同”的境界是消除自我的遮蔽，超越世俗人伦关系的束缚，以开朗、宽豁的态度对待一切人和事，是与万物同化、浑然为一，是得道之人的境界。

中国道家养生修炼方法修炼生命本源精、气、神，确保修学者能常保自身生命本源精、气、神圆满。道家思想认为此三者是人类生命赖以生存的本源，同时是人类健康长寿、开智回春、天人合一的根本保障和法宝。具体来说：一是对于肉体生命的超越。道家关注生理层面，以人的新陈代谢、自然的延续为思考焦点。这是道家命功系统的基本内容。其核心就是要解决人类有史以来的一个根本焦点：对死亡的恐惧，对生命有限的悲叹。二是对于精神生命的超越。关注生命境界层面，落脚点在人的心灵，注重心灵对生命的体悟和了证，使心灵超越有限性的制约，终止世俗精神生命，粉碎心灵对外境的执持，以达纯粹光明之境界，这是性功修炼的内涵。

道家的修养以超越有限个体生命为主旨，在体证天地造化的前提下，对宇宙大化及天地人三才生存系统进行了周密的观察和思考，将个体生命置于宇宙生命的大化之流中，从中找到了人类战胜死亡、迈向永恒之路的根基，即元炁。它是一切生命的存在之根，是天地人三才生存系统的支撑。人凭借道家的修养程序可以执持己身的先天之炁，与天地所禀的先天之炁相互感应，进而以此先天之炁纯化己身的阴邪之气，使先天与后天打成一片，最终返归于纯阳之境。这就是内丹学开拓的迈向真实生命的永恒之道。它以先天元气为基点，返归于真实、永恒，通过将个体生命融入终极实体之道而得以超越，也就实现了人类肉身不死的愿望。

《道德经》强调“以德养生”以及内在超越的方法。生命的完善是通过内在的方式，通过炼精化气、炼气化神、炼神还虚的操作技术，涵养元气，升华境界。道德是这一切修炼的前提条件，只有良好的道德行为与道德意识才能保证内在超越方法的成功。

“从终极的道体的角度来看，人之生命的意义并不单纯局限于其类的范围之内，亦即只对人自身呈现意义，同时也是道体显现其自身实现自我觉醒的一个媒介，因而具有整全的终极意义。道通过人的生存而达到自我醒悟，其外在表现形式便是人的证道、体道行为。对此，原始道家的生道合一思想就是这样一种有助于人类摆脱其自我中心的局限，以体证大道为中心，以规范现实生命意义的核心观念。因而，任何一种现实的生命都是精神与肉体的统一体。人的肉体不仅像传统哲学认为的那样是其精神的载体，而且更重要的是人据以生成、发展其精神的基础，更为重要的是人还以肉身为根基切入其周围的生活世界，以达致对世界的领悟与认知。由此可见，脱离肉身而单提精神的生命，只能是一种抽象的生命。道家的生道合一思想扣紧肉体与精神统一的主题，其论现实的生命不仅重视其精神层面，而且也贯穿于作为生命的晕圈及视域场景的肉体层次。这实在是一种整全的生命观。正是在这一方面，道教继承、发扬原始道家的基本精神，将关注的焦点聚集于肉身，希图通过对构成肉身生命因素的精、气之修炼来契证道体。"① 这段论述清晰表明道家思想对于人的肉身进行超越，将肉身视为最终道体的展现，通过肉身的超越到达对于道体的契证。

（三）中国佛家中禅宗思想体现对社会红尘的超越性

佛教自从汉末传入中国之后，就与儒道相结合走上了佛教中国化的道路。在佛教初传进入中国的时候，人们是用老庄的"无"去解释佛教中的"空"，随着传入中国的佛教经典的增多，中国佛教在魏晋南北朝时期进入迅猛发展的阶段，形成了独具特色的中国八大宗派，来自印度的佛教在中国焕发出新的生命力，在印度反而逐渐衰败下来。随着历史的前进，许多佛教宗派在社会中的影响力逐渐减弱，而注重现实生活、倡导"佛法在世间，不离世间觉，离世觅菩提，犹如求兔角"的禅宗思想在中国得到广泛传播，在世间追求解脱觉悟的禅宗在中国影响广泛，受到国人的喜爱。

惠能是整个禅宗史上具有改革创新意义的人物，他的禅学思想，虽说仍不出历代宗师的"见性成佛"之说，但是无论是在理念和方法上，都有跨越式的提升。第一，在他之前，佛教倡导离世才能修行解脱，而他倡导即世间而解脱，把日常生活作为修行的道场。第二，在他之前，佛教倡导禅坐观静、持戒行善等许多规则，而他倡导"外离相为禅、内不乱为定"。"心平何劳持戒？行直何须坐禅？恩则亲养父母，义则上下相怜；让则尊卑和睦，忍则众恶无喧；若能钻木取火，淤泥定生红莲；苦口的是良药，逆耳必是忠言；改过必生智慧，护短内心非贤；日行常行饶益，成道非由施钱；菩提只向心觅，何劳向外求玄；听说依此

① 张广保：《道家的根本道论与道教的心性学》，巴蜀书社2009年版，第71—72页。

修行，天堂只在目前。”生活的平常日用动静之中，通过道德修养直入修行获得般若之法。他的禅法思想，主要集中在《六祖坛经》，并被当作历代传承的依据。

第三，惠能旗帜鲜明地提倡“顿悟”。在《坛经》中，表现“即得见性，直了成佛”的顿悟思想随处可见。佛教历来认为是“因戒生定，因定发慧”，二者存在有因果和时间的差异。惠能认为：“我此法门，以定慧为本。第一勿迷言慧定别。定慧体不一不二，即定是慧体，即慧是定用。即慧之时定在慧，即定之时慧在定。”① 所谓定慧等而无别，也就泯灭了二者之间的差异，而与其顿悟的理念协调一致。在《六祖坛经》中，惠能提出了“无念为宗，无相为体，无住为本”的禅学思想，与《金刚般若波罗蜜经》（简称《金刚经》）的义理相一致，旨在阐明世间一切现象无有主体性，破除一切虚妄执著，认识宇宙万有的实相：“此法门中一切无碍，外于一切境界上，念不起为坐，见本性不乱为禅。何名为禅定？”“于一切法上念念不住”，不执著于任何的事物或名相，不需要任何的外在系缚。因此，他对于一切成规，都进行了审视和评判。弘忍提出修心，神秀提出观心，而惠能却认为心性本净，“看即是妄”，“善诸识，此法门中坐禅原不著心，亦不著净，亦不言不动。若言看心，心原是妄，妄如幻故，无所看也。若言看净，人性本净，为妄念故，盖覆真如，离妄念，本性净。不见自性本净，心起看净，却生净妄，妄无处所，故知看者却是妄也。……若修不动者，不见一切人过患，是性不动”②。

禅宗四祖道信特别强调坐的意义，“努力勤坐，坐为根本”。坐禅在弘忍时代，可谓发挥到了极致。惠能虽说有时也劝人端坐，但基本立场却是相反：“一行三昧者，于一切时中，行住坐卧，常行直心是。……但行直心，于一切法上无有执著，名一行三昧。迷人著法相，

① 杨曾文：《敦煌新本六祖坛经》，宗教文化出版社2011年版，第14—15页。

② 杨曾文：《敦煌新本六祖坛经》，宗教文化出版社2011年版，第18—19页。

执一行三昧，直言坐不动，除妄不起心，即是一行三昧。若如是，此法同无情，却是障道因缘。道须通流，何以却滞？心不住法，道即通流。住即被缚。若坐不动，是维摩诘呵舍利弗宴坐林中。善知识，又见有人教人坐，看心净，不动不起，从此致功。迷人不悟，便执成颠倒。即有数百般如此教道者，故知大错。”① 在六祖的眼里，破除一切现象执著，行住坐卧常行直心，没有执著就是禅修的三昧境界，而不必拘于任何形式。后来五家七宗接引方式的百花齐放，就与此具同一思想根源。

《坛经》全书的主旨在于般若波罗蜜法，般若波罗蜜就是获得解脱的佛慧。惠能屡屡赞颂般若，并且还与《金刚经》联系起来。《坛经》里记载其答韦使君的一段关于念佛的问题：“世尊在舍卫国，说西方引化，经文分明，去此不远。只为下根说远，说近只缘上智。人有两种，法无两般，迷悟有殊，见有迟疾。迷人念佛生彼，悟者自净其心。所以佛言：‘随其心净，则佛土净。’使君，东方但净心即无罪，西方人心不净亦有愆，迷人愿生东方。两者所在处，并皆一种心地。但无不净，西方去此不远。心起不净之心，念佛往生难到。”说明般若智慧指引，人无须去追求死后的西方极乐世界，更重要的是在当下念念净心。

三、中国哲学的超越性对治现代性的弊端

“真正的哲学是自己时代的精神上的精华，是人类文明的活的灵魂，是社会变革的先导。哲学总是揭示和反映时代的复杂矛盾，关注和回答时代提出的各种问题，并随着时代的前进使自身不断变革。”② 中国哲学作为时代的精华，就是要回应当下社会面临的尖锐的矛盾与难题，推

① 杨曾文：《敦煌新本六祖坛经》，宗教文化出版社 2011 年版，第 14—15 页。

② 戴锐、赵跃先：《“哲学是时代精神的精华”命题的现代性解读》，载《天津师范大学学报（社会科学版）》，2011 年第 3 期。

动社会的进步和人类文明的发展。中国作为一个迅速崛起的大国，在制度、文明形态、历史传统等方面都与以西方为主导的强调个人自由的资本主义制度成为鲜明的对比，形成了独特的中国道路与中国制度，那么中国的道路和制度究竟能给世界带来怎样不同的选择，以中国哲学为核心的中国价值的先进性怎样体现，中国价值能否给世界带来对治当下人类困境的东方智慧，这离不开中国哲学对于现代性的回应，也离不开中国哲学立足于现实，而又有独特超越性的品格。

"现代性"是当今比较主流的话题，其内涵与外延极其丰富，"现代性"强调对个人主体性尤其是对普遍理性的运用，也强调对个体自由的保障，其往往表现在经济运行的理性化、行政管理的科层化、公共领域的自律化、公共权力的民主化和契约化等社会体制层面。"现代性制度设计使非功利的道德观为实利主义经济观所取代，社会服从经济运行，物质财富成为社会生活的重心。人与人、人与世界的关系被物化：人与自然的关系以技术为中介，人与社会的关系则由资本来调动。这种物化的世界观使世界的有用性价值凌驾于人的生命价值之上，在整体现代世界的价值序列中，人丧失了自身生命价值的特殊性，道德不再有表现生命价值的资格。"① 现代性在显示其先进性的时候，同时为当代社会带来种种弊端，人被异化成为金钱的奴隶，贫富分化愈加严重，生态环境不断恶化，人与自然的矛盾已经到了非常尖锐的程度，这样的时代背景下，中国哲学的超越性在对治现代性导致的系列问题时能够大有作为。

因为中国哲学提升人的生命境界，不再纠缠于个体的得失，把个体生命带入更广大的宇宙秩序中。道家思想对人的生存意义进行拓展，人不止是一种生物性的存在，还有一种生命意义的追求，一种最终的价值之追求。文化的理念或文化的符号系统可以安顿人心，产生生命的意义

---

① 彭超宇、金梦兰：《现代性的基本价值理念及其内在悖反》，载《廊坊师范学院学报（社会科学版）》，2014 年第 2 期。

与精神的秩序。这些都使得人可以在物质生活之外创造广袤无比的空间，也许这是21世纪人类文明发展需要的方向。

中国哲学可以塑造出坚毅的人文品格，能够对治资本的泛滥、信仰的迷失；中国哲学中关于自然与人类的整体思维与关联可以克服人类中心主义、对治当下的环境危机、不当的竞争；立足现实品质的中国哲学关注人本身的品格，能够在世间而超越世间的束缚，提升人的精神境界，使人不仅在物质文明而且在精神文明方面得到全面的发展。

美学论苑

从“做的哲学”谈文人音乐传统

宋　瑾*

【摘　要】中国传统音乐哲学的特点是实践，文人音乐强调修身养性功能就是典型。诸如“天人合一”“心斋”“坐忘”“移情”“素琴实践”“自况”，等等，都是具体的表现。这些表现体现了超感性和超主体性的特点。相关文献中的许多文辞源于实践又导向实践，也体现了“做的哲学”精神。挖掘这种哲学精神，对中华美学的重建具有理论与实践的意义。当代音乐研究、民间传统和教育实践等都证明了这一点。

【关键词】做的哲学　文人音乐　自况　超感性　超主体性　归一返道

中国传统音乐文化研究，出现了很多分支，都产生了很多可喜的成果。本人近年来特别关注古代文人音乐哲学思想与实践，例如“和”“大音希声”“修身养性”“天人合一”“耳听、心听、气听”（心斋、坐忘）、“移情”“琴中趣”“色空不二”“全声”与“全士”“神为之君”，等等。通过几年的中国古代文人音乐哲学研究，本人获得一些思考结果，如“和—生态观”“虚实体在论”“做的哲学”“自况”的行

* 宋瑾，中央音乐学院教授，北京市哲学会副会长，北京市哲学会美学分会会长。主要从事音乐美学研究。

为方式、“超感性”与“超主体性”、“归一返道”逆生之法，等等。当前要在全球化中走自己的特色道路，梳理或重建中国音乐理论系统，就需要进一步深入进行传统音乐文化的研究，需要突破各种瓶颈。这方面的学术探讨意义重大。笔者原计划全面梳理这些思考，作为阶段性研究成果的导论。限于时间，在此仅仅谈一个相关问题的思考，即“做的哲学”。关于“做的哲学”，笔者已发表过专文①，并在一些学术会议上谈及。这里再次谈论，希望引发学界共同探讨。美国“新新实用主义”代表舒斯特曼的书“*Practicing Philosophy*”被译成《哲学实践》②，这容易被人理解为先有某种书写的哲学，再根据它去实践。笔者觉得从内容看，应该按照英文语序译成“实践哲学”，这样更符合作者说的“做的哲学”的意思。相对于“说的哲学”，“做的哲学”强调实践；真理就在实践中，即便没有被言说它也存在。这种观念跟中国古代文人音乐哲学思想相通。

中国古代文人音乐哲学的特点是来自实践，返回实践。前人文字是后人实践的导引。例如《谿山琴况》，其24况都是要通过“自况”的行为方式达成的。关于“自况”的行为方式，笔者也已发表过专论③，在此仅作提要。自况完全不似他娱，也不同于自娱，是文人音乐极具特色的行为方式。它要求操琴者通过各种方法、渠道进入超越世俗的高远境况或境界。《谿山琴况》指出鼓琴即便不遇知音也“足以自况”。就是说，鼓琴并非操弄音乐，而是籍琴求道；“琴况”宗旨乃“道况”。明清有琴论者（如杨表正《弹琴杂说》）指出，如果鼓琴是为了音声愉悦，那不如弹古筝。显然，自况的行为方式充分体现了“做的哲学”的精神和体悟方法。这种做法在魏晋时期陶潜的“素琴”实践那里已

---

① 宋瑾：《说的哲学与做的哲学及其他——略说中西音乐美学》，载《深圳大学学报（人文社会科学版）》，2012年第4期。

② 〔美〕理查德·舒斯特曼：《哲学实践》，彭锋等译，北京大学出版社2002年版。

③ 宋瑾：《“自况”的行为方式及其求索》，载《音乐艺术》，2015年第3期。

有充分体现。如果说早期重道轻器，琴仅仅被当作入境获取“琴中趣”的一道开关，那么后来道器并重，或者道器一元，琴可以“吟其心”，亦可以“得其道”。

历史上，道家、儒家和佛家都强调做的哲学，而不是说的哲学。

如庄子阐述的“坐忘”“心斋”。《庄子·大宗师》叙述颜回几度向孔子谈自己的进步，他说自己开始忘了儒家道家的区别，最后达到物我两忘的“坐忘”境界，即“堕肢体，黜聪明，离形去知，同于大通”。孔子大加赞赏，并言要步其后尘。《庄子·人世间》谈及颜回请教何为“心斋”，仲尼曰：“一若志！无听之以耳，而听之以心；无听之以心，而听之以气！耳止于听；心止于符；气也者，虚而待物者也。唯道集虚。虚者，心斋也。”这些文献内容都是大家非常熟悉的，但是今日的研究者究竟有几人做到“坐忘”“心斋”？就像“天人合一”，有几人体验到那种状态？以上言辞，都是动词，如“堕”“黜”“一”“听”“止”“待”等。其中的“一”作为动词，作“专一你的心智”解。

又如《大学》，提出一系列“做的哲学”具体要求：“止”“定”“静”“安”“虑”“得”，格物、知至、意诚、心正、身修，这样方可实现“修身、齐家、治国、平天下”。人们多引用“修身、齐家、治国、平天下”，却对修身的具体要求关注不足。在笔者看来，这一系列关键词都是动词，都是做的哲学的表述。此外，仅从“止”“定”“静”“安”就可看出在修身养性上儒家和道家的相通之处。加上庄子通过仲尼之口谈坐忘和心斋，更说明儒道的内在关联。

再如《心经》，很多文字都是实践性的。例如第一句“观”“自在”“行深”“照见”，等等，均为“做的哲学”。这种感悟，得益于一次偶得。20 多年前，有朋友从某寺庙主持那里获得一本内传的《心经》解释读本复印件，知笔者喜爱佛教哲学，便印了一本赠送。看了才知道，《心经》几乎每个字都是修行法门。例如“自在”作为动作，就是要斩断所有世俗关联、所有束缚，解除所有执著——不执著于“色”，也不执著于“空”。如此等等，一路做下去，“勇猛精进”，达到禅佛境界。

道儒释对文人乃至各类人群都有很深的影响，因此被当作中国传统文化的重要思想根基。它们也是传统音乐文化的思想根基。

为此，需要思考三个问题。

其一，今日研究者如何获得“亲历的知”，书写“学理的知”。如何籍琴求道，成就“天人合一”？遵循做的哲学，亲力亲为，就能获得亲历的知。笔者曾提出“音乐学四大件”，即“体验、阅读、思考、写作”。其中的“体验”，包括音乐欣赏、表演、创作、田野等体验，还包括传统音乐哲学的体验。过去以为可以先知道，然后再做到。例如老师教琴，示范并讲解，然后问：知道了吗？答：知道了。会吗？不会，需要回去练习。实际上在没有做到之前，是无法真正知道的。笔者现在经常强调的是：只有做到，才能知道。做到了天人合一，才知道什么叫“天人合一”。在非理性体验领域，包括感性体验或审美体验、宗教体验、情感体验等，前人的亲历之知，写成文字，成为“学说”；后人通过阅读，只能获得“学理的知”。如果仅仅了解字面上的意思，那就很难说对音乐文化、音乐哲学有真正的认识。弹古琴，如何采取自况的方式，达成24况指向的境界？文人音乐哲学告诉我们，要以自况的方式，归一返道，也就是俞伯牙的老师成连先生所说，首先做到“精神寂寞，情之（志）专一”，如此再由“一”而入“道”。这便是笔者所说的“逆向生成法”，将“道生一，一生二，二生三，三生万物”倒过来，九九归一，由一入道。具体如何做，如何达成，恐怕需要专门的传承方法研究和交流。《水仙操》记载的伯牙学琴之“移情”故事，笔者认为是成功的古人音乐传承的典型事例。

其二，对巫、宗教音乐哲学，如何“进出”？一方面，“不入虎穴，焉得虎子”；另一方面，有学者认为要防止从研究者变身为信仰者，如何处理？做的哲学要求通过切身体验获取亲历的知，因此要了解宗教音乐的精髓，就必须深入其中。人类学区分局内人局外人、主位研究客位研究。做的哲学，亲历的知，应该指向局内观，以及笔者提出的“局内感”。“局内观”即局内人的思想观念，“局内感”则是局内人的感觉感受。印度人只承认少数几位西方音乐家懂得他们的传统音乐，调查表明，这些西方音乐家都在印度学习体验了十几、二十年，能够像局内人那样表演、品味和分辨高下。他们是习得性局内人。有学者提出“双视角”的研究方法，既入得局内又可出于局外，既能获取亲历的知，又能避免“不识庐山真面，只缘身在此山中”的尴尬。这里遇到释义学基本问题。历史释义学强调对原真性的把握。按历史释义学的看法，获得局内观和局内感就是获得原真性意义。哲学释义学则允许解释者的主观介入，认为意义是阐释的结果，是主客观统一的“视域融合”的结果。二者的区别是，历史释义学认为对象是确定的，意义只有一个，而哲学释义学则认为对象是开放的，意义具有多样性。后者显然并不强调局内观和局内感。也许对其他传统音乐文化，人们可以容忍两种释义学的同在，而对宗教音乐，就有不同看法，例如上述反对意见，反对深入其内，从研究者变成信仰者。暂时悬置两种释义学的分歧，笔者认为无论如何，入得其内，成为宗教音乐局内人，据有宗教哲学及其音乐文化的局内观和局内感，是研究和阐释的基础。当然，做的哲学并非要人们仅仅获得“理解”“知道”，而是要人们“做到”“行道”，与道统一。

其三，非理性体验难以言传，如何书写？如上所述，感性体验、宗教体验等都具有只可意会不可言传的特点。有同样体验、同样亲历的知，彼此便心知肚明，心照不宣；或只言片语便心领神会。而没有相同体验、缺乏亲历的知，彼此便很难交流。音乐体验与言说亦如此。这里遇到的是语言的局限性。学术研究需要言说音乐。虽然言说音乐并非用语言翻译音乐，例如音乐历史，音乐人、物、事等，都是可以言说的，但是毕竟经常需要描述音乐或描述音乐感受，那就不得不进入了言说不可言说者的境地了。西方学界的“语言学转向”，遇到的就是这样的问题。以至于分析美学家基维要说：要有效解释一首乐曲，最好的办法是将它完整弹一遍。对一个作品的演奏是“对该作品的完整描述”，演奏者通过“亲历如何做”来演绎一部作品。[①] 这可以概括为“用音乐来解释音乐”。我们经常看到表演专业的教师采取示范教学方法来帮助学生把握音乐精髓，用的就是基维所说的“非言语描述”法。问题是音乐学成果需要用文字书写，包括描述音乐和描述音乐体验。为此，分析美学作了相应的研究，提出了“隐喻”的语言操作方法。对此笔者也有相关文论[②]，不赘述。亲历的知如何转变为学理的知，关键在于把控语言。

穿越语言来思考新的可能性。言语或书写既然对“做的哲学”来说不重要，那么，它们是否可以放弃不用？如果说哲学是世界观，是方法论，那么凡提供了世界观和方法论者，均为哲学。如是而论，也许“做的哲学”通过实践传递了世界观和方法论，实践者彼此心知肚明，那么它可以不立文字，它是“无字哲学”。就已知范围看，目前广泛传播的多为书写的哲学；相对而言，中国传统哲学具有鲜明的非文字性，或非语言性，尤其是禅宗哲学等。既有文字都来自实践，并用于指导实践。更重要的是，这些文字高度简洁，有效的传承高度依赖非语言方式。古琴传承本身就是“做的哲学”的传承。所谓“口传心授”“言传身教”，其中的“口传”“言传”与语言文字有关，而“心授”“身教”则体现“做的哲学”的特点，而且是关键之所在。西方也有不立文字的哲人，比如苏格拉底。但后来西方“说的哲学”还是占了主流位置。西方艺术音乐传承至今仍然需要文字和乐谱之外的“心授”与“身教”。表演专业课就是典型。教师需要通过身体、表情示范等非言语行为来帮助学生在意识中建立作品理想感性样式的意向性存在，从而使他们的练习有明确的目标。相比而言，中国传统音乐文化表达与传承更依赖非语言方式，从而呈现了“做的哲学”而

---

① 〔美〕彼得 · 基维：《纯音乐：音乐体验的哲学思考》，徐红媛等译，湖南文艺出版社2010年版，第84—85页。

② 宋瑾：《言说音乐的三种术语及隐喻》，载《交响》，2011年第3期。

非“说的哲学”样态。从根子上看，西方美学是“感性学”，处于“主体—对象”的二元逻辑中；中国美学具有“超感性”的特质（如“大音希声”“琴中趣”等），追求“超主体”的境界和状态（如“天人合一”“神为之君”等）。这种超越性更是语言无法捕捉的，因此只能通过“做”来达成。

概言之，只有做到，才真正知道。毛泽东在《实践论》中指出，要知道梨子的滋味，就要亲口尝一尝。有多少种文化，就有多少种音乐。目前存留的多元音乐文化，包括自然态传统音乐、人工态的（人工保护的）“遗产”与新异质化音乐。具体个人时间有限，不可能深入体验所有音乐文化，因此也没有全知者。尽管如此，每个人都可以选择某个或某些乐种进行深入体验，具体方法就是实践。文人音乐曲高和寡，登临其哲学高峰，方知其美妙。

最纯粹的“做的哲学”，是无字哲学。其精要在于“做”。文人音乐哲学的冰山一角显露在相关乐论中。挎掘的古籍，虽文以载道，却需要通过做到才能知道。

是否信仰，自有因缘。从研究到信仰，并非是一条必然的道路，二者没有确定的因果关系。反之，如果因缘皆具，不研究也可能成为信仰者。况且，如果只是字面上做文章，没有脱离“说的哲学”范式，那再研究也难以品尝到信仰的果实，难以受其感化。入而不出，或反复出入，皆由因缘。隐于野？隐于市？隐于朝？皆有因缘。

学习古人的书写方式，用“实践性语言”将“亲历的知”转换为“学说”。自西学东渐，言说方式与书写方式均西方化。有学者提出回归传统母语表达方式，就已形成的局势看，很难。但毕竟存在一些可能性。已经有学者走了自信、自觉、自性、自为道路，其书写闪耀出去蔽的汉语光辉。

横看言岭，侧视谈峰。“场”中话有无。“场”是关系哲学的用词。

关系哲学认为应该先确定关系，再在关系中谈论有无、是非。① 在横看关系中言说“岭”，在侧视关系中谈论“峰”，美国新实用主义哲人理查德·罗蒂称之为“小型叙事”。言岭论峰无对错。横看和侧视之外，还有超觉。耳听和心听之外，还有气听或神听（庄子、文子）。关系实在论中的“场与有”，区分了局内观和局外观、局内感和局外感。对于铁块，磁场是存在的；对于石头，磁场却不存在。不难想象关于磁场的有无，铁块和石头的对话将有什么样的结果。欲知磁场的有无，石头须通过修炼增加含铁量。含铁量愈高，感受到的磁力就愈强。

比喻毕竟只是比喻，但道理相通。

关于文人音乐哲学，笔者最后想说的是，针对“人心不古”，需要学习古人；但学习古人并非要仿古复古，而是要“古为今用”。

2016 年 11 月，中央音乐学院音乐学研究所邀请上海师范大学刘正国教授来校举办讲座，内容涉及古乐器“骨龠”（骨笛）的发掘工作。在笔者看来，这是一个当代“做的哲学”促进学术发展的典型事例。从讲座中获悉，1986 年甲湖出土发现了一批飞禽骨制管状器具，有各种按孔，却没有吹孔，学界无法确定它们是不是乐器。后来经过管口斜吹试验，发现可以吹奏音阶，由此确定它们是一种吹管乐器。但是有人认为是排箫，有人认为是篪。经刘正国考证并实验，确定为龠。其中有一种平均分布的 5 孔龠，在没有吹奏实验之前，人们仅仅通过常规管乐算律法推断它的音阶形态。经刘正国吹奏实验，发现离吹口远的两个吹孔之间，可以吹奏大二度，也可以吹奏大三度，由此确定它有不同音阶形态。对出土文物中的一种无孔骨管，人们猜测是未完成的骨龠。但是刘正国通过吹奏，发现它可以发出泛音列基音及其上方的 5—7 个音，由此断定是完成了的无孔龠，进而推断它是最原始的古龠，可能源自吹火管。古时候凡是用火的族群都有吹火管，这就可以解释世界上不同地

① 参见罗嘉昌：《从物质实体到关系实在》，中国社会科学出版社 1996 年版。亦可参考罗嘉昌主编的《场与有》系列哲学年刊。

区的一些族群都创造了类似的吹管乐器。此后，刘正国进一步将相关研究成果应用到当代竹笛类乐器的改制上，发明了 7 按孔和 10 按孔等笛类乐器，它们可以吹奏比常规 6 按孔笛类乐器更大音域的乐曲，这不仅拓展了吹管乐器本身，也为作曲提供了新的可能。

其实，现实音乐生活中早已存在作乐与听乐两类情形。自娱音乐活动与他娱音乐活动不同，它的特点在于音乐玩家在“做音乐”（making music）的过程中自得其乐。而他娱音乐活动中的表演者，用音乐去愉悦他人，自己可能处于愉悦状态，也可能不处于这样的状态甚至相反的厌倦状态。职业表演者为了完成工作而进行他娱活动时尤其如此。打个比方，自娱者如同自己进食，他娱者如同给人喂食。吃螃蟹，成年人觉得自己边剔边吃更香，儿童却希望大人剔肉喂自己。下棋与观棋的不同与此相似。不少人看人下棋心里痒痒，跃跃欲试。当然也有人太看重输赢，不敢贸然下手，缩在一边旁观。几乎所有游戏都存在这样的两种情形。民间音乐活动如福建南音、广东音乐、江南丝竹等，都承继了作乐玩乐的传统习惯。现代卡拉 OK，自娱自乐的人群多为中国人或东方人。有学者指出这是东方美学传统的一种表现。如今的音乐教育，强调“音乐活动”，也就是让学生自己“进食”，而不是老师“喂食”。实践证明这样做学生更有乐趣；在这样的活动中学生学会学习，并提高审美情趣，增进艺术文化素养。以上这些，都表明强调实践体验的“做的哲学”，在今天依然是我们需要传承、落在实处的中华美学精神，处处体现着它的独特而非凡的价值。

大数据时代的美学研究与传播

史　红*

【摘　要】大数据对美学研究产生多重影响，它引发美学研究的思维变革，带来美学研究的模式转变，推动美学研究的纵深掘进，提高美学研究的准确程度，拓展美学研究的疆域范围。根据大数据的算法，如关联规则挖掘、聚类算法、序列模式、时间序列挖掘等，可以对美学进行深入而独特的研究。大数据应用于美学，可以对美学数据进行收集、处理并推荐，刻画美学用户画像，对美学多数据源融合分析并开展数据运营。大数据对美学传播的影响是筛选用户、引导内容与融合渠道。

【关键词】大数据　美学

在数据技术（Data Technology）时代，大数据已经成为现代社会的核心，是未来创新、竞争的驱动力。数据技术的成熟，促使数据爆发性地、指数级地增长，且无法使用传统尺度衡量、计算，形成海量规模。根据统计，2012—2020 年全球数据总量年增长率维持在 50%左右，到 2020 年全球数据总量将达到 40ZB。数据类型呈现结构化、半结构化和非结构化的多样态，数据来源也是广泛而复杂，有源于各种传感器、测

* 史红，首都师范大学教授，北京市哲学会副秘书长，北京市美学会秘书长。主要从事美学研究。

试仪器、模拟实验室、相关企业的数据，也有源于个人数字终端的社交网络、搜索引擎、网页浏览记录等。“4V”即 Volume（大量）、Variety（多样）、Velocity（高速）、Value（价值）成为大数据的特点。大数据对每一行业都提出了挑战，对美学亦如此。那大数据对美学研究、传播究竟意味着什么？有怎样的影响与作用？大数据如何为美学所用？这些都需要美学研究者认真思考。大数据提供给了美学研究与传播一种新方式、新视角、新路径，蕴含着极大价值，给美学既带来良好的发展机遇，也带来强烈的冲击震荡。

大数据对美学产生革命性的影响是多重的。其一，就研究思维而言，大数据引发美学研究的思维变革。大数据既能处理“因果关系”又能处理“相关关系”，它不仅能够回答“为什么”，还能回答“是什么”。它给我们思维的启示是“首先，要分析与某事物相关的所有数据，而不是依靠分析少量的数据样本。其次，我们乐于接受数据的纷繁复杂，而不再追求精确性。最后，我们的思想发生了转变，不再探求难以捉摸的因果关系，转而关注事物的相关关系”①。传统美学研究思维主要探究美本质与现象之间的因果关系，现在要开启全新思维范式，培养、树立大数据意识，在因果性之上还要重视事物的相关性、混杂性，以复杂性思维推进美学研究的现代化。其二，就研究模式而言，大数据带来美学研究的模式转变。当下大数据研究新模式是继实验科学、理论科学、计算科学之后出现的第四种研究范式，即“数据密集型科学发现”模式（Data-Intensive Scientific Discovery）。研究者运用数据挖掘工具进行统计与计算，揭开数据背后的谜底。以往传统美学研究是以某种理论假说去推断审美现象，再收集证据来验证假说。而运用数据分析研究，可以不断修正美学研究的抽象理解，从审美现象的相关性上加深对美的本质认识。用数据说话将成为美学研究常用模式之一。当然，如果

① 〔英〕维克托·迈尔-舍恩伯格、肯尼思·库克耶：《大数据时代》，盛杨燕、周涛译，浙江人民出版社 2013 年版，第 29 页。

仅仅是对数据分析，没有思辨说明、因果分析，也会存在数据堆砌的嫌疑。其三，就研究深度而言，大数据推动美学研究的纵深掘进。大数据对解读人的审美行为、美感等规律提供了技术基础、机遇。以往我们对美感研究主要依靠问卷、访谈、实验等方法，美感的神经运动一直被认为是很难观测的，现在神经美学证实对人物特写的审美欣赏刺激了梭状回的“面部区域”，对风景画的审美欣赏则刺激了海马旁回的“方位区域”。神经科学解释了神经元通过突触传递信息的原理，有关上千神经元的同步活动数据被显微镜观测到。另外，对美感的研究也可以借鉴在线文本情感的分析技术，如 LIWC（Linguistic Inquiry and Word Count）软件来精确识别海量文本中语言所表现出的情感。人的审美情感是多样的，愉悦也有程度差异。我们可以建立美感数据库，利用大数据挖掘技术，对美感进行分类、匹配，从而捕捉人的美感特征。大数据架起了美学理论与实证研究的桥梁，实验获得的相关性数据，可以为美学理论提供实证证据，使美学定性与定量研究相辅相成。其四，就研究精度而言，大数据提高了美学研究的准确程度。由于美学学科性质，决定了美学研究的抽象性、模糊性，难以使用数量化、模型化予以表现。同时，美学研究多采用有限的小样本个案方法进行推理，研究者较多主观感觉、理解与判断。大数据可以改变美学研究有限数据的质量，较为清晰地呈现美学各种复杂关系，逐渐揭开模糊的审美问题迷雾，提高美学研究的科学性。其五，就研究空间而言，大数据拓展美学研究的疆域范围。DT 时代的小样本个案研究会趋向于大数据研究，如对唐诗的研究不再是 1 首，而可以是 5 万首。有学者就运用大数据技术对 5 万首唐诗进行深度文本分析，发现了唐诗中出现频率最高的词、描写最多的季节、抒发最多的情感。一些美学与艺术问题都可以通过统计分析、数据挖掘等手段进行分析。如大数据可以分析不同艺术家的风格倾向，形成用于识别个人风格的“艺术家指纹”；分析审美思潮的历史演变，艺术中心历史迁移等变化；分析美学研究文本的主题、意图、关键词等，丰富内容含量。没有大数据技术的支持，美学研究开拓新空间是不可想象的。其六，就研究设计而言，大数据校准美学研究的选题设计。大数据对美学研究有关选题进行量化处理，可发现空白的、薄弱的、亟待解决的研究领域，或者时代方向、研究热点等，帮助学者了解国家社科、教育部社科立项设立目标、支持重点，提供卓有成效的参考，引导学者更有针对性地进行课题设计，使之准确对焦。现有机构对2018年国家社科、教育部社科立项的哲学学科高频关键词研究发现，“主义”“批判”“康德”“表征”“新时代”“情感”“思想”较多。这些大数据使我们对美学研究状况有更多的了解，也激发我们研究灵感、触发研究动机。

大数据实质是一种技术分析方法，使用怎样的算法就会涌现出怎样的结论。大数据的算法模型主要有四种。

其一，关联规则挖掘（Apriori）。它是挖掘关联规则的频繁项集算法，力图寻找两个或两个以上变量的取值之间存在着强相关关系规律。关联规则最初提出的动机是针对购物篮分析（Market Basket Analysis）问题提出的。假设分店经理想更多地了解顾客的购物习惯。特别是，想知道哪些商品顾客可能会在一次购物时同时购买？为回答该问题，可以对商店的顾客事物零售数量进行购物篮分析。该过程通过发现顾客放入“购物篮”中的不同商品之间的关联，分析顾客的购物习惯。这种关联的发现可以帮助零售商了解哪些商品频繁地被顾客同时购买，从而帮助他们开发更好的营销策略。在一家超市里，有一个有趣的现象：尿布和啤酒赫然摆在一起出售。但是这个奇怪的举措却使尿布和啤酒的销量双双增加了。这不是一个笑话，而是发生在美国沃尔玛连锁店超市的真实案例，并一直为商家所津津乐道。沃尔玛拥有世界上最大的数据仓库系统，为了能够准确了解顾客在其门店的购买习惯，沃尔玛对其顾客的购物行为进行购物篮分析，想知道顾客经常一起购买的商品有哪些。沃尔玛数据仓库里集中了其各门店的详细原始交易数据。在这些原始交易数据的基础上，沃尔玛利用数据挖掘方法对这些数据进行分析和挖掘。一个意外的发现是：跟尿布一起购买最多的商品竟是啤酒！经过大量实际调查和分析，揭示了隐藏在“尿布与啤酒”背后的美国人的一种行为模式：在美国，一些年轻的父亲下班后经常要到超市去买婴儿尿布，而他们中有30%—40%的人同时也为自己买一些啤酒。产生这一现象的原因是：美国的太太们常叮嘱她们的丈夫下班后为小孩买尿布，而丈夫们在买尿布后又随手带回了他们喜欢的啤酒。

如典型的啤酒与尿布之间的关联关系，美学研究可以借这一算法寻找两个因素之间的相互关系。成都研究团队采用大数据的方式，挖掘破译唐诗中的成都元素，寻找出了成都与唐诗的关系，发布了《成都打开唐诗之门》等研究成果。

其二，聚类挖掘（K-means）。它是将研究对象的集合分成相似的对象集，相似度测度、聚类准则和聚类算法是其中的三要素。将物理或抽象对象的集合分成由类似的对象组成的多个类的过程被称为聚类。由聚类所生成的簇是一组数据对象的集合，这些对象与同一个簇中的对象彼此相似，与其他簇中的对象相异。“物以类聚，人以群分”，在自然科学和社会科学中，存在着大量的分类问题。聚类分析又称群分析，它是研究（样品或指标）分类问题的一种统计分析方法。聚类分析起源于分类学，但是聚类不等于分类。聚类与分类的不同在于，聚类所要求划分的类是未知的。聚类分析内容非常丰富，有系统聚类法、有序样品聚类法、动态聚类法、模糊聚类法、图论聚类法、聚类预报法等。此算法以K为参数，把N个对象分为K个簇，以使簇内具有较高的相似度，而且簇间的相似度较低。相似度的计算根据一个簇中对象的平均值来进行。K个聚类具有以下特点：各聚类本身尽可能紧凑，而各聚类之间尽可能分开。相似度测度主要用于衡量对象类似性和差异性，以分辨对象同类或异类的类别性质。聚类准则用于评价聚类结果，聚类算法用于找出使准则函数取极值的最好聚类结果。现在有机构对2018年国家社科、教育部社科的立项学科进行聚类研究发现，立项最多的是管理学，立项最少的是港台澳问题研究，聚类数量相差145倍。这启示美学研究课题也可以选择聚类挖掘模型进行分析，观测“热门课题”“冷门课题”“一般课题”的不同数量。

其三，序列模式挖掘（Sequential Pattern Mining）。它是“序列数据库中挖掘那些支持数超过预先定义支持度的序列模式的过程”，要找出序列数据库中所有超过最小支持度阈值的序列模式。这是基于有序的数据集来挖掘出现频率高的序列的分析，通过计算每个频繁序列的序列模式值，然后按照序列模式值的大小对挖掘结果重新排序，使之能够找到最重要的序列模式。在商业运用上，如国外研究机构挖掘出《婴儿指南》与婴儿车的因果关系的序列。在实际当中，序列模式挖掘被广泛地应用于各种序列数据集中，如生物信息学上的基因微阵列数据，从中挖掘哪些基因组合模式在某类病人中会频繁出现；以单词作为项目的文档序列，研究在不同文档中单词序列的出现模式；用户点击流数据，用于挖掘用户的频繁点击模式，建立用户模型，完善网站功能。将序列模式挖掘引入美学研究，可以挖掘诸如美学某一关键词的频繁点击模式，这一关键词在不同文档序列里的出现模式；挖掘哪些因素在某一类审美体验中会频繁出现等。

其四，时间序列模式挖掘（Time-stamp）。它是研究某一指标在不同时间上的不同数值所排成的顺序数列，寻找前后时刻的数值或数据点的相关性，提取与时间属性相关的信息、内容，挖掘出时间序列的周期规律、振幅与趋势性。其建模方法主要有一元时间序列、多元时间序列、离散型时间序列、连续型时间序列。时间序列模式挖掘的重要应用价值是对现象、活动、事件等的预测，通过编制的时间序列所反映出的发展过程、规律、方向与趋势，预测未来情形。统计学家内特·西尔弗（Nate Silver）利用大数据预测 2012 年美国选举结果。卡诺夫运用“蒙特卡洛模型”的算法分析出一部电影在 1 万种情况下的表现。美国电影从业者运用大数据思维，从 3000 万付费用户的数据中总结收视习惯，根据观众喜好，精准分析、反馈并调整后续的剧情，使《纸牌屋》大获成功。音乐电台会根据听众喜欢、流行趋势、季节、天气等诸多因素来推荐音乐。网络写手也实行“更新式写作”的“技术化创作”，在网络文学中实现了“读者中心论”。美学界也可以将大数据作为一种预测和分析的工具，为美学研究、发展提供一种有效的参考模型。我们可收集与整理审美现象、审美活动等的历史资料，按照时序排成数列，从中找出审美现象、审美活动伴随时间变化所呈现的规律。如挖掘审美思潮时序、当代美学热点、美学会议议题聚类等所存在的规律、特点与影响因子等。

分析研究是大数据价值被美学利用的第一阶段，应用开发是第二阶段。应用是大数据价值的体现，是大数据发展的原始推动力。在美学应用发展阶段上，不同阶段的美学应用要求是不断提升的。首先是根据美学需求对互联网数据收集、处理并搜索推荐；其次是刻画美学用户画像，并进行行为分析、关联分析；最后是对多数据源进行融合分析与大规模数据运营，实时汇总。对美学大数据的采集、整理，主要由美学权威研究机构、部门进行，可以基于现状定期发布相关的美学现状、美学趋势，对美学研究提供指导意见及部分参考建议。如发布“美学指数”，即挖掘网上最有价值的审美信息和资讯，直接、客观地反映审美热点、大众审美兴趣和需求，同时也可以作为线下美学评测或者颁奖的依据。百度就以中文检索数据为基础，通过科学、标准的运算，发布了“百度指数”，以直观的图形界面展现，帮助用户最大化地获取有价值信息。它的开放式检索、发现和追踪社会热点和话题，跟踪新闻事件点，预知媒体热点，给研究者提供了诸多便利。在“百度指数”搜索“美学”关键词，发现有“科技”“电影”“勇者”“手法”“表现”等来源相关词。“百度指数”表现的主要是大众对美学的兴趣点，而美学专业机构若发布“美学指数”，则会更具权威性、专业性、针对性。除发布“美学指数”外，我们还可以开发美学研究选题信息库、美学研究关键词信息库等。依据数据的实时性，把美学研究数据分为热数据与冷数据，指引研究者利用实时性数据研究美学现实性问题，利用档案性数据研究美学传统性问题，突破美学研究目标弱化的局限。

从研究者关系上说，数据的共享、聚合使得美学研究从个体独立研究更加趋于团队的合作、协同研究。从研究能力上说，大数据要求美学研究者能够运用大数据技术处理美学信息，分析这些信息所蕴含的意义。面对浩如烟海的大数据，美学研究者对它们进行分类、梳理、归纳、分析，从中挖掘出有价值的美学内容，或许是更为重要的工作。大数据技术对美学研究的意义在于可以提高研究的科学性、精确性与针对性，在修正内容的片面化、零散化、浅表化等层面上，提供现代方法论的支持。

除影响美学研究以外，大数据对美学传播的影响亦不可小觑。大数据造就传媒新时代，创建了美学媒体融合发展生态。现代的信息传播逐渐由早期集中的信息传播的“中心化”到信息分布存储的“去中心”，再到大数据时代的有效协作的信息传播的“融中心化”，显示出信息传播方式所发生的巨大变化。大数据时代的信息传播从不同视角显示的内容立体化，从智能终端、社交软件以及自媒体等显示的途径多元化，使信息传播表现出积极性、互动性、主动性、准确性、时效性的特点。大数据对美学传播主要的功用是筛选用户、引导内容、融合渠道等。

其一，筛选用户。信息传播是一个动态过程，以效果为目的，只有捕捉到用户关系强度与传播关系的动态规律才能达到最好效果。对美学传播而言，首先是大数据分析系统可以从多源异构网络中的大量受众中快速发现美学社群，识别出美学受众，进行用户肖像刻画，了解美学人群的需求。针对美学“分众”“小众”群体需求的多样化，细分美学受众市场。美学人群有精英人群与普通人群之分，通过大数据线性阈值模型、独立级联模型等算法，可在学术网络、社交网络中找出影响力最大的美学学术带头人。美学学术带头人在美学舆论形成中起到关键作用，能在最短时间内最大化地传播美学。如互联网知识管理平台“Useit 知识库”已经发布“微博数据中心：2017 设计美学调研用户分析报告”。其次是对美学人群的交互活动进行活动领域分类后，考虑个体的相似性、互动性、时间性等影响因素来计算用户的直接关系强度建立用户数据库，挖掘出用户对美学的关心程度，进行用户特征提取与选择实现美学信息的个性化订制；实现美学信息的智能化生产、传播和匹配；实现精准传播、精准服务，如提供美学热点、智能推荐、影响力分析等，以提高美学信息推荐的针对性，达到美学信息价值变现的目的。

其二，引导内容。大数据可根据美学事件话题的主题特征与内容语义，构建美学事件话题知识库，对美学事件话题实施垂直挖掘。由系列、相似事件组成并引发话题的特征项所包含的相同词汇较多，内容接近，事件的增加会导致话题中心的漂移。一般而言，美学事件话题知识库是动态的，通过最大容忍优化数据处理策略，能够提高事件内容的内聚性，使美学话题事件有序化，方便对之进行检索、分析与研究。海量的美学信息往往就是话题的碎片，如何提取美学话题？信息新颖性是一种有效区别信号，这需要对信息进行分类标注，检查内容重叠度、表现形式相似度等，以进行新特征提取。

其三，融合渠道。DT时代是共融时代，由单一媒体传播渠道向融合媒体渠道发展是传播新趋势。显然，数字驱动型的数字化的图形、图像、声音、视频影像和动画等感觉媒体比单纯文字的纸媒更具竞争力。数字化运作机制下的美学信息的采集、处理、存储、发送等的工作流程与传统媒体运作形成了巨大差异。对美学传播来说，在美学信息内容生产上，融合媒体使得文本、图片、语音、视频等多种形态内容可同时呈现，报纸、电视、手机、PAD等渠道都可以承载内容，优势互补且立体交织。在美学信息传播上，由新闻频道、用户报料、网络收集等渠道协同展开、分渠道快速分发。在美学信息接收上，媒体与受众非单向线性而是双向互动。虽然受众通过不同的媒介渠道得到一致的内容，但是受众既是美学信息接受者也是发布者，更具个性化、参与性，出现“一人一媒体”现象，汇聚成海量信息源。在美学媒体运营上，由撒网营销向精准营销发展，由定时性向及时性发展，由新闻资讯向智慧服务发展。美学媒体融合所呈现泛在化、碎片化、去中心化、视频化、移动化、在线化、社交化等的新特征，背后都有大数据的影子。扩大受众覆盖面、优化传播内容、提升信息质量、提高信息传播效率，实现媒体多维度的交互呈现，构建多元化美学媒介的新生态，建立美学媒体云技术体系，只有依靠大数据技术才可以实现。未来，媒体融合发展美学传播的创新空间是无限的。但目前，美学传播的大数据应用刚刚起步，尚缺乏对数据的运营、挖掘、变现能力，还未有对用户行为的分析，与智慧媒体存在较大距离。

大数据让美学抛却对简单的因果关系的分析，而在整体意义上实现对复杂审美现象的宏观认知，描绘出一张审美世界的波澜壮阔图景。当然，我们也应意识到大数据对美学并非只有优势而无弊端。大数据易于发现美学问题，但不能合理解释问题；研究者易于关注数据分析方法，但易忽视思辨方法、推理方法。另外，若过于强调大数据，也会落入“技术中心”的陷阱。传媒宣传者掌握大数据，会促使审美观念标准化、趋同化，削弱人的审美观的个体性、差异性。如何消除这些弊端，发挥好大数据价值，是值得我们仔细深究的难题。但是不管怎样，TD时代已经来临，美学的转型与变革是必然，无论是研究者还是媒体，都应当紧跟 DT 时代，不断突破、创新。

普及美学的概念缘起、实践经验与未来展望

邱伟杰*

【摘　要】普及美学是基于艺术哲学视域下的产物，它将东方以品质为核心的审美传统发扬光大，由此确立了民族艺术哲学的方向，奠定了“美学”的科学地位。它以“本来美”为基础为美学正名，开中国美学之先河。普及美学一方面基于文艺复兴以来西方发达资本主义国家的人性解放经验实践，另一方面也吸收借鉴了苏俄及东欧社会主义国家的美学实践经验，更是中国自《在延安文艺座谈会上讲话》普及与提高的探研总结。普及美学引发质朴哲学思考带来的思想革命，同时将有助于普及美学学科的建设，也对未来社会生活产生积极的影响。

【关键词】普及美学　概念缘起　历史经验　学科建设

一、普及美学的概念缘起

学术界历来对“情感学”（Aesthetics）与“美学”的概念争论不休，爬梳西方学术思想的脉络，我们发现西方所言及的“美学”学科应为“艺术哲学”。中国古代自有美学观念传承，直至近代王国维“美

* 邱伟杰，艺术哲学学者，作家，致力于普及美学课题研究。

学”观念的提出，都深深根植于中国传统的艺术哲学。普及美学概念提出，实际上是将东方以品质为核心的审美传统发扬光大，确立了民族艺术哲学的方向。普及美学一方面将审美回归大众，另一方面将美的成果还享予民，是顺乎天道的“本来美”。

（一）西学视野下的“美学”学科应为“艺术哲学”

西学中的美学（Aesthetic）的理论和实践发端于古希腊文明，毕达哥拉斯派和赫拉克利特的人与宇宙（自然）关系研究所生发出数的秩序美感原理，节奏、对称、和谐等形式观念对艺术美感的探究影响深远。柏拉图和亚里士多德对美感本质问题的思考和争论成为欧洲文艺复兴后的斗争工具。艺术和哲学被各自阵营的战车胁卷，成为不同政治立场申陈主张和相互攻击的手段。文艺复兴艺术、巴洛克艺术、新古典主义艺术和浪漫主义艺术分别代表着世俗平民、教会复兴力量、专政君王力量和资产阶级革命的力量登台献演。此时艺术的标准与人群的角色功利息息相关。

美学学科及概念的诞生，得益于英国的经验主义哲学和德国的理性主义哲学的论争。经验主义哲学以培根、休谟、洛克为代表把倡导对主体感觉经验的归纳和实验的方法引入到艺术美感的研究中，凸显了主体“感性”经验在艺术鉴赏中的重要性，以及分析主体感性经验的性质和特点。理性主义哲学阵营中的德国人鲍姆嘉通接承了莱布尼茨的认识论，他认为人的心理活动分成“知、意、情”三个部分，“知”和“意”分别有逻辑学和伦理学在研究，而“情”这感性认识也应该有专门的学科研究。实则他把“情”（感性认识）当作是一种混乱（低级）的认识，不过是走向逻辑思维的明确（高级）认识的一个阶梯。

1750 年，鲍姆嘉通为完善理性主义哲学的认识论，把研究人感性认识和感性表现的学科定义为“感性学”，即 Aesthetic。此词源自希腊文。他写出美学的专著，初步形成了美学的基本框架，并对学科研究的方向进行了规划。他所说的感性认识包括情感、直觉、想象、记忆。而对人的感性认识和表现的研究也必然关联艺术研究，艺术作品的内容的真实、鲜明、丰富、可信、生动是一件艺术作品最重要的标准，由此，他也确认了感性认识的想象性、情感性和个别性，推动了美学对主体“个性”的深入思考。艺术和美感的标准从客观立场标准的天平滑向对人主体标准的探索。

自从鲍姆嘉通提出并建立了独立的美学学科后，西学中对艺术和美感的研究迎来了一个高峰。从康德的《判断力批判》、席勒的《审美教育书简》、谢林的《艺术哲学》，直至黑格尔的《哲学史讲演录》出齐，标志着德国古典艺术哲学进入全盛时期。黑格尔作为其中的集大成者，提出了“美感是理念的感性显现”的核心思辨，认为美感是主观与客观、形式与内容、理想与现实、感性与理性、特殊与一般、自由与必然的辩证统一，这种统一只有在经历过艺术家心灵创造的艺术美中才能真正达到。他认为“绝对理念”实现自我的过程中，可以通过哲学家的逻辑呈现，也可以通过感性形象来呈现，而艺术正是最能通过感性形象来呈现“理念”的过程。因此，他认为美学更正当的学科名称应该是“艺术哲学”。

（二）艺术哲学概念下中国传统美学的独特旨趣

天人之间的关系是中国先哲一直在探究的永恒问题，其中心是生命，因此，中国传统艺术哲学的本体论是充满生命气息的“自然世界—意象世界”，即“所谓于天地之外，别构一种灵奇”的真实世界。它与基于西方逻辑理性的“真”截然而异，是天人合一的“真”。“夫美不自美，因人而彰。兰亭也，不遭右军，则清湍修竹，芜没于空山也。”①我们把客观物的象投予人心，“物”境（外在社会环境或自然环境的反映、再现）与“意”（艺术家主观情感的流露）相遇相合，即情景欣合和畅，一气流通，构成充满生机、富有情趣的天人合一的和谐“乐”

① 柳宗元：《柳宗元集·邕州马退山茅亭记》，中华书局1979年版，第729页。

境。其间所创造的艺术作品是心物、主客、内涵和形式的完美统一，生机盎然，如活泼泼的一个“生命形式”。

中国古人自然而然地把艺术看作一个独立的“生命体”，在此前提下，艺术体验者以自身为中心，把艺术和艺术体验对象“人”化，运用人的生命模式对文学艺术进行“感悟式”品评。“感悟式”的认识论是与西方认识论中的感性认识和理性认识完全不同而又高出一格的认识论。① 从这点出发，我们才能理解为什么诸如“气、韵、风、神、味”等一系列魏晋前人物品藻用词毫无缝隙地运用于中国艺术品格鉴评中。

中国的艺术哲学正是在“意象世界”这个生命形态的“道”的总纲下，分门、分类、分别、分级地进行品藻、品第、品格的品质学探究。无论文学诗歌，还是绘画艺术，举凡绘画、诗词、音乐都是讲究“物我合一”下各种维度的品格分析和比对，典型如谢赫六法的“气韵生动说”和刘勰的“神思说”及《二十四诗品》中的“饮之太和，妙造自然”，把艺术作品意境和韵味的多维性、细致性、深邃性按优劣、高下、等级进行解析，让人在审美世界沉薰于韵味丰盈而又无穷的“言外之味”和“弦外之音”中，在魂牵心系间品悟人生。

中国艺术哲学的真谛是出世的，是生命维度的深刻探索，其指向是非世俗、非生活化的，期待着人在艺术世界的心心回响中，用个体生命的有限存在、有限意义与绝对无限的时空（高、古）观照中，明悟瞬间即永恒、小我即宇宙的永恒境界，来达到灵魂震动和无限喜悦的“自在乐境”。

因此，中国传统艺术哲学以虚涵实，即意象世界；也是以实中见虚的，即具体的细致化的品质人生。一花一叶间，一茶一酌时，俯拾即是，着手成春间启明人的眼、耳、鼻、舌、身、意的六感，明心见性，直臻超越。而超越，是中国艺术哲学的终极追求。

---

① 参见张广天：《手珠记》第三卷，作家出版社2014年版。其中第三章“字主义思维”中有关“意象理性”的认识论。

（三）近代中国“美学”自含品质学的内在意蕴

“美学”一词的中文出现，源于清末民初时王国维先生修订的教学大纲将《美学》列入教学计划，这标志着“美学”在中国的确立。从1917年到1930年中国共出版了标准的美学原理著作六部，基本上移植了西方“aesthetic”学术原理。但中国“美学”二字绝非“aesthetic”（感性学）的音译和意译。王国维先生美学思想的核心概念是“境界”。“能写真景物、真感情者，谓之有境界。否则谓之无境界。”① 意为写景要写到本质，写情要写到本性。本质指事物本身所固有的本性，一般为与生俱来的天性，如此才有“美”可言，才有“意境”可言。王国维先生深谙西方哲学的理性认识论和感性认识论，已清晰地指向了美学与人和事物的天性属性（品）之间的幽径。故此，王国维先生所译介的“美学”二字意蕴深远，顺其指向，我们可以称此学科为“品质学”似乎更为妥帖。

回到“美”的原意考据。许慎在《说文解字》中释为“羊大为美”，“美，甘也，从羊从大”。这实际上是说的一种味觉感知体验。“肥壮”是好羊的品，此物之品在人的口舌上体现“味甘（情）”，臻“美”之“境界”。“美学”二字准要地指向人类关于“美”的本质、定义、感觉、形态，及审美问题的认识、判断、应用的过程。“美学”就是人之“品”与“事物”之品，品与品深层呼应所达到的“境界”的学问。

直到中国现代美学的发展延续，“境界”一直被沿用，中国现代美学奠基人朱光潜先生在《诗绝》中认为“境界是诗歌艺术的基本品质和价值取向”。朱光潜先生认为：“所谓美感经验，其实不过是在聚精会神之中，我的情趣和物的情趣往复回流而已！”② 其美感经验与王国维

① 王国维：《人间词话》，上海古籍出版社1998年版，第2页。

② 朱光潜：《谈美》，开明书店1932年版，第27—28页。

先生的美感本质论如出一辙。他在西方“Aesthetic”的认识上是通达和超越的，他用直觉和科学的方式表述西学的感性认识论和理性认识论。直觉说于他而言，是不旁迁他涉的“凝神关照”下的心里见到一个形象或意象，是高于感性或理性认识的一种认识论。

同样致力于贯穿中西艺术理论的一代美学大师宗白华先生，把中国哲学、中国诗画中的空间意识和中国艺术中的典型精神融成一个三位一体的问题和精神，“人的悟道，道合人生，个体生命与无穷宇宙的相应相生”，“是用审美的眼光感受，深深领悟客体具象中的灵魂生命，完成、凸现一个审美主体”。①

朱光潜先生和宗白华先生也都多次提出人生的艺术化和艺术化的人生，王国维先生也在《红楼梦评论》中提到“美术之务在描写人生的苦痛于其解脱之道”。三位先生在美学的本体论上指向的都是生命维度的，都是希冀世人能够通过对“物”的品和“人情”的品呼应中而出的境界（形相、道）、能够让人滋养生命活出艺术人生甚或超越生命。

因此，“美学”是中国传统艺术哲学的“再生”，是深植于中国“品”学的认识论的生命自由、超越的学问，是东方文明在与西方文明碰撞后呈示出来的千年“美味”之肉，它是帮助人类在今天“功利”至上、“欲望解放”至上的时代中人性迷失的甦醒之学。

（四）普及美学源于大众自我本来美的内生性发展

“美学”学科自西方文艺复兴以来建立发展承续，直至近代被引介到中国，经由王国维的阐发，根植于中国的实际内在美学思想理路，经由朱光潜、宗白华等学者阐发，并于当下越发呈现繁荣发展的趋势。但是，中国美学向何处去却成为不容回避的问题。

我们思考，当今中国的美学任务所在，这就需回归美学应该为谁服务以及如何服务的问题。美学的发展之路不应该仅仅拘泥于学理概念层

① 赵士林：《当代中国美学研究概述》，天津教育出版社1988年版，第28页。

面的不断探寻，更应该立足于实际，用智慧之光去唤醒社会大众的璀璨之芒。人民大众的利益和福祉才是最终的真实诉求，其真实诉求就是要其回归真善美的初心，人的真情、真性就是天赋的本来美，是高贵的可以育人、化人的大美。

当下中国从上而下对“社会焦躁症”进行反思，足以显露诸多民众已然丢失了真性情，以及对宝贵的天赋本来美的忽视。民众曾在历史的“穷慌”烟云中惴惴不安，哪怕时代已经让绝大多数人温饱和富足，芸芸大众依然愁云满腹、忧心满怀。让民众找回“本来美”并光大这份“本来美”的探索迫在眉睫。

民众在今天电闪雷轰的信息大爆炸时代中早已茫然迷乱，不知所措。我们不能再度重蹈覆辙，试图便宜地翻捡出老祖宗的旧方灵药、西人现代化的奇技妙招，来唤醒民众对“本性、本真”的认知。面对国学教导的善和忠孝仁义教育的时候，芸芸大众害怕失去物质分配上的权势，害怕失去个体任性的理由；在面对西学的人本主义大旗下的个性解放的任性恣意中，大众又迷惘于个体和伦理的冲突和分裂。大家在顾盼首尾中各凭经验和缘分，学习各源各流的知识，试图安顿迷乱的内心，找回直臻心灵的自由和快乐。

普及美学，就是普及美品学，就是让大众在对自我的“本来美”的品质认识和对艺术之“美品”的认识、“物我合一”的呼应中觉知本性、光大本性的学术探索。普及美学是在众多先人努力下的伸延，是艺术哲学中关于品质的民众认知，即本来美学，即借助了文化传统而超越文化传统，逐渐归于天人合一的艺术哲学尝试。普及美学全然不同于西学的美学，是原创的本土艺术哲学在当代的学术和努力。普及美学是通过对民众的艺术和品质学的普及和提高，来达到让民众发现“本来美”并光大“本来美”的学术，是民众走向快乐感、幸福感的生命自由之路。

二、普及美学的实践经验

西方美学发展一方面延续了古希腊哲学的传统，自文艺复兴以来个体主义发展，在美学层面上个体性情的发现与广大上着重突出，一批哲学家的思想耀眼酌目。除此之外，苏俄以及东欧社会主义国家在普及美学探索上经验丰富，经验卓有成效，值得借鉴。普及美学是中国革命和社会主义现代化建设的重要组成部分，自毛泽东《延安文艺座谈会上的讲话》以来，普及与提高一直是文化建设的核心课题，是普及决定提高，而不是提高决定普及，其实践经验一直为历史借鉴。

（一）西方美学在普及美学上的实践经验

1. 文艺复兴以后西方美学对个体性情的发现与光大

文艺复兴以新的艺术形式呈现新的思想，借助印刷术的普及应用启迪民众心智，给欧洲带来革命性变革。唯有个体的解放，才能引致社会的最终变革。因此，“人文学者为重新恢复古典著作所作的努力，以及为了培养下一代而开设的学校课程人文学科研究”①，进而开启了对个人空间的发掘发现。尽管个体性情受到了极大的压抑与阻力，但是无可否认的是新曙光已透过裂缝缓缓酌照，新景观日渐呈现。宗教改革中马丁·路德认为音乐是神的武器。其时，天主教会控制着绝大部分宗教音乐，信众不能参与其中的窘状，马丁·路德为此推动了宗教音乐改革。他的行动及美学观点直接导致了音乐从刻板的宗教单声部圣咏中解放出来，逐渐向活泼自由的民间音乐发展。人的真情、真性在宗教音乐改革的推动下摆脱了旧天主教对人性禁欲的拘束，进而发扬光大。

启蒙运动的思想领袖伏尔泰提出自然法学说，他认为自然法就是符

① 〔美〕玛格丽特·L. 金：《欧洲文艺复兴》，李平译，上海人民出版社 2015 年版，第 87 页。

合人性或人本能的，适用于所有人。同时代的启蒙运动领袖卢梭从根本上否定艺术具有培养大众审美趣味和提高道德的良好作用。他寄希望于通过对自然的审美来保护人真情、真性的“自然状态”。此后，实证主义哲学的创始人孔德认为到了“实验主义”阶段，人们完全放弃了神学相对应的“君权神授”下的君主专制的神学政治和科学知识被形而上学化对应的民主契约政治，人的理智步入成熟阶段了。

2. 西方现当代哲学对个体性情的发现与光大

西方现当代哲学对个体性情的发现与光大方面成就卓著，实践经验丰富，涌现出了一批彪炳史册的哲学家和思想家。马克思在普及美学上的努力是“新纪元”式的，他的普及美学要救赎的目标人群是“全人类”，其彻底性集中表现为去除“一切”异化和遮蔽的、依凭个人“本来禀赋”的自由发展地复归“合乎人性的人”，是真正的“自由人”的“自由发展”。其多维性指的是达到和护持这个“人性朴素、本真的自由发展”的维度多维多样。在符合人性发展规律上则是“政治解放”到“经济解放”的阶段论，指向物质经济的丰盛对阶级解放和人性觉醒、光大是有紧密的关联的。

以海德格尔和萨特为代表的存在主义在普及美学上的努力优缺点同样明显。海德格尔对形而上学式“社会统一性人”的异化去蔽工作有价值和贡献，但其思想属于“提高指导下的普及论”，不利于民众体验和推广。萨特在“介入”文学和社会活动的理论探索和行动、对普及美学的传播方面具有突破性的贡献，但萨特缺失了对“朴素、本真”的个性和自由与“恶习影响下的个性过度解放”的界定，导致了其思想也被“无限欲望解放者”假借为理论工具。

以马尔库塞和本雅明为代表的法兰克福派是西方马克思主义的主要流派，但囿于根植于资本主义工业文明的“良知者”的立场，缺失了马克思和之前的普及美学者从社会治理政体这个外部环境改造的构想，立足于思想、学术上“自上而下”，行动力量上“自下而上”的努力是他们的全部批判理论的根源。

有解构主义开创者之称的西方式的寻“道”（延异）人德里达，从经验主义出发探索先验论（常有欲，以观其徼）的践行中，对一切逻各斯中心主义进行了解构，成功地帮助民众对人性的全维度异化进行去蔽，并帮助护持住“本真、朴素”的独立性思想。但德里达拔高了“本来美”美品的建构，在普及性上是缺失体验和传播探索。

福柯的生存美学是西方普及美学上贡献卓著。他在具体体验层面的践行论有人生之道的价值，他对社会异化“人性本真”的权力论猛烈批判，冀图帮助民众去蔽生活和生命的每个缝隙的权力异化，他震撼性的“人之死”对人的自我重构有醒神之效。但福柯缺乏哲学“整体论”引领，最终陷入了从具体到具体的经验主义的探索中，再加上他对人的“朴素、本真”的本来美的珍贵度的理解缺失，容易陷入“天才论”的陷阱中，而令民众内心的自信和原动力产生动摇。

（二）苏俄及东欧社会主义国家普及美学的实践经验

1. 列宁普及美学的实践经验

列宁作为俄国的革命先驱，其思想一直在革命实践中经受淬炼。探索经济文化落后的国家如何建设社会主义是其晚年社会主义思想的主题，他声称“根据书本争论社会主义纲领的时代已经过去了，我深信已经一去不复返了”，据此提出“实践比世界上所有理论都更为重要”的论断，并根据经验来谈论社会主义的实践论。列宁在马克思、恩格斯的理论指导总纲方向下，根据现实的内外部环境和民族“本来根性”开启了社会主义实践新探索。该思想对后来的“建设有中国特色的社会主义”实践探索提供了重要理论指导，也对社会主义国家的普及美学事业产生了纲领性影响。

列宁美学的贡献，首先在于用他的唯物主义认识论和阶级美品论对马克思、恩格斯的美学思想进行继承性地收集、整理，并用“实践论”指导形成了社会主义美学的审美体系。其次，列宁还对社会主义普及美学的内容构建和普及美学的可行性分析，以及普及美学的实施办法提出了宝贵的指导性意见。他是社会主义普及美学体系的研究、体验和推广的理论和实践的提出者和建构者。

2. 苏俄在革命及建设时期普及美学的实践经验

俄国革命时期，布尔什维克曾与现代主义文学中的阿克梅主义、未来主义的艺术家有过紧密的往来合作，后囿于政治理念不同终至分道而行。它们的文学理念虽各不相同，但其各自的文学宣传为俄国早期普及美学的发展贡献颇多。尤其是未来主义的马雅可夫斯基作为俄罗斯未来派诗人的代表人物，其不遗余力的文学实践也成为普及美学史上的一道亮丽风景。

在列宁“艺术为民众服务”的理念指导下，文艺大众路线完整体现在当时的电影、文学、戏剧和音乐诸方面，并介入到民众觉醒自由和个性本真中。基于苏维埃政府高度重视和电影事业蓬勃发展，苏联的“诗电影”以及散文电影等理论形式接续涌现，在普及美学实践中效果卓著。苏联蒙太奇的理论和实践在思维和美学实践上攀爬新高度，大大助力丰富着苏联电影的表现形式和视觉震撼力，对在“文盲众多的国度”早期民众普及美学的体验和推广助力甚多。

苏维埃政权初期，各民族文学的风格特征各具千秋，奋力表达情绪，在旧世界颠覆和新世界的诞生中狂欢。苏维埃政权颁布的社会主义文化革命决定和措施，对各个民族的文化艺术影响巨大，接着多民族多层级的文学家队伍渐趋形成，逐渐融合成为独具特色的社会主义苏维埃文学。各类作家根据对社会新秩序和新人种的理解绘制蓝图，文学创作竞相繁盛，各种文学思想和艺术观点激荡，汇成不同的文学流派和文学团体，其中社会主义现实主义文学流派颇为瞩目。

苏联建设时期文学、电影依旧持续发展，戏剧成为国家普及美学上的又一成就，为世界戏剧表演体系贡献了独有的艺术瑰宝——斯坦尼斯拉夫斯基体系与布莱希特体系共同在世界戏剧舞台上熠熠生辉。

（三）中国近代以来普及美学的实践经验

1. 新文化运动

新文化运动是由陈独秀、李大钊、鲁迅、胡适等一批受过西方教育的知识分子发起的一场“反传统、反孔教、反文言”的思想文化革新的革命运动。1915 年 9 月 15 日《青年杂志》（1916 年 9 月改名《新青年》）在上海创刊，陈独秀任主编，李大钊是主要撰稿人并参与编辑工作，进步知识分子团结在《新青年》周围，高举民主和科学两面大旗，从政治观点、学术思想、伦理道德、文学艺术等方面向封建复古势力进行猛烈的冲击。1917 年他们又举起“文学革命”的大旗，提倡新文学，反对旧文学。新文化运动的发展，《新青年》实际上成了新文化运动的思想领导中心。作为一场轰轰烈烈的思想革命，新文化运动和白话文运动贡献卓著。其前期是民主主义的新文化对封建旧文化的斗争，后期则由先进的知识分子极力宣传马克思主义。在“反传统、反孔教、反文言”的斗争中对封建专制和经典儒学、宗法制度、民间迷信是一次有力的反击；对民众，特别是对知识分子是一次重大的唤醒救赎；对传统中国“士大夫”与民众的几近隔绝的社会结构冲击甚为巨大，对思想界走进民众贡献突出。白话文运动对民众普及教育、便利知识学习、认识生活本质和人性本质是一次先锋式的拓展，在中国历史上是第一次真正意义的普及美学的探索和践行。

2. 左翼文学与抗日救亡中的普及美学

左翼文学运动是在中国共产党中央工作委员会（文委）的支持下成立的，中国左翼文学作家联盟亦简称“左联”，由鲁迅、沈端先、冯乃超于 1930 年发起。左翼文学运动的文学、戏剧、电影的大众化和“政治艺术化”的根源，来自中国共产党在民众普及教育和唤醒中的实践探索和理论构建，与先进知识分子新文化运动中的经验融合和创新。左翼文化运动直指抗日救亡和民众觉醒，但其成功的文学、电影、戏剧和其他艺术形式的大众化和“政治艺术化”，对今天社会主义国家的普及美学的先驱性意义是珍贵的，在今天现代病盛行的物欲流行的时代中，如何借鉴他们优秀的一面并发扬光大具有深刻意义。左翼文化运动是中国知识分子在国难当头的危势下，为了寻求国家、民族出路主动向民众靠拢，并唤醒民众共赴国难，自上而下发起的尊重民众基础现状的先融入、后提高的艺术救赎。其价值是文学、艺术人士非自觉式的认识和研究了民众“朴素、本真”的本来美的普遍性和个体性。但囿于政治式呼唤的紧迫感，更多关注于如何运用这种“朴素、本真”的本来美可被光大的反抗性、斗争性和民族性的人性本质，而缺乏对“朴素、本真”的民众本来美的系统的认识论和本体论的美品建构。抗战时期左联以文学、电影、戏剧等形式全面激活民众对国家、民族的热血之情，成为中华民族和国家精神的一次有力的建构和巩固。

3. 毛泽东《在延安文艺座谈会上的讲话》与普及美学探索

1942年5月2日、23日，在延安整风运动期间，毛泽东亲自出席文艺座谈会，会议中提出了“古为今用、洋为中用、百花齐放、百家争鸣”的文艺方针，该方针对后来党的文艺政策和文艺工作的健康发展产生了深远影响，同时也是在中国大众普及美学路径探索上的坚实一步。座谈会上毛泽东发表了讲话，就文艺工作者的立场、态度、工作对象和工作学习问题提出了新的要求。该文艺方针要求中国共产党了解中国现状，树立“站在无产阶级的人民大众”的基本立场，以工农兵的需要解决普及美学的形式问题。在实现路径上，毛泽东的普及美学思想并非固定不变，他也指出了对人民大众进行普及美学过程中处理好普及与提高的关系。普及的东西是浅显的，相对易于广大人民群众接受。高级的作品比较细致，也比较难于生产，更难于在当时广大人民群众中迅速流传。面对广大不识字、没有文化的工农兵，首先要做的是一个普及性的启蒙运动，满足其迫切需要和易于接受的文化知识和文艺产品，提高其斗争热情和胜利的信心。只有从情感上满足其需要，才能团结其与中国共产党同心同德与敌人斗争。毛泽东以一种开放的态度对待文艺普及运动，他认为要吸收人类历史上的优秀成果，包括外国的优秀成果，并不否认部分优秀作品可以普及推广的可能性。普及工作也不能仅仅停留在一个初级的层次上，中国范围太大，革命与革命文化发展极为不平衡，好的经验可以推广，从而少走弯路。该普及美学思想影响至今。

4. 社会主义建设时期的普及美学探索

中华人民共和国成立以后，在新的文学艺术路线的引领下中国的普及美学活动成就瞩目，民众开始自我觉醒并积极生活。在文学艺术领域成果巨大，主要体现文学、电影、音乐、戏剧、话剧和京剧等方面，成果明显。社会主义建设时期“艺术为人民服务、首先为工农兵服务”的方针是对马克思和列宁美学大众化的深入式探索。在这场工、农、兵文学艺术普及中最具影响力的三件事情——扫盲运动、“新民歌运动”和京剧改革，可作为这场运动的标志性事件。

社会主义建设时期的普及美学实践是政府和文艺工作者真诚联手，是自上而下地深刻认识和认同民众“朴素、本真”情感的“本来美”，由此珍惜、收集、研究传统民族优秀文化中“朴素、本真”的美品普及美学探索，更是中华历史乃至人类历史上首次如此系统、深入和直指核要地对民众本来美的发现和光大的探索。我们在思考今天及未来的社会主义国家普及美学研究、体验和成长时，应该客观地刨开因为历史特殊性和探索“实践”中不完善的影响，回溯这段历史中大众文艺多重、深度、多维和尖端的探索及践行，以润泽后人为要，为民众的觉醒和光大本来美而致自由、幸福的生活，而学研其核心贡献力量。

5. 改革开放后的流行文化与文化传承

改革开放后流行文化盛行，由此不断冲击和侵袭着中国固有的传统文化，在此思想激荡的时代，以市场经济助力下的流行文化让我们不得不进行思考普及美学的实践以及文化传承路径。20 世纪 80 年代的流行文化是西方个性意识、自由主义、人道主义思潮以及西方哲学思想猛烈撞进大门，人们在传统和西方之间剧烈冲击中体会着百味杂陈的时代文化。在流行文化冲击下的改革开放面临着巨大的考验：一场社会主义经济落后国家探索社会主义“经济解放”而达成“自由人自由发展”的理想实现过程中的考验；一场质朴了千年的民众历经了中华人民共和国成立以后的三十年与国际科技、文化久别又兀然重逢，而故人已在“三十年河东，三十年河西”的震撼中经受着人性迷茫的考验。

流行文化从电影、音乐和文学都开始了个人欲望和命运的叩问，其主题思想都是去政治化的个人对爱情和利益功名的追求和拼搏。体现了随着社会经济的发展和进步，人们从起初的衣食温饱成功观进深到名利成功观的社会潮流，总体呈现个人“功成名就”的向往和对于“唯美爱情”的需求逐步强化的社会风尚。

经过二十多年竭尽全力为“个人和家庭”全面升级物质和精神需求的奋斗，越来越多人开始富裕起来，走出国门学习、旅游、交流，大大促进了民众对流行文化全球化的步伐。艺术和文学领域在 20 世纪 90 年代已有与国际学习、交流，但规模和规格均属于萌芽阶段，基本处于艺术学院教师自我探索并在社会通过策展人推广，现代抽象派、表现主义等现当代艺术，尚属于民间野生状态下的自由发展阶段。21 世纪初期艺术院校教育开始出现实验艺术、跨媒体院系等变化，也由此逐步开始了与国际艺术院校的交流、学习、合作的接轨。

（四）东欧社会主义国家普及美学实践经验

20 世纪 80 年代末 90 年代初，东欧剧变是社会主义阵营灾难性的教训，研究和解析其改旗易帜的全面、深刻的原因并非本书的任务，但从中追寻和总结他们在大众美学的实践，并以此作为社会主义国家的普及美学构建是必要的，也是有价值的探索。

东欧社会主义国家在 20 世纪 50 年代时都曾遭苏联强势影响，且在 80 年代时陷入严重的经济困难，而经济问题的梦魇在民众的极度不满与北约组织的“和平演变”这两股内外夹击力量下催化了民族主义的力量，摧毁了东欧国家的社会主义改革探索道路。因此，我们有必要从民众关切的“朴素、本真”的物质需求和精神需求的维度进行研究，与东欧国家的大众美学的实践相互呼应中来探索社会主义国家普及美学的方向与经济的关系。东欧大众美学的实践延伸着苏联“化大众”的思维模型的学术探索与实践，是诞生于20世纪50年代以来对苏联模式的深入反思和批判中产生的新型马克思主义批判理论，简称东欧马克思主义。其代表思想有南斯拉夫的“实践派”美学、匈牙利的“布达佩斯派”重构美学、捷克的“存在人类学派”多元主义美学、波兰的“哲学人文学派”个体存在美学，他们集中表现为用“人道主义美学”的立场来抵御苏联模式对本国的“民族、国家特色的社会主义经济改革”探索的压迫。他们从文化艺术和审美问题展开了多维度的思考，把美学整合到其哲学思想中，发表了众多丰富、深化的美学著述，希冀通过“化大众”的美品论的重新建构来给民众提供反对苏联模式的思想武器。他们的思考对民众“本真”的觉明和光大有极为重要的参考价值。因此，将他们的大众美学与他们本国的经济改革相结合来对东欧国家的大众美学实践作代表性的阐述，将之作为社会主义国家普及美学建构的参鉴性养分。必须提及的是，由于东欧地处欧洲的地理位置及其传统哲学的文化基因，他们对欧洲西部的近现代哲学的交流和吸收是必然的，也是密切的。因此东欧马克思主义的思想也必然是吸收和融入了那一时期西欧哲学的主流文化，如结构主义、存在主义、现象学以及西方马克思主义的法兰克福派柯尔施等人的思想，也对传统马克思经典思想吸收西欧哲学思想的发展有先锋性的探索价值。

三、未来展望

基于对普及美学的概念缘起及实践经验的系统梳理，我们深信普及美学的发展也将引发质朴哲学思考带来的思想革命，同时也会有助于普及美学学科的建设，而且，其发展也将会对未来社会生活带来不可估量的深远影响。

（一）普及美学将引发质朴哲学思考带来的思想革命

本来美的实质是对文明与质朴的关系的价值重估，质朴哲学就是建立在“普及之本来美”即质朴的高贵性基础上的、关于世界观的学说——根植于质朴的文明。质朴不应该被指向野蛮，而是依凭于本来美的返朴归真，是与文明育化野蛮后的文质彬彬相对应的存在状态。其实，文明是为了人脱离野蛮而符合人类精神需求的、有益于人类对客观世界的适应和认知的精神财富。这个文明观指向的是“文明为人民服务”，文明是为民众的质朴、更好适应和认知客观世界而服务的精神财富，而不是高于“质朴”的“文化权威和文化神话”。

马克思的全人类解放思想就是赞叹文明未被阶级异化状态下的、原始氏族社会中民众的质朴，从而希冀通过“政治解放”和“经济解放”，来达到在“自由人的联合体”中复归“质朴”而自由发展的学说。我认为，“质朴快乐成功观”是根植于民众“质朴”的眼、耳、鼻、舌、身、意对客观世界的认识的追求，包含着“功名利禄”，但又不限于“功名功利禄”的充满着人类精神要求的成功观。用“质朴”的眼、耳、鼻、舌、身、意来认识客观世界，是民众个体性、本真性的对人、事、物体验的过程，是从体验中觉知人、事、物的差异性、细致性、多维性的品质品味的过程，也因此必然会激发民众根植于质朴的喜、厌等知觉的等级性认识，进而生发出对人、事、物的丰富、多元的价值评估和兴趣。这个对人、事、物体验、品味的学问就是普及品质学——即普及美学的体味过程，是民众根植于质朴的品质学学习的过程。

在当下信息化和游戏娱乐时代，迎来了民众品味人生而“鲜活”生命的契机；也迎来了“品质生活”这充满了因为兴趣差异化、细致化、品级化而带来的消费方式多元化、精细化和品质化；更带来了因为兴趣丰富所产生的品“物”养志的生活圈层方式多元化而形成的资源整合时代。因此，激发民众根植于“质朴”的五感六觉的“品质生活”自我标准的兴趣满足，用这股个体性、本真性“鲜活的身体和精神”追求快乐的力量，来抗斥“个性泛滥和逃离痛苦”这两股集体性、麻木性“野蛮力量”，是社会主义普及美学的时代性任务，也是根植于动力需求的民众追求美好生活的成功状态的新型社会模型建构。建立在“质朴快乐成功观”基础上的哲学也必将带来系列的思想革命。

（二）普及美学的发展有助于普及美学学科的建设

当下正值美学盛行、日渐普及发展的时代，也是亟需对美学在学理上细化、梳理和升级的时代，更是亟需构建本土的美学体系时代。由此，需要我们共同努力对普及美学躬耕探研，以期早日完成普及美学的学科构建。

普及美学学科构建的提出正是基于普及美学的兼容特性，因此必然涉及诸多影响民众本真性认识和适应客观世界的相关联学科，如经济学、历史学、社会学、语言学等。本人曾致力于普及美学相关联学科的蓝图勾绘，试论普及美学门类艺术、普及美学经济学、普及美学历史学、普及美学社会学、普及美学语言学的学科纲要，冀图通过多学科的共力，来完成民众在适应和认识客观世界时能“知行合一”，而直臻生命态度与社会实践相生共长的自由生命天地。

此外，基于本人多年来一直从事普及美学的探索实践，拥有学界与业界的双重优势，近两年间已经陆续出版《美的人》《味的人》《漫画美的人》三部著作，《普及美学原理》一书也将接续推出，这正是学科建设方法论指导下的普及美学学术探研。普及美学学科的建设推进，必将形成“产学研”一体化的整体格局，形成联动效应，也必将助推中国美学的整体发展。

（三）普及美学将对未来社会生活产生不可估量的影响

普及美学目前在现实实践中已然展现出普惠大众的生活样态，并且以多种可行的实践形式体现于日渐丰盈的生活中，在未来广阔的发展中前景可期，势必成为中国大众美学发展的方向。普及美学在日常生活实践中以广场舞、运动、健身和瑜伽产业的蓬勃发展，互联网的推广及游戏娱乐的普及等活动形式呈现。

此外，民众在越来越多的生产和消费领域中开启“品质回归”的践行，市场推广领域中也随之萌生诸多生活“品质”回归的探索。由此，普及美学也将会使未来社会碎片化重组，多元化的呈现将对个性泛滥的“一元化”进行归正，促使消费社会到需求社会的发展过渡。我们应充分认识到依赖国际市场的经济全球化是弊大于利的危局，而重建以本国为主的经济全球化又不能牺牲民众蓬勃发展的多元化、精致化和品质化需求的美好生活向往，那么，在普及美学的发展中逐步展开工业社会的量变到质变的回归和飞跃是必要的、紧迫的社会任务。

当蓬勃发展的审美民主唤醒和激发民众的“本来美”而“鲜活自身的眼耳鼻舌身意”时，必会引发新型的多样性需求结构的局面，从而推动供给侧改革的结构性平衡发展的国民经济，树立以本国的供给侧和需求侧平衡发展为主体的经济全球化格局，形成真正有社会主义优越性的“需求主导”的社会民众经济模型，对群众的本土文化自信提供切实的核心精神支持，最终实现“政治解放”和“经济解放”以及“人性解放”的社会主义美美与共的人类命运共同体。

新著选登

守望灵魂：毕达哥拉斯的新生活之路

杜丽燕*

【摘　要】毕达哥拉斯曾以毕达哥拉斯定理闻名世界。由此，他被定格在数学家的形象上。但是，毕达哥拉斯的另一个重要贡献，比其毕达哥拉斯定理有过而无不及，这就是他所倡导的灵魂肉体二元论，以及灵魂肉体净化的思想。笔者拟围绕毕达哥拉斯的灵魂肉体二元论及净化灵魂的方式展开探讨，以期证明，守望灵魂是毕达哥拉斯的使命。

【关键词】南意大利学派　灵魂和肉体二元论　灵魂不灭　净化灵魂的方式

希腊城邦人道主义思想的核心是哲学。构成希腊城邦人道主义的重要前提——善行、身心全面训练以及与二者相关的“人是什么”问题的提出和回答，均与哲学有不可分割的联系。希腊的哲学家们既是希腊城邦的教育家，也是它的科学家、思想家、信徒。他们还是荷马和赫西俄德传统的继承者和批判者，同时也是城邦人道主义的建立者。正是他们决定了整个城邦重要的价值取向，为城邦的教育与善行注入了属于城邦本身的独特的理念。希腊哲学家以伊奥尼亚哲学的泰勒斯的自然主义

* 杜丽燕，北京市社会科学院哲学所研究员，北京市哲学会副会长。主要从事西方哲学和人道主义问题研究。

为起点。以泰勒斯为代表的自然主义者对于希腊城邦人道主义的贡献在于，他们开创了一种新的思维方式——自然主义的思维方式，这种思维方式最显著的特征是理性主义。伊奥尼亚哲学家运用理性主义的方式，将东方的科学与宗教加以提炼，使之成为日后希腊城邦人道主义的重要内容。如果没有伊奥尼亚的自然哲学，希腊城邦人道主义是不可想象的。希腊哲学的另外一支，南意大利学派的哲学，以毕达哥拉斯为起点。由毕达哥拉斯及其学派开始，希腊文明发生了重大转变。正如策勒尔所说，由于一种源于奥尔弗斯神秘主义的外来因素的影响，希腊思想方式开始转变，这种转变从毕达哥拉斯学说开始。“这种神秘主义对于希腊人的天性是一种格格不入的宗教崇拜，由于它和希腊思想的融合，产生了许多值得注意的新形式，对于随后的时期意义重大。”① 如果没有毕达哥拉斯的灵魂肉体二元论，以及灵魂肉体净化的思想，对于回答“人是什么”的问题，就缺乏更深层的基础。对于人的善行的要求，就没有内在的依据，对于人的教化就会停留在表面，教育便会沦为养家糊口的工匠技巧。由于毕达哥拉斯及其学派的影响，希腊人第一次开始关注无贵族和奴隶身份的人本身，毕达哥拉斯开创的新生活之路，首要目的是培养好人，而好人的标志是灵魂和肉体的纯洁，这是荷马身心俱美标准的延伸，所不同的是，少了几分荷马式的欢乐，多了几分东方式的凝重。人对人的认识第一次深入到了表面的日常生活之下。人开始思考自己的本质了。

一、毕达哥拉斯其人及其学派

（一）研究毕达哥拉斯的困难

根据西方的毕达哥拉斯研究权威策勒尔（Zeller）、格斯里

① 〔德〕策勒尔：《古希腊哲学史纲》，翁绍军译，山东人民出版社1996年版，第32页。

(Guthrie) 等人的看法，在毕达哥拉斯团体的成员费勒劳斯 (Philolaus) 以前，没有任何关于毕达哥拉斯及其学派的思想公之于世。因此，费勒劳斯是第一个阐述毕达哥拉斯思想的人。这种看法来自柏拉图和亚里士多德，罗马时期的第欧根尼·拉尔修 (Diogenes Laertius) 和扬布里丘 (Iamblichus) 也持这种观点。造成这种状况的原因是多方面的。就毕达哥拉斯学派自身而言，他们有一个传统，就是静默原则和导师崇拜。因此，他们在相当长的时间内，对自己的学说和信仰秘而不宣。而将学说公之于世时，常常把学派成员的思想统统放在毕达哥拉斯名下。这既造成了甄别材料的困难，又引起人们对材料真实性的怀疑。因此，人们始终无法弄清楚，究竟哪些思想属于毕达哥拉斯本人的，哪些是其学派成员的。即使在柏拉图和亚里士多德时代，也很难作出明确的区分。我们注意到，柏拉图只在很少的地方直呼毕达哥拉斯其名，而亚里士多德在谈及毕达哥拉斯时，常常含糊地使用“毕达哥拉斯派”之类的说法。就是在当时，毕达哥拉斯与毕达哥拉斯派也几乎是通用的名称。

19 世纪西方古典主义的兴起，重新燃起哲学界对文献的热情。然而，考据的结果似乎并不令人振奋。连希腊哲学巨擘策勒尔，也无法断定哪些作品是毕达哥拉斯的，哪些是其学派成员的。他甚至进一步断言，即使是毕达哥拉斯派的作品，也只有费勒劳斯的可信；间接材料，除了亚里士多德和柏拉图对毕达哥拉斯学派的评论是以真实的材料为依据以外，其余的均不可信。第欧根尼·拉尔修与扬布里丘的记载，也相当可疑。策勒尔区分了“传奇的解释”和“历史传统”，把他认为不可信的材料列入“传奇的解释”，也就是故事。可信的资料才属于“历史传统”。不过，在策勒尔那里，“历史传统”少而又少。这种看法虽然有些极端，毕竟不无道理。

这种古典主义研究，不仅使毕达哥拉斯学派的真伪问题无法解决，就连柏拉图本人的著作，也没有几篇值得肯定。根据 20 世纪学者统计，柏拉图的著作最后只有五种没有受到任何置疑，其余的都有被视为伪作的记录。而在毕达哥拉斯问题上，情况更悲观。唯一不被怀疑的是有这么一个人，而且，能够确定他父母的名字，以及他父亲的身份。因此，格思里在他的《希腊哲学史》第一卷探讨毕达哥拉斯时，开篇便说，“在所有希腊哲学中，毕达哥拉斯主义的历史，也许是最有争议的主题”①。而且，他在同一页脚注中进一步表明，“现代一位学者沮丧地说，探索毕达哥拉斯学派是一个无底洞”。然而，时至今日，仍然有不少哲学家跳入这个无底洞，虽然结论依然令人沮丧，却也津津乐道。即使那位把毕达哥拉斯的研究推上绝路的策勒尔，在描述了一幅绝望的画面之后，还是斩钉截铁地断定，毕达哥拉斯是希腊历史上最重要的一位哲学家！20世纪的研究者力图摆脱这种沮丧，也基本上倾向于承认拉尔修、扬布里丘以及新毕达哥拉斯主义、新柏拉图主义对毕达哥拉斯的看法。② 鉴于这种状况，笔者申明，本章所讨论的毕达哥拉斯，包括柏拉图之前的毕达哥拉斯学派，但是，并不包含新毕达哥拉斯主义。

（二）毕达哥拉斯生平

毕达哥拉斯（Pythagoras），南意大利学派创始人，鼎盛年约公元前532年至公元前529年。他的生平和著述并没有详细、可信的记载。各种说法矛盾之处颇多，因此毕达哥拉斯的身世、生平始终是一个谜。对于毕达哥拉斯生平的确定，西方学者多依据第欧根尼·拉尔修的记载。根据他的记载，毕达哥拉斯的父亲“是一位指环雕刻匠”，也有一些古代文献说他的父亲是位富商。“按照赫尔米波（Hermippus）的看法，毕达哥拉斯是萨莫斯人；或者根据阿里斯多克森（Aristoxenus）的说法，他是底伦群岛人，这些岛屿曾经被雅典人占领，土著居民被希腊人尽行

① Guthrie, *History of Greek Philosophy*, Vol.1, Cambridge, 1971, p.146.

② 参见 Zeller, *A History of Greek Philosophy*, Vol. 1, London, 1881; Guthrie, *History of Greek Philosophy*, Vol. 1, Cambridge, 1971; Burkert, *Lore and Science in Ancient Pytagoreanism*, Harvard, 1972。中文著作，可参见汪子嵩主编：《希腊哲学史》第一卷，人民出版社1988年版；叶秀山：《前苏格拉底哲学研究》，生活·读书·新知三联书店1982年版。

遣散驱逐。”① 他曾经做过叙鲁人费雷居德的门徒，恩师逝世后，他到了萨莫斯。

据扬布里丘记载，毕达哥拉斯青年时代有强烈的求知欲，他一直热衷于研究各类学术思想，同时对宗教信仰及仪式兴趣十足。他曾经求学于泰勒斯，但泰勒斯年事已高，教学生读书已经是力不从心，因而把他介绍给自己的学生、米利都学派的重要传人阿那克西曼德。泰勒斯也建议毕达哥拉斯到埃及学习（据说泰勒斯也曾经到埃及学习，埃及人的科学与宗教令他惊叹不已）。毕达哥拉斯接受了老师的建议远赴埃及求学。在埃及生活了很长时间。他学会了埃及的语言和文字，在埃及人的寺院当过僧侣，亲身经历过埃及寺院的祭典仪式，对于宗教思想、信仰、教阶体系有深切了解。尤其使他震撼的是埃及人对于灵魂不灭和生死轮回的信念。在埃及与波斯战争中他被俘，当作俘虏带到波斯，在那里，他又生活了许多年，直接接触到了波斯国教琐罗斯德教，学到了琐罗斯德教的教义、一些禁忌、净化肉体和灵魂的方式、身心二元论等。这些对于毕达哥拉斯思想体系的形成产生了难以估量的影响。毕达哥拉斯从埃及和波斯留学回来以后，于公元前 532 年，因不满普利克拉底的暴政，离开母邦萨莫斯，移居南意大利的克罗顿。在那里定居下来，并且创立了著名的毕达哥拉斯学派，“他和他的门徒受到极大的尊重”②。

克罗顿位于靴形意大利的靴跟上。在毕达哥拉斯到来之前，这里的繁荣程度远不及米利都和萨莫斯。是大希腊范围内政治、军事、经济、文化的落后地区。不过，与尚在起步阶段的希腊本土相比，却繁荣许多。毕达哥拉斯及其学派，就是在这样一种环境中迅速发展，很快就吸引了一大批门徒。毕达哥拉斯学说的形而上学基础是灵魂和肉体二元论。他在克罗顿不仅讲学收徒，教书育人，而且倡导一种新的生活方式，这种生活方式大致上是：学派内财产公有，日常生活以清心寡欲为

① Diogenes Laertius, *Lives of Eminent Philosophers*, Book VIII, p.321.

② Diogenes Laertius, *Lives of Eminent Philosophers*, Book VIII, p.323.

原则，以药物净化身体，以数学、音乐、天文学、几何学净化灵魂。净化的信念和方式是毕达哥拉斯派对希腊文明最大的贡献之一。净化自己的身心也是毕达哥拉斯派安身立命的根本。尽管提倡身心净化最初只存在于这个学派之内，而且该学派一直离群索居，净化方式始终不为人所知，至少在毕达哥拉斯本人在世时一直是这样的。不过，在毕达哥拉斯本人逝世之后，大约在公元前5世纪，该派所在的南意大利发生了政治变故，结果导致该派人士被驱逐，由于毕达哥拉斯派成员在逃亡中流向希腊全境，尤其流行雅典等民主制地区，致使毕达哥拉斯派的思想、生活方式、信仰以及他们特有的净化方式得到广泛传播。

在毕达哥拉斯在世时，该学派或者说教派有着严格的生活规则，成员有极高的自律能力，因而在意大利乃至整个希腊人心目中，他们是一群道德高尚的人，因而毕达哥拉斯及其学派在自己的栖息地克罗顿受到人们极大的尊重。不仅如此，“毕达哥拉斯感到他们自己的天职是成为他们的同胞精神向导——也就是支配。事实上，毕达哥拉斯团体在将近一个世纪的时间内，在大格拉埃西亚诸城市的政治中起着主导作用”①。这与米利都学派的境遇不同。从相关资料可以看出，米利都学派在米利都似乎没有毕达哥拉斯这等雄心，在政治上也没有如此这般的影响。究竟是什么原因导致这些差异，我们不是很清楚，至少人们可以断定，哲学思想的差异是其中因素之一。按照 Kirk 和 Raven 的看法，“毕达哥拉斯学派的思想与米利都学派的思想，在原动力和特征方面有广泛的差别。米利都学派受天生的理智好奇心所驱动，他们不满足于旧的神话解释，试图对物理现象做理性的解释，而鞭策毕达哥拉斯学派的力量似乎是宗教的或者激情的。……再者，米利都学派追求对世界的自然主义解释……‘而毕达哥拉斯学派（用亚里士多德的话来说）运用一种与物理学家不同的奇特的原则和要素，因为这些原则和要素来自非感觉物。’

① 〔德〕策勒尔：《古希腊哲学史纲》，翁绍军译，山东人民出版社1996年版，第36页。

因此，毕达哥拉斯学派的宇宙论注重世界的形式或结构，而不是质料”①。柏拉图也认为毕达哥拉斯学派创立的不是一种自然主义，而是一种生活态度。尽管这个学派包括毕达哥拉斯本人在内在科学方面有极高的造诣，而且在科学史上留下一笔丰厚的财产，然而，这个学派真正关心的不是科学，而是人生，是人的正确的生活方式和态度，关注人的灵魂和身体。他们不仅仅倡导这样的生活方式和生活态度，而且身体力行，因此，在克罗顿他们由于持这种生活态度而重到极大的尊重。他们内部也依据这些生活方式和处事原则维持和谐。彼此之间如兄弟一般，故而毕达哥拉斯派也被人称作毕达哥拉斯兄弟会。

二、对毕达哥拉斯的一般评价

毕达哥拉斯的名字，似乎总是与科学史上的事件相关。他最早提出哲学与哲学家这两个名称，并且断定哲学家就是爱智者。几何学在埃及人那里仅仅是测量土地的方法。尼罗河水涨落，常常把地界冲毁，为了确定地界，埃及人需要经常测量土地。因此，他们发明了一些测量土地的方式。毕达哥拉斯从他们那里学到了几何学的测量方式，但是，他并没有停留在简单的测量上，而是把埃及人用来丈量土地的实际操作，变成非物质的、概念化的公式，从而为几何学步入科学的殿堂奠定了基础。著名的“毕达哥拉斯定理”使他获得几何学家的称号。其实，说毕达哥拉斯是几何学之父大约也不为过。不仅如此，他发现了事物之间的数量关系，并用这种关系解释音乐和天体。他的名言“万物皆数”对柏拉图影响至深，传说柏拉图有感于这句名言，曾说“神可能是个几何学家”。这虽然是一种幽默的表述，但是，它毕竟反映了几何学在柏拉图心目中的份量，而且柏拉图学园的大门上赫然写着“不懂几何学者不得入内”，柏拉图学园在后期主要讲授数学和几何学。

① Kirk & Raven, *The Presocratic Philosophers*, Cambridge, 1960, p.216.

埃及人观察天象发现，天狼星的出现总与尼罗河水的涨落有关，因此，在埃及出现了最早的天象学（也可以称作准天文学）。他从埃及人那里学到了观测天象的方法。可以说，埃及人的天象观测，是毕达哥拉斯天文学的启蒙教师。不过，毕达哥拉斯并不是简单地传达埃及人的发现，而是在他们的基础上进一步探索日月星辰的位置。根据第欧根尼·拉尔修的描述，毕达哥拉斯也是第一个发现晨星与暮星是同一颗星的人。而且，他把数学用于天体的观察，从而断定，天体是一个和谐的整体，地球是一个游动的球体。虽然他尚未明确提出日心说，但是，至少有地球是绕行的思想。

在中世纪，人们普遍认为，毕达哥拉斯是算术、几何学、天文学和音乐的创始人。文艺复兴时期，许多人文主义者运用毕达哥拉斯的黄金分割法与和谐比例进行艺术创作，那些颇具美感的不朽雕塑，也把毕达哥拉斯的科学家形象深深地嵌入其中。哥白尼承认，毕达哥拉斯的天文学概念是他的日心说的先驱。梅森先生这样评价哥白尼的日心说，“他的方法并没有什么新奇的地方，是从毕达哥拉斯以来就被天文学家所采用过的”①。伽利略也宣称自己是一个毕达哥拉斯主义者。莱布尼兹则自认为是继承毕达哥拉斯传统的最后一个哲学家和科学家。

现代科学，特别是数学和天文学，也沿袭了传统的看法，充分肯定毕达哥拉斯的科学成就。波耶在《微积分概念史》中指出：“早期毕达哥拉斯学派的数学，肯定是以推理为其特色的。毕达哥拉斯学派和柏拉图都注意到，演绎推理所得的结果跟观察的结果或归纳推理的结果非常符合。”② 在毕达哥拉斯—柏拉图传统中，就连神都是几何学家，所以人们认为他的体系以推理为特征，也是合情合理的事。鉴于毕达哥拉斯

① 〔英〕梅森：《自然科学史》，周煦良等译，上海译文出版社 1984 年版，第 120 页。

② 〔美〕波耶：《微积分概念史》，上海师范大学数学系译，上海人民出版社 1977 年版，第 1 页。

及其学派在科学史上有如此多的第一，把毕达哥拉斯看作一个科学家或者自然哲学家不无道理。充分肯定毕达哥拉斯在科学上的重要地位，无论如何是天经地义的事情，笔者对此没有任何异议。

不过，笔者想提醒人们注意的是，许多思想家似乎忽略了一个最基本的事实，即在毕达哥拉斯的若干“第一”中，有一个“第一”对西方哲学和西方文明的价值，恐怕并不亚于其他“第一”。这就是他第一个把东方文化对灵魂问题的探讨，嫁接到希腊文化中，并且成功地使二者相互融合，从而为希腊，也为最早的西方哲学注入了人文主义的内容，并且通过对几何学、天文学、数学、音乐的改造，使这些科学（其实，最多算是自然哲学）成为关注灵魂、净化灵魂的一种手段，成为塑造人性或人类道德的首选方式，成为人文精神的核心。毕达哥拉斯在这方面的贡献，一直没有受到人们的足够重视，不能不说是一个遗憾。

然而也有一些科学家和哲学家，例如，罗素和海森堡，看到了毕达哥拉斯有关灵魂问题的思想，而且清楚地知道它们的传承关系，以及对于西方思想的影响。但是，他们并不认为这些思想有什么积极意义，甚至认为它们是一种负面的东西。这同样令人遗憾。

海森堡以科学家特有的敏锐清楚地看到：“毕达哥拉斯学派是神秘主义的一个支派，它起源于酒神的礼拜仪式。这里早已建立了宗教与数学的联系，而数学从那时以来，已对人类思想发生了最强烈的影响。毕达哥拉斯似乎最早认识到数学形式化所固有的创造力。他们发现，如果两条弦的长度成简单的比例，它们将发出声音，这个发现表明，数学对理解自然现象能有多么大的意义。①”应该说，海森堡注意到毕达哥拉斯的数学与其神秘主义的连带关系，并强烈感受到毕达哥拉斯的重要历史地位。他谈论毕达哥拉斯的影响时，引用了罗素那句名言，“我不知道还有什么人对于思想界有过像他那么大的影响”。然而，海森堡心目

① 〔德〕海森堡：《物理学与哲学》，范岱年译，商务印书馆1984年版，第31—32页。

中的影响，主要指他的数学。因为海森堡明确指出："在毕达哥拉斯学派中，还包含许多我们难以理解的神秘主义。"① 这里面有一个潜台词，就是宗教神秘主义的东西，与毕达哥拉斯的科学思想从根本上说是两回事。即使不理解毕达哥拉斯的神秘主义，也可以理解他的思想和影响。仿佛他的神秘主义是一个蜘蛛网，只需一抬手，便可以轻轻抹掉，根本不会影响人们对他的理解，反而能够使毕达哥拉斯的思想更加干净、清晰。抹掉了这个蜘蛛网，似乎更有利于对其思想真谛的认识和把握。

罗素在描述自己的思想发展时说："自21世纪的初年起，我的哲学的发展大致可以说是逐步地舍弃了毕达哥拉斯。"② 现代的哲学家，恐怕没有什么人比罗素更清楚毕达哥拉斯思想的价值了。因为他清楚地看到，毕达哥拉斯的数学与宗教神秘主义有密切关系，与其灵魂学说有密切关系。他指出："灵魂一词最初在希腊思想中出现的时候起源于宗教，虽然不是起源于基督教。就希腊来说，它似乎起源于毕达哥拉斯学派的学说，他们信仰死后灵魂转生，目的是为了得到最终的拯救，这在于摆脱物质的束缚，而只要依附于肉体，它就必定受这种束缚。"③ 经过南意大利学派的发展路线，"把灵魂作为不同于肉体的某种东西的学说，就成了基督教教义的一部分"④。凡讨论毕达哥拉斯的人，似乎都会引用罗素这句名言，以说明毕达哥拉斯灵魂学说对柏拉图主义和基督教的影响。然而，罗素所说"影响"分正负两个方面。遗憾的是，罗素将毕达哥拉斯式的灵魂的沉思看作一种冥想，属于负面东西。

罗素告诉我们，他早年曾一度沉溺于数学的神秘主义，也获得过冥想的快乐。后来他认为，"在一个满是灾难痛苦的世界里，退隐到沉思冥想里享受一些快乐不能不算是出自自私，拒绝共同肩负灾难所加在别

---

① 〔德〕海森堡：《物理学与哲学》，范岱年译，商务印书馆1984年版，第32页。

② 〔英〕罗素：《我的哲学发展》，温锡增译，商务印书馆1982年版，第191页。

③ 〔英〕罗素：《宗教与科学》，徐奕春等译，商务印书馆1982年版，第57页。

④ 〔英〕罗素：《宗教与科学》，徐奕春等译，商务印书馆1982年版，第57页。

人身上的负担”①。写《我的哲学的发展》一书时，罗素依然记得“相信时的快乐”，只是这些快乐“现在看来却大部分是荒谬的”。罗素这段话有一个特殊的背景，那就是第一次世界大战爆发。当他看到年轻人登上开往前线的火车，觉得自己不能置身于事外，不能再生活在抽象与沉思里。罗素的自责在这个特定的历史时期是完全可以理解的。即使像尼采这类孤芳自赏的贵族，在普法战争时，也还能与他并不看好的普通士兵同甘共苦。如果我们不是处于一战这种特定的历史条件下，而是客观地看待毕达哥拉斯的灵魂的沉思，便应该承认，毕达哥拉斯式的沉思，绝不仅仅是个人爱好，而是为了探索一种新生活之路，其目的是拯救人类的灵魂。抽象与沉思不是自私的冥想。在一般情况下，笔者并不认同罗素的看法，而在第一次世界大战的前提下，笔者至多是理解罗素的自责。

罗素把自己的哲学历程描述为逐渐舍弃毕达哥拉斯的过程，实际上是说自己的思想历程就是由毕达哥拉斯的神秘主义开始，进而逐渐远离神秘主义的冥想，最终走向真正的数学或科学思维。这里面蕴含的前提也是科学与信仰的对立。布尔克特（Burkert）在评论策勒尔的研究时指出，策勒尔“在毕达哥拉斯作为宗教奠基者与匿名的毕达哥拉斯派数哲学之间，切开了一条裂口；把这些不同要素结合起来，表明它们最初的统一，必定是极其诱人的一种挑战”②。其实，布尔克特对策勒尔的评论意味着，策勒尔对毕达哥拉斯的探索，其前提依然是科学与宗教对立，所以，才需要探讨二者的关系，才需要发现它们最初的联系。他清楚地看到，假如解决了这一问题，“就有可能深深地改变人们对文化史的理解”。

笔者以为，这些看法有两个依据，第一，西方中心主义。这些西方学者清楚地知道，灵魂问题来自东方，特别是与他们心目中东方式的迷

① 〔英〕罗素：《我的哲学发展》，温锡增译，商务印书馆1982年版，第194页。

② Burkert, *Lore and Science in Ancient Pythagoreanism*, Harvard, 1972, p.3.

信和神秘主义相关，似乎这样的东西没有什么可以肯定的东西。第二，都是以近代科学和哲学体系为基础，对古代希腊哲学进行诠释。对于后者，笔者想多说几句。尽管本文主题不是讨论这个问题。但是，它对于理解毕达哥拉斯十分重要。

雅斯贝尔斯对近代科学进行过中肯的批评，他指出："主宰自然，能力，效用，'知识就是力量'，这是自培根以来的格言。他和笛卡尔描绘了技术未来的概貌。可以肯定，它并不是被利用来反对自然的可怕力量，而是对自然规律的认识。这就是所谓人定胜天。"① 这种科学观的前提是"我只知道我能造的"。它本身并不意味着人可以为所欲为，更不意味着"世界在整体上和原则上是可知的"②。科学动机包含着两种意志：技术意志和知识意志。近代"科学家的特征乃是对必然性的感情。准备适应自然总是自然科学家精神的一部分。不过他想知道自然在做什么，自然界发生了什么"③。这是科学家的"知者的自由"。这里所说的自由，依然没有为所欲为的意思。但是，当这种自由被推向极端时，知者的自由就不是思想的自由与安宁，而是"为所欲为"。由于科学在近现代社会明显的物质效用，因而它"一直享有巨大的威望。人们期待它解决一切问题，深入理解全部存在，帮助满足任何一种需求。……科学成为我们时代的标志，恰恰是它不再以科学形态出现的时候"④。因为科学成为人们支配自然的手段，它的目的已经不再是科学所期待认识自然、适应自然，而是改造自然，做自然的主宰。于是

---

① 〔德〕雅斯贝尔斯：《历史的起源与目标》，魏楚雄等译，华夏出版社1989年版，第104页。

② 〔德〕雅斯贝尔斯：《历史的起源与目标》，魏楚雄等译，华夏出版社1989年版，第111页。

③ 〔德〕雅斯贝尔斯：《历史的起源与目标》，魏楚雄等译，华夏出版社1989年版，第105页。

④ 〔德〕雅斯贝尔斯：《历史的起源与目标》，魏楚雄等译，华夏出版社1989年版，第109页。

自然由人们生活的一部分，变成了人们可以征服的对象。人与自然处于对立状态，人在奴役自然的同时，把自己沦为物欲的奴隶。尽管我们自诩我们的时代是科学的时代，但是，人类与科学精神的距离，从来没有像现在这样遥远。现代人只占有技术，甚至是技术的物质结果，却不享有任何科学。科学“精神本身被技术过程吞噬了”。造成科学服从技术、技术服从人的物欲的结果。雅斯贝尔斯认为，导致这种错误的原因是，近代科学把世界的可知性作为研究前提，特别是认为世界在整体上和原则上可知。既然世界可知，当然它也可以被创造，甚至可以从根本上被改变、被主宰。在这样的世界中，还有什么不可理解的神秘的灵魂呢？还需要信什么别的东西呢？信科学就够了。于是，科学在成为现代社会的新宠的同时，也成为现代社会的神话。

海德格尔指出，现代人普遍承认，“科学是现实事物的理论”。而“科学”仅仅指近现代科学。希腊文没有科学之类的概念。该概念在罗马帝国时期以拉丁文形式出现时，仅指学问和知识。学问与知识是十分宽泛的，它也包括类似于沉思冥想之类的东西，而不仅仅指近现代意义上的科学，当然它也包含与之相关的东西。“现实事物”是在我们的**生活世界**起作用的东西。“起作用”意味着“做”（tun），它的词干属于印欧语系的“dhe”。“做”不仅仅指人的活动，不仅仅指行动意义上的活动，自然的生长与活动也是“做”，并且是在特定位置上的“做”。意思是说，“做”最根本的涵义是在生命和生活过程中的自然行动。“自然”是指生命和生活在此时此地、此情此景中的所为。这个所为与个人所拥有的一切相关。在中世纪，“起作用”还指房屋、器具、图像的产生。后来它的意义变窄了，只意味着缝纫、刺绣、编织意义上的产生。即，物化的动作。但是，这个词不具有效应和起因的意思，也不是指一个物化结果的功用，而是在生命过程中自然而然的东西，是生命过程内在的部分。当然，在现实事物中起作用确实与现实事物的现实性变化相关，变化表明本身已经被“做”，即在工作、劳动中成为对象。在“做”的活动中获得成功就是“事实之物”。它相当于肯定和确定。17 世纪以来，“现实的”与“确定的”基本同义。它与假象、意见相对立。在近代科学中，现实事物成功的一面日益被强调，成功的对象达到了一个令人瞩目的可靠状态，被提升到一切其他事物之上，表现为“对象”或者“客体”。[①] 它不仅与一般的事实相对立，而且与人相对立、与主体相对立。从生活与生命的一部分，变为与主体对立的东西，这就是希腊科学与近现代科学最根本的差别。

如果我们认同海德格尔的分析，那么我们完全可以说，在生活世界与在实验科学世界不同，实验科学世界是狭窄的、具体的、功利的，一切都在概念体系的刚性结构中，如同在无影灯下解剖尸体一样，似乎没有什么东西是不可以分割和界定的。而在生活世界，特别是在生命过程中，一切都具有内在的联系，我们无法清楚地界定生命中的任何一个具体的功能。一旦想界定它或者已经界定了它，它便不是活体了。既然如此，在希腊人的生活世界中，两种都源于沉思的东西具有某种不可分割的联系，便没有什么可以惊讶的。

笔者以为，毕达哥拉斯哲学是在希腊哲学氛围内的探索，力求寻找一种新的生活之路：通过宗教与科学和哲学的结合净化人的灵魂。其中守望灵魂是他的根本目的，而几何学、天文学、数学、音乐则是净化灵魂的手段。如果从毕达哥拉斯的使命来看，笔者以为，毕达哥拉斯与其说是一位有若干科学创造的科学家，不如说是一位灵魂的守望者。如果我们不仅仅把世界文明史的进程看作科学创造世界的过程，如果我们不是仅从文艺复兴以来的近代观点出发看待宗教问题，而是像柏格森那样坦诚地承认，唯有“人类依理性而生，同时也依宗教而生”的物种，我们就应该承认，宗教对于人之为人的重要作用，从而承认，毕达哥拉

---

① 〔德〕海德格尔：《海德格尔选集》下卷，孙周兴等译，上海三联书店 1996 年版。其中有两篇文章《现代科学、形而上学和数学》和《科学与沉思》集中展示了海德格尔对近代科学的反思。本文所叙述的内容均参考这两篇文章。

斯将灵魂问题引入希腊，并以科学作为净化灵魂的手段，同样是一种伟大的创举。

三、探索新生活之路的起点是关爱灵魂

鲁道夫·奥托（Rudolph Otto）指出，神秘主义有两条道路。一条是内省之路，柏罗丁是典型代表；另一条是合一梦想（Unifying Vision）之路，即目光向外，寻找多样化世界的一，这是印度的《奥义书》作者所走的道路。不过，也有不少人同时兼有两条道路的特点，商羯罗和爱克哈特都是这样，奥古斯丁也是这样。虽然奥托没有提及毕达哥拉斯，但是，按照奥托所描述的两条道路的特点，我们完全可以说，毕达哥拉斯的神秘主义也属于两条道路合一的神秘主义。

第一条路是内省的神秘主人。内省的神秘主义是“从外部事物抽身，退入自己灵魂的深处，认识隐密的深处，认识触摸自我的可能性，这是第一种类型——内省的神秘主义特有的。这意味着沉入自我之中，以达到直觉，在自我的最内部，找到无限，或者上帝，或者梵天……一个人在这里并没有看到世界，而是洞察到了自我”①。因此，第一条道路尽管“必然有自己的灵魂学说，将其拉入神秘主义范围，从而形成一种特定的灵魂神秘主义（soul-mysticism），但是它升入更高体验之处，却在很大程度上始终保持着灵魂的神秘色彩”②。笔者以为，毕达哥拉斯哲学的起点是神秘主义的第一条道路。因为毕达哥拉斯哲学的起点，也可以说是首先从外部事物抽身，转向自我，转向自己的灵魂。以第一条道路为起点，就是以信仰为起点。毕达哥拉斯派的哲学首先建立在信仰基础上，而不是像一般的哲学体系那样，建立在概念体系或者科学公理的基础上。

---

① R. Otto, *Mysticism East and West*, New York, 1960, p.59.

② R. Otto, *Mysticism East and West*, New York, 1960, p. 61.

第二条道路是在多样性的世界中寻找一。其目光是向外的。“我们或者可以把它看作一种奇怪的幻想，或者看作瞥见世界之间的永恒的联系。”① 目光向外，但并不是科学的探索，因为他们之所以寻找多样性世界的一，只是出于一种奇怪的幻想，最多出于一种直觉。“更有可能的是，这种幻像是思辨思维的开端，不论是在印度，还是在贺拉斯那里都是这样，我们所说的希腊科学，也许就是这种东西的产物，即，它的非概念形式是一种神秘主义的直觉。总之，它不取决于学说，也不是从理性的思考中产生，不是为了探索因果关系，更不是起源于对世界进入科学解释的热望。它产生于一种启示的体验，这里面有一种追求这种梦想的天性——在这里天堂的眼睛是睁开着的。”② 毕达哥拉斯哲学的起点是由第一条神秘主义的道路开始，即灵魂的神秘主义开始。而他净化灵魂的方式，则走向奥托所说的第二条道路，即目光向外寻找永恒世界的联系。正如奥托所说，它的非概念形式是一种神秘主义的直觉，不是从理性的思考中产生。但是，这样的起点，并不妨碍这种学说最终走向理性的思考。两条道路的结合可以走向地道的宗教神秘主义，奥菲斯教是这样，希腊文化与基督教结合，也是走了这样一条路。它也可以走向科学和理性。毕达哥拉斯本人也许做到了，也许有这样做的倾向，我们可以断定，沿着这条路走，希腊哲学的南意大利学派走向了真正的哲学思维。那种毕达哥拉斯式的神秘主义，经过形而上学的精制化以后，被包在这种哲学的核心之中，成为南意大利学派的灵魂和基本的价值取向。

第欧根尼·拉尔修记载③，索希克拉底（Sosicrates）在他的《哲学家世系》（*Successions of Philosophers*）中表明，费留斯（Philus）的独裁

① R. Otto, *Mysticism East and West*, New York, 1960, p.61.

② R. Otto, *Mysticism East and West*, New York, 1960, p.61.

③ Diogenes Laertius, *Lives of Eminent Philosophers*, VIII., the Loeb Classical Library, tran.by R.D.Hicks, p.327.

者莱昂（Leon）问毕达哥拉斯是什么人，毕达哥拉斯答曰“一个哲学家”。他把生活比作一场游戏，参加游戏者有三种不同的人，一种人为奖赏而来，是为追名者；另一种人带着可卖的商品而来，是为逐利者；最后一种人仅仅是旁观者，是为观察和思想者。与此相应，有不同的生活态度，“一些人滋长了奴隶的本质，贪婪地追名逐利，而哲学家则追求真理，因而是真理的主人”①。毕达哥拉斯心目中理想的生活态度就是作真理的主人，而不是像寻常人那样，在名利场中博击，成为物欲的奴隶。哲学“爱智”之“智”，指比常人更知道什么是真正的生活，什么是真正的人生，什么是真正的人。而不是仅仅拥有工匠般的技艺，或者较之寻常人更工于心计。对于毕达哥拉斯来说，哲学不是饭碗，不是赢利的手段，而是一种生活态度，一条生活之路。一旦步入这条道路，人的生活内容就不是为了追逐实际利益，而是为了思想。在名利场上，哲学家只是一个淡泊名利的旁观者。旁观者界定了哲学家对物欲的态度，也界定了哲学家在名利场中的位置：生活于其中，置身于事外。旁观者意味着，他的生活理由不是感官的物质享受，而是思想。思想是他心目中最神圣的净土。毕达哥拉斯的生活态度也表明，在他心目中，人至少应该有两个方面，有精神和思想的一面，也有感官和物欲的一面。这两个方面分别与灵魂和肉体相对应。肉体是有死的，而灵魂是不灭的。受肉体驱动，人便沉溺于物欲，因而是物欲的奴隶，过着堕落生活。人堕落，就不可能获得真理，也不会是真理的主人。关爱灵魂者，必须远离世俗的名利场和物欲纷争。这是典型的灵魂肉体二元论。可见，毕达哥拉斯式的生活态度，建立在二元论的基础上。灵魂与肉体二元论是毕达哥拉斯式生活态度的基本前提。而追求灵魂的净化，寻找净化灵魂的方式，就是毕达哥拉斯的使命。

策勒尔认为，灵魂肉体二元论并不是希腊本土的思想。它最初是由

---

① Diogenes Laertius, *Lives of Eminent Philosophers*, VIII., the Loeb Classical Library, tran.by R.D.Hicks, p.328.

奥菲斯教引入希腊的。传统的希腊文化认为肉身的人是真正的人。灵魂只是一种无力的影像。相信阳光下的日常生活才是真实的生活，冥界只是现世的黯淡的摹仿。因此，希腊人更注重现实利益，甚至是眼前利益。除了这些如同过眼烟云的利益以外，至于是否有来生，是否有什么不朽的东西，当时的希腊人是根本不会考虑的。因此，人们非常形象地把这种状况称作"希腊的乐天"，尼采就这样说过。就连他们的诸神，似乎也没有神的样子，他们的行为并不神圣，有时甚至可以说有失检点，什么鸡鸣狗盗之事都做。希腊世界的每一坏事，都和他们有关。当然他们也做好事，但那不是出于善的考虑，在很多情况下是意气用事。尽管米利都学派完成了希腊文化的一次变革，但是，他们最多是把神话与现实自然界区分开来。他们最早把目光从迷离的神话世界投向自然，但是，他们的兴奋点在于为自然寻求统一的基础。所以后人通常称他们为自然哲学家。虽然泰勒斯也说过一切都是有灵魂的，然而，灵魂问题不是他关注的主要问题，他并不关注人本身的问题，或者说，主要关注的不是人的问题。奥菲斯教引入了"与希腊人有天性格格不入"的生活态度。这种态度"表明了一种东方起源"。从奥菲斯教开始，希腊人投身于神秘主义的二元论之中。① 笔者同意策勒尔的看法，二元论确实不是希腊本土思想，奥菲斯教把它引入了希腊宗教之中，毕达哥拉斯则使它成为哲学的基本内容。按照一些希腊研究者的看法，奥菲斯教与毕达哥拉斯学派之间，有着千丝万缕的联系。因此，无论从任何意义上讲，二元论都与毕达哥拉斯学派相关。

大约在公元前6世纪，毕达哥拉斯把灵魂肉体二元论介绍到希腊，并且使之与希腊文化成功地嫁接。由于这种引进，希腊哲学出现了所谓南意大利学派。毕达哥拉斯的二元论由何而来，一直是希腊研究者争论的问题，归结起来，至少有三个来源。

---

① 参见〔德〕策勒尔：《古希腊哲学史纲》，翁绍军译，山东人民出版社1996年版，第一章。

第一，毕达哥拉斯是从埃及人那里学来的。这是由希罗多德（Herodoti）的见闻直接证明的东西。认为这种信仰来自埃及的人，大多受希罗多德的影响。希罗多德记载："在埃及，人们相信地下世界的统治者是戴美特尔和狄俄尼索斯。此外，埃及人还第一个教给人们说，人类的灵魂是不朽的，而在肉体死去的时候，人的灵魂便进到当时正在生下来的其他生物里面去；而在经过陆、海、空三界一切生物之后，这灵魂便再一次投生到人体里面来。这整个的一次循环要在三千年中间完成。早先和后来的一些希腊人也采用过这个说法。就好象是他们自己想出来的一样；这些人的名字我都知道，但我不把他们记在这里。"① 通常认为，这里所说的"一些希腊人"，指毕达哥拉斯及其信徒。20 世纪的希腊研究者基本上认同这一点。策勒尔的态度是，无法证明它意指毕达哥拉斯及其学派，或许它指奥菲斯教信徒。不过，希罗多德在该书的另一个地方谈到一个叫撒尔莫克斯的人，这个人是毕达哥拉斯的奴隶，此人后来回到他的国家。"他和在希腊人中决非最差的智者毕达哥拉斯有过交往。因此，他给自己修建了一座会堂，在那里他招宴他国内的一流人士，并且教导他们说，不只是他，他的宾客，还是他的子孙都是永远不会死的，但是他们将要到一个他们会得到永生和享受一切福祉的地方去。"② 这分明是说，毕达哥拉斯的奴隶学到了该派的主张，回国后依样模仿，也主张灵魂不死和轮回转世，而且颇有一些信徒。

第欧根尼·拉尔修转述色诺芬尼（Xenophanes）的说法，一次，毕达哥拉斯路过一个地方，看到一个人在鞭打一条狗，毕达哥拉斯请求他停下来，因为他熟悉这声音，这是他朋友的灵魂生活在这狗的身体

① ［古希腊］希罗多德：《历史》上册，王以铸译，商务印书馆 1997 年版，第 165 页。

② ［古希腊］希罗多德：《历史》上册，王以铸译，商务印书馆 1997 年版，第 302—303 页。

里。① 这也表明，毕达哥拉斯本人相信灵魂转世。波费利（Porphyrius）告诉人们，没有任何信徒能够确切地知道毕达哥拉斯的教诲，因为他们团体内部有一个著名的静默原则。不过，还是有一些众所周知的事实："第一，他认为灵魂是不朽的；第二，灵魂要转生到其他动物里；第三，过去的事件将在一个循环中重复自身，没有任何东西是绝对新的；第四，认为一切生物都有亲缘关系。毕达哥拉斯似乎是第一个把这一信仰引入希腊的人。"②

现代的古典研究者基本上对此持肯定态度。最谨慎的策勒尔也不得不表明，从埃及人那里获得灵魂不灭的思想并非不可能，只是无法证实。根据拉尔修和扬布里丘等人的描述，毕达哥拉斯在行成人仪式之际离开家乡来到埃及，他的整个年轻时代是在埃及度过的。最极端的说法是在埃及生活 22 年，最一般的说法是不少于 16 年。③ 即使取后一种说法，在埃及生活 16 年，那也是一段颇为漫长的年月。拉尔修记载，安提丰（Antiphon）在他的《论杰出德行的人》中表明，毕达哥拉斯在埃及长期的生活，已经学会了埃及语言、宗教、文化和技艺。因此，灵魂不灭和灵魂转世的思想来自埃及是有可能的。

第二，琐罗斯德教和希伯莱文明的影响。这一假设主要来自罗马时期的一些作者，他们的根据是，毕达哥拉斯在埃及期间，正好赶上埃及被波斯国王冈比西斯（525B. C.）的军队击败，毕达哥拉斯作为战俘，被带到波斯，在那里他接受了希伯莱文明和波斯文明。不过，据笔者所知，当时的希伯莱文明，还没有灵魂不灭的思想。如果他是在巴比伦获得灵魂不灭的思想，那么他应该得自琐罗斯德教。因为犹太教虽然历史悠久，但是，一直都是口述律法，成文经典的创作，大约在巴比伦之囚

① Diogenes Laertius, *Lives of Eminent Philosophers*, VIII., the Loeb Classical Library, tran by R.D.Hicks, p.353.

② 转引自 Guthrie, *A History of Greek Philosophy*, Cambridge, 1971, p.186.

③ 参见 Gorman, *Pythagoras: A Life*, London, 1979。书中对毕达哥拉斯在东方的经历有比较详尽的考察，而且综合介绍了各类相关的说法。

结束以后，从公元前 5 世纪到公元前 3 世纪创作完成。这一时期，他们在政治上是波斯帝国的属民，而在文化上，则是在波斯文化的直接辐射之下。犹太教成文经典的创作显然受到琐罗斯德教的影响。摩西五经是人们公认的旧约最古老的部分。五经描述犹太人在流浪生活中，也常常在某地停留下来，如果条件允许，会买一块地安葬死者。从摩西五经，我们依然可以看到，犹太人没有灵魂肉体二元论的思想。他们的先人虽然常常被说成几百岁才故去，然而，并没有关于他们的灵魂如何转世的描述。耶和华对犹太人的种种许诺中，几乎没有关于如何拯救他们灵魂的说法。福音书也记载过耶稣与撒都该人就人的复活问题展开的争论。即使是耶稣时代的犹太教，依然认为复活、轮回转世等思想是荒谬的。

在古典天启宗教中，最早持身心、灵肉二元论的是琐罗斯德教。他们相信，人逝去后，灵魂在肉体中要逗留若干天，然后再去该受审判的地方。虽然基督教的末世学颇为著名，但是，最早提出末世学的是琐罗斯德教，基督教的末世学是受琐罗斯德教影响。琐罗斯德教认为，尘世是有期限的，它每三千年一个周期，分别由善神统治三千年，恶神统治三千年，混合统治三千年，决战三千年。一万两千年是整个世界的终结，那时，主阿胡拉·马兹达将降临，对人进行末日审判。在尘世选择恶者将进入炼狱，洗清罪恶。如果在冈比西斯攻陷埃及后，毕达哥拉斯被作为俘虏带到波斯，那么，他与结束了巴比伦之囚的犹太人几乎是同一时期，而此时，琐罗斯德教早已经是波斯的国教了。犹太人亦在波斯文化和宗教的辐射下。返回耶路撒冷的犹太人和留在波斯的犹太人，都在波斯宗教和文化的辐射范围内。不仅如此，在庞大的波斯帝国版图内，波斯文化处于主导地位。几乎地中海文明都受到它的影响，就连希腊也不例外。①

根据波费利记载，毕达哥拉斯在波斯与一个琐罗斯德教信徒查拉塔（**Zaratas**）学习琐罗斯德教学说。他从这个琐罗斯德教信徒那里学会了

① 参见 Afnan, *Zoroaster's Influence on Greek Thought*, New York, 1965.

三件事，“（1）如何使自己摆脱以前堕落的生活，得到净化；（2）一个聪明的人如何成为纯洁的；（3）他听过一次讲道，得知如何在宇宙论中考察形而上学原则的性质”①。这里面所说的“纯洁”和“净化”，都是指灵魂问题。在琐罗斯德教信条中，最重要的莫过于净化自己的灵魂，而且他有一系列净化的方式。毕达哥拉斯只从其中汲取了一点，即净化自己的灵魂是一种意志的自由选择，是自觉自愿的事情。除此之外，毕达哥拉斯提出的净化灵魂的方式，是地道的希腊式的。我们在后面还要专门探讨这一问题。

第三，奥菲斯教的影响。即使是策勒尔这样的怀疑主义，也不否定毕达哥拉斯深受奥菲斯教的影响。策勒尔甚至认为，毕达哥拉斯灵魂肉体二元论最可靠的来源，当首推奥菲斯教。然而，奥菲斯教所主张的灵魂不灭，也不是希腊本土的思想，它同样是从东方移植过来的。大约在公元前 7 世纪至公元前 5 世纪（也有人说公元前 6 世纪至公元前 5 世纪，不论怎么说，总是与希腊新移民建立的城邦相关），随着希腊与东方交往日趋发达，东方的思想、文化和宗教进入希腊。在这种情况下，希腊兴起了奥菲斯教。因此，奥菲斯教的源泉来自东方，深受波斯的琐罗斯德教的影响。它通过色雷斯和吕底亚地进入希腊。奥菲斯教基本的主张是身心二元论。这种主张来自他们的狄俄尼索斯信仰。狄俄尼索斯是一个外来的酒神，据说埃及有狄俄尼索斯崇拜，在波斯也颇为盛行酒神崇拜。大约在公元前 7 世纪至公元前 5 世纪，狄俄尼索斯进入希腊。他进入希腊后，很快就与当地崇奉的酒神相结合，形成独特的酒神崇拜。传说狄俄尼索斯曾经以一头公牛的形象被泰坦神撕碎，他们吞下了他的尸体。雅典娜救下了他的心脏，并把它带给宙斯。宙斯用这颗心脏造出一个新狄俄尼索斯，取名查格鲁斯。宙斯以自己的万钧雷霆摧毁了泰坦神，用他们的骨灰造出一个人形，再把狄俄尼索斯那颗心脏置于人形中。从此，人就拥有双重性质：有死的肉体和不朽的灵魂。灵魂被禁

① Gorman, *Pythagoras: a Life*, London, 1979, p.64.

锢在肉体之中，肉体是灵魂的枷锁。这种对立源自狄俄尼索斯与泰坦神的宿仇。灵魂在尘世必须经过数千年的轮回，经历植物、动物和人体阶段，方可得到净化。经过轮回得救不是一个自然过程，而是一个寻求信仰的过程。生活在尘世之人，必须信奉奥菲斯教，通过信仰寻求拯救之道。就日常生活而言，信仰者需戒荤、戒豆、在献祭中需戒一切带血祭品。这些是灵魂从轮回中获救的必备条件。以这一信仰为中心，古代希腊形成了著名的奥菲斯教。① 毕达哥拉斯派同样恪守这些禁忌。根据格利乌记载，亚里士多德曾经说过："毕达哥拉斯禁止食用胎衣、心脏、海葵、以及其他类似的东西。"② 第欧根尼·拉尔修记载："毕达哥拉斯说……对待神必须时时尊敬，谨言慎行，素衣净身。……净化来自清洗仪式，沐浴、净水，不受葬礼污染，远离分娩，避免毒物。不肯咬因病致死的动物的肉，忌食红星肉和黑尾、蛋类以及卵生动物、豆类。"③ 奥菲斯教的禁忌与此基本相同。一些研究者根据禁忌推断，二者之间有着千丝万缕的联系。

我们所能看到的材料表明，奥菲斯教与毕达哥拉斯主义、继承毕达哥拉斯传统的柏拉图及柏拉图主义之间，有着很深的渊源。"毕达哥拉斯如此完全地接管了奥菲斯教传奇，致使亚里士多德把这些传奇完全归结为毕达哥拉斯的。更早一些，希俄斯的伊昂（Ion of Chios）甚至说，奥菲斯教的作品，就是毕达哥拉斯创作的。"④ 阿芙南（Afnan）则从另一个角度分析问题，她否认二者有亲缘关系，认为"毕达哥拉斯主义尽

---

① 上述内容，请参考〔德〕策勒尔：《古代希腊哲学史纲》，翁绍等译，山东人民出版社 1996 年版以及 Afnan, Ruhi, *Zoroastrian's Influnce on Greek thought*, New York, 1965.

② 〔古希腊〕亚里士多德：《毕达哥拉斯残篇》，见《亚里士多德全集》第 10 卷，苗力田等译，中国人民大学出版社 1997 年版，第 229 页。

③ 〔古希腊〕亚里士多德：《毕达哥拉斯残篇》，见《亚里士多德全集》第 10 卷，苗力田等译，中国人民大学出版社 1997 年版，第 229 页。也可参见 Diogenes Laertius, *Lives of Eminent Philosophers*, VIII. P335-345. 其中详细说明毕达哥拉斯种种禁忌。

④ *The Encyclopedia of Philosophy*, V.5-6, New York, 1972, p.2.

管总体上与奥菲斯教不是同出一源，但是，他们的神秘主义倾向使他们走到一起；因为它的禁欲主义和宗教特征，与奥菲斯教相同”①。布尔克特（Burkert）指出：“希罗多德表明，奥菲斯教与毕达哥拉斯主义在仪式方面有联系。”希俄斯的伊昂也引证希罗多德的说法。“伊素克拉底说毕达哥拉斯写了一些诗，并且把它们归在奥菲斯名下。”② 布尔克特认为，希俄斯的伊昂与伊素克拉底想告诉人们，以奥菲斯名义创作的诗，其实是毕达哥拉斯创作的。“毕达哥拉斯是这些诗的真正的作者。”希罗多德在他的《历史》第二卷第80节谈到埃及人的丧葬习俗时说，羊毛织物不能带入神殿，也不能与死人一道埋葬，“在这一点上，他们遵从奥菲斯教和巴科斯教，这规定实际上是埃及的和毕达哥拉斯的；因为凡是被传授以这些教义的人，都不能穿着羊毛的衣服下葬”③。柯克（G. S. Kirk）先生审慎地指出：“虽然我们很少知道毕达哥拉斯本人，我们甚至对他的直接追随者也所知甚少。但是，毫无疑问，毕达哥拉斯在克罗顿建立了一种宗教兄弟会或秩序；但是，没有充分的证据证明人们广泛认同的观点，即，这是效仿奥菲斯宗教社团。人们的确经常把他们的学说和实践，与毕达哥拉斯的进行对比。”④ 这些说法的可靠性一直受到人们的质疑，越是年代久远，人们越无法证实它们的可靠性。不过，即使这些说法靠不住，我们依然可以看到，奥菲斯教与毕达哥拉斯学派的某些学说和仪式极度相近，以致人们很难把他们分开。依然可以看出，毕达哥拉斯学派与奥菲斯教之间有很深的渊源。他们之间的相互影响是完全可能的。

毕达哥拉斯派作为宗教团体对灵魂问题所持的看法固然非常重要，

---

① Afnan, *Zoreaster's Influence on Greek Thought*, p.29.

② Burkert, *Lore and Science in Ancient Pythagoreanism*, Harvard, 1972, p.128.

③〔古希腊〕希罗多德：《历史》上册，王以铸译，商务印书馆1997年版，第144页。

④ G.S.Kirk and J. E. Rabven, *The Presocratic Philosophers*, Cambridge, 1960, pp.219-220.

但是，它们与一些带有明显迷信色彩的内容混合在一起，因而常常被人们当作荒诞的内容予以忽略。不过，迷信的一面并不是毕达哥拉斯灵魂学说的全部。因为毕达哥拉斯对于灵魂问题，还进行了哲学的探讨。这种探讨依然不是理性的，依然处于神秘主义的直觉之中，但是，并非没有价值。

毕达哥拉斯认为，“人的灵魂可以分为三部分，智慧、理性和激情。智慧和激情是其他动物都具有的，只有理性是人独有的。灵魂的处所从心脏扩展到大脑；在心脏的部分是激情，位于大脑的部分是理性与智慧。感觉是从理性与智慧中流出的精华。理性是不朽的，而其他一切都是有死的。……灵魂是不可见的”①。毕达哥拉斯对灵魂的解释大约包含着如下几个内容。第一，人的一切能力、感觉、情感、思想等，都是灵魂的功能，由此引起灵魂与人的种种官能的关系问题。第二，在灵魂的诸种功能中，最高级的是理性，灵魂是不朽的，理性也是不朽的，理性是灵魂的核心。而毕达哥拉斯之后，希腊哲学家在灵魂问题上也有另外一种观点，认为理性是心灵的功能。由此引出灵魂与理性，灵魂、理性与心灵的关系。第三，灵魂不可见隐含了一个问题，即，它是物质的，还是非物质的。第四，灵魂转世以及灵魂在肉体内如此广阔的活动区域，提出了灵魂是否运动的问题。这些问题，毕达哥拉斯并没有完全解决，然而，他提出的问题本身引起了希腊哲学家们的讨论。希腊哲学史有相当的内容，是由对这一问题的探讨构成的。而且对这一问题的探讨，也使希腊哲学具有更加浓郁的人文主义气息，对于人的关注，对人的定位也更深入了。

首先，促进希腊哲学从自然转向人本身，毕达哥拉斯提出的灵魂问题起了重要作用。毕达哥拉斯学派把灵魂问题作为自己的核心问题，实际上是把人的目光引向自身，引向个人的最深处。通常认为，前苏格拉

① Diogenes Laertius, *Lives of Eminent Philosophers*, VIII., the Loeb Classical Library, tran.by R.D.Hicks, p.347.

底是希腊哲学发展的第一阶段，说他们的贡献在于把哲学从神话中分离出来。由于他们更关注宇宙的统一性问题，因而通常把他们称作“自然哲学家”。毕达哥拉斯由于在数学、天文学、几何学方面的成就，也被理所当然地划入这一范围。第一阶段又可以分为两个时期，第一时期为自然哲学时期，第二时期为智者时期。由智者开始，哲学家的目光开始从外界投向人类自身。这一任务到苏格拉底完成。因此，人们常常认为苏格拉底是这次转向的代言人。西塞罗在谈到苏格拉底时说，他“把哲学从天上召回来，引进家家户户，使它成为探究生活和道德、善与恶所必需”①。就结果而言，这些说法当然没有什么错。的确，把人的目光从外拉向内部，是在苏格拉底时代完成的，但是，促成这种转向的第一个契机，则是由毕达哥拉斯及其学派创造的。而且，促使希腊哲学与神话分离，大概是沿着两条不同的道路行进的：一条是米利都的自然主义，一条是南意大利学派。如果就哲学转向而言，恐怕毕达哥拉斯的南意大利学派更重要一些，因为毕达哥拉斯所探索的新生活之路，起点恰恰是人本身。不过，他的目光没有停留在人的日常饮食儿女上，而是深入到人的内部，寻求人真正的本质，这便是灵魂问题。由于毕达哥拉斯把灵魂问题与人的感觉、激情和理性放在一起，从而把“认识你自己”定义为认识你自己的本质，即，认识人的最根本的内涵，认识人真正的本质。这一切虽然是后来的希腊哲学家共同探索的问题，然而它毕竟由毕达哥拉斯始。

第二，毕达哥拉斯提出的灵魂问题，诱发了希腊人对生命本质的思考。最终得出的结论是人之为人，不在于肉体，而在于灵魂。灵魂问题讨论的集大成者亚里士多德指出，灵魂是实体。笔者以为，亚里士多德心目中的灵魂是一种精神实体。他指出，所谓实体首先拥有质料，其次拥有形式。“质料是潜能，形式是现实。‘现实’这个词有两层意义，

① 〔德〕策勒尔：《古希腊哲学史纲》，翁绍军译，山东人民出版社1996年版，第81页。

其一是类似知识，另一是类似思辨。”① “灵魂，作为潜在地具有生命的自然躯体的形式，必然是实体，这种实体就是现实性。”② 所谓潜在地具有生命的自然躯体的形式，不是指肉体的外形，而是指“它是这样的躯体是其所是的本质”。对于人来讲，作为实体的灵魂，就是人之为人的东西。躯体对于人来讲是一种潜在的存在，即，只是使人有可能成为人的载体，而灵魂才是使人成为人的现实性。这是从灵魂不灭引发的灵魂与肉体关系的结论。到亚里士多德这里，灵魂与肉体的关系，已经不是宗教神秘主义问题，而完全是哲学的形而上学层面的问题。这一改造经历了一个漫长的过程。亚里士多德的结论使我们看到，由毕达哥拉斯从东方引进的灵魂与肉体的问题，被经过形而上学的改造以后，成功地进入希腊文化之中，成为希腊文化的一个重要部分。由灵魂肉体的关系，最终引起对人的重新定位。即，对于人来讲，最现实，最真实的东西不是这具躯壳，而是灵魂。灵魂使人成为人。换句话说，精神实体才是人之为人的根本。灵魂是人自身之内的神。“灵魂是有生命躯体的原因和本原”，它包含三种意义，“它是躯体运动的起点；是躯体的目的；是一切拥有灵魂的躯体的实体”。躯体的运动就是存在，而存在就是生命，灵魂是躯体运动的原因，因而是躯体存在的原因。灵魂也是躯体的目的因。躯体的活动像理智的活动一样，总是为着某个目的，灵魂是为躯体提供目的的东西。“所有的自然躯体都是灵魂的工具。”灵魂也是位移的起点。也就是说，生命外部状态的变化和内在精神的变化，都是由灵魂所驱动。例如，“感觉似乎就属于状态的变化，没有灵魂的东西，是不可能有感觉的，生成和毁灭也是如此”。不仅如此，生命或者人的认识能力以及种种欲望，都是受灵魂驱动的。

① 《亚里士多德全集》第三卷，苗力田等译，中国人民大学出版社 1992 年版，第 31 页。

② 《亚里士多德全集》第三卷，苗力田等译，中国人民大学出版社 1992 年版，第 31 页。

第三，毕达哥拉斯提出灵魂不死和转世问题，经过希腊哲人的讨论，引申出灵魂与运动的关系问题。这个问题再进一步引申，可以把目光投向外部，或者用奥托的看法，从第一条神秘主义道路向第二条过渡。于是提出这样的问题：如果人的灵魂是人的内在神，统治着整个人的运作方式，那么在整个宇宙是否也有这样的东西？毕达哥拉斯沿着这条道路走，提出宇宙的本质是数，而数的本质是“一”的思想。无疑，这个“一”是一种抽象的本质，是一种精神性的实体。沿着这条思路走，深受毕达哥拉斯影响的巴门尼德①提出著名的“存在”概念，柏拉图提出善的理念，亚里士多德提出在整个宇宙中，存在一个不动的推动者，一个宇宙的目的因，一个永恒的精神实体。

笔者以为，毕达哥拉斯是从宗教神秘主义的角度提出灵魂问题，而包括毕达哥拉斯本人在内的希腊哲学家，则用希腊哲学与科学特有的方法，对这一问题进行了探讨，成功地将东方神秘主义的东西，变成了希腊本土的形而上学问题。毕达哥拉斯在这一过程所起的作用是，他提出了新生活之路，用灵魂问题成功地吸引了哲学家的视线，使之关注人本身的问题，对于灵魂问题的讨论，最终完成了对人的本质的定位，即对于人来说，真正的本质是他的灵魂。灵魂使人成为人。肉体只是使人成为人的一种潜能，它最终能否成为人取决于灵魂。成为怎样的人，是否成为具有高尚品德的人，同样取决于灵魂。不仅如此，它还引出了希腊哲学重要的形而上学问题（当然这个问题不仅是毕达哥拉斯派的，米利都学派寻求世界统一性的思路同样起了非常重要的作用）。此外，对于毕达哥拉斯来说，灵魂问题至此尚未结束。因为由灵魂不灭必然引出另一个问题，我们如何呵护这一永生的东西？用毕达哥拉斯的语言来说，就是如何净化我们的灵魂？毕达哥拉斯对于这个问题的解决，也是地道的希腊式的。

---

① 关于毕达哥拉斯派与巴门尼德的关系，汪子嵩先生的《希腊哲学史》第一卷有比较详细的说明。

四、新生活之路的重要内容是寻找净化灵魂的方式

毕达哥拉斯派的净化方式有两类，一类是净化肉体，一类是净化灵魂。净化肉体通常表现为恪守毕达哥拉斯的禁忌，按照亚里士多塞诺斯（Aristoxenus）的观点，毕达哥拉斯派也用药物净身，故而有不少学者认为，毕达哥拉斯是希腊医学之父。除了净化肉体以外，毕达哥拉斯派最重要的实践，当属净化灵魂。毕达哥拉斯派如何完成灵魂的净化，是没有定论的问题。不过，人们通常承认，音乐是毕达哥拉斯派净化灵魂的方式。亚里士多塞诺斯就曾经说过，“毕达哥拉斯派用音乐净化灵魂”①。这一点似乎没有什么可争议的地方。如果承认这一点，那么我们从音乐与其他科学的关系，可以推断出毕达哥拉斯净化灵魂的基本方式。对于毕达哥拉斯派来说，音乐之所以能够起到净化灵魂的作用，不在于它的内容，或者说不在于它的技艺的一面，即表现喜怒哀乐，或者英雄凯旋等。音乐的具体表现内容是与物欲的世界不可分割的，毕达哥拉斯并不认为这内容能够净化灵魂。他更注重音乐的非技艺的一面，即音阶所蕴含内在的数的比例，这些比例本身又蕴含着和谐。如果毕达哥拉斯用音乐净化灵魂具有数学层面上的意义，那么我们可以推测，凡是与数学相关的科学（尽管当时这样的学科并不是很多），都是毕达哥拉斯派用来净化的灵魂的手段。不过，这一点似乎并没有得到古典学者的认同。

极端的观点认为，科学是科学，宗教是宗教。论证的方式大约有两种，一种是策勒尔式的，一种是格思里式的。前者将学说与惯例分开，即将种种禁忌当作毕达哥拉斯宗教团体的惯例，而将科学和哲学当作他们的学说，二者泾渭分明。毕达哥拉斯的科学形象是有根有据的事实，而他关于灵魂的种种说法，也勿庸置疑。但是，由于他们以近代思想模

① Sirk & Raven, *The Presocratic Philosophers*, Cambridge, 1960, p.229.

式看待毕达哥拉斯思想中的两支，而且确实没有直接的资料证明，学说的两支都是毕达哥拉斯本人探求生活之路必需的内容，因此，断然采取将双方截然分开的做法。然而，如果将二者截然分开，似乎无法说明毕达哥拉斯为什么要进行科学的探索。这种前科学的探索对于毕达哥拉斯来说，仅仅像米利都学派那样，出于求知的渴望，还是有着非常实际的意义？

格思里式的看法，充分意识到这种划分方式带来的困难，因此，企图另辟蹊径。他们承认，在毕达哥拉斯思想中，宗教与科学和哲学不是互不相干的，而是“同一条生活道路的两个分支”。但是，他们的认可仅限于毕达哥拉斯本人，即毕达哥拉斯既关注灵魂问题，又探索科学与哲学。至于他的信徒，则并非都是哲学家，并非都对科学感兴趣。他们的根据是扬布里丘和波菲利的论述。扬布里丘和波菲利一直把毕达哥拉斯派分为若干等级，最高一级的信徒才修习哲学与科学。这些等级可以分为两类：acusmatici（惯例或习俗）和 mathematici（数学）。扬布里丘认为“承认 acusmatici 的是另外一些毕达哥拉斯派信徒，他们并不承认 mathematici”，他们的信条“由未加证明的格言组成，没有任何论据，而且加入了某些活动过程。……他们尽力保持神圣的启示，没有提出任何他们自己的东西”①。波菲利认为：“他的教诲有两种形式，因此，他的信徒也分为两类，一些被称作 mathematici，另一些被称作 acusmatici。前者已经掌握了他的智慧最深层、最详细的部分，而后者已经听到作品中那些精炼的格言，没有充分的解释。”② 格思里由此断定：“毕达哥拉斯的天赋必然拥有理性和宗教两种性质，但是，在毕达哥拉斯那里，这两种性质几乎是不能统一的。这没有什么可以惊讶的，他和他的学派吸引了两种不同类型的人，一方面热心促进数学哲学的发展，另一方面，醉心于宗教虔诚，其理想是‘毕达哥拉斯式的生活方式’。宗教部分的

---

① Guthrie A, *History of Greek Philosophy*, Vol.1, Cambridge, 1971, p.192.

② Guthrie A, *History of Greek Philosophy*, Vol.1, Cambridge, 1971, p.192.

生活，与奥菲斯教极其相似，并且凭借类似的神秘主义为它的实践辩护。哲学部分必然忽略，甚至私下里蔑视虔诚者纯粹迷信的信仰。但是，不能否认它在毕达哥拉斯奠定的基础中发挥了作用。"① 这种说法，并非没有道理，因为当菲勒劳斯首次披露毕达哥拉斯的思想时，该学派已经分成两派，一派是以纯信仰为主，如格思里所说，他们更接近奥菲斯教，另一派以研修毕达哥拉斯的科学思想为主。正如格思里所描述，当时的毕达哥拉斯两派，有着明显的对立。对于毕达哥拉斯科学与宗教思想所持的两种意见，在 19—20 世纪颇为流行。虽然他们的角度不同，但是结论却惊人地相似。显然，两种说法依然有一个共同的前提，即科学与宗教在毕达哥拉斯那里是不可能和谐的。

耶格尔曾经满腹狐疑地问：所有这一切数学理论、几何学、音乐理论和天文学与灵魂不灭没有什么关系吗？看到如此令人沮丧的结论，我们也不禁要问，对于毕达哥拉斯来说，宗教与科学和哲学真的没有什么关系吗？或者在毕达哥拉斯思想中，科学、哲学与宗教果真如此对立吗？它们真的没有任何内在的联系，仅仅是一个聪明人的两种嗜好吗？

也有学者企图找出毕达哥拉斯中两个分支之间的关系，他们的根据是第欧根尼·拉尔修记载，"物理学家赫拉克利特几乎在我们耳边大声疾呼，'毕达哥拉斯，尼撒库（Mnesarchus）之子，实践超乎常人的探索'"②。"许多学习都不能启迪智慧，只有讲授赫西俄德（Hesiod）、毕达哥拉斯、色诺芬尼（Xenophanes）和赫卡泰奥斯（Hecataeus）才可以开启智慧。因为这一种东西是智慧，它可以理解思想，在整个世界中起指导作用。"③ 许多学者根据赫拉克利特的两段话推断，毕达哥拉斯进行的探索主要是指科学探索。柯克（Kirk）先生和莱文（Raven）

① Guthrie A, *History of Greek Philosophy*, Vol.1, Cambridge, 1971, p.192.

② Diogenes Laertius, *Lives of Eminent Philosophers*, VIII., the Loeb Classical Library, tran.by R.D.Hicks, p.325.

③ Diogenes Laertius, *Lives of Eminent Philosophers*, VIII., the Loeb Classical Library, tran.by R.D.Hicks, p.409.

先生在他们的著作中，便把“istorin”译作“scientific enquiry”。这个词原本没有“科学的”（scientific）意思，它指凭借探索得到学问；或者由探索获得知识和学识。笔者以为，它的意思可以**引申为**科学探索，但是，该词本身没有这个意思，因为希腊没有近代意义上的科学。可以引申为科学探索最多可以说，这种探索是前科学的。笔者以为，据此推断，在前科学意义上，毕达哥拉斯及其学派是当时的“主要科学家”（leading scientist）应该是一个可信的说法。在这一问题上，从古到今的西方毕达哥拉斯研究者，似乎没有什么异议，因为毕达哥拉斯在他们心目中，毕竟是个科学家嘛。柯克先生和莱文先生之所以把“istorin”译作“科学的探索”，是想借此证明，“毕达哥拉斯对科学感兴趣，也对灵魂的命运感兴趣。显而易见，对于毕达哥拉斯来说，宗教与科学并不是独立的两部分，彼此没有任何联系，勿宁说，它们是同一条生活道路上，两个不可分割的因素”①。不过，他们清楚地意识到，“没有任何可信的证据证明毕达哥拉斯教诲的科学性质”。然而，这种证明方式仅仅表明，毕达哥拉斯是个有影响的哲学家和科学家，似乎并没有证明两个分支的关系。因此，他们据此断定毕达哥拉斯的宗教与科学是同一条生活道路上的两个分支，似乎显得比较勉强。

笔者以为，耶格尔的疑问本身说明，他不相信毕达哥拉斯的科学与宗教没有关系，而柯克先生和莱文先生在这一问题上的结论是正确的。不过，我们确实面临一个问题，就是证据不足，至少直接证据不足。然而，这并不意味着没有间接证据。在没有直接证据的情况下，间接证明也可以说明一定的问题。间接证据可以证明，在毕达哥拉斯体系中，科学、哲学与宗教不仅有关系，而且有密切的关系。毕达哥拉斯派寻求人净化的方式有两个方面：肉体和灵魂。用于净化肉体的方式，我们在前面已经讲过。净化身体只是毕达哥拉斯派的内容之一。如果他们主张灵魂不灭，那么，我们完全可以说，灵魂的净化问题，更应该是毕达哥拉

① Kirk & Raven, *The Presocratic Philosophers*, Cambridge, 1960, p.228.

斯终生关注的问题。毕达哥拉斯一生奔波，旨在探寻一条新的生活之路，能为自己的思想找到一个真正的归宿，使自己的灵魂洁净地活在被净化的躯体中。双重净化才是毕达哥拉斯体系的正确轨道。那么，灵魂如何净化？既然毕达哥拉斯一生都在寻找灵魂净化之路，那么他找到了吗？如果科学研究与他的灵魂问题没有关系，他为什么不去努力实现净化灵魂的宿愿，而去从事与净化灵魂和肉体无关的事情呢？如果说没有直接的证据证明科学与灵魂问题之间有任何关联，那么我们同样没有办法回答上述问题。而且毕达哥拉斯被公认为科学家，他在科学上的贡献似乎没有什么人否认，然而，谁有直接证据证明毕达哥拉斯是科学家？最早披露毕达哥拉斯思想的人是菲勒劳斯，而最早系统阐述毕达哥拉斯定理的人，大约是欧几里德有《几何学原理》，时间是公元前 4 世纪。如果我们只限于毕达哥拉斯本人，不要说无法找到两支关系的证据，就连毕达哥拉斯体系的所有证据我们都不可能找到，因为即使是最不极端的研究者，也承认毕达哥拉斯本人没有任何作品被保留下来。关于毕达哥拉斯的所有思想，几乎都是通过后人的记载为人们所知。既然如此，我们应该把视野放宽一些。应该放眼毕达哥拉斯以后的希腊哲学，或者至少看看南意大利学派，把毕达哥拉斯放在希腊文化的承袭关系中。即使我们找不到直接的证据，来证明毕达哥拉斯的科学与宗教相互关联，至少我们可以看到毕达哥拉斯以后的希腊哲学，是如何看待灵魂的净化与科学和哲学的关系的。

笔者的看法是，毕达哥拉斯的科学成就是他净化灵魂的手段，笔者的基本切入点是：**毕达哥拉斯对科学的改造**。把从东方学来的天文学、几何学，还有几乎在各种族都盛行的音乐数学化，使之成为与物欲无关的符号，在此基础上使思维能够进行自由创造。这一改造是地道的希腊式的，以希腊人事事都求一个 logos，凡事都要找一个绝对完美的依据的思维方式为前提。“正是毕达哥拉斯使几何学臻于完善……毕达哥拉斯在几何学的数学化方面进行了非常艰苦的工作，发现了音阶的和谐。他甚至没有忽略医学。计算者阿波罗多罗斯（Apollodorus）说，当毕达哥拉斯发现直角三角形的弦平方等于两直角边的平方时，举行了一次百牛祭大典。”① 不仅如此，毕达哥拉斯对天文学方面的改造，也经历了一个天文学的数学化过程，对于音阶与和谐的思考，完全是从音阶之间的数学关系入手的。可以说，毕达哥拉斯使天文学、几何学、音乐的完善过程，就是使之数学化的过程。“毕达哥拉斯主要的追求是在数学方面，他在数学方面取得了最富有成效的进展。”② 毕达哥拉斯使科学数学化，是对希腊文化最重要的贡献。因为数学化的自然科学，摆脱了具体的物质的需求，纯粹成为一种思想的追求，“成为一种自由研究，一种值得自由人追求的东西”。这不仅意味着它是与名利场上争斗的物欲的奴隶相对立的自由人的研究，而且是一种使人能够获得自由的研究。科学“变成了自由教育的形式，以一种非物质的、概念化的形式，考察原理的开端，追溯命题的起源”。③ 对非物质的、概念东西的探索，正是毕达哥拉斯心目中的哲学家的意义所在。这一过程在柏拉图那里被称作灵魂的转向，只有经过这一转向，灵魂才能够得到净化。在科学的数学化过程中，我们找到了毕达哥拉斯派的灵魂学说与科学思想相结合的契机，它们毫无矛盾地结合了。

从南意大利学派的发展，也可以证明科学与灵魂净化的关系。柏拉图在《理想国》中，阐述过著名的“洞喻”，由此直接切入了灵魂净化问题。笔者以为，柏拉图在这方面的论述，是毕达哥拉斯思想的发展和延伸。柏拉图说，让我们想象一个洞穴式地下室，它有一个长长的通道通向外面，可让和洞穴一样宽的一道光照进来。假设有一些人从小就住在这洞穴里，而且手脚头颈均被缚，背朝洞穴口，面朝洞穴后壁，不能动，也不能转头，只能盯着洞穴后壁。假如这时在洞穴外的高处有东

① Diogenes Laertius, *Lives of Eminent Philosophers*, VIII., the Loeb Classical Library, tran.by R.D.Hicks, p.331.

② Zeller, *A History of Greek Philosophy*, vol.1, Cambridge, 1971, p. 347.

③ Proclus, from Robinson, *An Introduction to Early Greek Philosophy*, Boston, 1968, p.67.

西燃烧，在洞穴与高处之间有一条路，如果有人举着东西从路上经过，他们的影子便映射在洞穴的后壁上。被囚在里面的人会认为，他们看到的影子便是真物。如果过路人发出声音，他便会认定是这影子发出声音。他们不会想到，除了影子还会有什么别的实在。如果一个人挣脱了禁锢，站起来，走出洞穴，那么他必然感到十分不习惯。如果有人告诉他，他以前在洞穴里所看到的一切都是假象，一切认识都得从头开始。对于一个根本没有见过真实世界的人来说，他的适应过程应该是阴影——倒影——东西本身。他会觉得在夜里看东西比白天容易，看月光和星光比看日光容易。经过这一过程，被囚者才能看到太阳和日光了。柏拉图解释说，洞穴囚室相当于可见世界，火光相当于太阳的能力。

柏拉图指出，从被囚者在洞穴生活，到从洞穴中出来，再到看到真正的日光的过程，就是灵魂的上升过程。这个上升过程的**第一个条件是整个身体转向**。身体的转向意指灵魂的转向；投射在洞穴及其壁上的影子意指现象世界，或者可见世界；正面观看现实的眼睛则是指灵魂；而看到的最光明者即是“善的理念”，在毕达哥拉斯那里是“一”。生活在现象世界的人，也就是生活在名利场中的人，如同生活在洞穴中的人，他们所看到的世界是不真实的。然而，如果被囚禁在这个世界中的人不离开这个洞穴，他便始终以为它是真实的。大约毕达哥拉斯所说的争名逐利的生活态度，就是指把这种生活当作真实生活的人，如同在洞穴中一样。灵魂的净化必须首先完成转向，离开名利场。那么如何离开？也就是说，如何净化灵魂？通过教育！柏拉图对于这个问题的论述方式，通常被认为是典型的毕达哥拉斯派的。通过教育使灵魂转向并不意味着通过灌输知识使灵魂转向。因为灵魂里面本来就有知识，灵魂看不到光明的东西，不是因为它没有知识，而是因为被蒙蔽。因此，重要的问题就是“去蔽”。这一论点本身包含着灵魂不灭的观点，灵魂何以不需教育便有知识，因为灵魂是不灭的，可以轮回的。虽然柏拉图没有明确地说出这一点，但是，肯定灵魂拥有知识，意味着他承认毕达哥拉斯灵魂不灭的前提。柏拉图像毕达哥拉斯一样认为，灵魂“确实有比较神圣的性质”，它有一种永远不会丧失的能力，这种能力就是它的认识能力和知识。灵魂有知识并不意味着灵魂一定有正确的知识。有认识能力并不意味着他能够选择正确的生活之路。灵魂的认识能力可以使人行善，也可以使人作恶。例如，有些“机灵的坏人”，他们的灵魂是小人型的，他们对于自己所关注的事情，有极其敏锐的眼光。然而，却用来作恶。柏拉图与毕达哥拉斯一样，关注使灵魂摆脱变化的、欲望的世界，上升到真正的实在世界。他认为，必须通过四门首选学科——音乐、数学、几何学、天文学——的修习，才可以达到这一目的。毋需多说，我们就可以清楚地知道，柏拉图不认为修习这四门首选学科是灵魂学习知识或者技艺，或者是为灵魂增加什么东西，灵魂本来就拥有这些能力和知识，修习仅仅是为了把灵魂的视线引向无功利的、无物质利益的、纯精神的数字或者符号，以这种方式使灵魂转向！让灵魂“爱智”。我们再强调一遍，“爱智”（love of wisdom）之“智”，不是指技艺（arts），不是谋生的手段，甚至不是具体的知识内容，而是一种思想和精神性的东西，是完美的东西，在名利场之外的东西。修习这四门科学，就是为了让人的灵魂上升，挣脱与生俱来的现象世界的束缚，进入完美的光明之中，成为一个懂得生活真意的人，完成灵魂的去蔽，使其得到净化。

这四门学科，何以能够使人的灵魂转向？首先是音乐。在常人心目中，音乐“以音调培养某种精神和谐（不是知识），以韵律培养优雅得体，以故事（或纯系传说的或较为真实的）语言培养与此相近的品质”①。这是音乐技艺的一面。但是，音乐作为陶冶道德、净化灵魂的手段，并不在于它的表现内容，因为具体的内容总有消极和积极之分。人在这样的内容中，依然能够感受到名利场的东西。音乐作为道德净化的手段，主要在于它的构成形式。就构成音乐的形式和音乐的深层内涵

① 〔古希腊〕柏拉图：《理想国》，郭斌和等译，商务印书馆1986年版，第283页。

而言，音乐的本质是数学。毕达哥拉斯认为，音阶是依特定的数目构成，数是和声的本质。第8音是2∶1，第5音中3∶2，第4音是4∶3。音乐体现了宇宙的规则。“整个宇宙是按照某种和声构成的。由于它以数目而存在，所以按照数目和和声而构成。”① 音乐对于灵魂的意义不在音乐本身，而在于它能够使人认识到，一切秩序归根结底都是数的比例，这种比例构成了一切事物的和谐。欣赏音乐，本质上是体味事物的和谐。而这种和谐是通过非物质的形式表现出来。当人欣赏音乐时，人的灵魂已经被拉向非物质的方向，进入数的范围内，即进入事物的本质之内，在毕达哥拉斯看来，这就是进入真正的事物之内。

其次是数学。数学是“一个共同的东西——它是一切技术的、思想的和科学的知识都要用到的，它是大家都必须学习的最重要的东西之一”②。尽管人人都使用数学或者算学，但是很少有人能够正确使用它。因为人们通常用它来计算可变事物，数和算学当然有这个功能，这也是数学或者算学技艺的一面。但是，一堆计算绝不是数和数学的本质。数的本质是一。同一事物是一，同时又是多。而一是本质，多是现象。认识“一”必须脱离可变世界，把握真理。认识“一”，不是靠感觉，而是“用自己的纯粹理性”。只有这样“才能将灵魂从变化的世界转向真理的实在”③。学习数学，尤其是认识“一”时，就是“用力将灵魂向上拉，并迫使灵魂讨论纯数本身。……迫使灵魂使用纯粹理性通向真理本身”④。

第三是几何学。几何学首先是一种技艺，它有经验上可用的一面，如测量土地。但是，这一面可以把灵魂引向下面。为了实用，有一点点实际知识就够了，用不着学习什么几何学。埃及人没有理论，照样会测

① 〔古希腊〕亚里士多德：《毕达哥拉斯残篇》，见《亚里士多德全集》第10卷，苗力田等译，中国人民大学出版社1997年版，第235页。

② 〔古希腊〕柏拉图：《理想国》，郭斌和等译，商务印书馆1986年版，第283页。

③ 〔古希腊〕柏拉图：《理想国》，郭斌和等译，商务印书馆1986年版，第288页。

④ 〔古希腊〕柏拉图：《理想国》，郭斌和等译，商务印书馆1986年版，第289页。

量土地。如果用几何学净化灵魂，就必须理解几何学的本质。“几何学的对象乃是永恒事物，而不是某种有时产生和灭亡的事物。”① 毕达哥拉斯开始的几何学是数学化的几何学，这样的几何学同样不是“art”，而是自由思想的对象。

第四是天文学。天体在感官上虽然是一个个的星球，但是，在本质上是音乐的阶和数。它与构成音阶的比例同类。“围绕宇宙中心旋转的诸天体，距离是有比例的，而且有的运动快些，有的慢些，所以在它们的运动中较慢者发出低音，较快者发出高音，这些音，由于与距离成比例，所以合成和谐的声音。既然他们说和声出于数目，所以自然把数目当作天体和宇宙的本原。由于他们设想，太阳和大地的距离比月亮远一倍，金星远二倍，水星远三倍，其他诸天体每一个的距离都按一定的比例，他们的运动是和谐的。距离最远的天体运动最快，距离最近的运动最慢，中间的天体按照距离的远近比例而运动。由于事物与数目的这种相似性，所以他们认为，存在着的东西既由数目构成，又是数目自身。”② 我们之所以全文引述亚里士多德这一大段话，是因为它大概是对毕达哥拉斯派关于天体与数学关系最完整的叙述。

按照毕达哥拉斯的看法，事物本质上是数，而数充分体现在这四个学科中，修习这四门首选学科就是引导灵魂认识事物的本质，使其去蔽，即用这些非物质的、符号的、概念的东西吸引灵魂的视线，足以促使灵魂转向，从而完成灵魂的净化，最终从被缚的洞穴中走出来。灵魂净化的过程，就是把灵魂的视线从不完满的现象世界拉向完满的理念世界，或者“一”。认识“一”就是认识事物的本质。由此可以推知南意大利学派提倡的教育，与智者有很大的差别，它并不是教给人们一种谋生的技艺，而是塑造人的灵魂。它所选定的学科，旨在于促使学生挣脱

① 〔古希腊〕柏拉图：《理想国》，郭斌和等译，商务印书馆1986年版，第291页。

② 〔古希腊〕亚里士多德：《毕达哥拉斯残篇》，见《亚里士多德全集》第10卷，苗力田等译，中国人民大学出版社1997年版，第235页。

与生俱来的束缚，完成灵魂的转向。做一个道德高尚、灵魂干净的人。毕达哥拉斯—柏拉图的灵魂理论在希腊化时期被新毕达哥拉斯—新柏拉图主义进一步发挥，最终堂而皇之地进入基督教，成为基督教道德和基督教末世学的重要组成部分。

从希腊文明史，特别是从希腊文明与基督教的关系来看毕达哥拉斯的灵魂学说，可以说，东方的宗教与前科学与希腊哲学与自然哲学相结合，经过南意大利学派的发展，形成希腊文化特有的人文主义气息。灵魂问题的价值，如同被雅典娜救护下来，又被宙斯放入再生的狄俄尼索斯中的心灵一样，是希腊文化的生命力所在。这种生命力的实质在于它使两种不同的文化在希腊母体上成功地嫁接在一起。它的出现吸引了希腊文明的视线，守望真正意义上的人和人生，成为希腊哲学的重要内容，而且它也形成了希腊教育的基本取向，即教育的本质是塑造人的灵魂，而不是仅仅教人一种谋生的技艺。这两个方面，构成希腊人道主义的基本内容：paideia，即心灵塑造，也“指一种完善的教育”。

从西方文明史来看，灵魂肉体的二元论同样是西方历史上最重要的发明。它并不比任何科学上的发明逊色，对于人类的精神生活来讲，也许它的意义远胜于科学。如果没有这种二元论，人们恐怕意识不到，肉体的欲望或者说感官的欲望，对于做一个真正的人有什么妨碍，我们对于人究竟为何物，也许不会有现在的洞见。如果没有灵魂学说，人们所关注的问题，便只有短短几十年的瞬间。对于只有几十年生命的人来说，真正的胜利者，永远只是死亡。没有什么东西是永恒的。几十年的饮食儿女，几十年的声色犬马，几十年的名利场搏击，无所畏惧。对于死亡的看法，最根本的就是对于人是否有灵魂，灵魂是否不死的看法。

经过近代科学与哲学的洗礼，灵魂不死和末日审判等都成了无稽之谈。航天技术的发展更清楚地告诉人们，人们想象中的上帝的天国，原来只是暗淡无光的宇宙空间。上帝不存在，因而无人进行末日审判。既然还没有发现太空和外太空有生命，那么那些以另外一种方式生活的灵魂在哪里呢？这是我们现代人合乎情理的思想。在现代社会企图用灵魂不死或来世等宗教神话净化人们的灵魂，并非完全不可能，但是究竟有多大的可能性，或者究竟对多少人有效都很难说。然而，这并不意味着这类信仰对于道德没有效用。如果客观地看待西方历史，便会清楚地看到，灵魂不死和灵魂肉体二元论对于西方文化传统所起的至关重要的作用。

灵魂不死和灵魂肉体二元论虽然已经随着科学的发展成为过去，但是，在这种信仰影响下所形成的传统，并没有完全成为过去。20 世纪哲学虽然成为世俗化哲学，似乎不再关注什么灵魂问题，改为关注与人的现世生活相关的一系列问题。但是，我们在这样世俗化的学说中，依然能够找到灵魂和灵魂肉体二元论问题的影响。海德格尔曾讨论过人在生存论状态中的沉沦，似乎认为沉沦是不可避免的。这听起来有些恐怖，然而，细想起来也确实是这样。我有时在读他的书时不免感慨他怎么能从哲学上把人的沉沦研究得如此透彻。人在世俗社会中生存，身不由己地沉沦。不过，他又明明白白地告诉我们，人有本真状态，而且人要不断地回到自己的本真状态。那么这个本真状态是什么，什么是人的本真本我？当然很学术地讲就是人的“being”。这无疑是指使人成为人的那种东西。如果这个问题在古代希腊，用毕达哥拉斯式的看法，答案就应该是，人的本真状态就是人的灵魂的无蔽状态、纯净状态。就是通过纯精神性的数学、几何学、天文学、音乐，使人的灵魂离开物欲，离开变化无穷的现象界，接近那绝对完善的东西——“一”，或者如柏拉图所说“善的理念”。毕达哥拉斯把这一过程看作灵魂净化的过程，柏拉图则把这一过程称之灵魂的上升过程。如果我们再换算一下，用今天的哲学语言来表述，这可能就是人摆脱沉沦的方式，即生活在大千世界的人，只有在精神生活中才有真正的本真状态。在海德格尔著作中，很少看到灵魂这样的字眼。这并不奇怪，因为他是在世俗的层面上讨论问题。然而他依然涉及与灵魂层面相关的问题。于是海德格尔经常**逃离**那沉沦的生活状态，去山上的小木屋独处，大约是企图回归本真状态。我想在山上的海德格尔，可能不是什么大学教授或校长什么的。他暂时摆脱了因争夺生存空间而造成的种种不快，也可以在一时间内排遣因纳粹问题带来的阴影。此时的他，大约就是海德格尔这个人。他在沉思哲学，还是在沉思自己的本真状态？我们不得而知。但是，无论是沉思中的哪一种，都是用独处擦拭灵魂上所蒙的污垢，他在“去蔽”，使灵魂上升、转向、净化。尽管柏拉图的“洞喻”告诉我们，灵魂上升的第一步是离开这个洞，而海德格尔在哲学中没有回到本真状态，却为自己建了一个精神味实足的小木屋！屋喻！这里避开了喧嚣的世俗争斗，使灵魂得到片刻的休息，哪怕只有片刻，也足以在瞬间让你知道，你究竟是谁。对于人来说，这难道不重要吗？

书刊评介

《治国与教民：先秦诸子的争鸣与共识》评介

马天威*

王威威教授新著《治国与教民：先秦诸子的争鸣与共识》于 2019 年 6 月由中国社会科学出版社出版。全书围绕治国与教民两大主题，辨析了诸子关于治国与教民的不同看法以及在论争中所达成的共识。先秦诸子针对治国问题提出了德治、礼治、法治、无为之治等模式，而针对教化问题也有诗教、礼教、乐教、法教与不言之教等不同方案。每一种治理模式和教化方式背后都有着深厚的哲学理论作为基础。本书从哲学的高度重审先秦的治理与教化理论，截取其中的关键性人物与学派，深入刻画了“同中有异”“异中有同”的思想图景。

全书共八章。第一章对老子与韩非的无为之治进行比较，指出在两者思想中，“法”的形式与作用均有差异，因而与无为之治的关系不同。第二章研究庄子学派对“自然”与“无为”概念的诠释，庄子学派强调万物自然而消解君主权力，拓展出道家政治哲学新的可能性。第三章处理德治与法治的关系，以商鞅、韩非对儒家思想的批评与接受为切入点。第四章讨论韩非如何综合前期法家法、术、势理论，并发展出自己的法治思想体系。第五章以黄帝之治为主题，串联起《商君书》《管子》《庄子》《吕氏春秋》等文献，总结出仁义之治、礼法之治和法

* 马天威，北京大学哲学系博士生。

天之治等治国方式。第六章涉及教民问题，探讨荀子思想中礼、俗与教化的关系，揭示了礼义与习俗在化性中的作用。第七章讨论韩非“以法为教”“以吏为师”的教化思想，并谈及韩非的法教对当今社会树立法治精神的借鉴意义。第八章比较了老子、荀子、韩非的富民与教民思想，通过深入三者基于性、情、欲的人性论基础，辨析其富民与教民思想的根本差异所在。

关于中国哲学研究的方法，该书有着深入的讨论和明确的自觉。首先是中国哲学的本位意识。探寻中国哲学固有的问题，“以中释中”，是作者贯穿始终的关切，在此基础上寻求与西方学术的对话，而非以西学裁割中学。从此出发，作者将中国哲学致思对象总结为“道”“天”“物”“王”“人”五者，治国与教民的主题也在其中得到展开。其次，作者力图打破当代学术的壁垒，融入法学、政治学等学科知识，不仅开拓了理论视域，也在当今时代体现出鲜明的现实意义。

北京市哲学会 2019 年大事记

1 月中旬，北京市哲学会美学专业委员会举办寒假美学高研班。

3 月 1 日，副会长文兵、秘书长李海峰参加北京市社科联召开的《守正、创新、提质、增效——2019 年学术前沿论坛主题研讨会》。提交 2018 年总结，以及 2019 年学术前沿论坛的主题构想。

3 月底，北京市哲学会完成网上银行的银企对账、系统升级、年检申报。

4 月，北京市哲学会与北京市社科联签订学术前沿论坛合作协议书。

4 月 21 日，北京市哲学会在北京大学人文学苑 3 号楼 109 会议室召开理事会。江怡会长因个人工作变动原因辞去会长职务。经过理事会前期的酝酿，当日举行会长改选，投票选举杨学功为会长，增补宋瑾为副会长、常务理事，增补史红为副秘书长、理事。会议向北京市哲学会第九届名誉会长、会长、副会长、秘书长、理事、监事颁发了聘书。会议研究决定，本着分工负责、合作共事的原则，在尊重各位理事个人意愿的前提下，将学会分为 6 个工作小组，分工合作开展工作，具体为：学术前沿论坛、合作交流、科普讲座、学术培训和社会服务、学会年刊以及日常管理等，每个工作小组，由常务理事和理事若干人共同组成。会长和秘书长除了参加小组工作外，还要负责各小组工作的协调。会议决定申报2019年北京市社科联、市社科规划办社会组织资助项目有：举行学术前沿论坛学会专场，确定申报主题和主讲专家。开展公益科普讲座，由美学会进行申报。出版学术论文集，以书代刊形式创办学会年刊（定名《北京哲学界》），争取市社科联资金支持。

4月21日，根据北京市民政局和北京市社科联相关文件的规定，北京市哲学会党建小组在北京大学人文学苑举行换届会，组成新的党建工作小组，成员有：杨学功（组长）、文兵、李海峰。

7月15日—19日，美学高研班（暑假班）举办，社会反响良好。

8月，北京市哲学会的税务专项工作完成由一般纳税人到小规模纳税人的转变。

8月，北京市民政局委托第三方对北京市社会组织进行等级评估，北京市哲学会进入材料整理、申报、提交阶段。

8月29日，北京市民政局委托的第三方评估机构的专家评估组在北京大学人文学苑对北京市哲学会进行现场评估。杨学功会长、李海峰秘书长、史红副秘书长完成对各种评估材料的准备、陈述与谈话。

9月17日，北京市哲学会美学专业委员会成立课题组，即“北京美学会普及美学课题组”。该课题主要研究普及美学的理论、途径、方法、载体等，并开展一些普及美学的实践活动。该课题组已经获得北京市哲学会批准，由相关企业进行委托资助。

11月6日，北京市哲学会迎接北京市民政局执法队检查各方面情况。

11月12日，北京市哲学会李海峰秘书长参加北京市社科联举办的北京自然科学与社会科学两界秘书长沙龙暨与北京市新联会理事代表学术交流活动。

11月30日，“2019学术前沿论坛・北京市哲学会专场”在北京大学哲学系召开，论坛主题为“中华人民共和国70年哲学发展的历史与经验”，对中华人民共和国成立70年来马克思主义哲学、中国哲学、外国哲学、美学、科学技术哲学等学科的发展经验与成就进行回顾与展望。本次论坛由北京市哲学会李海峰秘书长主持，北京大学哲学系主任仰海峰教授、北京市社科联学术部副主任张涛调研员致辞。发言的专家有北京大学哲学系教授、北京市哲学会会长杨学功，北京大学哲学系教授、北京市哲学会名誉会长胡军，中国人民大学哲学院教授、中华全国外国哲学史学会理事长、北京市哲学会副会长张志伟，中国人民大学哲学院教授、北京市美学会名誉会长王晓旭，北京市社会科学院哲学研究所研究员、北京市哲学会监事长程倩春，中国政法大学国际儒学院教授王威威，中国社会科学院哲学所研究员、《哲学研究》编审罗传芳最后进行评点与总结。北京市哲学界 40 多位专家学者出席论坛，由人民日报、光明日报、中国社会科学报等六家媒体进行报道。

11 月 30 日，北京市哲学会召开第二次理事会，出席会议的人员有：杨学功、胡军、张志伟、李海峰、程倩春、王旭晓、张立波、李少军、俞学明、刘晓力、章伟文、陈鹏、张瑾，魏家川老师代表美学会出席。通过决议：（1）现任理事连续三次不参加理事会活动，视为自动退出；（2）《北京市哲学界 · 2019》获得北京市社科联资助，并与中央编译出版社达成出版意向，决定面向全体理事征稿。

11 月—12 月，完成北京市社科联的科普讲座项目，分别由史红讲授《事业单位人员的礼仪规范与审美素养》，唐骅讲授《科技美学巡礼》，现场听众反响热烈。

12 月 6 日，北京市哲学会党建小组进行十九届四中全会报告的学习与交流，杨学功、文兵、李海峰参加。

12 月 8 日，北京市哲学会美学专业委员会年会在清华大学召开。杨学功会长出席并致辞。北京市美学会会长宋瑾、秘书长史红、副秘书长魏家川，以及“普及美学课题组”乙方负责人邱伟杰等在年会上作了发言。

12 月 22 日，由北京市哲学会美学专业委员会发起的“京津冀美学联盟”在天津南开大学成立，并召开首届研讨会。

12 月 23 日，北京市哲学会完成《清理证明底单》的上报。

12 月 27 日，李海峰秘书长参加北京市民政局召开的 2019 年度社团评估工作总结会。北京市哲学会荣获 3A 级社会组织称号，领取评估等级证书及牌匾。

12 月 27 日，北京市哲学会完成办理三证合一。

（李海峰供稿）

《北京哲学界》稿约

《北京哲学界》是由北京市哲学会主办的年度学术辑刊（以下简称本辑刊），在全国地方社科联所属哲学学会中属于首创。本辑刊获得北京市社会科学界联合会的经费资助，2019 年为创刊号。今后每年连续出版，以所属年度为标记，每年一辑，每辑 25—30 万字。

本辑刊立足北京，面向全国和世界。研究哲学各分支学科的前沿问题，组织专题讨论或笔谈，评介学界动态，推介最新成果，记录北京哲学界的重要活动，为推进哲学学术发展和促进哲学会工作创设新的平台。

本辑刊常设栏目主要有：本刊寄语、前沿论坛、热点聚焦、专题讨论、名家笔谈、人物专访、新著选登、新书评介、论点摘编等，并附北京市哲学会年度大事记。

本辑刊作者主体为北京市哲学会理事会员，同时欢迎外稿。稿件体裁不限，文责自负。

字数要求："著作评介""论点摘编"稿件以不超过 1000 字为宜；其他栏目稿件不超过 3 万字。

截稿日期：每年度 12 月 30 日。

本辑刊由中央编译出版社公开出版后，将赠送作者样书 2 册。

附:《北京哲学界》注释及内容体例说明

为了保证学会年刊《北京哲学界》编辑规范化，在借鉴国内外其他学术刊物注释和文献引用规范的基础上，制定本刊内容注释及文献引用体例。敬请作者参照执行。

一、需引证和注释的项

（一）文中直接或间接引用的任何他人的语句。

（二）文中需特别说明的不常见的史实或事实。

（三）文中借用他人的理论、论断、思想、观点或意见的语句。

（四）对文中的某些观点进行资料性的补充说明。

（五）对文中的某些观点、不常见的专用名词、术语作必要的解释。

二、注释体例总要求

（一）文献引证方式采用注释体例。内容注释及文献引用统一采用脚注（当页下），注释序号用带圈数字即①②③……标识，每页单独排序；正文加注之处序号标于右上角；正文后不另开列“参考文献”，在注释中未予说明的除外。

（二）引用《马克思恩格斯选集》《马克思恩格斯全集》等经典著作应使用最新版本。

（三）一般情况下，引用外文文献的注释信息仍从原文，无须另行译出。

（四）引用先秦诸子等常用古籍或经典文献，可使用文内夹注。文内夹注使用不同于正文的字体，用括号和楷体标出。

（五）所引资料及其注释务求真实、准确、规范。

三、注释的格式

引用文献的书写格式分为完全格式和简略格式。完全格式指首次出现的引用文献；简略格式指前文曾引用过的文献，可采用缩略形式书写。

（一）完全格式的体例

1. 专著、编著、译著、外文著作。须标明著者或编者（专著可省略“著”字；编著须在编者姓名后加“编”“主编”“编著”）、著作名（卷数或册数）、译者、出版社、出版年份及页码。（1）外文著作名须用斜体。（2）外文著作如为编著，则编者为一人时姓名后加 ed.，编者为多人时姓名后加 eds.。（3）如著者或编者为多人，则中文著者姓名之间用顿号间隔，外文著者姓名之间用逗号间隔。如：

贺麟：《文化与人生》，商务印书馆 1988 年版，第 1 页。

任继愈主编：《中国哲学发展史》（先秦卷），人民出版社 1983 年版，第 25 页。

〔德〕黑格尔：《精神现象学》（上卷），贺麟、王玖兴译，商务印书馆 1979 年版，第 1—10 页。

Aristotle, *The Nicomachean Ethics*, David Ross (trans.), Oxford University Press, 1980, p.100 [pp.1-10].

2. 析出文献。须标明析出著者、析出篇名、文集编者、文集名、出版机构、出版年份、页码。如：

杜威・佛克马：《走向新世界主义》，见王宁、薛晓源编：《全球化与后殖民批评》，中央编译出版社 1999 年版，第 247—266 页。

3. 引用著作和文集的“序言”（或“引论”“前言”“后记”）时，“序言”是同一作者，直接标注“序言”第 x 页；“序言”为他人所作或有独立标题，可视为析出文献来标注。

4. 期刊或报纸论文。(1) 引用中文期刊或报纸论文，须标明作者、刊名或报纸名称、期刊数或报纸出版具体日期。(2) 引用外文期刊或报纸论文，须标明作者、篇名（加双引号）、刊名或报纸名（斜体）、刊物出版卷期号及年份（报纸注明出版日期）。如：

叶秀山：《胡塞尔先验现象学对欧洲哲学发展的贡献》，载《哲学动态》，2017 年第 1 期。

Hub Zwart, "A Short History of Food Ethics", *Journal of Agricultural and Environmental Ethics*, 12(2000), p.23.

5. 文献作者姓名已出现在文献名称中，如《马克思恩格斯全集》，通常不再标注作者姓名。

6. 间接引文的标注须以"参见""详见""转引自"等引导词出现，注明具体参考或引证的起止页码或章节。标注项目、顺序与格式同直接引文。

7. 互联网资料。本刊提倡尽量引用纸质文献。如必须使用互联网资料，著者、著作名等类项等同于相应体例，同时注明详细网址和更新/引用的具体时间。

(二) 说明与注意事项

1. 无论中外文注释，结尾必须有句号。中文是圆圈，西文是圆点。

2. 英文页码标符用小写 p.，页码起止用小写 pp.。其他外文可结合语言习惯参照执行。

3. 书名和期刊名，中文用书名号，外文则用斜体；论文名中文用正体加书名号，外文用正体加引号。

(**注**：本体例参考借鉴了《哲学动态》的编辑体例，特此说明并致谢。)

《北京哲学界》编委会

2019 年 11 月